RIETI

国際比較の視点から
日本のワーク・ライフ・バランスを考える

働き方改革の実現と政策課題

武石恵美子［編著］

ミネルヴァ書房

はじめに

　働き方の現状に関して問題意識をもっている人は多い．現在働いている人も，そうでない人も，今の働き方で問題がないと思っている人は少数だろう．政労使が合意した2007年の「仕事と生活の調和（ワーク・ライフ・バランス）憲章」により，「ワーク・ライフ・バランス」（本書では，「WLB」と表記する）の実現に向けて社会が動くのではないかと期待されたが，その後の経過をみていると，現実はあまり動いていないという印象をもつ人が多いのではないだろうか．憲章合意後に，2008年のリーマン・ブラザーズの経営破綻に端を発するリーマン・ショックや，2011年に東日本を襲った大震災，またユーロ圏の債務問題などの厳しい社会経済情勢が続いており，WLBを「働く人に優しい」政策という側面でとらえると，こうした取組を推進することが難しい情勢になっているといえる．

　しかし，一方で，生活防衛のために共働き世帯が増え，保育サービスが足りずに育児休業を取得できても子どもを預けられないために職場復帰ができない，若者が正規雇用で働くことができないため結婚や出産が難しいといった，働く人の生活基盤を揺るがすような問題も起きている．また，年金の支給開始年齢の引上げ問題と絡んで高齢者の雇用問題への対応も緊急性が高まっている．こうした課題に対しては，これまでの働き方を微修正することで対応できるものではなく，「働き方」の基本に立ち返った構造的な改革が必要となる．

　折しも，国の政策レベルにおいて有期雇用やパートタイム労働者などの処遇のあり方が検討され，一方で正社員の働き方の多様化についても検討の俎上に載せられている．これらはすべてこれからの働き方をどうするか，という基本的な考え方と深くかかわっている．わが国の「WLB」の議論は，今までの働き方が社会的な変化に対応していないのではないか，との問題意識から「働き方改革」と同義に使われるようになっており，それと関連する政策は実に多様なのである．「WLB」への取組が，「働く人に優しい」だけでなく，企業の経営的にも，また社会の持続可能性を高めるためにも不可欠のものとして捉えられるようになってきた．そして，東日本大震災やその後の節電対策などにおい

て，職場レベルで通常とは異なる働き方が導入され，働き方の柔軟化を進めることが危機管理にもつながりうることが実感されたという側面もあった．

そもそも，日本における働き方の問題が大きくとりあげられたのは，1980年代の貿易摩擦において，日本の長時間労働が不公正競争を生んでいると海外からの批判が大きくなった時期にさかのぼる．そして，1987年の労働基準法の改正により週法定時間を48時間から40時間に変更することとされ，その後段階的に労働時間の短縮が進められてきた．また，80年代後半以降，男女雇用機会均等法や育児休業法といった主として女性の就業を支援する法律が制定され，女性の職場進出も徐々にではあるが進んできた．しかし，こうした大きな制度改正を経ても働き方の構造に大きな変化はなかったが，改めて今，日本の労働者の働き方への疑問が強く投げかけられているといえる．

海外に目を転じると，「働き方」という側面において，欧米諸国は日本とは大きく異なっている．公的なデータからも，残業は少なく，バカンスのような長期休暇が一般的になっていることがわかり，明らかに日本とは異なる欧米の働き方の実態が把握できる．経済がグローバル化して国際競争が厳しくなっているのは日本も欧米諸国も同じであるはずなのに，なぜこのような違いがあるのか．この素朴な問いかけから，本書では，欧米の国々と比べた日本の働き方の現状を明らかにし，その背景や政策課題を抽出することを目的に，実証研究に基づく論文をとりまとめている．本書の目的や，各章の概要，本書のインプリケーションは序章に簡潔にまとめているので，そちらをご覧いただきたい．

本書は，上述の問題意識から，2008年度から2010年度の3ヶ年にわたり，独立行政法人経済産業研究所（RIETI）において，「ワーク・ライフ・バランス施策の国際比較と日本企業における課題の検討」のための研究会を設置して研究を進めてきた成果を取りまとめたものである．研究会は，経済学，社会学，経営学など多彩なバックグラウンドをもつ研究者から構成され，本書で取り上げた国以外の国の状況に関してもゲストスピーカーを招くなどしながら検討を進めてきた．特に本書の重要な視点が「国際比較」にあったことから，国際比較のためのデータ収集とその分析に多くの労力をさいてきた．この点に本書の大きな特徴がある．

国際比較調査に当たっては，同時期に内閣府経済社会総合研究所（ESRI）が進めていた「ワーク・ライフ・バランス社会の実現と生産性の関係に関する研究」と同様の問題意識であったことから，二つの機関が共同して国際比較調査

はじめに iii

を実施することとし，調査票の設計，調査の実施において協力体制をとって進めることができた．これにより，調査の内容や対象に関して質の高い調査が実施できたものと考えている．

本書には，RIETI のメンバーの研究成果を収録しているが，これは，RIETI Discussion Paper Series でまとめた論文を加筆修正したものである．また，ESRI における研究成果は，内閣府経済社会総合研究所「ワーク・ライフ・バランス社会の実現と生産性の関係に関する研究報告書」（2011 年 4 月）などをぜひ参照していただきたい．

本研究を進めるにあたっては，多くの方のご協力をいただいた．経済産業研究所の及川耕造前理事長，中島厚志理事長，藤田昌久所長を始めとして，多くのマネジメント，スタッフの方々より，研究内容についてのご理解，ご協力を賜り，実り多い研究ができたと考えている．また，研究会において，RIETI 客員研究員の山口一男シカゴ大学教授，慶應義塾大学の樋口美雄教授にはアドバイザーとして研究会にご出席を賜り，研究の進め方や分析の面で極めて貴重なご助言をいただいた．さらに，研究会にお越しいただいたゲストスピーカーの，東京大学社会科学研究所特任研究員（2008 年当時．現：内閣府男女共同参画局）の高村静氏，日本女子大学の永井暁子准教授，お茶の水女子大学の永瀬伸子教授，お茶の水女子大学大学院（博士課程）の金秀炫氏，日本経済新聞社の野村浩子氏には，お忙しい中研究会において貴重な講義をいただいた．このほかにも，研究面，実務面で大変お世話になった方々に，研究メンバーを代表して心よりお礼を申し上げる．本書の出版・編集では，ミネルヴァ書房の水野安奈氏に大変お世話になったことに感謝申し上げたい．

2012 年 6 月

武石恵美子

国際比較の視点から
日本のワーク・ライフ・バランスを考える
──働き方改革の実現と政策課題──

目　　次

はじめに

序　章　ワーク・ライフ・バランス実現の課題と研究の視座
　　　　……………………………………………武石恵美子…1
　1　はじめに——ワーク・ライフ・バランス政策の意義と課題　1
　2　本書における研究課題　3
　3　研究の概要　8
　4　国際比較による日本のワーク・ライフ・バランス施策や働き方の特徴　10
　5　本書の構成と概要　21
　6　おわりに——日本の取組へのインプリケーション　28

第Ⅰ部　日本のワーク・ライフ・バランスの課題

第1章　ワーク・ライフ・バランス施策と企業の生産性
　　　　……………………………………山本勲・松浦寿幸…35
　1　はじめに　35
　2　分析フレームワーク　39
　3　利用データ　42
　4　企業のワーク・ライフ・バランス施策とTFPの関係　45
　5　政策含意　54
　6　おわりに　57

第2章　長時間労働と日本的雇用慣行………黒田祥子・山本勲…63
　　　　——労働需要行動からみた日本人の働き方
　1　はじめに　63
　2　データ概観　64
　3　理論的背景および分析のフレームワーク　67
　4　推計結果　72
　5　おわりに　78

第3章　ワーク・ライフ・バランス施策が効果的に機能する人事管理
　　　　　………………………………………………松原光代…85
　1　はじめに　85
　2　ワーク・ライフ・バランス施策への取組と職場における
　　　人事管理の状況　87
　3　分析の枠組みと推計結果　98
　4　おわりに　103

第4章　労働時間と満足度………………浅野博勝・権丈英子…111
　　　　――日英独の比較研究
　1　はじめに　111
　2　データ　112
　3　計量モデル　123
　4　労働時間満足度に関する順序プロビットモデル　125
　5　生活満足度に関する順序プロビットモデル　130
　6　予測値　133
　7　おわりに　137

第5章　ワーク・ライフ・バランスを実現する職場マネジメント
　　　　　………………………………………………武石恵美子…147
　1　はじめに――問題意識と研究課題　147
　2　先行研究にみる職場マネジメントの重要性　149
　3　企業や職場の状況とワーク・ライフ・バランスの現状　154
　4　従業員のワーク・ライフ・バランス実現に関連する
　　　企業，職場の要因分析　161
　5　おわりに　176

第Ⅱ部　国際比較分析

第6章　アメリカにおけるワーク・ライフ・バランス……黒澤昌子…185
　1　はじめに　185

- 2 ワーク・ライフ・バランスを取り巻く法制度および公的支援　186
- 3 アメリカにおける女性の社会進出と男女共同参画の進展　188
- 4 企業におけるワーク・ライフ・バランス支援の実態　191
- 5 おわりに　204

第7章　イギリスにおけるワーク・ライフ・バランス……矢島洋子…213

- 1 はじめに　213
- 2 イギリスにおける施策　214
- 3 施策の効果と課題　222
- 4 日英男女の働き方と施策の影響　231
    - ――「仕事と生活の調和に関する国際比較調査」より
- 5 おわりに――日本への示唆　245

第8章　オランダにおけるワーク・ライフ・バランス……権丈英子…253
――労働時間と就業場所の選択の自由

- 1 はじめに　253
- 2 国際比較の視点から考えるオランダのワーク・ライフ・バランス　254
- 3 ワーク・ライフ・バランスと「労働時間選択の自由」　261
- 4 広範囲にわたるパートタイム労働の活用　267
- 5 仕事と育児の両立支援　271
- 6 ワーク・ライフ・バランスの実現とテレワークの導入　276
- 7 オランダ企業におけるワーク・ライフ・バランスの取組　279
- 8 おわりに　287

第9章　スウェーデンにおけるワーク・ライフ・バランス…高橋美恵子…295
――柔軟性と自律性のある働き方の実践

- 1 はじめに　295
- 2 スウェーデン型ワーク・ライフ・バランス社会の仕組み　296
- 3 スウェーデンの職場環境の特徴　304
- 4 事例研究――民間企業4社の取組と実践　308
- 5 おわりに　323

資　料
　1　仕事と生活の調和（ワーク・ライフ・バランス）に関する国際比較調査
　　　（企業向け調査票）　333
　2　仕事と生活の調和（ワーク・ライフ・バランス）に関する国際比較調査
　　　（従業員向け調査票）　341

索　引

序　章
ワーク・ライフ・バランス実現の課題と研究の視座

武石恵美子

1　はじめに──ワーク・ライフ・バランス政策の意義と課題

　仕事と生活の調和の推進に関しては，2007年12月に策定された「仕事と生活の調和（ワーク・ライフ・バランス）憲章」(2010年6月に改定)により，その政策的な意義が確認された．現在，日本のWLB政策は，仕事と生活の両立を図るための制度充実といった次元にとどまらず，「働き方の改革」に向けた取組と位置づけられて，恒常的な長時間労働の是正などの労働時間の適正化や，いわゆる正規労働者と非正規労働者の均衡処遇など多様かつ重要な課題を包含し，わが国の雇用問題，さらには少子化対策など，広い政策課題を背景にした総合的な政策として展開されている．2010年6月に改定された憲章においては，WLB政策による「ディーセント・ワーク（働きがいのある人間らしい仕事）」の実現も期待されるなど，WLB政策は働き方の基本にかかわる政策と位置付けられ，極めて多様な政策課題の解決策の一つのキーワードとなっている．

　WLB政策の重要性が認識されてきた背景として，日本において，働き方に根差した多くの問題が生じていることが挙げられる．1990年代の終わりに「ファミリー・フレンドリー政策」として，主に仕事と「家庭」生活の両立のための政策の重要性が指摘された．このときは，1990年代を通じて改善傾向がみられない出生率の低下，その一方で高まる女性労働力率という変化を背景に，仕事と子育ての両立を進めることが女性の就業環境の整備につながり，また出生率の反転上昇にも寄与すると考えられた．日本では，子どもをもつ女性の低い労働力率，正規労働者と非正規労働者の間の大きな処遇格差など，雇用面において欧米諸国と比べると際立った特徴があるが，女性の労働力率上昇と出生率回復の両立を果たしたほかのOECD諸国のように，仕事と家庭の両立支援を進める政策が重要であるとの認識が高まった．

しかし，仕事と家庭の両立支援のための制度や施策を整備しても，子どもをもつ女性の労働力率や出生率の上昇には必ずしも結びついていかなかった．これは，欧米諸国に比べて長時間かつ硬直的な日本の労働の実態が，両立支援策の導入効果を減殺してしまったためと考えられる．また，1990年代後半以降，若年層を中心にいわゆる非正規雇用が拡大し，この層の処遇が改善をみないまま現在に至っており，正規―非正規の処遇の二極化に伴う問題が顕在化してきた．加えて，処遇面で相対的に問題が少ないとみられる正規労働者においても，恒常的な長時間労働などにより仕事や職場への拘束度が高いために仕事満足度は高いとはいえず，厳しい労働実態に起因すると考えられるメンタル不調などの問題も増大してきた．若年層における非正規雇用の拡大は，経済的な不安定をもたらし，非婚化・晩婚化傾向に拍車をかける要因ともなり，さらに少子化問題への対応を遅らせるということにもつながってきた．

このような現状認識に立ち，仕事と家庭の両立支援にとどまらず，長時間労働に代表される働き方の構造を変えなければ，様々な社会的な課題に対応できなくなることから，政府は，「仕事と生活の調和（ワーク・ライフ・バランス）憲章」を策定して社会に働き方を「変革」することの重要性について強いメッセージを発し，各層における取組を促すこととなったのである．

しかし，働き方の変革は遅々として進んでいないのが現状である．黒田[2010]は，個人の生活時間の変化を長期的に観察し，時短導入前の1986年以降日本人有業者の1人当たりの週平均労働時間は変化がなかったことを示している．また，2009年秋以降の景気低迷，さらに2011年3月に東日本を襲った大震災，ユーロ危機に伴う円高など，企業経営を取り巻く状況は厳しさを増し，働き方改革の歩みが止まってしまったか，あるいは後退してしまったかのようにも見える部分もある．しかし，これからの社会ありようや個人のライフスタイルの変化を見通すと，日本の働くことをめぐる様々な問題に対して，その構造的な問題に切り込むことが必要である．働き方は，様々な社会システム，あるいは個人の価値観とかかわりながら形成されるものであり，それを規定している要因に対して多角的に接近しなければ解決の方向はみえてこないだろう．

2 本書における研究課題

2.1 研究課題

　多くの課題を視野に入れて働き方の改革に重点をおいて進められてきたわが国のWLB政策であるが，その効果という点で十分でないのはなぜか．どうすればWLBが実現するのか．これが本書の基本的な研究課題である．

　WLBの実現は，日本だけでなく欧米諸国においても同様に重要な政策と位置付けられている．2006年に発表された「OECD新雇用戦略」において，ファミリー・フレンドリーな取組の促進や柔軟な労働時間制度の導入が加盟国に対して勧告されている．実際に，過去10年間で，OECD加盟国で労働時間の多様化が進み，始業時間や終業時間が分散化し，これにより育児責任のある労働者や高齢者などの就業が促進されてきたとみられている (OECD [2006])．全般に，欧米諸国における，WLB推進の政策目的は，柔軟な働き方を推進するなどにより仕事と生活の両立を図りやすくすることで，とりわけ女性の労働市場での地位を高めるということに主眼がおかれてきた (Demetriades, S et al. [2006] など)．また，企業においても，多様な人材活用，すなわちダイバーシティ推進というかたちで，経営戦略と密接に関わりながら施策が展開されている．

　しかし，国際的な状況に比して，日本のWLBの実現の歩みは遅く，後述するように長時間労働や働き方の画一化からの変革が進んでいない．そもそも欧米では，一部の国を除くと労働時間の長さが社会的な問題になることは少なく，日本のように働き方を根本から見直すという議論にはなりにくい．むしろ，働き方のバリエーションをいかに増やすかということが，政策的には重要なポイントとなる．その意味でわが国では，働き方改革と同義に使用されることの多いWLBの実現には，欧米の各国以上に解決すべき課題が山積しているといえる．

　そもそも日本の「働き方」はどのような特徴があり，それはどのような背景から生じており，問題の本質は何なのか，その解決には何が必要なのか．本書では，これらの問題意識へのアプローチにおいて，WLBに関連する政策を進め，日本と比べると女性労働力率が高いなど働き方に関して量的・質的に異なる特徴をもつ欧米の国と比較検討するという方法を採用した．それにより，日本の

特徴をふまえた WLB 政策のあり方の課題や今後の方向性について考察を進めることとした．本書では，比較対象国として，イギリス，オランダ，スウェーデン，アメリカの 4 ヶ国を設定した[1]．これらの比較対象国を選定した背景に関連して，各国の WLB 政策等の概略を以下でまとめておきたい[2]．

2.2 EU におけるワーク・ライフ・バランス政策の展開

　欧州においては，1990 年代終わり頃から，EU 加盟国における WLB 政策の推進が重要な政策課題に位置付けられてきた．1997 年に批准された「第 1 期欧州雇用戦略」（Europe Employment Strategy，対象期間は 1998 ～ 2002 年）により，加盟国はこの戦略に即した政策の遂行を求められることとなる．具体的には，2000 年にリスボンで開催された理事会で，EU の今後 10 年間の戦略的目標に関し，「より多くより良い雇用とより強い社会的連帯を確保しつつ，持続的な経済発展を達成し得る，世界で最も競争力があり，かつ力強い，知識経済 (knowledge-based economy)」という方針が掲げられ，この目標実現のために，男女機会均等政策が一つの重要政策となる．同理事会において，「フル就業 (full employment)」という大きな目標が掲げられるとともに，EU 全体としての就業率の目標値が設定され，2010 年までに 15 ～ 64 歳層の就業率を 70％（2000 年時点で 61％）に，女性の就業率を 60％（同 51％）に引き上げることとした．これに基づき，加盟国は国別目標を設定することとなった．これに先立つ 1980 年代以降，EU の国々では女性の高学歴化などを背景に女性の労働市場への進出が進み，女性の就業環境を整備する必要性が高まり，特に仕事と出産・育児の両立が重要な政策となっていた．ここに就業率上昇という明確な数値目標を掲げることによって，女性や高齢者などの就業拡大のための WLB 政策がより積極的な意義をもつこととなったといえる．さらに 2010 年の欧州理事会で，雇用や成長に関する今後 10 年の政策方針である「Europe 2020」が合意され，男女の 20 ～ 64 歳層の就業率を 75％に引き上げる（現在は 69％）ことが掲げられた．

　このように，2000 年以降，失業率を下げることではなく就業率を上げることを政策目標に掲げたことで，非労働力化している人材が労働市場に参入することを推進するという考え方が明確になったといえる．また，高齢化の進展に伴う社会的負担を軽減するためにも，人的資源の有効活用が強く意識されるようになる．さらに，就業率の議論のなかでは，「仕事の質」に言及されている

点も注目すべき点である．雇用戦略において，女性の労働市場へのアクセス，男性の家庭生活への参加の障壁となるものを改善していくことが重要であるとされ，そのためにWLB政策が重要政策として位置づけられ，関連政策が展開されてきた．

そして，近年は，欧州におけるWLB政策は，女性の雇用促進や子どものいる家庭への支援の重要性を認識しつつ，後述するアメリカと同様にダイバーシティ推進などの新しい人事政策の観点から取り組む企業も増加し，家庭生活と仕事の両立にとどまらず，柔軟な働き方を実現するための政策にも重点がおかれるようになってきている．

このようなEU指令等の影響を受けて，EU加盟国では個人のWLB支援に関して一定の基盤整備が進められてきた．しかし，国ごとのWLB政策には，それぞれに異なる特徴も指摘できる．EU加盟国のなかでも，イギリス，オランダ，スウェーデンは，WLB支援の取組において次のような特徴がある．

福祉国家を研究したEsping-Andersen [1990] において，スウェーデン，イギリスは「社会民主主義的」な福祉レジームとして類型化され，オランダは「保守主義的」な福祉レジームとして類型化されている．European Commission [2008] では，賃金を含む労働条件や仕事と生活の調査等に関する指標などを用いて「仕事の質 (job quality)」に関する加盟国の類型化を行っており，この3ヶ国に加えてデンマーク，フィンランドの5ヶ国は「北欧タイプ」として，賃金を含む労働条件が高く，訓練制度も整備され，育児関連施策も充実しており，働く人の職務満足度や生産性も高いなど，ほかの類型に比べて良好な労働条件にあるとされている．こうした政策を反映して，イギリス，オランダ，スウェーデンは，女性労働力率もOECD加盟国の平均よりも高く，オランダはこの20年間で大きく上昇し注目されている（OECD [2006]）．

このなかでイギリスは，アメリカと近い市場重視の国とみられることもある（Hass [2003] など）．そもそも，EUのなかでも長時間労働が多いイギリスでは，90年代まで，育児などの私的領域に公的な介入をすることを排除する考え方があり，労働条件の決定は労使に委ね，政府の関与は小さくする傾向が強かった．育児サービスなどの福祉も十分とはいえなかったが，1990年代後半，保守党政権から労働党政権への政権交代とともにWLB政策重視へ大きく舵を切り，2000年からは「WLBキャンペーン」が開始されるなど，国の政策としてWLBへの取組が推進されるようになる．このため，90年代後半から集中的に

展開した様々な労働市場政策や労働条件改革により，労働条件の高い国に位置づけられるようになってきている。EUのなかでは長時間労働の国とみなされてきたイギリスの柔軟な働き方を目指す取組は，わが国にとって参考となる点が多いと考えられる。

オランダは，80年代に国をあげて取り組んだワークシェアリング政策により就業時間の選択肢を拡大し，1996年にはパートタイム労働者とフルタイム労働者の均等待遇が法制化された。2000年には労働時間調整法により，時間当たり賃金を維持したまま労働者が労働時間を選択する権利が認められることとなった（権丈[2008]）。また，2001年制定の「仕事と育児に関する法」により，幼児のいる夫婦それぞれが4分の3の勤務を可能にする規定が盛り込まれるなど，短時間勤務を軸として柔軟な働き方の促進策が展開されている（OECD[2006]）。こうした政策により，80年代以降女性労働力率が急速に高まり，パートタイム就業者の割合が女性のみならず男性でも高い水準を維持しており，柔軟な労働市場として注目されている。

スウェーデンは，早くから女性の就業支援を推進し，1970年代には男女共通の育児休業制度を導入するなど，男女の機会均等政策を進めることと併せて，WLB政策にも取り組んできた国である。特に育児や介護の社会化を進め，社会全体でケアを支援する仕組みを構築し，女性労働力率は各年齢層を通じて高い水準を維持している。

以上，イギリス，オランダ，スウェーデンは，EUのなかでも労働条件面で高いレベルと評価されつつも，それぞれ固有のWLB政策を展開してきている。

2.3 アメリカにおけるワーク・ライフ・バランスへの取組

欧州とは異なるかたちでWLB支援への取組が進んだのがアメリカである。アメリカでは，現時点においても，働く人のWLBの実現に連邦政府レベルで積極的に関与していくという明確な方針はない。先進国のなかでも出生率が比較的高水準で推移しているため，WLB推進が国の少子化対策として積極的に位置づけられるという状況にもない。WLBへの取組は，企業の人事政策や民間団体のボランタリーな活動という形で，主として民間ベースの取組として進められてきている。

アメリカでは，1980年代から共働き世帯における仕事と家庭生活の両立支援，主として育児と仕事の両立支援として，女性の社会進出に伴う男女均等促

進に力点をおいた「ワーク・ファミリー・バランス」が社会的に重視されるようになる．1993年には家族・医療休暇法（Family and Medical Leave Act）が成立した．同法は，育児や家族看護・介護のための無給の休暇付与を使用者に義務付けたものであり，連邦政府が法的な措置により労働者の仕事と家庭の両立支援に取り組んだ政策の一つである．ただし，日本の育児休業制度と比べると，その期間（1年間のうち12週）や所得保障の面において見劣りする部分は多い．保育サービスなどの子育て支援策も，州により対応は異なるにせよ，基本的に欧州のような充実したサービスが提供されているわけではない[3]．

一方で民間企業においては，短時間勤務やフレキシブルワークなどの施策導入が進み，働き方の柔軟化を可能にすることにより，まずは女性の就業支援に取り組むケースが1980年代以降増え始める．当初は，スキルの高い女性のリテンション策として取組が始まるが，その後は，女性だけでなく広く人材活用を図ることができる施策につながるとの考え方が広がっていった．つまり，「ワーク・ファミリー・バランス」から「ワーク・ライフ・バランス」に転換していったのである．さらに多様な人材を活用することに積極的な意義を見出す「ダイバーシティ推進」の観点も加わり，それを促進するためにWLB政策の重要性が高まり，より広い対象を包み込んで展開されるようになってきた[4]．このようにアメリカでは，法的に求められていないにもかかわらず企業が従業員のWLB支援に積極的に取り組む傾向が強いが，これは，企業がWLB支援策に取り組むことの経営的な意義を認識しているからだとされている．

2.4 国際比較の視点と内容

以上，各国のWLBへの取組の特徴を簡単にまとめたが，本書では欧米の取組を参照しつつ，日本のWLB実現に向けた課題について，特に企業組織の取組およびそれを支援する政策に焦点を当てている．

WLBの取組を企業に求めていく際に，法律で底上げを図るという強制的な方法と，企業が取り組むインセンティブを高めるというソフトな方法が考えられる．労働環境整備の一環として，労働時間や休業に関する制度等の導入を企業に対して法律で義務づけるという手法は多くの国でとられてきているが，すべてがこの方法でうまくいくわけではない．経済がグローバル化している現在，法規制を強めることで企業の競争力を弱めることにつながることは避けなければならない．労働者保護の観点からの法整備は必要であるが，一定の法整

備が進んだ段階で重要なのは，企業が自主的にWLB施策に取り組む環境の整備である．たとえばアメリカでは，企業が経営的な側面からWLB施策に取り組んでおり，この背景にはどのような要因があるのかは，企業の取組を促す政策を検討するうえで重要な視点となる．

また，企業の取組において，何に重点的に取り組む必要があるのかについても明らかにしていきたい．企業のおかれている状況やそこで働く人の特徴により施策の優先順位には違いがあるのは当然であるが，企業が従業員のWLB支援に取り組むうえで何を優先的に進めることが効果的なのか，その方向性についての示唆を得ることは重要である．また，企業が取り組むWLB施策は，それだけが単独でワークするわけではなく，人事システムのなかに組み込まれて制度の効果があらわれ，実際に運用されるのは個々の職場レベルとなる．日本と欧米諸国の人事システムや職場のマネジメントスタイルには様々な違いがあることが指摘されてきているが，WLB施策や柔軟な働き方を進める際にどのような企業内のシステムが整合性をもつのか，という点にも注目する．

以上の企業や職場レベルでの取組を推進するための政策的なインプリケーションを導くことも本書の重要なテーマである．前述したように，日本では仕事と生活の調和（ワーク・ライフ・バランス）憲章を策定し，官民をあげてWLB政策に取り組むことが宣言されたが，景気後退や東日本大震災などの影響が，この政策にも影響をおよぼしている．WLBの実現が今後のわが国のありようを検討するうえでどれだけ普遍性をもつ重要政策たりうるのか，現状における課題を俎上に載せて検討する必要がある．

3 研究の概要

以上の問題意識に基づいて，わが国のWLBの現状や課題を明らかにしていきたい．本書の特徴は，この研究課題に関して，基本的に，アンケート調査およびインタビュー調査による実証データを用いて明らかにしている点にある．本書の各章の分析で用いるデータは，経済産業研究所が内閣府経済社会総合研究所と共同で実施した調査の結果である．調査の概要を以下に紹介する．

3.1 アンケート調査

量的なデータの把握のために，経済産業研究所は内閣府経済社会総合研究所

と共同で「仕事と生活の調和（ワーク・ライフ・バランス）に関する国際比較調査」（以下，本書では本調査に言及する場合には，「仕事と生活の調和に関する国際比較調査」という）を実施した．調査は，日本，イギリス，スウェーデン，オランダの計4ヶ国を対象に実施した．さらに，共同研究を進めた内閣府経済社会総合研究所においてドイツを対象に実施した．両機関が相互にデータを共有して分析を進めてきた経緯から，本書ではドイツのデータも使用している．アメリカに関しては，労働市場の構造が日本と大きく異なることからアンケート調査は実施せずに文献による研究をベースに進めた．国によって調査内容や方法は異なっており，各国の調査内容は下記のとおりである．

①日本：企業調査および従業員調査
　対象：企業調査は，従業員100人以上の企業9,628社を対象に人事部門に調査を依頼して実施した．従業員調査は，企業調査対象の企業に各社10名程度のホワイトカラー職の正社員に人事部門から調査協力を依頼してもらい実施した．
　方法：企業に対して企業調査，従業員調査を郵送し，企業調査は人事部門から，従業員調査は個人から，直接郵送により回答してもらった．
　有効回答：企業調査は1,677社，従業員調査は10,069人．
　調査実施時期：2009年12月〜2010年1月．

②イギリス，ドイツ：企業調査および従業員調査
　対象：企業調査は従業員250人以上の企業約200社を対象に人事部門に調査を依頼した[5]．従業員調査は，オンライン・リサーチ会社（Toluna社）への登録モニターのうち，規模250人以上の民間企業に勤務するホワイトカラー正社員（permanent worker）に対して実施した．
　方法：企業調査は，人事担当マネジャーに対する電話調査を実施した．従業員調査は，web調査を実施した．
　有効回答：イギリスは企業調査202社，従業員調査979人．ドイツは企業調査201社，従業員調査1,012人．
　調査実施時期：企業調査は2010年2月〜2010年6月．従業員調査は2010年7月．

③オランダ，スウェーデン：企業調査
　対象：企業調査について，従業員 250 人以上の企業約 100 社を対象に人事部門に調査を依頼した．
　方法：人事担当マネジャーに対する電話調査を実施した．
　有効回答：オランダ 100 社．スウェーデン 100 社．
　調査実施時期：2010 年 2 月～ 2010 年 6 月．

　企業調査は 5 ヶ国のデータが利用できるが，従業員調査は日本のほかに利用できるのはイギリス，ドイツの 2 ヶ国となっている．また，日本は企業経由で従業員調査を実施しているが，イギリス，ドイツではこの方法で実施ができなかったために，企業調査と従業員調査はまったく別の方式で実施している．日本に関しては，必要に応じて，従業員調査に企業調査のデータをマッチングさせたデータセットを作成して分析を行った．また，日本の調査と海外の調査では重要な調査項目を同一にしているが，日本のみで実施している項目も多い．一部項目に海外調査のみで尋ねているものがある．日本の調査票については，巻末の資料を参照されたい．

3.2　インタビュー調査

　WLB 政策や企業，職場の取組の現状・課題の実態把握のために，政府機関，関連団体，民間企業の人事担当者やそこで働く従業員等を対象とするインタビュー調査を，2010 年 9 月にイギリス，オランダ，スウェーデンの 3 ヶ国で実施した．インタビューの結果を踏まえた各国の取組は，本書の第 7 章から第 9 章において紹介している．

4　国際比較による日本のワーク・ライフ・バランス施策や働き方の特徴

　ここでは，本書の第 1 章以降の分析課題に共通する現状認識として，企業の WLB 施策の実施状況や働き方について，「仕事と生活の調和に関する国際比較調査」のデータを用いて概観しておきたい．

4.1　企業が取り組むワーク・ライフ・バランス制度・施策

　最初に，企業における従業員の WLB 支援のための制度・施策の実施に関す

表1 企業のWLB支援に対する取組姿勢（企業調査）

(%)

	n	0	1	2	3	4	5	6	7	8	9	10	無回答	平均(ポイント)
日本 規模計	1677	0.1	0.1	0.3	2.0	1.8	17.5	12.6	25.5	27.1	5.5	7.0	0.5	6.95
250人未満	1101	0.2	0.1	0.2	1.8	2.1	18.6	12.9	25.9	26.2	5.0	6.5	0.5	6.89
250-999人	419	0.0	0.2	0.7	3.1	1.9	15.8	11.5	24.6	30.5	5.3	6.0	0.5	6.93
1000人以上	118	0.0	0.0	0.0	0.0	0.0	10.2	12.7	28.8	25.4	8.5	14.4	0.0	7.53
イギリス	202	1.0	0.5	2.5	4.0	4.5	15.8	8.4	21.8	19.8	4.0	15.8	2.0	6.83
ドイツ	201	5.5	2.5	4.5	8.0	5.5	17.9	9.5	17.4	21.4	3.5	3.5	1.0	5.68
オランダ	100	1.0	0.0	1.0	2.0	4.0	7.0	16.0	30.0	32.0	6.0	1.0	0.0	6.85
スウェーデン	100	2.0	1.0	3.0	2.0	4.0	16.0	5.0	25.0	24.0	8.0	9.0	1.0	6.75

(注) 取組姿勢は「貴社ではどの程度, 社員の生活に配慮すべきと考えていますか」に対して0から10ポイント（10点は「当然配慮すべきである」）で点数化したもの．

表2 企業のWLB支援に対する取組状況（企業調査）

(%)

	n	0	1	2	3	4	5	6	7	8	9	10	無回答	平均(ポイント)
日本 規模計	1677	0.8	1.2	2.4	7.4	6.0	32.3	15.4	14.7	12.5	3.5	3.0	0.8	5.75
250人未満	1101	1.0	1.1	2.4	8.2	6.1	33.5	15.9	13.9	11.2	3.3	2.7	0.8	5.66
250-999人	419	0.5	1.4	2.9	6.9	6.4	29.6	14.6	17.2	14.6	3.1	1.9	1.0	5.78
1000人以上	118	0.0	0.8	0.8	2.5	2.5	28.8	13.6	17.8	19.5	5.1	8.5	0.0	6.57
イギリス	202	3.0	1.5	4.0	4.0	5.4	14.4	12.4	19.3	22.3	4.0	12.9	0.0	6.61
ドイツ	201	6.0	0.5	4.5	5.5	6.0	23.4	10.4	18.4	16.4	4.5	4.5	0.0	5.75
オランダ	100	2.0	0.0	2.0	4.0	3.0	22.0	15.0	27.0	16.0	7.0	2.0	0.0	6.28
スウェーデン	100	9.0	0.0	4.0	3.0	3.0	27.0	11.0	18.0	15.0	3.0	7.0	0.0	5.73

(注) 取組状況は「貴社は同業他社に比べ社員の仕事と生活の調和に積極的に取り組んでいますか」に対して0から10ポイント（10点は「取り組んでいる」）で点数化したもの．

る状況をみておこう．

　アンケート調査（企業調査）においては，次の二つの点から企業のWLBの取組に対する主観的な判断を求めている[6]．一つは，「貴社ではどの程度，社員の生活に配慮すべきと考えていますか」というWLBへの取組姿勢を尋ねるもの，もう一つは，「貴社は同業他社に比べ社員の仕事と生活の調和に積極的に取り組んでいますか」という取組状況の評価を尋ねるもので，それぞれの質問に対して0から10点（10点満点）で回答を求めている．なお取組状況に関しては，同業他社との相対評価での回答のため，社会全体として他企業の取組が進んでいると高いポイントにはなりにくいという面があることに留意が必要である．

　取組姿勢に関する前者の質問については，ドイツで低い傾向がみられるものの，それ以外の国による差は小さい（表1）．一方で，取組状況に関する後者の

表3 従業員からみた企業のWLB取組状況の評価(従業員調査)
(%)

		n	0	1	2	3	4	5	6	7	8	9	10	無回答	平均(ポイント)
日本	男女計	10069	5.1	3.8	7.6	13.3	8.6	23.9	10.2	11.4	9.8	2.4	1.8	2.2	4.82
	男性	6708	4.8	3.8	7.9	13.3	8.2	23.7	11.1	11.9	9.9	2.2	1.6	1.5	4.84
	女性	3258	5.8	3.7	7.0	13.5	9.1	24.4	8.3	10.3	9.9	2.7	2.1	3.0	4.78
イギリス	男女計	979	10.4	2.6	5.8	9.2	6.7	21.0	10.9	16.8	9.2	2.5	4.9	0.0	5.01
	男性	473	8.7	2.7	6.3	9.3	6.1	23.5	11.2	16.1	9.7	2.1	4.2	0.0	5.04
	女性	506	12.1	2.4	5.3	9.1	7.3	18.8	10.7	17.4	8.7	2.8	5.5	0.0	4.99
ドイツ	男女計	1012	13.2	3.5	6.8	9.1	9.3	20.3	11.0	12.4	7.0	2.8	4.7	0.0	4.64
	男性	535	12.1	2.8	7.9	9.9	9.0	20.0	11.2	12.5	6.5	3.0	5.0	0.0	4.69
	女性	477	14.5	4.2	5.7	8.2	9.6	20.5	10.7	12.2	7.5	2.5	4.4	0.0	4.58

(注) 取組状況の評価は「あなたの現在の勤め先の会社は,同業他社に比べ,社員の仕事と生活の調和を図るための施策に取り組んでいますか」に対して0から10ポイント(10点は「取り組んでいる」)で点数化したもの.

質問は日本,ドイツ,スウェーデンでポイントが低い.日本は,WLBの取組の必要性を認識しているが積極的な取組にまでは必ずしも至っていないといえる.前述のように,国全体でWLB政策が進んでいるスウェーデンは,他社との比較において高いポイントにはなりにくいという面を割り引いて解釈する必要がある.取組姿勢と取組状況の二つの設問のギャップが小さいのがイギリスとドイツであり,イギリスは両方の点数が高く,取組状況について8ポイント以上の高い点数を回答している割合は4割にのぼっている(表2).

それでは,企業が取り組むWLB支援策について,従業員はどのように認識しているのだろうか.取組状況については,従業員調査でも評価を求めている(表3).3ヶ国で最も評価が高いのがイギリス,次いで日本,ドイツとなっている.取組状況について,企業の回答と従業員の評価を比べると,従業員の評価の方が低い傾向が,日本だけでなく,イギリス,ドイツでも確認できる.

日本に関しては,従業員が勤務する企業が企業調査の対象であるため,企業調査の回答と従業員調査の回答を組み合わせて分析が可能である.企業の回答との相関係数を算出すると0.015と関連がみられない.企業と従業員のポイントが±1ポイント以内の差にとどまる割合は41.8%で,企業の方が高いポイントを回答する割合が40.7%,従業員の方が高いポイントを回答する割合が17.5%となっており,全体に従業員の評価が低い傾向にある.WLBの取組等の現状認識に関して企業の認識と従業員の認識にずれがあることは,脇坂[2009]においても指摘されている.企業の取組が従業員の理解とずれていると,

表4 WLB支援制度・施策の実施状況（制度等が「あり」の割合）

(%)

	n	法を上回る育児休業制度	フレックスタイム制度	在宅勤務制度	WLBの取組	ジョブ・シェアリング
日本　規模計	1677	27.2	24.4	4.3	22.5	-
250人未満	1101	21.3	18.3	3.5	17.0	-
250-999人	419	32.5	30.1	4.8	26.7	-
1000人以上	118	64.4	58.5	9.3	57.6	-
イギリス	202	50.0	48.5	67.3	31.7	56.9
ドイツ	201	29.4	90.0	51.2	11.4	41.8
オランダ	100	31.0	69.0	52.0	29.0	34.0
スウェーデン	100	56.0	88.0	71.0	25.0	12.0

（注）「WLBの取組」とは，WLBを推進するための方針の明確化や推進組織の設置をさす．日本では「ジョブ・シェアリング」を行うケースは極めて少ないため質問していない．

せっかくのWLB支援が期待した効果をあげないこととなり，問題があるといえる．

それでは，日本の企業のWLB施策への取組状況にはどのような課題があるのだろうか．

アンケート調査（企業調査）では，WLBに関する制度や取組の有無を尋ねている．日本のWLB施策の導入状況を他の4ヶ国と比較すると，法を上回る育児休業制度やWLBの取組（WLB推進のための方針の明確化や推進組織の設置など）に関しては，日本の取組が評価できるものの，フレックスタイム制度と在宅勤務制度については日本の導入率が低い点が指摘できる（表4）.

フレックスタイム制度や在宅勤務制度の導入が日本で少ないのはなぜだろうか．一つには，制度運用面での問題が考えられる．各制度導入企業に対して運用上の大変さについて質問した結果を，法を上回る育児休業制度，フレックスタイム制度，在宅勤務制度の三つの制度についてみると，「大変である」という割合が日本では多く，特に規模1000人以上の大企業でその傾向が強い（図1）.また，職場の生産性への影響に関しても，日本以外の4ヶ国は「プラスの影響」という回答が多いのに対して，日本では「プラスの影響」という積極的な回答割合は低く，「影響はない」あるいは無回答の割合が高くなっている（図2）.制度導入のメリット感が低く，運用上の困難性への懸念が，フレックスタイム制度や在宅勤務制度の導入の阻害要因となっている可能性がある．この「大変さ」の具体的な内容については，本調査からでは把握できないが，勤務形態や勤務場所が多様になることによる従業員管理の煩雑さなどが予想される．

図1 WLBに関連する制度,施策の実施に伴う制度の運用上の大変さ（制度等が「有」の企業の回答）

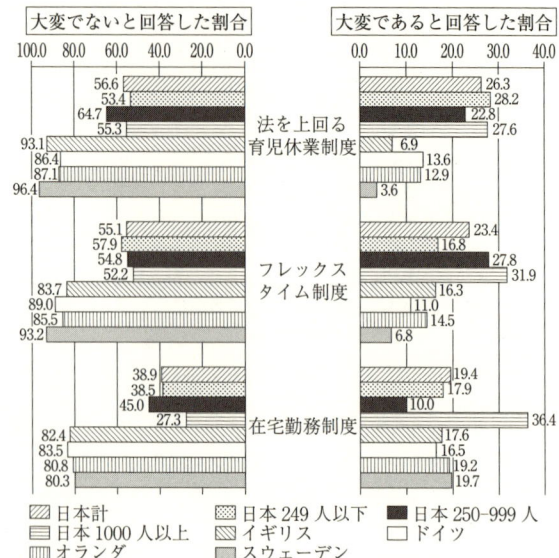

4.2 労働時間

わが国労働者の労働時間が長いことはよく知られているが，アンケート調査により，労働時間の分布を確認しておきたい．

まず，企業調査による正社員の週あたりの平均労働時間（表5）である．日本では「45-50時間未満」が半数弱を占め，「45-50時間未満」が2割程度を占めるが，イギリス，ドイツでは「40時間未満」が6割程度と高い割合である．日本を除く4ヶ国では，「45時間未満」が8～9割と大部分を占めている．平均は，日本は42時間程度であるのに対して，ほかの4ヶ国は39時間前後と40時間を切っている．

正社員の労働時間を従業員調査により詳細にみていきたい（表6）．日本のみ，従業員調査は企業調査の対象企業で働く従業員であるが，その日本のデータにおいて，企業調査と従業員調査の平均労働時間の乖離が2.4時間（44.77時間-42.34時間）程度みられている．従業員調査はホワイトカラー職種に限定しているなど対象の偏りによる影響も考えられるが，企業が把握していない労働時間

序　章　ワーク・ライフ・バランス実現の課題と研究の視座　　15

図 2　WLB 支援制度の職場の生産性への影響（制度等が「有」の企業の回答）

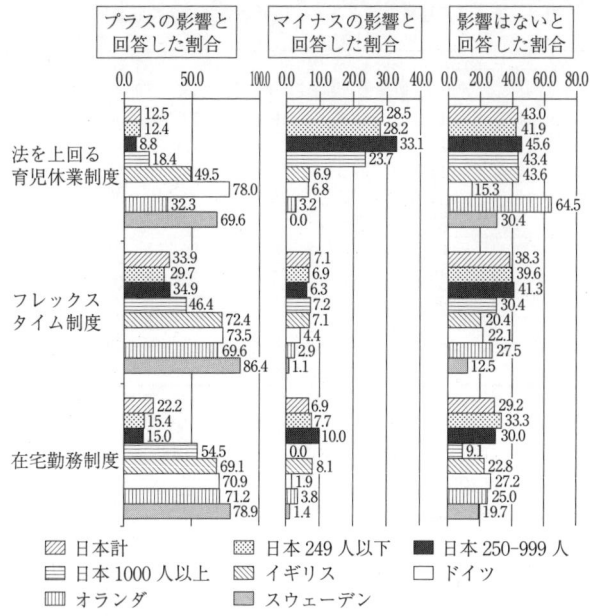

(注) 集計対象企業数は制度により異なるので表記を省略する．日本は「無回答」が多いため，上記三つの回答を足しあげても 100 にはならない．

がある可能性を指摘できる．分布に関しては，企業調査と同様に，日本で長時間働く割合が高い．「50 時間以上」の分布で比較すると，日本は 28.0％であるが，イギリス 11.4％，ドイツ 14.4％と日本の半数程度以下である．男女別には男性の方が労働時間が長い点は各国に共通する傾向であるが，特に日本の男性では「50 時間以上」の割合が 36.0％で，イギリス 15.4％，ドイツ 19.6％と比べても高い割合となっている．

また，労働時間を役職別に比較すると（表 7），3 ヶ国ともに課長，部長において労働時間が長い傾向がみられるが，日本で特に労働時間が長い傾向がみられている．ドイツの「部長」も労働時間が長い割合が比較的高いが，日本は，課長，部長で「50 時間以上」の割合が 4 割を超え，平均労働時間もそれぞれ長い傾向にある．

表5 正社員の週当たり平均労働時間（企業調査）

(%)

	n	40時間未満	40-45時間未満	45-50時間未満	50-55時間未満	55-60時間未満	60時間以上	無回答	平均（時間）
日本　規模計	1677	17.4	43.9	19.5	7.6	1.0	1.1	9.4	42.34
250人未満	1101	17.3	44.5	18.5	7.6	1.3	1.5	9.4	42.43
250-999人	419	16.7	43.0	21.5	8.4	0.5	0.5	9.5	42.49
1000人以上	118	20.3	44.9	18.6	4.2	0.0	0.8	11.0	40.91
イギリス	202	57.4	29.2	5.9	1.0	0.0	0.0	6.4	38.55
ドイツ	201	61.7	34.3	0.5	0.5	0.0	0.0	3.0	38.57
オランダ	100	45.0	47.0	1.0	2.0	0.0	0.0	5.0	38.79
スウェーデン	100	36.0	56.0	1.0	0.0	0.0	0.0	7.0	39.30

表6 正社員の週当たり平均労働時間（従業員調査）

(%)

		n	40時間未満	40-45時間未満	45-50時間未満	50-55時間未満	55-60時間未満	60時間以上	無回答	平均（時間）
日本	男女計	10069	11.8	33.4	21.4	16.8	4.0	7.2	5.5	44.77
	男性	6708	8.8	27.3	23.6	21.1	5.1	9.9	4.3	46.03
	女性	3258	18.0	45.8	17.2	8.0	1.8	1.8	7.4	42.10
イギリス	男女計	979	51.2	25.1	12.3	6.0	1.6	3.8	0.0	37.47
	男性	473	39.7	29.0	15.9	8.2	3.0	4.2	0.0	39.81
	女性	506	61.9	21.5	8.9	4.0	0.4	3.4	0.0	35.27
ドイツ	男女計	1012	31.9	40.2	13.4	8.4	2.2	3.9	0.0	39.94
	男性	535	25.4	38.5	16.4	11.6	2.4	5.6	0.0	41.82
	女性	477	39.2	42.1	10.1	4.8	1.9	1.9	0.0	37.83

表7 役職別正社員の週当たり平均労働時間（従業員調査）

(%)

		n	40時間未満	40-45時間未満	45-50時間未満	50-55時間未満	55-60時間未満	60時間以上	無回答	平均（時間）
日本	役職計	10069	11.8	33.4	21.4	16.8	4.0	7.2	5.5	44.77
	一般社員	4671	14.1	41.6	18.3	12.2	2.5	4.5	6.8	43.28
	係長など	2745	10.8	30.8	23.4	17.5	4.6	8.2	4.8	45.32
	課長	1905	8.1	20.7	24.8	24.5	6.4	11.9	3.6	47.13
	部長以上	651	8.6	22.0	25.3	25.0	6.1	10.1	2.8	46.55
イギリス	役職計	979	51.2	25.1	12.3	6.0	1.6	3.8	0.0	37.47
	一般社員	613	61.8	23.5	8.2	3.6	0.8	2.1	0.0	35.37
	係長など	114	46.5	23.7	15.8	6.1	2.6	5.3	0.0	38.61
	課長	130	30.0	34.6	16.9	10.8	2.3	5.4	0.0	41.18
	部長以上	122	24.6	24.6	24.6	13.1	4.1	9.0	0.0	43.01
ドイツ	役職計	1012	31.9	40.2	13.4	8.4	2.2	3.9	0.0	39.94
	一般社員	676	35.4	46.2	11.4	4.9	1.0	1.2	0.0	38.79
	係長など	117	32.5	30.8	16.2	13.7	0.0	6.8	0.0	39.15
	課長	95	22.1	29.5	21.1	11.6	5.3	10.5	0.0	42.69
	部長以上	124	20.2	25.0	16.1	20.2	8.1	10.5	0.0	44.84

表8 現在の勤務形態（複数回答）

(%)

		n	フルタイム勤務	フレックスタイム勤務	裁量労働制	在宅勤務	短時間勤務	その他
日本	男女計	10069	91.2	6.8	2.1	0.1	0.8	0.7
	男性	6708	91.4	6.6	2.7	0.1	0.1	0.7
	女性	3258	91.4	7.1	1.0	0.0	2.4	0.6
イギリス	男女計	979	75.7	13.2	7.5	8.0	15.4	2.3
	男性	473	82.9	13.5	8.0	10.4	7.6	2.1
	女性	506	69.0	12.8	6.9	5.7	22.7	2.6
ドイツ	男女計	1012	68.8	31.2	12.0	6.5	8.1	1.1
	男性	535	75.5	30.8	12.9	7.5	3.2	0.7
	女性	477	61.2	31.7	10.9	5.5	13.6	1.5

表9 始業時刻と就業時刻の分布

【始業時刻】 (%)

		n	6時より前	6時台	7時台	8時台	9時台	10時台以降	無回答
日本	男女計	10069	0.3	0.6	6.1	65.8	24.9	1.4	0.7
	男性	6708	0.5	0.9	7.6	66.0	23.2	1.3	0.5
	女性	3258	0.0	0.1	3.1	66.0	28.8	1.6	0.5
イギリス	男女計	979	2.3	4.2	14.1	41.7	27.3	8.9	1.5
	男性	473	2.1	5.7	19.5	37.6	25.2	7.8	2.1
	女性	506	2.6	2.8	9.1	45.5	29.2	9.9	1.0
ドイツ	男女計	1012	2.8	12.6	31.3	36.2	10.6	5.8	0.7
	男性	535	3.4	12.5	29.5	37.6	10.7	5.2	1.1
	女性	477	2.1	12.8	33.3	34.6	10.5	6.5	0.2

【終業時刻】 (%)

		n	17時より前	17時台	18時台	19時台	20時台	21時台	22時台以降	無回答
日本	男女計	10069	3.7	39.8	25.1	18.6	8.2	2.7	1.1	0.8
	男性	6708	2.9	32.3	25.6	22.9	10.8	3.5	1.6	0.6
	女性	3258	5.6	55.3	24.3	9.9	3.1	1.0	0.3	0.6
イギリス	男女計	979	36.7	37.8	15.9	4.0	1.4	1.3	1.3	1.5
	男性	473	34.7	34.9	19.2	5.3	1.7	0.8	1.3	2.1
	女性	506	38.5	40.5	12.8	2.8	1.2	1.8	1.4	1.0
ドイツ	男女計	1012	51.1	27.1	14.1	4.3	1.2	0.6	0.9	0.7
	男性	535	45.2	28.6	16.6	5.6	1.1	0.7	0.9	1.1
	女性	477	57.7	25.4	11.3	2.9	1.3	0.4	0.8	0.2

表10 始業時刻別にみた終業時刻

(%)

		n	17時より前	17時台	18時台	19時台	20時台	21時台	22時台以降	無回答
日本	6時より前	33	51.5	12.1	24.2	0.0	6.1	0.0	6.1	0.0
	6時台	62	8.1	16.1	33.9	19.4	14.5	6.5	1.6	0.0
	7時台	619	6.6	25.2	30.2	23.1	9.7	4.0	1.1	0.0
	8時台	6629	4.0	47.4	20.9	16.8	7.4	2.4	1.0	0.1
	9時台	2508	1.6	27.5	35.8	21.3	9.6	2.9	1.0	0.2
	10時台以降	144	2.8	2.8	15.3	45.8	16.0	6.3	11.1	0.0
イギリス	6時より前	23	73.9	13.0	4.3	8.7	0.0	0.0	0.0	0.0
	6時台	41	75.6	7.3	14.6	0.0	2.4	0.0	0.0	0.0
	7時台	138	58.7	18.1	12.3	9.4	1.4	0.0	0.0	0.0
	8時台	408	37.3	43.1	15.4	2.5	0.7	0.7	0.2	0.0
	9時台	267	16.1	57.7	21.3	3.4	0.4	0.7	0.4	0.0
	10時台以降	87	40.2	10.3	13.8	5.7	8.0	9.2	12.6	0.0
ドイツ	6時より前	28	85.7	7.1	3.6	3.6	0.0	0.0	0.0	0.0
	6時台	128	85.2	10.2	2.3	1.6	0.8	0.0	0.0	0.0
	7時台	317	67.8	21.1	9.1	1.6	0.3	0.0	0.0	0.0
	8時台	366	36.6	42.3	16.1	4.4	0.5	0.0	0.0	0.0
	9時台	107	23.4	28.0	34.6	9.3	3.7	0.9	0.0	0.0
	10時台以降	59	16.9	11.9	23.7	16.9	6.8	8.5	15.3	0.0

4.3 勤務形態

　労働時間の長さに加えて，日本の働き方の特徴として，勤務形態が画一的である点を指摘できる．

　表8により従業員の現在の勤務形態を3ヶ国で比較すると，日本では，「フルタイム勤務」が男女ともに9割を超え，イギリスの75.7%，ドイツの68.8%に比べて「フルタイム勤務」の割合が非常に高い．一方で，「フレックスタイム勤務」や「在宅勤務」，「短時間勤務」の割合が非常に低い．「フレックスタイム勤務」はドイツでは男女ともに3割にのぼり，フレックスタイム制度の導入割合が高い（表4で90.0%）ことを反映している．「在宅勤務」はイギリス，ドイツともに男性の方が高く，イギリスの男性の1割が利用し，「短時間勤務」は反対に女性の方が高く，イギリスの女性の2割が利用している．日本では，「在宅勤務」のケースはほとんどなく，「短時間勤務」も女性で2.4%に過ぎない．比較的多い「フレックスタイム勤務」でも全体の6.8%にとどまっている．

　勤務スタイルに関連するデータとして，従業員調査から始業（仕事を始める）時刻と終業（仕事を終える）時刻[7]をみていくこととしたい（表9）．まず始業時刻について，日本は8時台から9時台に約9割が集中しているのに対して，

序章 ワーク・ライフ・バランス実現の課題と研究の視座

表11 勤務形態別の平均労働時間

(時間)

		フルタイムの通常勤務	フレックスタイム勤務	裁量労働制	短時間勤務
日本	非該当	44.57	44.81	44.70	44.86
	該当	44.79	44.34	48.17	34.20
イギリス	非該当	27.61	37.79	37.39	40.34
	該当	40.64	35.33	38.44	21.72
ドイツ	非該当	36.46	39.66	40.11	41.09
	該当	41.52	40.55	38.64	26.84

(注)「該当」がそれぞれの勤務形態で働いている者である．

イギリスやドイツでは，「6時台」や「7時台」の早い時間帯での始業の割合が比較的多く，「10時台以降」も日本より多いなど分散が大きい．ドイツでは5割近い従業員が8時よりも前に仕事を開始している．また，終業時刻については，労働時間の長さを反映し，日本は「19時台以降」も男性を中心に比較的高い割合を示しているが，ドイツでは半数が「17時より前」に仕事を終え，「17時台」までには男性でも73.8％が，女性では83.0％が仕事を終えている状況にある．

イギリスやドイツでは，朝早く仕事を開始し，夕方も早めに仕事を終えるという仕事のパターンになっているケースが多いことが推察されるわけだが，始業時刻と終業時刻を組み合わせて集計したのが表10である．イギリスやドイツでは，朝早くから仕事を始めている従業員は終業時刻も早くなる関係が認められるが，日本では一部そのような関係がみられるものの，全体にイギリスやドイツのような明瞭な関係はみられない．たとえば日本で始業時間が「7時台」と「9時台」を比べると，終業時刻の分布はほとんど変わらない．この点がイギリスやドイツとは大きく異なっており，日本では朝早く仕事を始める従業員が夕方早く帰っているとは限らないといえる．

これが先にみた勤務形態とどう関係しているのかを確認する．日本では，裁量労働など労働時間管理の対象外にある従業員の労働時間が長い傾向になりがちであることが指摘されてきている（小倉［2007］など）が，勤務形態と労働時間にはどのような関連性がみ見られるのだろうか．

表11により勤務形態別に平均労働時間をみると，日本では，「裁量労働制」については，該当者の労働時間が非該当者に比べて3.5時間ほど長く，労働時間が長くなる傾向が確認できる．一方，「フレックスタイム勤務」については，イギリスで該当者の労働時間が2.4時間ほど短くなる傾向がみられるが，日本

表12 フレックスタイム勤務別の始業時刻と就業時刻

【始業時刻】 (%)

		n	6時より前	6時台	7時台	8時台	9時台	10時台以降	無回答
日本	非該当	9388	0.3	0.6	6.4	66.1	24.4	1.4	0.8
	該当	681	0.3	0.1	3.2	62.8	31.6	1.8	0.1
イギリス	非該当	850	2.4	4.5	12.8	42.9	26.4	9.4	1.6
	該当	129	2.3	2.3	22.5	33.3	33.3	5.4	0.8
ドイツ	非該当	696	3.6	11.8	29.6	37.4	10.6	6.3	0.7
	該当	316	0.9	14.6	35.1	33.5	10.4	4.7	0.6

【終業時刻】 (%)

		n	17時より前	17時台	18時台	19時台	20時台	21時台	22時台以降	無回答
日本	非該当	9388	3.7	40.2	24.9	18.5	8.2	2.7	1.1	0.9
	該当	681	4.8	33.5	27.9	19.7	9.0	3.2	1.9	0.0
イギリス	非該当	850	34.4	39.3	16.5	3.9	1.5	1.3	1.5	1.6
	該当	129	51.9	27.9	12.4	4.7	0.8	1.6	0.0	0.8
ドイツ	非該当	696	50.6	26.0	15.4	4.6	1.1	0.6	1.0	0.7
	該当	316	52.2	29.4	11.4	3.8	1.3	0.6	0.6	0.6

とドイツではそうした傾向はみられず，ドイツでは該当者が若干長い傾向にある．また，「短時間勤務」の従業員の労働時間をみると，日本は34.2時間であるが，イギリス，ドイツは20時間台とかなり短いという特徴がある．

適用人数が多い「フレックスタイム勤務」をとりあげて始業時刻と終業時刻の分布を比較すると（表12），日本とドイツでは，「フレックスタイム勤務」の該当者と非該当者のあいだに明確な違いは認めにくい．ただし，ドイツの場合には，そもそも従業員全体が始業・終業時刻が早い時間帯であることも関係していると考えられる．一方でイギリスでは，「フレックスタイム勤務」の該当者は非該当者に比べて，始業時刻，終業時刻ともに早い時間帯にシフトする傾向がみられている．

4.4 まとめ

以上をまとめると，日本の特徴として次の点が指摘できる．

①企業はWLB支援に取り組む重要性を認識しながら，取組が十分とはいえない状況にある．
②特に日本では，フレックスタイム制度，在宅勤務制度の導入が低く，その背

景にはこうした制度導入に伴う運用面での煩雑さが懸念されているものとみられる.
③働き方の特徴として,長時間労働に加え,働き方が画一的である点が指摘できる.また,フレックスタイム制度などが,働き方の柔軟性に効果的に機能していない可能性がある.

5 本書の構成と概要

以上の日本における働き方の特徴から生ずる課題を明らかにし,その解決の方向性を検討するために,本書の第1章以降で,前述した国際比較データの実証分析やインタビュー調査等の分析結果をもとにして議論を進めていく.それに先立ち,本書の概要を示していきたい.

本書はまず大きく二つのパートに分かれる.第Ⅰ部は,日本の課題を抽出するための実証分析を中心に議論する部分で,第1章から第5章である.ここでは,国際比較データを用いて日本におけるWLB実現にあたっての課題やその背景等を明らかにしている.第Ⅱ部の第6章から第9章では,アメリカ,イギリス,オランダ,スウェーデンの4ヶ国について,国別の働き方の現状やその背景にある国の政策,企業の取組をまとめ,日本への示唆を得るための分析を行っている.

5.1 日本のワーク・ライフ・バランス実現のための課題

第Ⅰ部では,日本でWLBを実現するためにはどのような課題を解決する必要があるのか,について検討する.

まず第1章では,働く人のWLB実現には企業の役割がきわめて重要であることから,企業が実施するWLB施策の費用対効果を明らかにして,企業の施策導入に向けた政策のあり方を検討している.具体的には,企業業績とWLB施策に関する1990年代以降のパネルデータを構築し,企業特性を考慮しつつWLB施策が全要素生産性(TFP)にどのような影響を与えるのか,について検証している.ここでWLB施策とは,推進組織の設置,法を上回る育児休業制度,長時間労働是正のための取組,フレックスタイム制度,非正規社員から正規社員への転換制度など幅広い施策を網羅している.分析の結果,どのような企業でもWLB施策がTFPを高めるという一定の関係はみられず,WLB施

策実施の効果があるのは，①従業員300人以上の中堅大企業，②製造業，③労働の固定費の大きい企業（不況期にも雇用を維持し正社員比率の高い企業），④女性を活用している企業，といった特徴をもつ企業であることが示されている．こうした企業に対しては，WLB施策導入の効果や具体的な成功事例について情報提供することで，施策の普及・定着が進む可能性があるといえる．また，全体的な傾向として，WLB施策がTFPの低下をもたらすケースは極めて限定的であるという点も重要な発見である．ただし，TFPに影響を与えない場合には施策導入への企業のインセンティブは働かないことから，WLB実現のために必要な施策についての普及促進を図る必要がある．また，一部施策は中小企業などでTFPにマイナスの影響をおよぼす影響もあり，こうした施策導入に関しては企業への働きかけにあたって慎重な姿勢が求められるといえる．

第2章では，日本の，特に男性正社員の労働時間がなぜ長いのか，という問に対して，企業の需要行動に着目して，日本，ドイツ，イギリスを比較検討している．これまで，労働時間が長くなる背景として，労働供給サイドの要因が指摘されてきたが，ここでは，日本では従業員の採用・解雇・教育訓練などにかかる労働者1人の雇用にかかる固定費が大きいために，不況時に残業時間削減で雇用調整ができるように通常の時期に残業をさせる構造，すなわち残業時間を景気後退時のバッファーにしている構造になっているのではないか，との仮説を立て，企業側，すなわち労働需要サイドの要因に着目して分析を行っている．分析の結果，日本，イギリス，ドイツの3ヶ国共通に，従業員の雇用にあたり高い固定費を負担している企業で労働時間が長くなる傾向があるが，特に日本のみ勤続年数の効果がみられるなどの特徴が明らかになっている．日本では，労働移動が少なく多額の固定費を投じて企業特殊スキルが形成されるために，この固定費の大きさにより，企業は平時の労働時間を長く設定する可能性が示唆された．つまり，日本の長時間労働の背景には，企業の需要行動を考慮すべきであり，労働時間短縮の政策を強制すれば日本の長期雇用のシステムと齟齬をきたすことが考えられる．ただし，イギリスとともに日本では，労働の高い固定費が存在する場合でも，上司の職場マネジメントのスタイルによって長時間労働が是正される余地があることも明らかになっている．長時間労働の是正にあたって職場管理の工夫で対応できる可能性が示されたことは重要な発見である．

第3章は，WLB支援のための制度と賃金や要員管理のあり方などの人事管

理制度との関連に注目する．WLB 支援のための関連制度は，制度導入や運用のコストがかかるが，結果としてそれが職場にとってプラスになることが制度の導入・実施に当たっては重要である．しかし，図２で示したように，日本は制度の効果に対してポジティブな意見が少ない傾向にある．この点に関して，WLB 支援のための制度実施が職場の生産性にプラスの影響をおよぼすとすればその背景にはどのような人事制度があるのか，という問題意識から分析を行っている．第一に，賃金の決定要素に着目する．分析の結果，WLB 施策が職場の生産性にプラスに影響する賃金制度として，「年齢」や「勤続年数」などの属人的な要素の比重が低く，「個人の業績」，「職務遂行能力」，「組織の業績」などの業績に関連する要素の比重が高いことが関連していると示唆された．賃金決定において業績を重視する傾向は日本企業も海外企業も同様であるが，海外企業では「職務内容」の重視度が高い点が日本と異なる．働き方が多様化すると時間当たりの生産性を重視したインセンティブ・システムが必要になり，職務内容とそこに求める能力要件を明らかにし，個人の業績を評価する仕組みが重要になるといえる．第二に着目したのが，育児休業制度などの制度利用者が出たときの対応方法である．日本企業は当該職場内で解決しようとする傾向がみられ，ほかの職場や外部を巻き込んだ対応を行うケースは少ないが，職場を超えた対応をする方が職場にはプラスの影響があることも示されている．これについて，日本では多くの場合，制度対応の際の要員管理が職場に任されている点に課題が指摘できる．以上の結果から，日本企業で WLB 施策導入に対するポジティブな意見が少ない背景には，日本に特徴的な人事制度が関連していることが考えられる．

　第４章は，労働者個人の生活満足度等に，働き方，とりわけ労働時間がどのように影響をおよぼしているのか，というミクロの視点に立った分析である．まず，全体的な傾向として，イギリス，ドイツと比較した日本の特徴として，男女ともに労働時間が長い傾向がみられ短時間労働の割合が極めて少ないこと，フルタイム通常勤務が多くフレックスタイム勤務などの多様な働き方をしている割合が低いこと，労働時間満足度や生活満足度が低い傾向にあること，を確認した．その上で労働時間と満足度の関係を分析した結果，３ヶ国とも労働時間が長い者は，労働時間が標準的な者（週 40 以上 45 時間未満）に比べて，労働時間満足度は有意に低くなる．生活満足度についてはその関係は薄れるが，日本の男女では統計的に有意な負の関係が観察された．日本では，イギリスと

ドイツに比べて週労働時間が長く,それが労働者の生活満足度等にネガティブな影響をもたらしているといえる.推計結果を用いて,同じ属性をもつ個人の満足度の予測値を算出した結果,週労働時間が長くなると労働時間満足度が低下し,その低下幅は3ヶ国でほぼ同程度である.興味深い結果として,日本の男女の労働時間満足度と生活満足度は,平均値でみるとイギリス,ドイツに比べて低い傾向にあったが,属性をコントロールすると日本の満足度がほかの2ヶ国と比べて低くない点があげられる.このことは,日本では満足度を下げる職場環境等の状況にある個人が多いことを示唆しており,労働時間短縮や労働時間の選択の自由度を高めることにより,従業員の満足度を高めることができると考えられる.

第5章では,従業員のWLBの実現に関連するアウトカム指標に,フォーマルな企業の制度要因とインフォーマルな職場のマネジメント要因がどのように影響しているのかを考察している.WLBの実現に関するアウトカム指標として,個人のWLB満足度に加え,職場の生産性に関連する指標も用いながら多角的に分析している.これまで,企業のWLBへの取組というとき,人事制度としての施策導入等に注目されることが多かったが,欧米の研究では,職場マネジメントレベルでの対応の重要性が指摘されている.そこで,WLB施策の導入以上に職場マネジメントのあり方が重要なのではないかとの仮説に基づきデータ分析を行った.その結果,企業のWLB制度・施策に関しては,育児休業制度等の両立支援策以上に「労働時間削減のための取組」といった全従業員を対象とする施策の有効性が確認された.また,イギリスでは「フレックスタイム制度」が,ドイツでは「在宅勤務制度」が,それぞれWLB実現のためには効果的であるのに対して,日本ではこうした制度が効果をあげておらず,長時間労働層が多い実態を反映して労働時間を削減することの重要性が明らかになった.そして企業のWLB関連制度・施策の導入以上に有効なのが仕事や職場マネジメントの特徴である.職務が明確で職務遂行に当たって個人の裁量があるような仕事,上司が個人の業務遂行や育成に目配りをしたマネジメントを行っていること,職場のなかで協力的な雰囲気が醸成されていること,の三つがWLB満足度を高め,また職場のパフォーマンスを高める上で重要な要因であることが明らかになった.特に日本では,フレックスタイム制度等裁量度を高めるための制度導入の効果が低い分,実際に裁量度の高い仕事遂行を可能にする上司や職場風土が従業員個人のWLBの実現にあたっては重要だといえる.

5.2 国際比較分析

 以上が，日本の WLB 推進のための課題抽出のための実証分析である．こうした課題解決にあたり，欧米の取組をそのまま日本で適用することには様々な困難が伴う．しかし，経済のグローバル化が進むなかで，多くの企業が日本企業と同様に国際的な競争のなかで勝ち残るべく経営努力を行いつつ，働く人のWLB 支援を人事戦略の一つに掲げる海外の事例から，日本の課題解決の方向性を検討する意義は大きいと考える．そこで，比較対象国として，アメリカ，イギリス，オランダ，スウェーデンの4ヶ国を設定して考察を進めたのが，本書の第II部の四つの章である．

 アメリカ（第6章）は，ヨーロッパの国と比べると労働時間や育児・介護のための法的な規制は極めて弱く，公的な子育て支援も十分ではないが，企業の自主的な取組として WLB 施策が進められてきている．アメリカでは，1970年代頃から雇用の場における男女平等を積極的に進め，女性の高学歴化等を背景に能力の高い女性が労働市場の中で重要なポジションを占めるようになるが，その際女性に偏りがちな家族的責任の支援の必要性が高まった．企業が女性の能力を本格的に活用しようとすると，WLB 施策の充実は不可避であり，男女共同参画の進展が，企業の自発的な WLB 施策導入の前提であったと評価できる．当初は，育児と仕事の両立の問題に直面する女性への支援という側面が強かったが，90年代に入って仕事と生活の間でのコンフリクトが職場に悪影響をおよぼす，企業の WLB 支援は経営的にメリットがある，といった研究が紹介されたことなどを契機に，広く仕事と生活のバランスを図るための施策として展開されるようになる．企業の裁量による WLB 支援は，高スキル労働者に対象が限定される面があり，このために低スキル労働者との格差という問題にもつながるが，一方で，企業による労働者支援に経済的合理性をもたらし，高スキル女性を管理職等に進出させることを促進したと評価できる．労働市場における男女間格差の縮小は家庭内の性別役割分業体制を変え，男性の家事・育児時間を増加させている．アメリカの状況は，企業が WLB 支援を導入する誘因として，雇用の場における男女の均等処遇の実現が不可欠であることを示すという点で，日本にとって示唆が多い．機会均等に配慮せずに寛大な両立支援策のみを企業に義務付けていくと，男女共同参画が後退する危険性をはらんでいるといえよう．

 イギリス（第7章）は，EU のなかでは労働時間が長い傾向にあったが，女

性の労働市場への進出などの社会変化を受け，1990年代終わりから積極的なWLB政策を国が主導してきた経緯がある．具体的には，柔軟な働き方を進めるための法的規制を導入しつつ，基本的には企業の自主的取組を促す点に特徴があり，日本にとって参考になる点も多い．イギリスでは，2002年に成立したフレキシブル・ワーキング法により，一定の条件を満たす労働者に柔軟な働き方の請求権を認めるなど，各種の法整備を行ってきた．また，政府が働き方改革を推進するのと歩調を合わせて，保育サービスの量的拡大，質の向上といった社会サービスの拡充を進めてきている．こうした制度改正に対応して大規模調査を定点的に実施しながら政策評価を行っているなど，イギリスから学ぶ政策は多い．一方で企業は，こうした法律に則った制度整備に加え，WLBに先進的に取り組む企業においては，近年職場マネジメントの改革が重視されるようになってきている．WLB施策に企業が取り組む背景として，顧客の多様なニーズへの対応や多様な人材の確保といったダイバーシティやインクルージョンの視点が強調されている点は，アメリカと同様である．そのため，法制度などは子育てや介護を中心としたものであっても，企業においては全従業員を対象とした施策として展開するケースがみられ，先進的な企業では，WLB施策を職場の生産性を落とさないで従業員のモチベーションを高める施策として，企業の経営戦略の中に積極的に位置づけている．WLB施策の利用者の拡大に伴い，多様なキャリア形成を前提とする人材マネジメントの構築に関してはイギリスの企業でも重要な課題とされているが，短時間勤務制度などの柔軟な勤務形態を受け入れる職場運営の事例に学ぶ点は多い．

　オランダ（第8章）は，パートタイム労働を働き方の選択肢の一つと位置づける政策を展開し，週労働時間50時間以上の割合が主要国のなかで最も少ないという点で日本の対極にある国といえる．就業者1人当たりの労働時間が長く女性の就業率が低い「分業型」である日本に対して，短い労働時間で女性も含めて多くの人が働く「参加型」の国といえる．これを可能にしているのが，パートタイム労働に関連する各種の法整備である．1996年に労働条件面でフルタイム労働者と同等の権利がパートタイム労働者に保障されるようになり，2000年の「労働関係調整法」により，労働者に時間当たり賃金を維持したままで労働時間の短縮・延長する権利が認められている．このため，労働者の労働時間の希望と現実の一致度が高く，ライフステージに応じて労働時間を柔軟に選択しながら仕事と生活の調和を図ることが可能になっている．オランダのWLB

の実現を理解するうえでは,個人の労働時間選択の自由度を高めるための政策の重要性を認識する必要があるが,それを可能にしているのが,職場にいることではなく成果によって評価するといった評価の考え方の転換であり,また従業員を信頼することといった職場レベルでの地道な取組である.現在は,労働時間の柔軟性に加えて就業場所の柔軟性に取り組む企業が多く,在宅勤務等のテレワークについては,そのメリットを認識して導入に積極的に取り組む企業が増えている.在宅勤務は,従業員のストレス軽減等働く側にとってのメリットのみならず,オフィスコストや通勤コストなどの節減といった経営的なメリットも大きく,労働時間の柔軟化の推進において蓄積されたマネジメントノウハウが,在宅勤務の導入に生かされている.

スウェーデン(第9章)は,早くから国を挙げて仕事と育児の両立支援政策に取り組み,WLB 政策の進んだ国として知られる.女性の労働市場への参画と男性のケアワークへの参画をともに進めるという考え方が,家族政策と男女平等政策の基礎に位置付けられている.「男女共同参画」の理念を重視する政策を展開したことはアメリカと同様であるが,それを支える両立支援政策を強力に推進してきた点にスウェーデンの特徴があるといえる.労働環境も,働く人が性別や家族状況に関わらず尊厳ある生活ができることを目指して,様々な法整備が進められ,その一環として男女を対象とする親休業法も 1974 年という早い段階で導入された.男女共同参画の理念のうえに,働き方の多様性・柔軟性が成立し,WLB の実現につながっているといえる.特に近年は,男性の育児参画を女性と同等に高めることを目指した取組が積極的に展開されるようになっている.また,スウェーデンでは,企業・職場レベルにおいても積極的な対応が行われており,法定の高い水準をさらに上回る内容の両立支援制度を導入する企業も多い.こうした状況を従業員も肯定的に評価し,企業と従業員の間に信頼関係が醸成されるという好循環につながっている.また,職場マネジメントの特徴として,「責任の下での自律」,「信頼関係」という二つのキーワードが浮かび上がっている.スウェーデンの取組は国の政策に注目が集まりがちであるが,企業・職場レベルにおいても,多様で柔軟な働き方を実現するための取組が行われていることに注目すべきであろう.

6 おわりに——日本の取組へのインプリケーション

　以上，本書の概要をまとめたが，本書の分析の結果から得られた日本の取組への示唆として，編者の個人的見解として，次の5点を指摘したい．

　まず第一に，企業がWLB支援に取り組むことは，働く人の満足度を高め，女性の労働市場への参画を促し，結果として経済の安定的な発展につながりうるということを確認しておきたい．海外のWLB政策の推進は，EUの雇用戦略に象徴されるように，女性や高齢者などの就業促進という雇用量の側面と，そこで働く人の満足度やモチベーションといった雇用の質の側面の，両面から推進されている．また，企業においては，経済社会の構造的な変化を受け，新しい雇用のあり方に転換するためのアプローチ・方法論と位置づけられ，積極的な取組が進められている．特に恒常的な長時間労働が幅広い層においてみられる日本では，働く人の満足度は低いことが本書の随所で明らかになっており，組織の活力，ひいては社会全体の活力を削いでいる可能性が高い．働き方改革につながるWLB政策の推進は，こうした現状を打開するための有効な方策となりうることが実証的に示された．

　第二に，アメリカとスウェーデンは，WLBに関する国の政策の関与の仕方は対照的であるにもかかわらず，結果として女性の労働市場への参画や男性の家族的責任へのコミットが進んでいるという共通点に注目したい．ここでポイントとなるのが，男女共同参画の理念の明確化である．両国とも，労働市場における男女の機会均等政策を進める際に，女性の就業支援を進めることと同時に働き方を柔軟にすることの重要性が改めて認識され，結果として働き方改革が進み，男性のライフスタイルが変化してきたという経緯がある．日本では，WLB政策の重要性についての認識が高まり，企業に対する働き方改革を求める政策を進めているが，同時に男女の機会均等の理念を明確にして女性の活躍推進を進めるための環境整備を進めなければ，企業にとってWLB政策に取り組む経済的合理性を享受できず，取組が進まない可能性がある．女性の活躍推進を強力に進める企業では，WLB施策を導入するメリットは大きく，こうした「女性活躍推進→WLB推進」という循環を政策レベルでも形成する必要がある．そのためには，女性の就業促進を明確にした政策の展開が強く求められる．

第三に，WLB政策を男女共通の課題として取り上げることの重要性を指摘したい．各国のWLB政策においては，まずは女性の活躍推進や育児期の従業員支援という側面について優先的に対応が行われてきたが，企業への普及・定着の過程で，その対象は拡大し，従業員に共通の施策として実施されることが多い．これは，企業にとって一部の従業員の事情に配慮するよりも，WLBのニーズは従業員に普遍的に存在するとの前提に立って施策を進めることが重要であることを示している．法的な根拠としては，育児や介護など家族的責任を有する従業員を優先的に対象とするものであっても[8]，企業が取り組むWLB施策が経営戦略の一環として位置付けられるためには，一部の従業員のための福祉施策ではなく，人材活用策として機能することが期待されるのである．日本におけるWLB政策は，その理念としてはすべての人を視野に入れる包括的な政策として展開されるべきとされているが，企業レベルでの取組は育児支援などにフォーカスされる傾向が強く，企業の包括的な取組を，法的規制とは別のソフトなかたちで推進することも必要な政策といえる．

　第四に，日本の長時間労働の傾向は顕著で，これが働く人の満足度を低めておりこの是正は必須であるが，日本の働き方に関するもう一つの課題としてその画一性があり，働き方の柔軟化を進めることの必要性をあげることができる．仮に労働時間の長さが同じでも，裁量性をもって働くことができる場合には，働き方への満足度が高くなる傾向にある．欧米では，WLB施策を進める際に，柔軟な働き方（flexible working）の拡大がメインテーマとなるが，日本では長時間労働が注目されるために，この点についての関心は必ずしも高くはなかった．イギリス，オランダでは働き方を従業員がリクエストできる権利を認め，実際に多様な働き方が広がっている．日本では，正規労働者の働き方は処遇が相対的に高いことの代償として裁量の度合いが小さくてもやむを得ないと考えられがちであるが，正規労働者の働き方の裁量性，柔軟性を高めることの重要性は高い．これと関連して，欧米では，テレワーク・在宅勤務の導入が進み，それによる経営的なメリットも大きいことが指摘されていることをふまえ，日本でも，勤務地の裁量度を高める在宅勤務制度の導入を進める余地は大きいといえる．

　第五に，働く人のWLB実現は，施策の導入以上に職場のインフォーマルな対応に依存する部分が大きいということを認識する必要性が明らかにされた点

をあげたい．海外のインタビューにおいても，フォーマルな制度対応がある程度整備されたところで，現在は，インフォーマルな対応の重要性を改めて認識し，その充実に取組の重点がシフトする傾向にある．オランダで指摘されたような「成果重視の評価」や，スウェーデンで指摘された「職場における信頼関係の醸成」など，日本と共通する職場レベルでの課題に欧米の企業も直面し，その課題を直視して解決策を検討している．いずれの国でも，キーパーソンは職場の管理者であると考えられており，管理者の意識改革やマネジメント支援のあり方から日本が学ぶ点は多い．

注

1) 本書では，日本との比較対象国として，イギリス，オランダ，スウェーデン，アメリカを取り上げている．ドイツに関しては，本書では詳細な比較検討は行わないが，アンケート調査のデータが使用できることから，データ分析において日本と比較検討する対象として設定している．アンケート調査は，イギリス，オランダ，スウェーデンに加えてドイツを対象にしている．アンケート調査は，同様の問題意識で研究を進めていた内閣府経済社会総合研究所と協力して実施しており，日本，イギリス，オランダ，スウェーデンを経済産業研究所が，ドイツを内閣府経済社会総合研究所が担当して実施している．なお，アメリカは，日欧と労働市場の構造が異なる点が多いことから，定量調査実施の優先度は低いと考え，文献調査により研究を進めた．
2) 山口［2009］においても，欧米とわが国の比較検討がなされており，参照されたい．
3) アメリカのWLBに関する法的政策に関しての詳細は池添［2010］に詳しい．
4) アメリカにおけるWLBの取組状況は，内閣府政策統括官［2006］にコンパクトにまとめられている．
5) なお，以下の分析における企業規模は，いわゆる「正社員（permanent employee）」の人数で分類しているが，海外調査の回答企業のなかには正社員数250人未満の企業も含まれている．
6) 企業のWLB取組姿勢や取組状況，従業員からみた企業の取組状況の評価に関する分析は，武石［2011］に詳しいので参照されたい．
7) 調査では，この1ヶ月の平均的な出勤日の状況について尋ねている．
8) WLB政策において法的手法を用いて国が介入して労働者を保護する際には，一定の制約があるべきとの考え方は，奥山［2010］において整理されている．

参考文献

Demetriades, S., Meixner, M., Barry, A., Stavroula, M., and Adam, B. [2006] *Reconciliation of Work and Familylife and Collective Bargaining in the European Union: An Analysis of EIRO articles*, EuropeanFoundation for the Improvement of Living and Working Conditions.

Esping-Andersen,Gosta [1990] *The There Worlds of Welfare Capitalism*, Cambridge: Polity Press.（岡沢憲芙・宮本太郎監訳［2001］『福祉資本主義の三つの世界――比較福祉国家の理論と動態』ミネルヴァ書房）.
European Commission [2008] *Employment in Europe 2008*.
Hass, Linda [2003] "Parental Leave and Gender Equality: Lessons from the European Union," *Review of Policy Research*, Vol.20, pp.89-114.
OECD [2006] *Employment Outlook 2006*.
池添弘邦［2010］「アメリカ」,労働政策研究・研修機構『ワーク・ライフ・バランス比較法研究（中間報告書）』pp.149-185.
奥山明良［2010］「諸外国間比較」,労働政策研究・研修機構『ワーク・ライフ・バランス比較法研究（中間報告書）』pp.187-206.
小倉一哉［2007］『エンドレス・ワーカーズ――働きすぎ日本人の実像』日本経済新聞社.
黒田祥子［2010］「日本人の労働時間――時短政策導入前とその20年後の比較を中心に」,鶴光太郎・樋口美雄・水町勇一郎編著『労働時間改革』日本評論社, pp.33-51.
権丈英子［2008］「改正パートタイム労働法のインパクト――経済学的考」,『日本労働研究雑誌』No.576, pp.70-83.
武石恵美子［2011］「ワーク・ライフ・バランス実現への課題――国際比較調査からの示唆」,藤田昌久・吉川洋編著『少子高齢化の下での経済活力』日本評論社, pp.245-289.
内閣府政策統括官［2006］『少子化社会対策に関する先進的取組事例研究報告書』.
山口一男［2009］『ワークライフバランス――実証と政策提言』日本経済新聞出版社.
脇坂明［2009］「ファミリー・フレンドリー施策と企業」,武石恵美子編著『女性の働きかた』（叢書・働くということ）ミネルヴァ書房, pp.203-234.

第Ⅰ部　日本のワーク・ライフ・バランスの課題

第1章
ワーク・ライフ・バランス施策と企業の生産性*)

山本勲・松浦寿幸

1 はじめに

　2007年12月に「仕事と生活の調和（ワーク・ライフ・バランス）憲章」と「仕事と生活の調和推進のための行動指針」が策定されるなど，わが国では近年，仕事と生活の調和（WLB）を推進しようとする動きが広がっている．しかし，労働者のWLBの実現に企業がどの程度積極的にかかわるべきか，あるいは，企業が具体的にどのような取組を実践すべきか，といった点については，多くの企業が試行錯誤を繰り返しているのが現状といえよう．

　労働者がWLBの実現を図ろうとする際，わが国では企業の果たす役割が大きいと考えられる．日本的雇用慣行のもと，正社員が自由に労働時間を決めることが難しく，労働需要側の制約を受け，長時間労働が余儀なくされることが少なくない（例えば山口 [2009] やKuroda and Yamamoto [2011] などを参照）．ほかの先進諸国のように労働者の転職機会が豊富であれば，転職を通じてWLBの実現を図ることもできるが，わが国ではその可能性も高くない．このため，各企業で労働者のWLBに向けてどのような取組がなされるかが，日本人のWLBの実現を左右する大きな要因になりうる．

　一方，企業が自発的に労働者のWLBの実現に取り組むかどうかは，WLB施策の費用対効果の大きさによる．前述の「仕事と生活の調和（ワーク・ライフ・バランス）憲章」では，少子高齢化社会における雇用のあり方として，「有能な人材の確保・育成・定着」を図っていくことの重要性が述べられている．企業が労働者のWLBの実現に配慮することで，採用パフォーマンスや労働者の定着率・モラールが向上し，将来的に企業全体の生産性が上昇するのであれば，企業は経営戦略の一環としてWLB施策に取り組むはずである．その場合，現状でWLB施策の普及率が低いとすれば，WLB施策の費用対効果の大きさが

経営者に認識されていないことが理由として考えられるため，効果の大きさや成功事例などのノウハウを政策的に普及させることで，企業が自発的に WLB 施策を導入するようになることが期待できる．あるいは，中小零細企業など，流動性制約などの問題で WLB 施策の導入費用を賄うことができないような企業には，導入費用を社会的に負担するような政策も正当化されうる．

これに対して，WLB 施策を実施することで企業の業績がむしろ悪化してしまったり，導入・運用費用が効果を上回ってしまったりするのであれば，一部の社会的責任の強い企業を除き，積極的に労働者の WLB 実現に取り組む企業はあらわれず，WLB 施策の自発的な普及は望めないだろう．その場合でも労働者の WLB 実現が社会的に要請されるのであれば，WLB が実現しないことを一種の「市場の失敗」と捉え，WLB 施策の法制化も含め，積極的な政策介入も必要となってくるかもしれない．

このように，政策含意を見極めるうえでも，企業が実施する WLB 施策の費用対効果の大きさを計測することは重要であり，そうしたこともあってわが国では近年，WLB 施策が企業業績に与える影響を計測する学術研究が数多く蓄積されている．包括的なサーベイは武石 [2006] や姉崎 [2010] に譲るが，先行研究の多くで，「両立支援や労働時間削減といった各種の WLB 施策と企業業績（売上高や経常利益など）の間にはプラスの相関関係がある」といった検証結果が報告されている．ただし，ここで強調すべきは，WLB 施策が無条件に企業業績を高めるということはなく，多くの研究で以下のような留保が必要とされていることである．

一つめの留保は，他の施策との補完性についてである．単に企業が WLB 施策を導入するだけで企業業績がよくなることはなく，ほかの施策と併せることでプラスの効果がみられるというものである．具体的には，男女の均等施策（脇坂 [2006, 2007]，長江 [2008] など）や人材育成施策（阿部・黒澤 [2006]，阿部 [2007]），IT 施策（櫻井 [2009]，阿部・黒澤 [2009]）などの施策との相乗効果が，多くの研究で指摘されている[1]．

二つめの留保は，WLB 施策導入の内生性，あるいは，逆の因果性の可能性についてである．先行研究の多くがクロスセクションデータに基づいていたため，たとえ WLB 施策導入と企業業績のあいだにプラスの相関が見出されたとしても，WLB 施策によって業績がよくなったというよりは，業績のよい企業だからこそ WLB 施策を導入しているという，いわゆる逆の因果性が生じてい

る可能性が排除しきれない．これまでにも，WLB 施策導入とその後の企業業績の変化を検証した研究（阿部・黒澤［2006］）や2時点間における WLB 施策の導入状況と企業業績の変化に着目する推計（阿部・黒澤［2009］[2]）など，逆の因果性を考慮しようとした研究は存在するが，そうした試みは非常に少ない[3]．武石［2006］や姉崎［2010］も指摘するように，逆の因果性を排除するには，比較的長期間の企業パネルデータを用いた固定効果推計によって，資金力や潜在成長力といった企業固有の要因をコントロールすることが重要といえる．

　三つめの留保は，多くの研究が従業員 300 人以上の中堅・大企業を対象にしたものであり，中小企業における WLB 施策の費用対効果は必ずしも明らかになっていないことである．数少ない研究例としては，脇坂［2009］や川口・西谷［2009］があるが，中小企業を対象とした研究のさらなる蓄積は必要不可欠といえる．

　以上のことを踏まえ，本章では次の三つを主な目的として，企業の WLB 施策の中長期的な費用対効果を測定する．一つは，企業の WLB 施策の費用対効果がプラスになる条件を明らかにすることである．WLB 施策の費用対効果には多面性があり，WLB 施策の種類や期間，企業特性などによって変わりうる．そこで本章では，数多くの WLB 施策（育児休業などの両立支援策，フレックスタイム制度や長時間労働是正に向けた組織的取組，非正規社員から正社員への転換制度など）のなかでどういった施策に効果が現れやすいのか，WLB 施策の費用対効果は中長期的にみてプラスあるいはマイナスになるのか，どのような特性のある企業で WLB 施策が企業業績を高めるのか，といった条件を導出する．先行研究では WLB 施策とほかの施策との補完性が強調されてきたが，本章の分析は，WLB 施策の効果が現れるような条件に注目する点で異なり，そうした条件があるからこそ，ほかの施策との補完性も生まれてくることを指摘する．

　二つめは，比較的規模の大きい企業パネルデータを用いることで，WLB 施策導入の内生性をコントロールするとともに，WLB の費用対効果のラグ構造を踏まえた推計を実施することである．具体的には，「企業活動基本調査」（経済産業省）の個票データと「仕事と生活の調和に関する国際比較調査」をリンクさせることで，企業業績と WLB 施策に関する 1990 年代からの企業パネルデータを構築し，検証に用いる．パネルデータに基づく固定効果推計を実施するとともに，WLB 施策導入後の企業業績の推移を把握することで，これまでの研究では難しかった逆の因果性をコントロールした WLB 施策の費用対効果

の測定を行う．さらに，本章の分析の大きな特色として，これまでの研究と異なり，企業業績の指標として全要素生産性（Total Factor Productivity；以下，TFP）を用いることが挙げられる．TFP は企業の中長期的な成長の源泉といえるものであり，WLB 施策が（売上高や利潤ではなく）TFP に与える影響を測定することは，WLB 施策の持続可能性を判断するのに適していると考えられる．

三つめは，中堅・大企業だけでなく，中小企業における WLB 施策の費用対効果も測定することである．本章で利用するデータには従業員 100 人以上 300 人未満の企業が多数含まれており，こうした中小企業においてもパネルデータをもとに WLB 施策が TFP に与える中長期的な費用対効果を測定することができる．

本章の分析結果をまとめると次のとおりである．まず，単純に WLB 施策と TFP の関係を検証すると，両者にプラスの相関がみられるケースもあるが，これは，もともと TFP の水準の高い企業ほど WLB 施策を積極的に導入しているという逆の因果性を反映したものである可能性が高い．事実，資金力や潜在成長力といった企業固有の特性を固定効果推計によってコントロールした場合，WLB 施策が一貫して中長期的に TFP を高めるという因果関係は一切見出せない．しかし，企業特性によっては WLB 施策と TFP の間に因果関係が検出されるケースもあり，以下のいずれかの条件を満たす企業では，WLB 施策が企業の TFP を中長期的に上昇させる傾向を確認できる．すなわち，①従業員 300 人以上の中堅・大企業，②製造業，③労働の固定費の大きい企業（労働保蔵の度合いの大きい企業や正社員比率の高い企業），④女性の活用の進んでいる企業（女性管理職のいる企業）である．このほか，WLB 施策の種類としては，①推進組織の設置などの積極的な WLB への取組，②長時間労働是正の組織的な取組，③非正社員から正社員への転換制度，④法を上回る育児休業制度といった施策が中長期的に TFP にプラスの影響を与えやすいこともわかった．ただし，中小企業の場合，WLB 施策の導入によって，かえって TFP が低下してしまうなど，企業の特性や WLB 施策の種類によって TFP に与える影響にばらつきがみられることも明らかになった．これらの分析結果は，WLB 施策を導入するだけで生産性が向上するようなことはないものの，効果が生じるような条件のもとで，有効な施策を実施することによって，WLB 施策導入の費用対効果が中長期的にプラスになりうることを示すものである．条件を満た

す企業に対し，WLB 施策の効果や成功事例の情報提供をするような政策を進めることで，企業が自発的に WLB 施策を導入するようになることも期待できる．

以下，第2節では，分析フレームワークを説明し，第3節では，分析に利用するデータと変数について述べる．第4節では推計結果を提示し，続く第5節では政策含意について言及する．最後に第6節では本章のまとめと今後の検討課題について述べる．

なお，本章の内容は山本・松浦［2011］をもとにしているが，推計結果の詳細や一部の WLB 施策についての推計結果については割愛している．これらの点については，山本・松浦［2011］を参照されたい．また，山口［2011］では，本章で用いた日本の企業データを含む日欧の国際比較データを用いて，本章と同様の検証をクロスセクション分析で実施し，本章と整合的な結果を確認しているので，参照されたい．

2 分析フレームワーク

2.1 ワーク・ライフ・バランス施策が企業の生産性を高めるチャンネル

企業が労働者の WLB 実現に向けた取組を実施することは，どのようなメカニズムによって企業の生産性を高めるのだろうか．Baughman et al.［2003］によれば，企業の WLB 施策は，①従業員の離職率（turnover rates）の減少，②従業員の採用パフォーマンス（recruiting）の向上，③従業員のモチベーション（moral）の向上，④従業員の欠勤（absenteeism）の減少という四つのチャンネルで企業の生産性を高める可能性があると指摘している[4]．実際，日本の先行研究でも，これらのチャンネルについて検証したものが多数ある．例えば，坂爪［2002］や松繁［2006］，川口［2007］などは WLB 施策が従業員の定着率を高める可能性，武石［2006］や川口・長江［2005］などでは WLB 施策によって従業員の採用パフォーマンスが向上する可能性，守島［2006］，坂爪［2009］，阿部［2009］などでは，WLB 施策が従業員のモチベーション（仕事満足度など）を高める可能性を指摘している．

本章ではこれらのチャンネル自体を検証するというよりは，企業の WLB 施策が各チャンネルを通じて中長期的な TFP にどのような影響を与えるかという総合的な効果を検証する．TFP は企業の成長力を左右する重要な技術水準

を反映しており，生産要素（労働投入量や資本投入量）の大きさや資本装備率の高低に影響を受けない客観的な指標といえる．WLB 施策後に上記のチャンネルを通じて生産効率が向上すれば TFP は上昇し，逆に，WLB 施策の導入によって金銭的な費用がかさんだり，制度変更に伴う非効率性が生じたりすれば，TFP は低下する．本章では，WLB 施策導入後の TFP の推移を検証することで，WLB 施策の直接・間接費用と効果のネットの大きさが測定される．

その際，本章では特に，従業員の定着率の上昇（①）と採用パフォーマンスの向上（②）を通じたチャンネルに着目する．従業員の定着率の上昇や採用パフォーマンスの向上は，どの企業にとってもメリットのあることだが，その大きさは企業特性によって異なる．たとえば，欠員が生じてもすぐに代わりの従業員を採用できるような企業，あるいは，企業特殊スキルを必要としないような企業などでは，定着率や採用パフォーマンスの上昇は経営戦略上それほど重要ではないと考えられる．これに対して，有能な従業員を採用するのに多大なコストがかかるような企業や，従業員の採用後に企業特殊スキルを取得させるための多大な教育訓練コストが必要とされるような企業では，定着率や採用パフォーマンスを高めることが企業業績に直結する重要な経営課題となる．WLB 施策を導入してより大きな効果が期待できるのは，そうした企業であり，そこに共通する特性としては，労働の固定費用が大きいことが挙げられる．つまり，採用・解雇や人的スキルの形成にかかる費用の大きな企業ほど，従業員の定着率や採用パフォーマンスの向上を通じた WLB 施策の効果が大きく生じやすいと考えられる．そこで，以下の分析では，各企業の労働の固定費用の大きさを過去の労働保蔵の大きさ（売上高変動に対する雇用変動の大きさで判断）や正社員比率などの指標でとらえ，固定費の大きさによって WLB 施策の効果の生じかたが異なる可能性を検証する．

なお，前節でふれたように，阿部・黒澤［2006］や阿部［2007］では WLB 施策と人材育成施策との補完性が指摘されているが，そうした指摘は，労働の固定費の大きさと密接に関係すると考えられる．積極的な人材育成施策をとっている企業では労働の固定費が大きいはずであり，そのために WLB 施策との相乗効果が観察されるものと推察される．ただし，労働の固定費用は人材育成施策をとっていない企業でも大きいことが考えられるため，本章は WLB 施策が効果を上げるためのより広い条件を検証するものと位置づけられる．

2.2 ワーク・ライフ・バランス施策導入の内生性

　WLB 施策と企業の生産性の関係をみるうえでは，両者の因果関係の捉え方が重要になる．WLB 施策が企業の生産性を高めるとしても，その費用対効果はラグを伴って顕現化することが予想される[5]．例えば，WLB 施策導入直後には，制度（部署・施策）の新設・維持費用や制度変更に伴う混乱や仕事の非効率化などで，直接・間接費用が大きくなりやすい．一方で，WLB 施策導入による効果は時間とともに徐々にしかあらわれず，また，あらわれたとしても数字や目では見えにくいものであることが多い．このような効果ラグの存在を考えると，WLB 施策は企業からみて中長期的な投資のようなものであり，短期的な費用を負担できるような余力のある企業でないと，積極的に実施するインセンティブは生じにくいと考えられる．

　このため，そもそも WLB 施策を実施しているのは，資金力や潜在成長力のあるような優良企業であり，そうした企業で生産性や企業業績が高いのはいわば当たり前ではないか，という見方ができてしまう．つまり，観察されるデータから，WLB 施策を導入している企業の業績がよいことを見出せたからといって，WLB 施策を導入していない企業が新たにそれを導入したとしても，もともとの企業特性が異なるために，必ずしもプラスの効果は期待できないという批判である．こうした批判は WLB 施策の普及を推進するうえで常に生じてきたものであり，WLB 施策導入の内生性を考慮したうえでも WLB 施策が企業業績にメリットをもたらすかどうかを統計的に精緻に検証することは，学術的にも政策的にも重要な課題といえる．

　WLB 施策が企業の生産性に与える効果を正しい因果関係のもとで計測するには，資金力や潜在成長力といった企業固有の特性をコントロールすることが必要である．そこで本章では，個別企業を追跡調査したパネルデータを活用することで，もともと資金力や潜在成長力があるといった企業固有の特性を除去したうえで，WLB 施策を導入した後に企業の TFP がどの程度上昇するかを把握する．さらに，長期間のパネルデータを利用できる利点を活かして，本章では，WLB 施策導入後の TFP の変化を年単位で捉える推計を実施する．WLB 施策が TFP に与える効果は，導入後数年のラグを伴って生じることもあれば，逆に数年で効果がなくなってしまうことも考えられる．そこで，本章では WLB 施策が中長期的にみても TFP に影響を与えるかに焦点を当てた分析を行う．

2.3 推計アプローチ

以下では企業ごとに TFP を計測し,そのうえで,WLB 施策導入後に TFP の上昇がみられるかを検証する.具体的には,まず第一段階として,Levinsohn and Petrin [2003] の手法を用いて,企業毎の TFP を推計する.Levinsohn and Petrin [2003] の手法を踏襲することで,規模に対する収穫一定を仮定せず,また,労働や資本などの生産要素と付加価値生産額の同時性を考慮しながら,生産関数の推計を行うことができる.ここでは付加価値生産額をアウトプットの指標とするため,TFP は付加価値ベースで測られることになる.このほか,本章の生産関数の推計の特徴点として,雇用者数を正規雇用と非正規雇用(パート・アルバイト,契約社員など<派遣社員は除く>)に分け,さらにそれぞれの労働時間も各企業の投入量としてカウントするマンアワーベースのものを労働投入量に用いることが挙げられる.WLB 施策導入によって 1 人当たり生産性が上昇しても,それが労働時間の大幅な増加によってもたらされているとすれば,WLB 施策の効果としては評価できない.WLB 施策の効果を測定するうえでは,労働時間も考慮することが重要であり,ここでは,マンアワーの労働投入量を用いることで,WLB 施策が時間当たりの生産性に与える影響を測定する.

次に第二段階として,推計された企業毎の TFP が企業の WLB 施策によってどのように異なるかを検証する.すなわち,TFP の推計値を被説明変数とし,WLB 施策の導入時期別のダミー変数(t 年前に導入した場合は 1,それ以外は 0 をとる変数 $< t = 1, 2,..., >$),タイムトレンド,企業固有の特性を説明変数とする式を推計する.WLB 施策の導入時期別にダミー変数を入れるのは,WLB 施策の効果ラグを考慮するためである.また,前述のように,ここで企業固有の特性を考慮しないと,WLB 施策の導入ダミーの係数の推定値に,もともと資金力や潜在成長力があるような企業ほど WLB 施策が導入されやすい,といった逆の因果性が反映されやすい.こうした点を考慮するため,本章では,企業固有の特性をコントロールする固定効果モデルによる推計を行う[6].

3 利用データ

3.1 統計資料

本章で用いる主なデータは「企業活動基本調査」(経済産業省)と「仕事と生

活の調和に関する国際比較調査」の企業アンケート調査の個票である．「企業活動基本調査」は，平成 4 年度（1991 年度対象）に開始された日本初の本格的な企業パネル調査であり，平成 7 年度（1994 年度対象）以降は毎年調査が行われている．調査の対象は，商工鉱業，および一部の電力・ガスや，クレジットカード業などの一部のサービス業に属する事業所を有する企業のうち，従業員 50 人以上，かつ資本金または出資金 3,000 万円以上の会社である．調査項目は，基本的な財務情報に加え，雇用形態別の従業員数や 3 桁レベルの品目別売上高，輸出・輸入の状況，企業間取引状況，子会社・関連会社の保有状況などが含まれる．これまでのわが国の企業レベルの分析では，有価証券報告書を用いた財務データによる分析がしばしば試みられてきたが，サンプルが上場大企業に限定され，また，利用できる項目も財務関連のものに集中している点で，その利用には分野的な制約があった．「企業活動基本調査」では，比較的規模の小さい企業がカバーされており，調査項目も多岐にわたることから，幅広い企業の詳細な活動を捉えることができる．

ただし，「企業活動基本調査」からは，労働時間や WLB 施策についての情報を得ることができない．そこで，RIETI では，研究プロジェクト「ワーク・ライフ・バランス施策の国際比較と日本企業における課題の検討」において，2010 年 1 月に「企業活動基本調査」の回答先企業に対してアンケート調査を実施し，過去の平均労働時間（正社員）や WLB 施策の導入の有無と導入年，労務管理全般に関する事項などを調査した．調査は「企業活動基本調査」の回答企業のうち従業員 100 名以上の 9,628 社を対象にした郵送調査であり，そのうち 17.4% の 1,677 社から回答を得ている[7]．本章では，これら二つのデータをもとに検証を進める．

3.2 TFP の推計に用いる変数

企業別 TFP の推計にあたっては，まず，「企業活動基本調査」から産出（「売上高」）と中間投入（「売上原価」＋「販売費・一般管理費」－「人件費」－「減価償却費」）を算出し，それを日本産業生産性（JIP）データベースから計算した産業別産出・投入価格指数で実質化し，両者の差分を実質付加価値として利用する．次に，資本投入量については，「企業活動基本調査」の「有形固定資産残高」を，JIP データベースから求めた投資財デフレータで実質化したものを利用する．

労働投入量については,「企業活動基本調査」と「仕事と生活の調和に関する国際比較調査」,さらには『毎月勤労統計』を併用することで,ほかの先行研究よりも丁寧に推計する.具体的には,労働者数として「企業活動基本調査」から正社員数とパートタイム労働者数を利用する.また,労働時間としては,正社員については「仕事と生活の調和に関する国際比較調査」から企業別の正社員の平均労働時間を算出し,パートタイム労働については『毎月勤労統計』(厚生労働省)から求めた産業別の一般労働者とパートタイム労働者の労働時間の比率を企業別の正社員の平均労働時間に掛け合わせたものを算出する.こうして算出した正社員・パートタイム労働者の人数と労働時間をそれぞれ掛け,合算したものを,企業全体のマンアワーベースの労働投入量として利用する[8].

なお,RIETI実施の企業アンケート調査では,正社員の労働時間を過去5時点のみ調査しているため,TFPの推計はすべてのデータが利用できる1992年(「企業活動基本調査」では1991年度),1998年(同1997年度),2004年(同2003年度),2007年(同2006年度),2008年(同2007年度)の5時点を利用する.

3.3 ワーク・ライフ・バランス施策や企業特性に関する変数

企業別のWLB施策については,「仕事と生活の調和に関する国際比較調査」の企業アンケート調査で各種のWLB施策の有無と導入年を調査しているので,TFPを利用できる5時点においてWLB施策の導入の有無を示すダミー変数を作成・利用する.ただし,WLB施策導入の内生性を考慮し,また,効果のラグ構造を明らかにするため,推計には,各時点からみて1,2,3,4,5年前および6年以上前に導入しているかの六つのダミー変数を用いる.WLB施策としては,次の五つの施策を分析対象とする[9].すなわち,①WLBの取組(推進組織の設置など),②法を上回る育児休業制度,③長時間労働是正の組織的な取組,④フレックスタイム制度,⑤非正規社員の正社員への転換制度である.

以下の分析では,労働の固定費用の大きさなどの企業特性によってWLB施策の効果が異なるかを検証する.その際に注目する企業特性としては,従業員数や業種のほか,労働保蔵の度合い,正社員比率,女性管理職(課長相当以上)の有無を用いる.このうち,従業員数,業種,労働保蔵の度合いについては「企業活動基本調査」を利用し,それ以外の情報は「仕事と生活の調和に関する国際比較調査」を利用する.

労働保蔵の度合いと正社員比率の二つの変数は，労働の固定費用の代理変数として用いる．労働保蔵の度合いについては，労働の固定費用が大きい企業では不況期にも雇用調整をせずに雇用の変動が小さくなると考え，売上高に対する雇用の相対的な変動の大きさで判断する．具体的には，1998〜2008年の正社員数の分散を売上高の分散で除したものを算出し，その値が中央値よりも小さい企業を労働保蔵の度合いの大きい企業と定義する．また，従業員に占める正社員の比率が高いほど，労働の固定費が大きいと考え，正社員比率が中央値よりも大きいかどうかに注目する．一方，女性管理職（課長相当以上）の有無は，先行研究で指摘されている均等施策とWLB施策の補完性を再確認するために利用する．

4 企業のワーク・ライフ・バランス施策とTFPの関係

4.1 積極的なワーク・ライフ・バランスへの取組（推進組織の設置など）

まず，企業のWLB施策のうち，推進組織の設置などのWLBへの積極的な取り組みについてみてみたい．図1 (1) は，推計されたTFPと企業のWLB施策の導入率の推移を示したものであり，TFP水準の推移を折れ線グラフ（左目盛），各種WBL施策の導入率の推移を棒グラフにし（右目盛），それぞれ1998年，2004年，2007年，2008年の4時点の推移をプロットしたものである．ただし，TFPの水準はWLB施策の導入時期別にプロットしており，白抜きのプロットは未導入，黒色のプロットは導入済でのTFPであることを意味する[10]．

まず図の棒グラフをみると，積極的なWLBへの取組を実施している企業は2000年代後半に増加したもののが，導入率は10%程度と低いことがわかる．次に，折れ線グラフをみると，WLB施策とTFPの間には多様な関係性がみられることがわかる．例えば，WLB施策を導入していない企業（◇印）のTFPはわずかな上昇傾向がみられるが，それと比べて，1997年以前にWLB施策を導入した企業（▲印）のTFPは，むしろ2000年代後半に低下していることがわかる．一方，1998年から2003年までに導入した企業（■印）では，導入前の1998年や導入直後の2004年は未導入企業（◇印）とTFPの水準は変わらないが，導入後数年経った2007年には大きく伸びていることがわかる．また，2004年から2006年までに導入した企業（●印）のTFPは，導入直後の

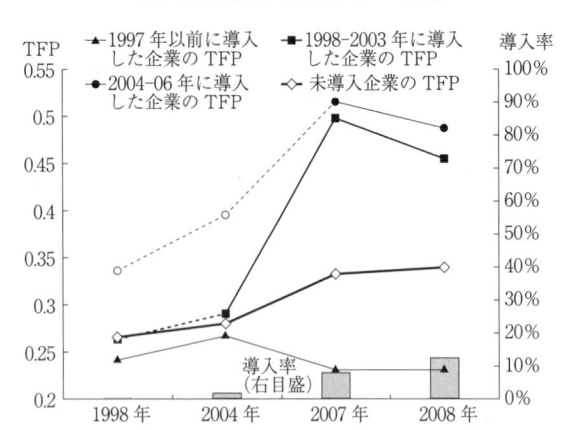

図1 WLB施策とTFPの関係：積極的なWLBへの取組
(1) WLB施策の導入率とTFPの推移

2007年に大きく伸びている．ただし，これらの企業では，いずれも2007年から2008年にかけてTFPは低下していることもみてとれる．このように，推進組織の設置などのWLBの取組がTFPに与える影響は部分的には観察されるものの，明確な傾向を確認することは難しい．

そこで，図1(2)では，固定効果モデルによって，WLB施策がTFPに与える影響を推計した結果をまとめている．棒グラフは，WLB施策の導入時期別のダミー変数の係数すべての平均値であり，導入後全期間にわたって通算でどれだけの影響をWLB施策がTFPに与えたかを示している[11]．ただし，通算の影響が有意水準10%未満で統計的に有意でなければ，棒グラフは白抜きで示している．

図をみると，最上段に示した全サンプルの推計結果は統計的に有意でない．これは，平均的にみれば，WLB施策がTFPを高めるという因果関係や効果はみられないことを意味する．参考までに，棒グラフの上から2番目には，企業固有の特性を考慮しない変量効果モデルの推計結果も示してみたが，この場合，TFPへの影響は統計的に有意にプラスになっており，WLB施策を導入している企業ほど10%程度，TFPが高いことになる．しかし，これは，資金力や潜在成長力といった企業固有の特性をコントロールしていないためであり，固定効果モデルでWLB施策導入の内生性を考慮すると，表面的にみられる両者の関係性はなくなる．つまり，先行研究で留保されていたように，WLB施

第1章 ワーク・ライフ・バランス施策と企業の生産性　47

図1　WLB 施策と TFP の関係：積極的な WLB への取組
(2) WLB 施策が TFP に与える影響（パネル推計の結果）

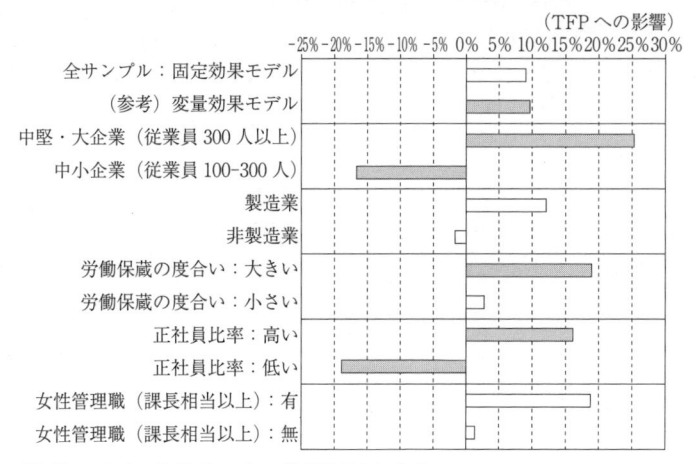

（TFP への影響）
-25% -20% -15% -10% -5% 0% 5% 10% 15% 20% 25% 30%

- 全サンプル：固定効果モデル
- （参考）変量効果モデル
- 中堅・大企業（従業員 300 人以上）
- 中小企業（従業員 100-300 人）
- 製造業
- 非製造業
- 労働保蔵の度合い：大きい
- 労働保蔵の度合い：小さい
- 正社員比率：高い
- 正社員比率：低い
- 女性管理職（課長相当以上）：有
- 女性管理職（課長相当以上）：無

（備考）1. 山本・松浦［2011］の推計結果から作成．
　　　　2. 有意水準 10％で統計的に有意でない場合は白棒で示している．

　策が企業業績に与える影響には逆の因果性があり，この点を考慮しないとWLB 施策の費用対効果を見誤ってしまうことが指摘できる．

　一方，図では，条件によってはWLB 施策の効果がみられる可能性を調べるため，企業の属性毎にサンプルを分割して，WLB 施策が TFP に与える影響を推計した結果も載せている．図をみると，従業員 300 人以上の中堅・大企業では統計的に有意にプラスの影響が示されており，その効果の大きさも 25％程度と非常に大きい．このほか，労働保蔵の度合いの大きい企業，正社員比率の高い企業，女性管理職のいる企業でも統計的に有意にプラスの影響が確認できる．一般的に，中堅・大企業は中小企業よりも従業員への人的投資を積極的に行い，採用にも費用をかける傾向がある．また，前述のように，労働保蔵の度合い（過去の雇用調整の度合いから算出）や正社員比率は，労働の固定費の大きさを反映していると考えられる．このため，図1 (2) の推計結果は，積極的な WLB 施策の導入はどのような企業でも TFP を押し上げるわけではなく，労働の固定費の大きい企業や女性を活用している企業に限って効果が現れることを示唆している．労働の固定費用の大きい企業や女性を活用している企業では，従業員の定着率や採用パフォーマンスを向上させることが企業経営にとっ

て重要な課題になるため，積極的な WLB 施策の導入で従業員の定着率や採用パフォーマンスが向上することが，企業全体の生産性の向上に大きな役割を果たしていると考えられる．

一方，図1 (2) をみると，従業員 100 〜 300 人の中小企業や正社員比率の小さい企業では，WLB 施策を実施することで，かえって TFP が有意に低下してしまうこともわかる．中小企業や非正規社員の多い企業では，従業員の定着率が高くなく，費用をかけて積極的な WLB 施策を導入しても，その費用を回収できるだけの便益が得られない可能性がある．無条件に積極的な WLB 施策の導入を進めると，企業によっては中長期的な生産性の低下というマイナスの影響を受けてしまう点は，十分に留意すべきといえる．

4.2　法を上回る育児休業制度

次に，WLB 施策のうち，法を上回る育児休業制度についてみてみる．図 2 (1) は，図 1 (1) と同様に，WLB 施策導入率と TFP の推移を比較している．これをみると，導入率は 2008 年でも 20％弱と高くないものの，積極的な WLB 施策への取組と比べる多くの企業が導入していることがわかる．一方，TFP の推移をみると，WLB 施策を導入していない企業（◇印でプロットしたもの）よりも導入企業のほうがいずれも高くなっている．例えば，法を上回る育児休業制度を 1997 年以前から導入している企業（▲印）では，未導入の企業よりも，水準でみても伸び率でみても TFP が高く推移している．ところが，1998 年から 2003 年までに導入した企業（■印）や 2004 年から 2006 年に導入した企業（●印）をみると，導入後の TFP の伸び率は未導入の企業（◇印）と変わらないようにみえる．さらに，興味深いことに，これらの企業で WLB 施策を導入する前の TFP（□印や○印）をみると，導入前の時点からすでに TFP の水準が未導入の企業よりも高くなっている．このことは，法を上回る育児休業制度を導入したから TFP が上昇したというよりは，逆に，もともと TFP 水準の高い企業で WLB 施策が導入されているという逆の因果性の存在を示唆する．

図 2 (2) の推計結果をみると，この点が明確に示されている．すなわち，法を上回る育児休業制度は，変量効果モデルでは統計的に有意な影響を TFP にもたらすが，逆の因果性を考慮した固定効果モデルでは，TFP への影響は統計的にゼロと変わらなくなる．

一方，企業属性ごとに推計した結果をみると，従業員 300 人以上の中堅・大

第1章　ワーク・ライフ・バランス施策と企業の生産性

図2　WLB施策とTFPの関係：法を上回る育児休業制度
(1) WLB施策の導入率とTFPの推移

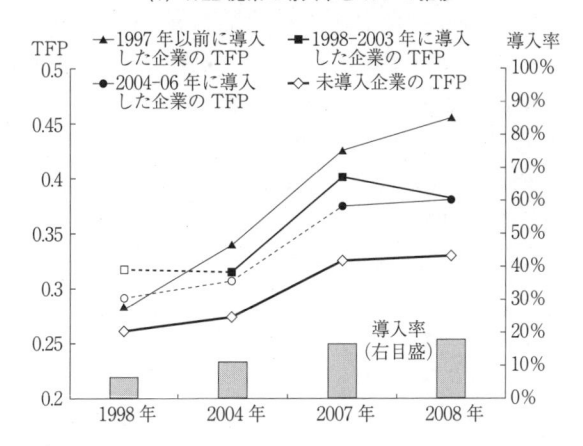

図2　WLB施策とTFPの関係：法を上回る育児休業制度
(2) WLB施策がTFPに与える影響（パネル推計の結果）

（備考）1. 山本・松浦［2011］の推計結果から作成．
　　　 2. 有意水準10%で統計的に有意でない場合は白棒で示している．

企業でしか，統計的に有意にプラスの影響は確認できない．先にみた積極的なWLBへの取組と違って，労働の固定費用の大きい企業や女性管理職のいる企業でも，法を上回る育児休業制度がTFPを押し上げる有意な効果はみられない．この結果の一つの解釈としては，法を上回る育児休業制度には導入費用だけでなく，制度利用のための経常的な費用もその都度かかるため，導入後に便益と同程度の費用が常に発生し，TFPの上昇にはつながらない可能性が考えられる．もっとも，図2 (2) をよりポジティブに解釈すれば，どういった企業属性であっても，法を上回る育児休業制度を導入してもTFPが中長期的に低下するようなことにはならない，と捉えることもできる．TFPの上昇が期待できない場合，企業がWLB施策を積極的に導入するインセンティブはない．しかし，少なくともWLB施策がTFPを下げないことがわかっているのであれば，それを導入しない理由も企業にはないはずである．よって，そうしたWLB施策へのニーズが労働者に強くあるのであれば，企業に働きかけることで，導入される可能性はあるといえよう．

4.3 長時間労働是正の組織的な取組

次に，長時間労働是正の組織的な取組についてみてみると，図3 (1) では，導入率が特に2000年代後半に高くなっており，2008年には30%程度になっていることがわかる．TFPとの関係をみてみると，2004年から2006年までに導入した企業（●印）では，導入前にはTFPの水準が未導入企業と変わらなかったものの，導入後の2007年や2008年には顕著に高くなっている．また，1998年から2003年までに導入した企業（■印）については，導入直後の2004年時点では効果がみられないものの，2007年や2008年には未導入企業を上回るペースでTFPが伸びており，効果にラグが伴う可能性が把握できる．

図3 (2) で推計結果をみると，ほかのWLB施策と同様に，全サンプルではTFPへの効果はみられない．しかし，企業属性で分けてみると，中堅・大企業や製造業，労働保蔵の大きい企業，正社員比率の高い企業などで統計的に有意にプラスのTFPへの影響がみられる．つまり，積極的なWLBへの取組と同様に，労働の固定費用が大きい企業では，定着率や採用パフォーマンスの向上を通じて，長時間労働是正の組織的な取組が企業の生産性を高めることが確認できる．一方，図3 (2) には，労働保蔵の度合いの小さい企業では，むしろTFPが有意に低下してしまうことも示されており，条件の整わない企業

第1章 ワーク・ライフ・バランス施策と企業の生産性　51

図3　WLB施策とTFPの関係：長時間労働是正の組織的な取組
（1）WLB施策の導入率とTFPの推移

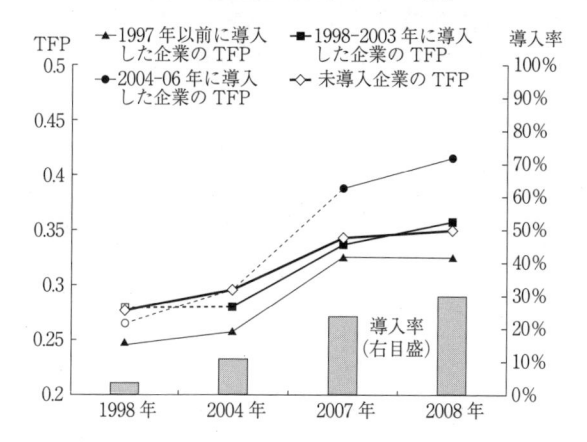

図3　WLB施策とTFPの関係：長時間労働是正の組織的な取組
（2）WLB施策がTFPに与える影響（パネル推計の結果）

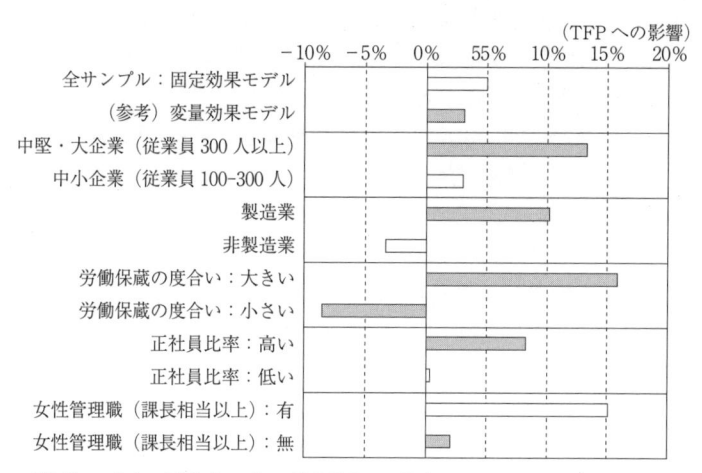

（備考）1. 山本・松浦［2011］の推計結果から作成．
　　　　2. 有意水準10%で統計的に有意でない場合は白棒で示している．

でのWLB施策の推進には慎重になるべきといえよう.

なお，製造業と非製造業で労働保蔵の度合いを比べてみると，製造業では0.01，非製造業では0.03となっており，製造業のほうが雇用の相対的な変動が小さい．つまり，労働の固定費用の大きさの違いが，業種によるTFPへの影響の大きさの違いをもたらした可能性が示唆される．

4.4 フレックスタイム制度

フレックスタイム制度について図4 (1) で導入率とTFPとの関係をみてみると，導入率が低いことや，TFPの水準は未導入企業よりも導入企業で高い傾向があるものの，導入後の伸びが常に未導入企業よりも高いとは限らないことなどがわかる．一方，図4 (2) でTFPへの影響についての推計結果をみてみると，統計的に有意にプラスの影響はいずれのケースでも確認できない．逆に，労働保蔵の大きい企業や女性管理職のいる企業では，フレックスタイム制度の導入によってその後のTFPが中長期的に低下してしまっている．

フレックスタイム制度のTFPへの影響がプラスにならないことの要因としては，一つには，制度の利用・運用にかかる費用が大きいことが挙げられよう．いったん制度を導入すると，育児休業制度などと違って，フレックスタイム制度の利用者は多く，その影響度は大きくなることが予想される．例えば，職場で共有できる時間が短くなるなどして業務遂行上の非効率性が生じる場合，生産性に大きな打撃を与えかねない．

もう一つの要因としては，ここで分析対象にしているTFPが付加価値ベースのものであるため，フレックスタイム制度の導入によって労働投入量以上に人件費が減少すると，（人件費が含まれる）付加価値生産額が減少し，その分だけTFPの低下が生じてしまうことが考えられる．この場合，フレックスタイム制度の導入で人件費が減少するケースとしては二つが考えられる．一つは，フレックスタイム制度の導入が人事給与制度の改訂と併せて行われるなどして，残業代を含む人件費の節約が実施されるようなケースである．もう一つは，Rosen [1968] 流の補償賃金仮説に基づくものである．すなわち，フレックスタイム制度を従業員にとっての一つのアメニティとみなせば，制度導入の分だけ賃金を低くしても従業員はそれを受け入れる可能性が高い．そうなれば，結果的にフレックスタイム制度を導入している企業での人件費が相対的に低くなり，付加価値生産額も同様に低くなることが予想される．

第1章 ワーク・ライフ・バランス施策と企業の生産性　53

図4　WLB 施策と TFP の関係：フレックスタイム制度
（1）WLB 施策の導入率と TFP の推移

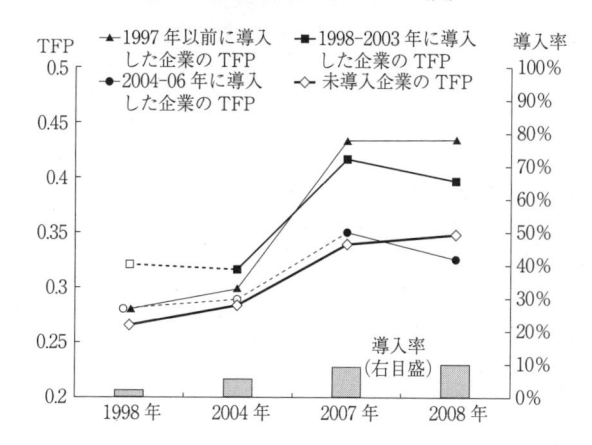

図4　WLB 施策と TFP の関係：フレックスタイム制度
（2）WLB 施策が TFP に与える影響（パネル推計の結果）

（備考）1. 山本・松浦［2011］の推計結果から作成．
　　　　2. 有意水準10%で統計的に有意でない場合は白棒で示している．

しかし，いずれの理由で人件費の低下が生じたとしても，フレックスタイム制度の導入によって生産効率が上がり，生産額自体が大きく上昇すれば，TFPへの影響はプラスになるはずである．よって，図4（2）の推計結果は，フレックスタイム制度による生産効率の上昇はそこまで大きくはないことを示しているといえよう．この点については，労働保蔵の大きい企業や女性管理職のいる企業でフレックスタイム制度がTFPを押し下げてしまうことの解釈と併せて，今後の研究課題として残される．

4.5 非正規社員の正社員への転換制度

最後に，非正規社員の正社員への転換制度についてみてみると，図5（1）にあるように，導入率は比較的高い．しかし，TFPとの関係をみてみると，未導入企業のほうが導入企業よりもTFPの水準が高くなっていることがわかる．もっとも，これは規模の小さい企業ほど正社員への転換制度を導入している可能性があるため，そうした企業特性の違いを反映している可能性がある．

そこで図5（2）でTFPへの影響についての推計結果をみると，全サンプルでは正社員への転換制度とTFPとの間の関係性はみられないものの，中小企業や製造業，労働保蔵の大きい企業，女性管理職のいる企業では有意にプラスの影響を確認することができる．中小企業では積極的に人材を活用することが，生産性を高めることにつながると解釈できる．また，ほかのWLB施策と同様に，労働の固定費用の大きい企業や女性を活用している企業では，正社員への転換制度によって優秀な人材を正社員として採用するという意味で採用パフォーマンスが向上し，結果的に生産性が高まると考えられる．

5　政策含意

最後に，以上の分析結果から導出できる政策含意について考察したい．本章の分析からは，どのような企業でもWLB施策が中長期的にTFPを高めるということはないが，次のいずれかの条件を満たす企業では，WLB施策の効果が期待できることが示された．すなわち，①従業員300人以上の中堅・大企業，②製造業，③労働の固定費の大きい企業，④女性を活用している企業という条件である．ということは，これらの条件をもつ企業においては，今後，TFP上昇が見込めるWLB施策を自発的に導入していくことが期待できる．ここで

第1章 ワーク・ライフ・バランス施策と企業の生産性　　55

図5　WLB施策とTFPの関係：非正規社員の正社員への転換制度
（1）WLB施策の導入率とTFPの推移

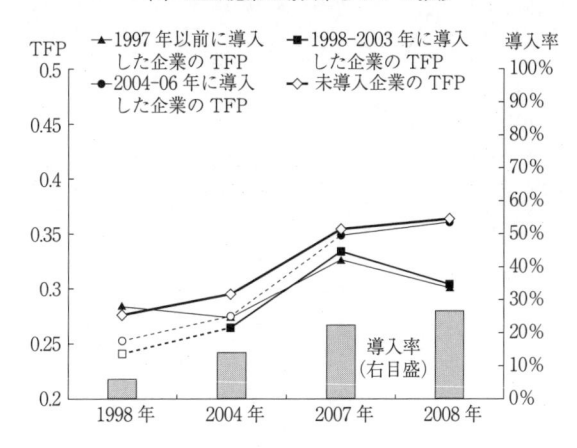

図5　WLB施策とTFPの関係：非正規社員の正社員への転換制度
（2）WLB施策がTFPに与える影響（パネル推計の結果）

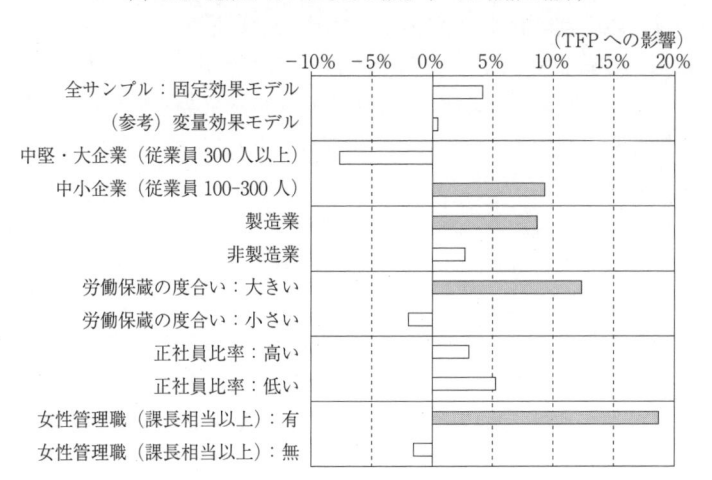

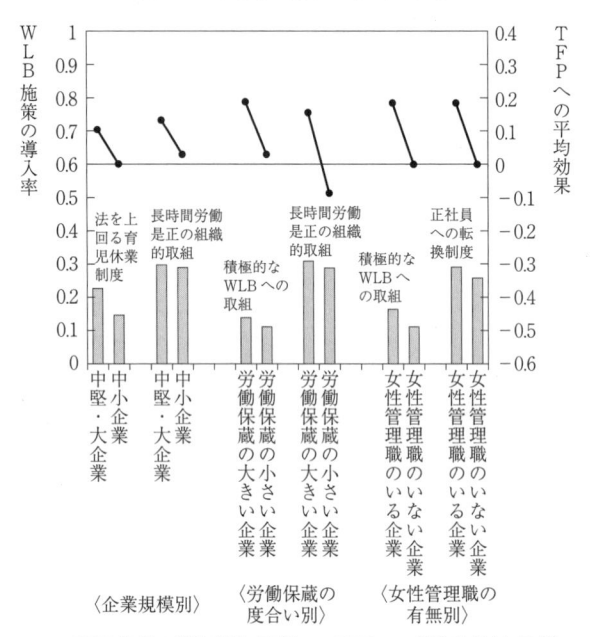

図 6 WLB 施策の効果と導入率の比較

〈企業規模別〉　　〈労働保蔵の度合い別〉　　〈女性管理職の有無別〉

■ WLB 施策の導入率(左目盛)　　● TFP への平均効果(右目盛)

重要なのは，現時点における WLB 施策の導入率である．

図 6 には，これまでの推計で TFP を高める効果が確認された各種の WLB 施策について，中長期的な影響の大きさと導入率を企業規模，労働保蔵の度合い，女性管理職の有無といった条件別にプロットしている．図の折れ線グラフは WLB 施策が TFP に与える平均効果の大きさを示しており，いずれも中堅・大企業や労働保蔵の大きい企業，女性管理職のいる企業で大きくなっていることがわかる．しかし，棒グラフで示した各 WLB 施策の導入率を比較すると，規模別にはある程度の違いがみられるものの，総じてみれば，TFP に与えるプラスの影響度の大きい企業で顕著に WLB 施策の導入率が高くなっている傾向はみられないことがわかる．つまり，WLB 施策の効果が期待できる条件をもった企業のなかには，WLB 施策を未だ導入していない企業が多数存在することを図 6 は示しており，そうした企業に働きかけることで，政策的に WLB 施策の普及を後押しできる可能性がある．中堅・大企業や製造業，労働の固定費用の高い企業，女性の活用の進んでいる企業に対し，いくつかの WLB 施策

が中長期的に TFP を高める効果があることを示すことや,具体的な成功事例に関する情報提供を進めることで,企業における WLB 施策の導入率が自発的に高まっていくことが期待できよう.

　一方,条件に合致しない企業での WLB 施策をどう考えるかという点については,中小企業など一部のケースを除き,WLB 施策を実施することで TFP が中長期的に低下するようなことは少なかったことに注目すべきであろう.WLB 施策が TFP に対して影響を与えない場合,企業は WLB 施策の導入を進めるインセンティブをもたないと同時に,導入しないインセンティブももたないといえる.このとき,WLB 施策の導入によって労働者やその家族の厚生水準が高まるのであれば,条件に合致しない企業で WLB 施策が普及することで,社会的な厚生を改善する.この点を重視するならば,条件に合致しない企業に対しては,WLB 施策を導入することで企業の生産性が低下することはないことを強調したうえで,社会的な要請として WLB 施策の導入が望まれることを企業に働きかける政策が望ましいだろう.ただし,中小企業を中心に,WLB 施策を実施することでかえって TFP が減少してしまうケースもあるため,条件に合致しない企業に対して WLB 施策の普及を働きかける際には,企業経営に与えるマイナスの影響を考慮しながら,より慎重な政策対応をとることが必要といえる.

6　おわりに

　本章では,1990 年代からの企業パネルデータを用いて,WLB 施策が企業の中長期的な生産性にどのような影響を与えるかを検証した.具体的には,「企業活動基本調査」(経済産業省) の個票データと「仕事と生活の調和に関する国際比較調査」の企業アンケート調査をリンクさせたパネルデータをもとに,個別企業の TFP を推計し,各種の WLB 施策を導入することで,TFP が中長期的にどのように変化するかを定量的に把握した.その際には,業績のよい企業だから WLB 施策を導入するという逆の因果性を考慮するため,資金力や潜在成長力といった企業固有の要因を固定効果推計でコントロールしたほか,WLB の費用対効果のラグ構造を考慮した推計を実施した.さらに,WLB 施策が企業の生産性を高めるチャンネルを考慮し,労働の固定費用の大きい企業ほど,定着率や採用パフォーマンスの向上を通じて WLB 施策の TFP に与え

る効果が大きく生じる可能性を検討した.

　検証の結果，まず，WLB 施策によっては TFP とのプラスの相関もみられるものの，これは，もともと TFP の水準の高い企業ほど WLB 施策を積極的に導入しているという逆の因果性を反映したものである可能性が高いことがわかった．事実，資金力や潜在成長力といった企業固有の特性を固定効果推計によってコントロールした場合には，WLB 施策が一貫して中長期的に TFP を高めるという因果関係は見出せなかった．次に，いくつかの企業特性に注目して WLB 施策の効果を測定したところ，次のいずれかの条件を満たす企業では，WLB 施策が企業の TFP を中長期的に上昇させる傾向があることもわかった．すなわち，①従業員 300 人以上の中堅・大企業，②製造業，③労働の固定費の大きい企業（労働保蔵の度合いの大きい企業や正社員比率の高い企業），④女性の活用の進んでいる企業（女性管理職のいる企業）である．このほか，WLB 施策の種類としては，①推進組織の設置などの積極的な WLB への取組，②長時間労働是正の組織的な取組，③非正社員から正社員への転換制度，④法を上回る育児休業制度といった施策が中長期的に TFP にプラスの影響を与えやすいことも明らかになった．ただし，中小企業の場合，WLB 施策の導入によって，かえって TFP が低下してしまうなど，企業の特性や WLB 施策の種類によって TFP に与える影響にばらつきがみられることも明らかになった．

　こうした推計結果は，どのような企業でも WLB 施策を導入するだけで生産性が向上するようなことはなく，WLB 施策が効果を上げるような条件のもと，有効な WLB 施策を実施することによって，その効果が中長期的にあらわれてくることを示唆する．WLB 施策が効果を高めるための条件として，労働の固定費用の大きさが挙げられることは，WLB 施策が従業員の定着率や採用パフォーマンスを向上させる効果があることと密接に関係していると指摘できる．採用・解雇にかかる費用や企業特殊スキルの形成にかかる費用の大きい企業では，従業員の定着率を高めることや採用パフォーマンスを改善することが，直接的・間接的な費用を抑え，生産性を高めることにダイレクトにつながる．このため，労働の固定費用の大きい企業でこそ WLB 施策の効果が大きくなるはずであり，本章の推計結果はそうした見方を裏付けているといえる．また，労働の固定費用が大きいという条件とともに，企業規模が大きいことや均等施策をとっていることなどの他の条件も整うと，WLB 施策の TFP への効果がより明確にあらわれることも本章の分析で明らかになった重要な点といえよう．

さらに，本章では，WLB施策の効果が期待できる条件をもった企業のなかには，WLB施策が導入されていない企業が未だ多数存在することも示された．ということは，中堅・大企業や製造業，労働の固定費用の高い企業，女性を活用している企業に対し，いくつかのWLB施策が中長期的にTFPを高める効果があることを示したり，より具体的な成功事例の情報提供を進めたりする政策をとることで，企業におけるWLB施策の導入率が自発的に高まることが期待できると考えることもできる．

最後に，本章の分析の留意点と今後の検討課題について述べる．まず，本章ではWLB施策が企業のTFPを高める可能性を示したが，あくまでWLB施策の導入とその後のTFPの水準の関係を検証しただけであり，企業や労働者で具体的にどのような変化が生じているかを捉えてはいない点には，留意が必要である．例えば，WLB施策を導入してTFPが上昇した企業において，労働者の定着率や採用パフォーマンスが本当に向上したのか，あるいは，労働者のWLBや労働時間などにどのような変化があったのか，といった点を検証することは今後の検討課題といえる．こうした点を検討するには，企業のTFPやWLB施策に関するパネルデータだけでは不十分であり，企業の人事管理（HRM）の状況を含めたより広範な情報とともに，各企業で働く労働者の情報もリンクさせたパネルデータ（企業・労働者のマッチング・パネルデータ）の整備が望まれる．

次に，本章ではWLB施策導入の内生性をコントロールするために，企業固有の特性を固定効果モデルで除去する方法をとっているが，時間とともに変わりうる要因で生じる内生性についてはコントロールしていない点にも留意が必要である．固定効果推計では，時間とともに変わらない企業固有の要因（企業風土や資金力，潜在成長力など）で生じる内生性はコントロールできるものの，時間によって変わる要因で生じる内生性（経営陣の交代による企業風土の変化やさまざまな環境変化など）については，操作変数を用いた推計手法などでコントロールすることが必要とされる．本章では適切な操作変数が見出せなかったため実施しなかったが，企業固有の時間不変の要因とともに，可変要因によって生じる内生性について，操作変数を用いたIV推計やGMM推計などで考慮した場合でも，WLB施策が企業業績を高める可能性があるかどうかは，今後検証すべき課題といえる．

注

*) 本章の分析では,『企業活動基本調査』(経済産業省)の個票データを用いている. また,経済産業研究所(RIETI)の研究プロジェクト「ワーク・ライフ・バランス施策の国際比較と日本企業における課題の検討」(WLB研究会)で実施した企業アンケート調査の個票データも用いている. 本章の作成に当たっては,黒澤昌子氏(政策研究大学院大学),黒田祥子氏(早稲田大学),武石恵美子氏(法政大学),田中鮎夢氏(RIETI),水落正明氏(三重大学),矢島洋子氏(三菱UFJリサーチ&コンサルティング),横山由紀子氏(兵庫県立大学)をはじめ,RIETIのWLB研究会および第14回労働経済学コンファランスの参加者から大変有益なコメントをいただいた. コメントを下さった各氏に深く感謝申し上げたい. なお,本章のありうべき誤りは,すべて筆者個人に属する.

1) このほか,海外の研究例になるがBloom et al. [2007] では,WLB施策と良好な人事管理(HRM)施策の相関関係を強調し,企業業績にはWLB施策ではなくHRM施策のほうであり,良好なHRM施策があればWLB施策は企業業績にとって重要でないと指摘している. また,児玉・小滝・高橋 [2005] では,本章と同じ「企業活動基本調査」の個票データを用いて企業における女性比率と利益率の関係を検証し,企業固有の固定効果をコントロールすると,女性比率と利益率の関係はみられないものの,均等施策の実施によって女性比率と利益率の双方が増加する可能性を指摘している.

2) 阿部・黒澤 [2009] は,企業固有の固定効果を考慮したうえでWLB施策と企業業績の関係を検証した数少ない研究といえる. なお,本章では,2時点ではなく,長期間のパネルデータを用いることで,企業の固定効果をコントロールしつつ,WLB施策が企業業績にあたえる効果のラグ構造を年単位で明らかにすることが,阿部・黒澤 [2009] との大きな違いと位置づけられる.

3) WLB施策導入の内生性については,海外の研究でもShepard et al. [1996] を例外として,ほとんど考慮されていない.

4) WLB施策が企業業績に与えるチャンネルについては,ほかにも武石 [2006] などで詳しく検討されているので参照されたい.

5) 阿部・黒澤 [2006] では,両立支援策が企業業績に与える影響が短期的にはマイナスであるものの,長期的にはプラスに転じることを指摘している.

6) より詳しい推計アプローチの説明は山本・松浦 [2011] を参照されたい.

7) RIETI実施の企業アンケート調査の詳細については本書の序章を参照されたい.

8) 企業のTFPを算出する際の労働投入量にパートタイム労働時間を考慮することの重要性は森川 [2010] でも指摘されている. 本章では,過去のパートタイム労働者の労働時間を企業別に捕捉することができなかったため,次善策として,企業別の正社員の労働時間に産業別に求めた一般労働者とパートタイム労働者の労働時間比率を掛けることで,企業別のパートタイム労働時間を推計している.

9) 山本・松浦 [2011] ではほかのWLB施策についての推計している.

10) なお,TFPは1992年も推計しているが,WLB施策の導入率が極端に低いもの

があるため，以下の分析では1998年以降の4時点を用いることにした．
11）推計結果の詳細は山本・松浦 [2011] を参照されたい．山本・松浦 [2011] では，WLB 施策導入の効果が年々どのように変化するかというラグ構造についての考察も行っている．

参考文献

Baughman, Reagan, Daniela DiNardi, and Douglas Holtz-Eakin [2003] "Productivity and Wage Effects of "Family-Friendly" Fringe Benefits," *International Journal of Manpower*, Vol.24, No.3, pp.247-259.

Black and Lynch [2001] "How to Compete: The Impact of Workplace Practices and Information Technology on Productivity," *The Review of Economics and Statistics*, Vol.83, No.3, pp.434-445.

Bloom, Nick, Kretschmer, Tobias and Van Reenen, and John Michael [2007] "Work-Life Balance, Management Practices and Productivity," Advanced Institute of Management Research Paper No.056, Advanced Institute of Management.

Kuroda, Sachiko, and Isamu Yamamoto [2011] "Firm's demand for work hours: Evidence from Multi-Country and Matched Firm-Workerdata," RIETI Discussion Paper Series 11-E-024, Research Institute of Economy, Trade and Industry.

Levinsohn, J. and A. Petrin [2003] "Estimating Production Functions Using Inputs to Control for Unobservables," *Review of Economic Studies*, Vol.70, No.2, pp.317-342.

Shepard, Edward M. III, Thomas J. Clifton, and Douglas Kruse [1996] "Flexible Work Hours and Productivity：Some Evidence from the Pharmaceutical Industry," *Industrial Relations*, Vol.35, No.1, pp.123-139.

姉崎猛 [2010]「ワーク・ライフ・バランスと企業業績の関係に関するサーベイ」ESRI Research Note No.10, 内閣府経済社会総合研究所．

阿部正浩 [2007]「ポジティブ・アクション，ワーク・ライフ・バランスと生産性」『季刊・社会保障研究』Vol.43, No.3, pp.184-196.

阿部正浩 [2009]「ワーク・ライフ・バランス施策と賃金プロファイル」『平成20年度ワーク・ライフ・バランス社会の実現と生産性の関係に関する研究研究報告書』内閣府経済社会総合研究所．

阿部正浩・黒澤昌子 [2006]「両立支援と企業業績」『両立支援と企業業績に関する研究会報告書』ニッセイ基礎研究所．

阿部正浩・黒澤昌子 [2009]「ワーク・ライフ・バランス施策と企業の生産性」『平成20年度ワーク・ライフ・バランス社会の実現と生産性の関係に関する研究研究報告書』内閣府経済社会総合研究所．

児玉直美・小滝一彦・高橋陽子 [2005]「女性雇用と企業業績」『日本経済研究』No.52, pp.1-18.

川口章 [2007]「均等化施策とワーク・ライフ・バランス施策が賃金と離職行動に及ぼす影響」『仕事と家庭の両立支援にかかわる調査』JILPT 調査シリーズ No.37,

労働政策研究・研修機構.

川口章・長江亮［2005］「企業表彰が株価・人気ランキングに与える影響」,『日本労働研究雑誌』No.538.

川口章・西谷公孝［2009］「ワーク・ライフ・バランスと男女均等化は企業業績を高めるか──大阪府における中小企業の分析」, *Doshisha University Policy Studies* (3), pp. 31-47.

櫻井宏二郎［2009］「IT, WLB と生産性」,『平成 20 年度ワーク・ライフ・バランス社会の実現と生産性の関係に関する研究報告書』内閣府経済社会総合研究所.

武石恵美子［2006］「企業からみた両立支援策の意義」,『日本労働研究雑誌』No.553.

武石恵美子［2011］「ワーク・ライフ・バランス実現への課題──国際比較調査からの示唆」RIETI Policy Discussion Paper Series 11-P-004.

長江亮［2008］「均等推進・ファミリー・フレンドリー施策と企業業績──施策が円滑に機能する条件」早稲田大学高等研究所.

坂爪洋美［2002］「ファミリー・フレンドリー施策と組織のパフォーマンス」,『日本労働研究雑誌』No.503.

坂爪洋美［2009］「両立支援策が従業員の就業継続意欲ならびに仕事への意欲に与える影響」,『平成 20 年度ワーク・ライフ・バランス社会の実現と生産性の関係に関する研究報告書』内閣府経済社会総合研究所.

松繁寿和［2006］「両立支援策と定着率」,『両立支援と企業業績に関する研究会報告書』ニッセイ基礎研究所.

森川正之［2010］「パートタイム労働時間と生産性──労働時間の多様性と生産性推計の精緻化」RIETI Discussion Paper Series 10-J-022, 経済産業研究所.

守島基博［2006］「両立支援策は働く人を活性化させるのか」,『両立支援と企業業績に関する研究会報告書』ニッセイ基礎研究所.

脇坂明［2006］「均等度とファミフレ度の関係からみた企業業績」,『両立支援と企業業績に関する研究会報告書』ニッセイ基礎研究所.

脇坂明［2007］「均等, ファミフレが財務パフォーマンス, 職場生産性に及ぼす影響」,『仕事と家庭の両立支援にかかわる調査』JILPT 調査シリーズ No.37, 労働政策研究・研修機構.

脇坂明［2009］「WLB の定着・浸透──制度・実態ギャップと中小企業」,『日本労働研究雑誌』No.583.

山口一男［2009］『ワークライフバランス──実証と政策提言』日本経済新聞出版社.

山口一男［2011］「労働生産性と男女共同参画──なぜ日本企業はダメなのか, 女性人材活用を有効にするために企業は何をすべきか, 国は何をすべきか」RIETI Discussion Paper Series 11-J-069.

山本勲・松浦寿幸［2011］「ワーク・ライフ・バランス施策は企業の生産性を高めるか？──企業パネルデータを用いた WLB 施策と TFP の検証」RIETI Discussion Paper Series 11-J-032.

第2章

長時間労働と日本的雇用慣行*)
―― 労働需要行動からみた日本人の働き方 ――

黒田祥子・山本勲

1 はじめに

　本章では，日本人の労働時間がなぜ長いのか，といった問題意識のもと，日本・イギリス・ドイツの労働者のデータと，日本の労働者と勤務先企業の情報とをマッチングさせたデータを用いて，労働時間に関する企業の需要行動を考察する．具体的には，労働の固定費（採用・解雇や教育訓練などにかかる費用）が大きいために雇用者数よりも労働時間数を多く需要する企業側の行動が，日本人の労働時間を長くする一つの要因になっていることを検証する．

　日本の長時間労働者比率は，ほかの先進諸国に比べて依然として高い割合である．例えば，一週間当たり60時間以上就業する男性労働者の割合をOECD [2010] の統計を元に比較すると，日本は18%であるのに対し，イギリス，アメリカ，フランス，ドイツでは，それぞれ7，6，6，4%である（いずれも2007年時点）．先行研究では，こうした国ごとの労働時間の違いが生じる要因として，各国間の税・社会保障制度や余暇に対する選好（好み）の違いが労働供給行動の違いとしてあらわれている可能性，すなわち労働供給側にその理由を求めるものが大勢であった（例えば，Prescott [2004], Blanchard [2004], Alesina *et al.* [2006]）．しかし，労働時間は必ずしも労働者が自由に設定できるとは限らないことは多くの研究で明らかにされており，労働時間の違いは労働供給要因だけでなく労働需要要因によっても生じているはずである[1]．そこで本章では，先行研究ではあまり取り上げられてこなかった労働時間に関する需要側の要因に注目し，各国間で労働時間の長さに違いが生じる理由を探ることを目的としている．

　経済学では従来から，労働者1人にかかる採用・解雇・教育訓練費用などのオーバーヘッドの固定費用（これを本章では労働の固定費と呼ぶ）が大きい場合，

企業は少ない雇用者数と長い労働時間を需要するようになり，景気に対する変動としても，雇用者数よりも労働時間の変動が大きくなることが指摘されてきた．また，日本の労働市場では，賃金カーブの勾配が急であることや不況期に残業調整と労働保蔵が観察されることがしばしば指摘されてきた．このことは，ほかの国に比べて日本企業が負担している労働の固定費が相対的に大きく，そのことが長時間労働の要因の一つになっている可能性を示唆する．より具体的には，企業は平時に労働者に残業をさせておき，不況になった際にその残業時間を削減し人件費の調整を可能にすることで，高い固定費を投じた労働者の雇用を保護するという，いわゆる「残業の糊代（バッファー）」説が実現している可能性である．この点を検証するため本章では，日本，イギリス，ドイツの3ヶ国で就業するホワイトカラー男性正社員を対象に行ったアンケート調査のデータを用いて，労働時間に対する企業の労働需要関数を国別に推計する．

本章の分析により示された結果を要約すると以下のとおりである．まず，企業が各労働者の労働時間の下限と上限を設定することを織り込んだフリクション・モデルを推計したところ，日英独のいずれの国でも，労働の固定費の大きい労働者ほど，企業が長時間労働を要請する傾向があることが明らかになった．日本では企業特殊訓練をはじめとする労働の固定費が大きいため，日本人の長時間労働は企業側の合理的な要請を反映したものと解釈できる．ただし，固定費が高い日本企業においても，上司の職場管理の方法によっては労働時間がある程度短くなりうることもわかった．このことは，非効率な長時間労働については職場管理の工夫次第で削減できることを示唆する．

本章の構成は以下のとおりである．まず次節では，日本・イギリス・ドイツのホワイトカラー男性正社員の労働時間および希望労働時間を国際比較する．続く第3節では，先行研究の概観と本章の理論的背景を説明するとともに，労働需要関数の推定に関する実証分析のフレームワークを述べる．第4節では推計結果を示し，第5節で結論を述べる．

2　データ概観

本章で使用するデータは，「仕事と生活の調和に関する国際比較調査」のうち日英独の3ヶ国の労働者向け調査データである．同調査は，日本に関しては，労働者に加えて勤務先企業への調査も実施しているため，企業側の情報と労働

者側の情報をマッチングすることが可能である．そこで，日本については企業－労働者をマッチさせたデータを用いた推計も行う（本調査の詳細は本書の序章を参照のこと）．それに加えて，日本については，『企業活動基本調査』（経済産業省）の企業データとリンクすることも可能なため，推計の際には同調査から得られる情報も利用する．

まずは図1（1）の棒グラフに，日英独3ヶ国のホワイトカラー男性正社員を対象に，国ごとに週当たり平均労働時間を掲載した．これをみると，日本の平均労働時間は，イギリスやドイツに比べて，3〜4時間長いことがわかる．次に，図1（1）の折れ線グラフに長時間労働者比率（週50時間以上労働している者の比率）を示した．前述のOECD［2010］で示されている結果と同様に，長時間労働比率は，イギリスやドイツに比べて日本で高いことがみてとれる．

もっとも，これらの3ヶ国の違いは，調査サンプルの構成比の違いからもたらされている可能性もある．そこで，図1（2）には，イギリスとドイツのサンプルについても，サンプルの構成比（年齢，勤続年数，管理職比率，職種，産業，企業規模，配偶関係，子どもの有無）が日本と同じであると仮定した場合の調整済み平均労働時間および長時間労働者比率を算出し，図示した[2]．これをみると，サンプル構成比の違いを調整した場合でも，日本のほうがイギリスやドイツに比べて，平均労働時間が長く，長時間労働者の割合も高いことがわかる．

それでは，日本人の長時間労働は本人の自発的な意思によって実現しているのだろうか．この疑問にこたえるべく，図2には，希望労働時間に関する情報を各国別に整理した．本章が利用するアンケート調査には，「現在の時間当たり賃金のもとで，あなたが自由に労働時間を選べるとしたら，あなたは労働時間を増やしますか，減らしますか．それはどの程度ですか」という質問項目が設けられており，同図にはこの質問に対する回答（「増やす」，「変えない」，「減らす」）の構成比を掲載している．同図をみると，日本の場合は「変えない」と回答した人の割合は68％となっており，イギリス（76％）やドイツ（85％）に比べて相対的に低い結果となっている．これは，実労働時間と希望労働時間が一致していない人が日本人ほど多いことを示唆する．実際，日本人の場合は，労働時間を減らしたいと答えた割合が24％となっており，4人に1人が現状よりも労働時間を減らしたいと考えていることがわかる．ちなみに図の各国の棒グラフの横に示した数字は，希望労働時間が実労働時間と平均的にどの程度乖離しているかを表している．これをみると，日本人は平均でみて労働時間を1.58

図1 週当たり平均労働時間と長時間労働者比率の国際比較

(1) 構成比調整前

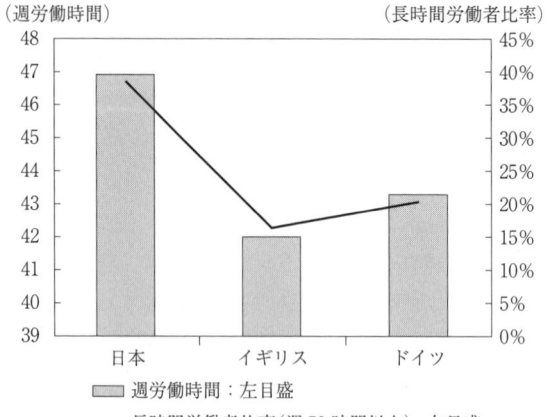

凡例:
- 週労働時間：左目盛
- 長時間労働者比率(週50時間以上)：右目盛

(2) 構成比調整後

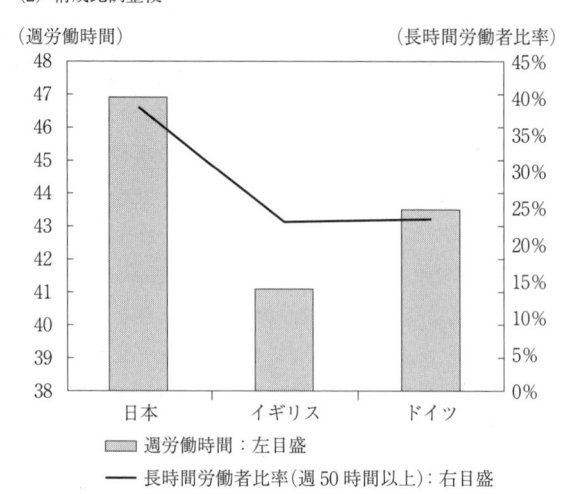

凡例:
- 週労働時間：左目盛
- 長時間労働者比率(週50時間以上)：右目盛

時間程度減らすことを希望しており，イギリス人の0.83時間やドイツ人の0.07時間と比べ，大幅に労働時間の短縮を望んでいることがみてとれる．

これらのデータ概観からは，日本人の長時間労働は，必ずしも供給側である労働者の自発的な意思のみによって実現しているものではない可能性が示唆される．つまり，労働需要側の要因が影響している可能性である．そこで，以下

図2 希望労働時間の各国比較

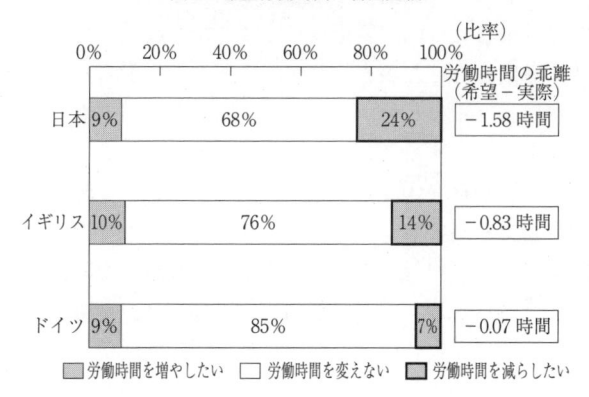

国	労働時間を増やしたい	労働時間を変えない	労働時間を減らしたい	労働時間の乖離(希望−実際)
日本	9%	68%	24%	−1.58 時間
イギリス	10%	76%	14%	−0.83 時間
ドイツ	9%	85%	7%	−0.07 時間

では希望労働時間と実労働時間とが乖離している労働者の情報を利用したフリクション・モデルを推計することにより,労働時間の需要関数の推計を試みる.

3 理論的背景および分析のフレームワーク

3.1 理論的背景

以下では,本章の分析の枠組みに近いと思われる先行研究を概観することを通じて,本章の問題意識を述べる.冒頭で述べた通り,労働時間の選択に関する先行研究には,労働者は少なくとも短期的には自由に労働時間を選択することはできないとするものがある.これらの先行研究のうち,イギリスのデータを用いた Stewart and Swaffield[1997]は,労働移動にコストを要する場合には,失業率が高くなる不況期には労働者側の雇用不安が増大するため,企業は労働者に長時間労働させることが可能となることを実証的に示している.つまり,同論文の結果は,労働需要側が設定する労働時間の下限が失業率の増加関数となっていると解釈することができる.

本章では,この Stewart and Swaffield [1997] の発想を拡張し,企業の固定費や人的資源管理に関する企業の方針といった要因が,希望よりも長い時間の就業を労働者にもたらしている可能性を検証する[3].こうした発想に関連した文献としては,企業が負担する固定費の高さが,企業の労働時間需要を大きくすることを示した Brechling [1965] や Rosen [1969] が挙げられる.また,Kahn and Lang [1991, 1992] は,企業特殊スキルを重視する企業では,賃金と生産

性とが乖離し，このような環境下では企業は勤続年数が短く生産性が低い労働者には短時間労働をさせ，固定費を投じてスキルを蓄積した勤続年数の長い労働者には長時間労働をさせたがることから，個々の労働者の希望と実労働時間との間に乖離が生じうることを示している．同論文の結果も，固定費の高さが労働時間の需要を大きくすることを示唆するものである．

このほか，固定費が存在するもとで，労働時間と景気変動との関係に着目した文献もある．企業が高い固定費を負担している場合，不況下においてこれらの費用が埋没することを回避するため，企業は労働時間を削減することで人件費調整を行うと考えられる．例えば Nickell [1978] は，理論モデルで固定費が増加すると，不況期に労働時間で人件費調整をする期間が長くなり，労働保蔵が起こることを示している．もしこれが現実にも当てはまるとすれば，高い固定費を負担している企業ほど，労働時間の調整が伸縮的に行われるような環境を整えておく必要がある．すなわち，高い固定費を負担している企業では，予期せぬ負のショックに備えるために，平時に個々の労働者を長時間働かせておく体制をとることが合理的となる．この点に関連して，Hunt [2000] は，ドイツの短時間労働制度 (short-work-hour scheme) がより広範に使われるようになった時期に，労働者の雇用調整スピードが顕著に遅くなったことを示している．このドイツの経験は，もし労働時間を所定内時間以下の水準まで伸縮的に引き下げることが可能となれば，平時において予め残業時間の糊代を確保しておく必要がないことを意味する．しかし，本章では，名目所定内賃金には強い下方硬直性があるため，負のショックが起こったとしても企業は所定内労働時間以下に労働時間を引き下げることで，弾力的に賃金を下方調整するような行動はとらないという立場をとる（詳細は，Kuroda and Yamamoto [2003a, b] を参照されたい[4]）．所定内時間以下に労働時間を調整することが難しい場合には，所定内時間を超えて残業時間のバッファーを予め作っておくことによって，負のショックの発生に備えておく必要がでてくる．

前述の先行研究は，高い固定費が労働時間の長さを規定する重要な要因であることを示唆している．これまで日本企業の多くは，企業特殊スキルの蓄積に尽力してきたといわれてきた．例えば，Mincer and Higuchi [1988] は，日米の賃金関数を推計し，日本のほうがアメリカに比べて賃金プロファイルの傾きが急勾配であることを示し，これが企業特殊スキルの蓄積を反映したものと解釈している．このほか，国ごとに雇用調整関数を推計した先行研究では，負の

ショックが発生した際に，日本では雇用調整のスピードが遅い一方，労働時間の調整は迅速になされることが多くの実証結果（例えば，篠塚・石原 [1977]，Tachibanaki [1987]，Abraham and Houseman [1989] など）から示されており，日本企業が不況時に労働保蔵を行う傾向が他国よりも強かったことが示唆されている．そして，こうした違いは，高い固定費をかけて育成した労働者の雇用を保護する企業行動を反映しているとの解釈が一般的である．これらの先行研究は，主として固定費の大小と雇用調整スピードの違いに着目したものが大勢であるが，本章では固定費の大小によって，各国間の労働時間の違いが説明できる可能性を検討する．なお，固定費は直接把握することが難しいため，本章の分析では，勤続年数の長さや過去の雇用調整の度合い等を固定費の代理変数として利用する．これらの変数を固定費の代理変数として利用する方法は，事業所レベルのデータを用いて固定費と雇用調整との関係を示した Hamermesh [1989] や，動学的最適化問題から非凸型の雇用調整費用を導出し，それらと雇用者数の変動との関係を示した Cooper and Willis [2009] 等の考え方に依拠している．固定費の代理変数として使用する変数については，3.3 で詳しく述べる．

3.2 分析のフレームワーク

本章では，Stewart and Swaffield [1997] で用いられているフリクション・モデルにもとづいて，企業の労働需要関数を推計する．このフリクション・モデルでは，まず，労働者の労働時間を被説明変数，勤続年数や学歴などの個人属性や勤務先企業の属性などを説明変数とする労働需要関数を想定する．ただし，労働者が希望する時間で働くことができているかどうかで，労働需要関数の観察のされ方が異なる．具体的には，労働者の希望労働時間が実労働時間よりも短い場合，つまり労働者が現在よりも労働時間を減らしたいと回答している場合，観察される労働時間には労働供給要因だけでなく労働需要要因が強く反映されていると考える．この場合，企業が労働者に働いてもらいたい最低限の労働時間が実現していると捉えることができるため，この情報を活用することで，労働時間の需要関数の下限がどのような要因にとって規定されているかを推計により把握することができる．一方，労働者の希望労働時間が実労働時間を上回る場合，つまり労働者が現在よりも労働時間を増やしたいと回答している場合には，その労働者は企業の需要する労働時間の上限の時間で働いてい

ると考えられため,その情報を活用することで,労働需要関数の上限がどのように決まるかを推計することができる[5]．

本章では労働時間需要の下限を規定する要因として,時間当たり賃金率[6],年齢,勤続年数,勤続年数の二乗項,大卒ダミー,管理職ダミー,職種ダミー,企業規模ダミー,および固定費の代理変数(後述)を採用する．また,労働時間需要の上限は下限よりも一定割合だけ高いと仮定し,さらに,時間外規制の適用が除外されている労働者は,企業の追加的な残業代負担が発生しないため,ほかの労働者よりも時間制約の上限が高くなっていると想定する．ただし,本章で用いる3ヶ国データでは時間外規制適用の有無に関する厳密な情報が入手困難なため,この代理変数として管理職ダミーを採用する．このほか,労働需要関数の上限は,本人が実労働時間以上に働きたくても家庭の事情で希望する時間を働くことができないという供給側の制約要因の影響を受けることも考慮し,配偶者の有無および子どもの有無に関するダミー変数も採用する．

推計では,時間当たり賃金については内生性を考慮し,産業ダミーおよび現在従事している仕事の経験年数(他社や他部署での年数も含む)を操作変数として回帰した推定賃金を用いる．また,日本に限定した推計については,企業と労働者をマッチしたデータが利用可能となるため,操作変数に企業の設立年および2008年の売上高経常利益率も加える．

3.3 固定費の代理変数

以下では,労働時間の下限を規定する固定費の代理変数について説明する．固定費の代理変数には,以下三つの変数グループを考える．

第一の変数グループでは,下限を規定すると考えられる要因の中から,現在の会社での勤続年数,大卒ダミー,管理職ダミーを固定費の代理変数と捉え,これらの変数が労働時間の下限をどの程度押し上げるかを観察する．これは,Becker [1964]の人的資本仮説が成立する場合,勤続年数は企業特殊スキルを反映すると考えられることから,結果として教育訓練にかかった固定費の代理変数になりうると考えるためである．同様に,大卒や管理職は採用や訓練に多大な費用を要すると考えられるため,採用・訓練の固定費の代理変数として捉えることとする．

第二の変数グループでは,職場での人件費調整に関する情報を利用し,以下の変数を下限の規定要因に追加して推計を行う．具体的には,本章で用いた労

働者向けアンケート調査の中から,「慢性的な仕事の増減が発生した際の職場の人件費調査に関して, 以下の (a) ～ (c) がどの程度当てはまるか」という質問に対して, 当てはまるものを選択するという回答を利用する.

(a) 既存の正社員の時間調整や他部門との間で正社員を異動して調整する (負のショックが生じた際, 既存の正社員の労働保蔵を行うケース).
(b) 既存の非正社員の時間調整や他部門との間で非正社員を異動して調整する (負のショックが生じた際, 既存の非正社員の労働保蔵を行うケース).
(c) 正社員数および非正社員数の増減で調整, あるいは外注業務を調整.

　ここで, 外生的な負のショックが生じた際に, 正社員の労働保蔵を行う企業では, 景気後退期に人件費を調整する手段として, 平時において労働者に残業をさせ, バッファーを作っておく必要があると考えられる. したがって, このような企業では労働時間の下限がそうではない企業に比べて高く設定されていることが想定される. 一方, 負のショックが生じた際に, 社員の時間調整や部署間移動を行わず, 雇用者数の調整を行う企業では, 正社員の労働時間の下限を高く設定しておく必要が低いと考えられる. つまり, 景気変動が起こった際の労働時間調整の方法の違いは固定費の大きさを反映したものであると捉え, この第二の変数グループを用いた推計では, 調整方法に関する上記の情報を労働時間の下限を規定する変数に捉える.

　第三の変数グループは, 日本のみに分析対象を限定したうえで, 企業側の調査から得られた情報を利用する. 第2節で述べたとおり, 本章で用いたデータは, 日本の労働者サンプルについては勤務先企業への調査も実施しており, さらに『企業活動基本調査』とリンクが可能であることから, 企業側の情報と労働者側の情報をマッチングすることが可能である. 本章の推計では, こうした企業側の情報を利用し, 固定費の代理変数として,「売上高の変動に対する正社員数変動の比率」,「賃金設定の際に年功的な要素 (年齢や勤続年数) を重視する度合い」,「正社員比率」,「社員の能力開発の重視度合」の四つの変数を労働時間の下限を規定する要因として追加し, 推計を行う.「売上高の変動に対する正社員数変動の比率」は,『企業活動基本調査』の 1998 年から 2008 年のデータを利用し, この期間の売上高の分散に対する正社員数の分散を計算したものを利用する. この変数は, 売上高の変動に対して個々の企業がどの程度雇用調

整を行ったかを捉えるものであることから，個別企業の労働保蔵の度合いを反映したものである．この変数については，労働時間制約の下限に対して符号条件はマイナスとなることが予想される．すなわち，過去に労働保蔵を行った度合いが強い企業ほど，労働時間の下限を高く設定していると考える．残りの三つの変数については，勤務先企業へのアンケート調査から得られた情報であり，「賃金設定の際に年功的な要素（年齢や勤続年数）を重視する度合い」は，年功的な要素が賃金の規定する要因として全体の何割程度を占めているかに対する回答をそのまま利用したものである．「正社員比率」は，調査時点での全労働者数に占める正社員の割合，「社員の能力開発の重視度合」は「重視している」と回答した場合に1をとるダミー変数である．これらの3変数については，いずれも労働時間制約の下限に対してはプラスとなることが予想される．なお，本稿の推計で利用するデータの基本統計量は，表1に示した．

4　推計結果

4.1　基本結果

3ヶ国に関する推計結果は，表2に掲載した．同表をみると，日本については勤続年数および勤続年数の二乗項が有意な結果となっている．勤続年数の二乗項はマイナスで有意となっているが，企業が設定する労働時間の下限に対する限界的な効果は勤続16年程度まではプラスである．さらに，下限の変数として採用した管理職ダミーについては3ヶ国ともにプラスで有意な結果を得ている．勤続年数が増すほど，あるいは管理職であると労働時間の下限が高くなるとの結果は，企業特殊スキルの蓄積が重視され，勤続年数が長くなるにつれて昇進し管理職になるというスタイルを採用している日本企業が，教育訓練費用を投じたこれらの労働者に対して長時間労働を要求する傾向があることを反映していると解釈しうる．ただし，イギリスとドイツについては，勤続年数は有意な結果となっておらず，労働市場の流動性が高い国では勤続年数は必ずしも固定費の代理変数として適切ではない可能性も考えられる．

そこで，表3において，固定費の代理変数として第二のグループ変数を採用した結果をみてみる．この結果をみると，どの国においても，ショックが生じた際に正社員の労働保蔵を行う傾向がある企業に勤める労働者の労働時間は有意に高いとの結果が得られている．この結果は，慢性的な需要の変動に対して

表1 基本統計量

	日本	イギリス	ドイツ
時間当たり賃金率（千円）	0.22	0.27	0.33
	(0.09)	(0.13)	(0.15)
年齢	40.75	41.39	38.90
	(9.25)	(10.18)	(9.71)
勤続年数	14.72	8.11	7.79
	(9.92)	(6.11)	(5.87)
大卒ダミー	0.64	0.12	0.09
	(0.48)	(0.32)	(0.29)
管理職ダミー	0.69	0.44	0.37
	(0.46)	(0.50)	(0.48)
配偶者有ダミー	0.72	0.27	0.34
	(0.00)	(0.00)	(0.00)
子ども有ダミー	0.12	0.15	0.11
	(0.33)	(0.35)	(0.32)
ショックが生じた際の職場での調整方法			
正社員の労働保蔵	0.73	0.47	0.50
	(0.64)	(0.66)	(0.67)
非正社員の労働保蔵	0.16	0.42	0.40
	(0.43)	(0.67)	(0.63)
正社員・非正社員の増減	0.57	0.74	0.96
	(0.81)	(1.06)	(1.07)
企業情報			
売上高の変動／正社員数の変動	0.01		
	(0.02)		
賃金設定時の年功要素の比率	0.23		
	(0.27)		
正社員比率	0.76		
	(0.26)		
能力開発重視ダミー	0.86		
	(0.35)		
WLBへの取り組み姿勢（0-10）	5.74		
	(1.87)		
長時間労働の是正への取組ダミー	0.27		
	(0.44)		
企業の設立年次	1957.1		
	(20.02)		
売上高経常利益率（2008年度）	0.02		
	(0.06)		
サンプルサイズ	5,053	395	461

(備考) 1. （　）内は標準偏差.
　　　 2. 企業とのマッチ・データのサンプル・サイズは3,735である.
　　　 3. 職種, 産業, 企業規模についてのダミー変数は掲載を省略.

表2 推計結果（国際比較）：基本属性および固定費指標グループ1

	日本	イギリス	ドイツ
定数項	2.77**	3.61**	3.86**
	(0.20)	(0.24)	(0.23)
時間当たり賃金率（対数）	-0.42**	0.05	0.12
	(0.08)	(0.14)	(0.12)
年齢	0.01**	-0.00	-0.00
	(0.00)	(0.00)	(0.00)
勤続年数	0.01**	0.01	-0.00
	(0.00)	(0.01)	(0.01)
勤続年数の二乗項/100	-0.02**	-0.06	-0.01
	(0.00)	(0.05)	(0.05)
大卒ダミー	0.02+	0.02	0.01
	(0.01)	(0.07)	(0.06)
管理職ダミー	0.05**	0.10+	0.13*
	(0.01)	(0.05)	(0.05)
上限幅（一律）	0.46**	0.65**	0.67**
	(0.02)	(0.08)	(0.09)
管理職ダミー	0.10**	-0.05	-0.04
	(0.02)	(0.07)	(0.07)
配偶者有ダミー	-0.01	-0.09	0.02
	(0.02)	(0.06)	(0.07)
子ども有ダミー	-0.03+	-0.02	0.02
	(0.02)	(0.08)	(0.10)
対数尤度	-3254	-272.9	-330.0
サンプルサイズ	5,053	395	461

(備考) 1.（　）内は標準誤差（White robust standard errors）．
　　　 2. **，*，+は，それぞれ統計的に1％，5％，10％水準で有意であることを示している．
　　　 3. 職種ダミーと企業規模ダミーは掲載を省略．
　　　 4. 時間当たり賃金率に対する操作変数として，産業ダミーと経験年数を用いている．

も労働保蔵を行って雇用を保護する傾向にある企業では，普段の労働時間の下限を高く設定していることを示唆する．つまり，予期せぬ需要変動に備えて残業時間をバッファーとして利用するため，労働時間が長くなるという本章の仮説が裏付けられる結果が得られたといえる．

　なお，労働時間の上限は，下限に対してかなり高い値が推計されている．表2をみると，労働時間の上限は下限よりも46～67％程度上方に位置しており，日本の管理職はさらに10％程度高い値となっている．

　これらの結果からは，高い固定費を負担している企業では，自社の従業員に対して長く働くことを要請する傾向があると整理できる．この傾向は特に，男性正社員に多額の固定費を投じて企業特殊スキルの育成を行ってきたとされる日本企業において，顕著に観察される．実際，平均勤続年数は日本のほうがイ

表3 推計結果(国際比較):固定費指標グループ2

	日本	イギリス	ドイツ
ショックが生じた際の職場での調整方法			
正社員の労働保蔵	0.01*	0.06*	0.06*
	(0.01)	(0.03)	(0.03)
非正社員の労働保蔵	0.00	-0.05	0.01
	(0.01)	(0.03)	(0.03)
正社員・非正社員の増減	-0.00	0.00	-0.02
	(0.01)	(0.02)	(0.02)
対数尤度	-3251	-270.3	-327.5
サンプルサイズ	5,053	395	461

(備考) 1.(　)内は標準誤差(White robust standard errors).
2. **,*,+は,それぞれ統計的に1%,5%,10%水準で有意であることを示している.
3. 説明変数は,表中に掲載されているもののほか,表2で掲載されたものも全て含まれる.

ギリスやドイツに比べて6~7年程度長く,慢性的な変動に対して正社員の労働保蔵を行う企業の割合も日本のほうがイギリスやドイツに比べて20~25%程度も多い.これらの日本企業の特徴が,日本の男性正社員の長時間労働をもたらしている一因であることが示唆される.

4.2 仕事の特性や職場での管理方法の違いが労働時間に及ぼす影響

以上の分析結果からは,固定費の高さが労働時間の長さの規定要因となっている可能性が示唆された.そうだとすれば,企業特殊スキルの蓄積を重視する日本企業においては,長時間労働を是正することは難しいのだろうか.この点を探るため,以下では,仕事特性や職場における管理方法の違いが労働者の生産性や働き方の効率性に影響を与えるというルートを通じて,労働時間にも影響をもたらす可能性を検証する.

推計に利用する情報は,仕事特性については,「担当業務の内容は明確化されている」,「仕事の手順を自分で決めることができる」,「自分の仕事は他と連携してチームとして行うものである」,「突発的な業務が生じることが頻繁にある」という質問に対する回答である.それぞれ「あてはまる」あるいは「どちらかというとあてはまる」と答えた労働者に1を付与したダミー変数を用いる.

職場の管理方法については,職場の上司について,「残業や休日出勤に応じる人が高く評価される」,「業務量や重要な業務が特定の部下に偏らないように配慮している」,「部下とのコミュニケーションはよくとれている」,「部下の仕事以外の生活や家庭のことに配慮している」という質問に対する回答を用いる.

表4 推計結果（国際比較）：仕事特性と職場の管理方法

	日本	イギリス	ドイツ
仕事特性ダミー			
担当業務の内容は明確化されている	-0.00	0.01	-0.09+
	(0.01)	(0.06)	(0.05)
仕事の手順を自分で決めることができる	-0.01	-0.03	-0.00
	(0.01)	(0.04)	(0.04)
仕事は他と連携してチームとして行う	0.01	0.03	0.03
	(0.01)	(0.05)	(0.04)
突発的な業務が生じることが頻繁にある	0.07**	0.11**	0.06
	(0.01)	(0.04)	(0.04)
職場での管理方法（上司特性）ダミー			
残業や休日出勤に応じる人が高く評価される	0.04**	0.11*	0.03
	(0.01)	(0.05)	(0.06)
業務量や重要な業務が特定の部下に偏らないように配慮している	-0.03**	-0.10*	-0.04
	(0.01)	(0.04)	(0.05)
部下とコミュニケーションはよくとれている	-0.03**	0.12**	0.04
	(0.01)	(0.05)	(0.05)
部下の仕事以外の生活や家庭のことに配慮している	-0.02*	-0.12**	0.02
	(0.01)	(0.04)	(0.04)
対数尤度	-3156	-256.3	-323.3
サンプルサイズ	5,016	395	461

（備考）1. （　）内は標準誤差（White robust standard errors）．
　　　　2. **，*，+は，それぞれ統計的に1％，5％，10％水準で有意であることを示している．
　　　　3. 説明変数は，表中に掲載されているもののほか，表2で掲載されたものも全て含まれる．

具体的には，それぞれ「あてはまる」あるいは「どちらかというとあてはまる」と回答した労働者に1を付与するダミー変数を作成する．

　これらのダミー変数を前述のフリクション・モデルに追加した結果が，表4である．まず仕事の特性についてみると，ドイツにおいては「担当業務の内容は明確化されている」場合，労働時間の下限が有意に低くなるとの結果が得られている．さらに，「突発的な業務が生じることが頻繁にある」仕事に従事している場合には，日本とイギリスにおいて労働時間の下限が高くなるとの結果となっている．予期しないショックが発生することが多い仕事については，将来の需要変動に備えて労働時間を長くしておく必要があるという結果は，4.1で確認された結果とも整合的であると解釈できる．

　次に，職場の管理方法に関する変数についてみると，日本やイギリスにおいては，上司が「残業や休日出勤に応じる人を高く評価」する場合には，労働時間の下限が高くなるとの結果が示されている．さらに，日本およびイギリスで

は，上司が「業務量や重要な業務が特定の部下に偏らないように配慮」し，「部下とのコミュニケーションをよくと」り，さらに「部下の仕事以外の生活や家庭のことに配慮している」場合には，労働時間の下限が低くなるとの結果も得られている．これらの結果は，日本のように固定費が高く労働時間の下限が高くなりがちな場合であっても，上司の管理方法次第で非効率に長い労働時間については是正できる余地があることを示唆している．

4.3 企業-従業員のマッチ・データによる需要要因の特定（日本のみ）

前述の通り，日本のデータについては，従業員と勤務先企業の双方にアンケート調査を実施したことから両者をマッチさせることができるほか，『企業活動基本調査』ともリンクすることができることから，企業側の豊富な情報を包含したマッチ・データが利用可能である．そこで，本節では，固定費の代理変数として，3.3で解説した三つめの変数グループについて注目する．固定費の代理変数として採用するのは，前述の通り，「売上高の変動に対する正社員数の変動の比率」，「賃金設定の際に年功的な要素（年齢や勤続年数）を重視する度合い」，「正社員比率」，「社員の能力開発の重視度合」の4変数である．

これらの変数をフリクション・モデルに代入して推計した結果を，表5に掲載した．同表の結果をみると，「売上高の変動に対する正社員数の変動の比率」は有意にマイナスとなっており，これまで行ってきた解釈を補強する結果が得られている．すなわち，高い固定費を投下した企業では景気等の変動に対して労働者数での調整が小さいため，こうした企業では労働者に長い労働時間を要求する傾向があることが示唆される．なお，ここで得られた係数をもとに，労働保蔵の違いが企業の需要する労働時間の下限にどの程度の影響をもたらすかを試算してみると，その押し上げ効果は0.92時間であった[7]．表2で観察したとおり，日本人が削減したい労働時間は平均で1.58時間であったことをふまえると，労働保蔵のためのバッファーを確保しておくために，労働需要側が設定する下限が0.92時間押し上げられるとの本節の推計結果は，労働者の希望と実労働時間の乖離の3分の2程度を説明していると解釈可能である．

続いて，同表をみると，「賃金設定の際に年功的な要素（年齢や勤続年数）を重視する度合い」はプラスで有意な値を示しており，この点もこれまで行ってきた解釈と整合的である．ただし，「正社員比率」と「社員の能力開発の重視度合」の2変数については有意な結果が得られなかった．

表 5　推計結果（日本）：固定費指標グループ 3 ほか

	(1)	(2)	(3)
企業情報			
売上高の変動／正社員数の変動	-0.49*		-0.51*
	(0.21)		(0.21)
賃金設定時の年功要素の比率	0.05**		0.05**
	(0.02)		(0.02)
正社員比率	-0.00		-0.00
	(0.02)		(0.02)
能力開発重視ダミー	0.02		0.02
	(0.01)		(0.01)
WLBへの取り組み姿勢（0-10）		-0.00	-0.01+
		(0.00)	(0.00)
長時間労働の是正への取組ダミー		-0.00	-0.01
		(0.01)	(0.01)
対数尤度	-2403	-2408	-2401
サンプルサイズ	3,735	3,735	3,735

（備考）1.（　）内は標準誤差（White robust standard errors）．
　　　　2. **，*，+は，それぞれ統計的に1％，5％，10％水準で有意であることを示している．
　　　　3. 説明変数は，表中に掲載されているもののほか，表2で掲載されたものも全て含まれる．

　最後に，企業全体のWLBへの取組が従業員の労働時間にどの程度影響を及ぼしているかを検証する．本章で用いたアンケート調査では，各企業に対し，「同業他社に比べ社員の仕事と生活の調和（ワーク・ライフ・バランス）に積極的に取り組んでいますか」との質問を設け，10段階（ほとんど取り組んでいない場合は0，積極的に取り組んでいる場合を10）で取組度合いを回答する項目を設けており，この変数をフリクション・モデルの下限に追加する．さらに，「長時間労働の是正」に取り組んでいると回答した企業を1とするダミー変数も下限を規定する要因として追加する．表5の(2)と(3)には，これらの2変数を追加した結果を掲載した．同表をみると，「WLBへの積極的な取組」については，有意性は低いもののマイナスの値が検出されている．ただし，全社的な「長時間労働の是正」への取組は有意な結果が得られなかった．これらの結果は，全社的な取組よりも，個別の職場や上司の管理の仕方の違いが従業員の労働時間に大きな影響を及ぼしていることを示唆していると解釈しうる．

5　おわりに

　本章では日英独の3ヶ国の男性正社員に対するアンケート調査と，日本につ

いては企業側の情報をリンクしたマッチ・データを利用し，長時間労働の規定要因として労働需要側の要因が影響している可能性を検証した．企業特殊スキルを育成するための教育訓練費や採用費など，労働者を1人雇用する際の固定費が高い企業ほど，負のショックが発生した際に投下した費用を埋没させないために労働保蔵を行う傾向があると考えられる．そうした場合，労働の固定費が高い企業ほど，平時に労働者に長く残業をさせておき，景気が後退した際に時間調整を実施することで人件費削減を行うことが想定される．本章では，「この残業時間のバッファー説」が日本人男性の長時間労働の一因になっている可能性を検証した．

本章で得られた結果を整理すると，まず，日本では労働の固定費の大きさを反映すると考えられる勤続年数や大卒，管理職といった要因が有意に企業の需要する労働時間を長くする傾向があることがわかった．労働移動の少ない日本では，勤続年数が長く，学歴が高く，役職のある労働者ほど，採用や教育訓練の費用を投下して企業特殊スキルが蓄積されていると考えられることから，そうした固定費の大きい労働者に対して，企業は労働時間を長く設定していると解釈できる．さらに労働需要関数に，景気後退など負のショックが生じた際の職場の人件費の調整方法として，正社員の労働時間の調整や配置転換など労働保蔵を行う傾向があるかを示す変数も加えたところ，日本・イギリス・ドイツのいずれの国においてもこの変数が有意にプラスに推計された．このことは，労働の固定費が大きく，労働保蔵を行うような企業ほど，ショック時に労働時間の調整ができるようにバッファーとしての長時間労働を要求する傾向があることを意味する．

このほか，日本に限定して，勤務先企業と従業員情報をマッチさせたデータを用い，労働需要関数に過去の雇用調整の度合いや年功賃金の度合いなどを変数に加えて推計したところ，雇用調整の度合いの小さい企業，あるいは，年功賃金の度合いの大きい企業で働く労働者の労働時間が有意に長いことが明らかになった．

以上の結果は，日本人の労働時間を規定する要因として，企業側の需要行動を考慮することの重要性を示唆している．すなわち，日本人の長時間労働は，企業特殊スキルの形成や採用・解雇にかかる労働の固定費が大きい日本企業が，高い費用を投下した労働者を景気後退期に保蔵するために予め労働時間の調整余地を作っておくという，合理的な行動を反映したものと解釈できる．こうし

たことを踏まえると，WLB の観点から問題があるからといって，労働者の長時間労働を強制的に是正しようとする政策は，企業行動を歪めてしまう可能性がある点には留意する必要があろう．つまり，日本人の長時間労働は，いわゆる日本的雇用慣行のもとで長期雇用が存在していることの代償と解釈することもできるため，長時間労働を是正するためには，日本の内部労働市場の仕組み自体を変える必要があるといえる．

ただし，たとえ労働の固定費が高い場合でも，職場管理の方法によっては実際の労働時間が短くなる可能性はある．事実，仕事の特性や職場の管理方法のちがいなどが労働時間に与える影響を3ヶ国のデータを用いて検証してみると，仕事の役割が明確なほど，あるいは，残業を評価しない上司，仕事を適切に割り振る上司，部下との交流を図る上司，部下の WLB を考える上司のもとで働く労働者ほど，労働時間が有意に短くなっていることが示された．さらに日本では，労働者の WLB の実現に積極的に取り組んでいる企業で働く労働者ほど，労働時間が短くなっていることも明らかになった．これらのことは，残業時間への評価の見直しや WLB への理解など，職場管理の工夫次第で，非効率な長時間労働は削減できることを示唆する．

注

*) 本章の分析では，『企業活動基本調査』（経済産業省）の個票データと，経済産業省経済産業研究所（RIETI）の研究プロジェクト「ワーク・ライフ・バランス施策の国際比較と日本企業における課題の検討」（WLB 研究会）で実施した企業および従業員アンケート調査の個票データを用いている．本章の作成に当たっては，川口章氏（同志社大学），黒澤昌子氏（政策研究大学院大学），武石恵美子氏（法政大学），中村二郎氏（日本大学），矢島洋子氏（三菱 UFJ リサーチ＆コンサルティング）をはじめ，RIETI の WLB 研究会および第 14 回労働経済学コンファランスの参加者から大変有益なコメントをいただいた．コメントを下さった各氏に深く感謝申し上げたい．なお，本章のありうべき誤りは，すべて筆者個人に属する．

1) 労働者が自由に労働時間を選択することができないことを示した先行研究としては，たとえば Heckman [1993] の包括的なサーベイのほか，Altonji and Paxson [1986, 1988, 1992], Senesky [2004], Martinez-Granado [2005], Moffitt [1982], Bryan [2004] などがある．

2) 具体的な調整方法は以下のとおりである．すなわち，まず，各国について，労働時間を年齢，勤続年数，管理職比率，職種，産業，企業規模，配偶関係，子どもの有無といった変数で回帰し，各変数の係数を推計する．次に，各変数の日本人の平均値と，推計された各変数の係数を用いて，イギリスとドイツの平均的な労働時間

を予測する．こうして算出された労働時間は，日本人と同じ構成比だった場合に，イギリスとドイツの平均労働時間がどの程度になるかを示すことになる．

3）なお，固定費以外の要因により，実労働時間と希望労働時間が乖離する可能性について検討した先行研究には，Barzel [1973]，Deardroff and Stafford [1976] などがある．

4）ドイツの短時間労働制度は，日本の雇用調整助成金制度と類似した枠組みである．日本の雇用調整助成金制度は，リーマン・ショック以降は審査要件が大幅に緩和され，さらに東日本大震災以降はさらにこの要件が緩和された．したがって，今後も景気後退期に雇用調整助成金の利用が大幅に認められるようになれば，所定内労働時間以下に労働時間を伸縮的に調整することは可能となる．この点は，データの蓄積を待って検証を行う必要があり，今後の検討課題である．

5）具体的な推計方法や推計式は Kuroda and Yamamoto [2011] を参照されたい．

6）時間当たり賃金率は，年間収入を年間労働時間（週間労働時間 × 52 週）で除したものを用いる．

7）表1より，「売上高変動に対する正社員数変動比率」の標準偏差は 2σ で 0.04 である．したがって，表5の同変数の係数が -0.49 であることから，労働時間の下限は 1.96％ 押し上げられていることになる．これは，日本人男性の平均労働時間 46.91 時間（図1より）で換算すれば，0.96 時間程度，労働時間の下限を押し上げるとの試算となる．

参考文献

Abraham, K. G., and S. Houseman [1989] "Job Security and Workforce Adjustment : How Different Are U.S. and Japanese practices?,"*Journal of the Japanese and International Economies*, 3(4), pp.500–521.

Alesina, A., E. Glaeser, and B. Sacerdote [2006] "Work and Leisure in the United States and Europe : Why so Different?,"*NBER Macroeconomics Annual* 2005, pp. 1–64.

Altonji, J. G., and C. H. Paxson [1986] "Job Characteristics and Hours of Work,"in Ronald G. Ehrenberg (Ed.),*Research in Labor Economics*, Vol.8, Part A.Greenwich : Westview Press, pp.1–55.

Altonji, J. G., and C. H. Paxson [1988] "Labor Supply Preferences, Hours Constraints and Hours-Wage Tradeoffs,"*Journal of Labor Economics*, 6, pp.254–276.

Altonji, J. G., and C. H. Paxson [1992] "Labor Supply, Hours Constraints and Job mobility,"*Journal of Human Resources*, 27(2), pp.256–278.

Barzel, Y. [1973] "The determinant of Daily Hours and Wages,"*Quarterly Journal of Economics*, 87(2), pp.20–237.

Becker, G. S. [1964] *Human Capital : A Theoretical and Empirical Analysis, with Special Reference to Education*, Chicago : The University of Chicago Press.

Blanchard, O. [2004] "The Economic Future of Europe,"*Journal of Economic Perspectives*, 18(4), pp.3–26.

Bryan, M. [2004] "Free to choose? Differences in the Hours Determination of Constrained and Unconstrained Workers,"*Oxford Economic Papers*, 59(2), pp.226–252.

Cooper, R., and J. Willls [2009] "The Cost of Labor Adjustment: Inferences from the gap,"*Review of Economic Dynamics*, 12(4), pp.632–647.

Deardroff, A. V., and F. P. Stafford [1976] "Compensation of Cooperating Factors," *Econometrica*, 44(4), pp.671–684.

Heckman, J. J. [1993] "What Has Been Learned About Labor Supply in the Past Twenty Years?,"*The American Economic Review*, 83(2), pp.116–121.

Hunt, J. [2000] "Firing Cost, Employment Fluctuation, and Average Employment: an Examination of Germany,"*Economica*, 67, pp.177–202.

Kahn, S., and K. Lang [1991] "The Effect of Hours Constraints on Labor Supply Estimates,"*The Review of Economics and Statistics*, 73(4), pp.605–611.

Kahn, S., and K. Lang [1992] "Constraints on the Choice of Work Hours: Agency Versus Specific-Capital,"*The Journal of Human Resources*, 27(4), pp.661–678.

Kuroda, S., and I. Yamamoto [2003a] "Are Japanese Nominal Wages Downwardly Rigid? (part I) : Examinations of Nominal Wage Change Distributions,"*Monetary and Economic Studies* 21(2), pp.1–29.

Kuroda, S., and I. Yamamoto [2003b] "Are Japanese Nominal Wages Downwardly Rigid? (Part II) : Examinations Using a Friction Model,"*Monetary and Economic Studies*, 21(2), pp.31–68.

Kuroda, S., and I. Yamamoto [2011] "Firm's Demand for work Hours : Evidence from Multi-country and Matched Firm-worker Data,"RIETI Discussion Paper, No.11-E-024, The Research Institute of Economy, Trade & Industry.

Martinez-Granado, M. [2005] "Testing Labour Supply and Hours Constraints," *Labour Economics*, 12(3), pp.321–343.

Mincer, J., and Y. Higuchi [1988] "Wage Structures and Labor Turnover in the United States and Japan,"*Journal of the Japanese and International Economies*, 2 (2), pp.97–133.

Moffitt, R. [1982] "The Tobit Model, the Hours of Work and Institutional Constraints,"*The Review of Economics and Statistics*,3, pp.510–515.

Nickell, S. J. [1978] "Fixed Costs, Employment and Labour Demand Over the Cycle,"*Economica*, 45, pp.329–345.

OECD [2010] Usual Working Hours Per Week by Gender, OECD family database. OECD-Social Policy Division-Directorate of Employment, Labour and Social Affairs, OECD.

Prescott, E. [2004] "Why Do Americans Work so Much More than Europeans?," *Quarterly Review*, 28(1), Federal Reserve Bank of Minneapolis, pp.2–13.

Rosen, S. [1969] "On the Inter-Industry Wage and Hours Structure,"*Journal of

Political Economy, 77(2), pp.249-273.
Senesky, S. [2004] "Testing the Inter-Temporal Labor Supply Model: Are Jobs Important?,"*Labour Economics*,121(6), pp.749-772.
Stewart, M. B., and J. K.Swaffield [1997] "Constraints on the Desired Hours of Work of British Men,"*Economic Journal*, 107, pp.520-535.
Tachibanaki, T. [1987] "Labour Market Flexibility in Japan in Comparison with Europe and the United States,"*European Economic Review*, 31(3), pp.647-677.
篠塚英子・石原恵美子 [1977]「オイル・ショック以降の雇用調整」,『日本経済研究』No.6, 日本経済研究センター.

第3章
ワーク・ライフ・バランス施策が効果的に機能する人事管理

松原光代

1 はじめに

　本章は，ワーク・ライフ・バランス施策[1]が職場生産性にプラスの効果をもたらしている企業の要因を人事管理を中心に日本と海外4ヶ国（イギリス，オランダ，スウェーデン，ドイツ）で比較し，日本のWLB推進における課題を明らかにするものである．

　わが国でWLB推進の必要性が叫ばれて久しいが，企業におけるWLBの取組は制度の多様化などは進んだものの，その利用はいまだに子育てを目的とする女性が中心であり，それ以外を目的とした制度利用や性別，世代を超えた従業員のWLB実現，柔軟な働き方の普及が進んだとは必ずしもいえない．なぜ，わが国では多様な世代や目的による働き方の柔軟性が進まないのであろうか．先行研究では，その要件にWLB施策を利用できる恒常的な長時間労働がない職場環境整備やそれを可能にする業務遂行体制・方法の見直し等をあげ，その鍵を握るのが管理職であるとしている[2]．さらに，東京大学社会科学研究所ワーク・ライフ・バランス推進・研究プロジェクト[2010]および松原[2011]は，従業員がWLBを実現できかつ職場生産性（仕事意欲，仕事効率，組織貢献意識）が高い職場の管理職特性について，特定の部下に業務が偏らないよう配慮することや，部下との円滑なコミュニケーションを通して業務の進捗を把握するとともに，それに応じて業務の割り振りを柔軟に変更するといった部下管理を適正に行うこと，さらには所定労働時間内で業務を終えるよう意識的に働くこと・部下を指導することが重要であるとしている．また，これらを高めるものとして，企業による長時間労働是正の取組や時間管理意識の向上といった取組が関係していることも指摘している．

　しかし，管理職が適切に職場の仕事管理，部下管理を行い，従業員がWLB

関連制度を利用できる職場環境が整えば，従業員はWLB関連制度を積極的に利用するだろうか．筆者は，そこに企業の人事管理，特にインセンティブ・システムのあり方が影響していると考える．なぜならば，評価の基準は，従業員に対して「どのような人材を求めているか（高く評価するか）」を伝えるツールであり，従業員が提供する労働サービスの質，生産性，アウトプットは，これに左右されるからである．また，本来，人事管理は経済や社会，労働市場の人的資源の変化に応じて変わるもの（進化すべきもの）である．企業が働き手の意識，価値観，家庭環境の変化を捉え，人材活用策の一つとしてWLB施策に取り組み，従業員のWLB実現と職場生産性の維持・向上の両者を追求するのであれば，それを実現する人事管理へと変化させる必要がある．

　こうした問題意識に基づき，本章は，WLBの取組が進むEU諸国の企業の人事管理を参考としながら，わが国においてWLB施策がプラスの効果をもたらしている企業の要因を人事管理の面から抽出することを目的とする．この目的を達成させるためのデータ源としては，「仕事と生活の調和に関する国際比較調査」を用いる．使用データの詳細は後述するが，本調査は，わが国においてWLBを実現させるために必要な企業や職場の取組を明らかにすることを目的に実施されたものであり，EUのWLB先進国4ヶ国の企業を対象とする調査も合わせて実施している．これまでWLBに焦点を当てながら海外諸国の人事管理について調査したデータがなかったことから，わが国のWLB施策の推進課題を人事管理の側面から分析することはできなかった．今回の調査によりEU諸国とわが国のそれぞれの企業における人事管理を比較しながら，わが国の課題を明らかにすることは意義がある．その過程において，職場における取組みにも注目する必要がある．なぜならば，先に述べたとおり，組織としてのWLB推進や実現には，職場における管理職のマネジメントが不可欠であると同時に，人材活用のプラットフォームの創造は，現場である各職場の動向と補完的であるためである．

　本章の構成は次のようになる．次節では分析に使用するデータを説明し，日本と海外4ヶ国のWLB施策の取組状況やそれらが職場生産性へ与えた影響を考察する．そのうえで，職場生産性への影響別に両者のインセンティブ・システム，人事権の所在，WLB関連制度の利用者が現れた場合の職場の対応方法の特徴を概観する．第3節では，プロビット分析を用い，WLB関連制度のうち，育児休業制度および育児・介護の短時間勤務制度が職場生産性にプラスの効果

をもたらした企業の要因を，人事管理と職場運営のあり方から分析する．最後に分析結果をふまえ，日本企業が取り組むべき人事管理のあり方を論じる．

2　ワーク・ライフ・バランス施策への取組と職場における人事管理の状況

　本節では，「仕事と生活の調和に関する国際比較調査」のうち，主に日本とイギリス，ドイツ，オランダ，スウェーデンの4ヶ国の企業調査データを用いて，それぞれの特徴を考察する．なお，WLB関連制度の利用者が出た場合の職場運営については，企業調査票にこれに該当する設問がないため，従業員調査データを使用する[3]．また，海外の4ヶ国については，各国別に分析するにはサンプル数が足りないため，4ヶ国のデータを1本化して分析する．

2.1　ワーク・ライフ・バランス施策の導入状況

　まず，わが国と海外4ヶ国の各WLB施策の取組状況の違いを概観する[4]．
　本調査の企業調査では，柔軟な働き方に関する制度やWLB推進のための取組（具体的には，方針の明確化や推進組織の設置など）の有無をたずねているが，国内調査と海外調査では設問内容が若干異なるため，両者を比較できる六つの制度・取組に限定し，その違いをみる．
　制度の導入状況をみると，日本では「法を上回る育児休業制度」，「法を上回る介護休業制度」，「フレックスタイム制度」，「WLBの取組」がともに2〜3割程度導入されている（図1）．これらの制度・取組がほぼ同程度であることから，これらのWLB施策はWLBの基本制度として同時に導入される傾向にあると推測できる．しかし，全体的に日本における各制度の導入率は，海外4ヶ国に比べて低く，「在宅勤務制度」，「裁量労働制」については，海外4ヶ国が6割程度あるのに対し，日本では1割にも満たない．日本は，育児や介護の休業制度は法的整備の効果もあって一定レベルの導入があるものの，働く時間や場所に関する柔軟な働き方については，海外4ヶ国に比べて限定的であるといえる．そういったなかで，「WLBの取組」が海外4ヶ国とほとんど差がないといったことは特徴的であるといえよう．
　次に，これらの制度等が職場生産性に与えた影響をみる（図2）．企業調査票では，各制度等が「ある」企業に対して当該制度が職場の生産性へ与えた影響をたずね，「プラスの影響」，「マイナスの影響」，「影響はない」の三つから回

図1 各WLB施策の導入・取組状況

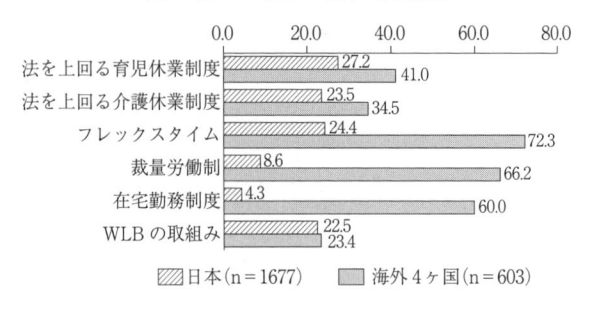

施策	日本(n=1677)	海外4ヶ国(n=603)
法を上回る育児休業制度	27.2	41.0
法を上回る介護休業制度	23.5	34.5
フレックスタイム	24.4	72.3
裁量労働制	8.6	66.2
在宅勤務制度	4.3	60.0
WLBの取組み	22.5	23.4

図2 各WLB施策の職場生産性への影響

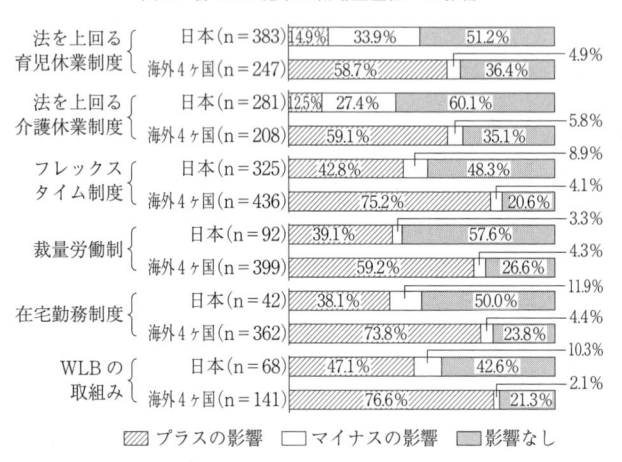

施策		プラスの影響	マイナスの影響	影響なし
法を上回る育児休業制度	日本(n=383)	14.9%	33.9%	51.2%
	海外4ヶ国(n=247)	58.7%	4.9%	36.4%
法を上回る介護休業制度	日本(n=281)	12.5%	27.4%	60.1%
	海外4ヶ国(n=208)	59.1%	5.8%	35.1%
フレックスタイム制度	日本(n=325)	42.8%	8.9%	48.3%
	海外4ヶ国(n=436)	75.2%	4.1%	20.6%
裁量労働制	日本(n=92)	39.1%	3.3%	57.6%
	海外4ヶ国(n=399)	59.2%	4.3%	26.6%
在宅勤務制度	日本(n=42)	38.1%	11.9%	50.0%
	海外4ヶ国(n=362)	73.8%	4.4%	23.8%
WLBの取組み	日本(n=68)	47.1%	10.3%	42.6%
	海外4ヶ国(n=141)	76.6%	2.1%	21.3%

答してもらっている．

　全体的に，日本は海外4ヶ国に比べ，各制度が職場生産性に与える影響を「マイナスの影響」もしくは「影響なし」とする傾向が強い．具体的にみると，制度の導入率が最も多い「法を上回る育児休業制度」の職場への影響については，日本では「プラスの影響」が14.9％，「マイナスの影響」が33.9％「影響なし」が51.2％，となっており，制度の効果をポジティブに捉える企業の2倍以上がネガティブにとらえている．一方，海外4ヶ国では「プラスの影響」が58.7％，「マイナスの影響」については4.9％，「影響なし」は36.4％でネガティブな回答は非常に少ない．

　フレックスタイム制度，在宅勤務制度，裁量労働制など，働く時間や場所に

柔軟性をもたせる制度をみると，海外4ヶ国では長期休業制度同様，制度の効果をポジティブにとらえる傾向が強く，各制度に対して6〜7割が「プラスの影響」と回答している．一方，日本は「フレックスタイム制度」，「裁量労働制」，「在宅勤務」ともに4割程度が「プラスの影響」としているが，海外4ヶ国に比べ，ポジティブに回答する割合は低い．ただし前述の「法を上回る育児休業制度」や「法を上回る介護休業制度」に比べるとこれらの制度の効果をポジティブに捉える傾向が強く，「マイナスの影響」の回答も「在宅勤務」が11.9%で他の2つの制度に比べ若干高めではあるが，海外4ヶ国との差は小さい．なお，「影響はない」については，日本は海外4ヶ国に比べて回答率が高く，5割程度ある点は育児や介護の休業制度と変わらない．つまり，日本は働く時間や場所に柔軟性を持たせる制度の導入は消極的であるが，導入企業による各制度の評価は一定レベルあるといえる．その一方で，長期休業に関する制度に対しては，導入するものの，その評価は厳しく，職場にとって大きな負担となっていることが分かる．

　何故わが国では制度の効果をポジティブにとらえないのだろうか．本調査では各制度の運用の大変さについてもたずねている（図3）．その結果をみると，日本は海外4ヶ国に比べて全ての制度に対し「（制度の運用が）大変である」と回答する傾向がみられる．特に「WLBの取組」は，52.5%が「大変である」と回答しており，担当部署の運営が難しいことが伺える．長期休業関連制度と柔軟な働き方に関する制度は，ともに「大変である」が3割前後で両者に差があるとはいえない．

　これらをふまえると，日本における各WLB関連制度への低い評価は，主に制度の運用に問題があり，特に導入率が最も高い長期休業関連制度の運用上の困難さが柔軟な働き方の制度導入を躊躇させている可能性がある．

　この運用上の難しさについて，先行研究では主に，制度利用者が出た場合の仕事の再配分（やり繰り）と制度利用者を中心とする人事管理の煩雑性を指摘しているが，果たしてこれらの問題が，制度導入や制度の効果を高めることの阻害要因となっているのだろうか[5]．

　以下では，このような問題意識に基づき，日本と海外4ヶ国，さらには，日本企業のなかでWLB関連制度が職場生産性にプラスの効果をもたらす企業とそうでない企業の違いを，人事管理システムに焦点をあて考察すると共に，その解決策を見出すこととする．

図3 各WLB施策の運用上の大変さについて

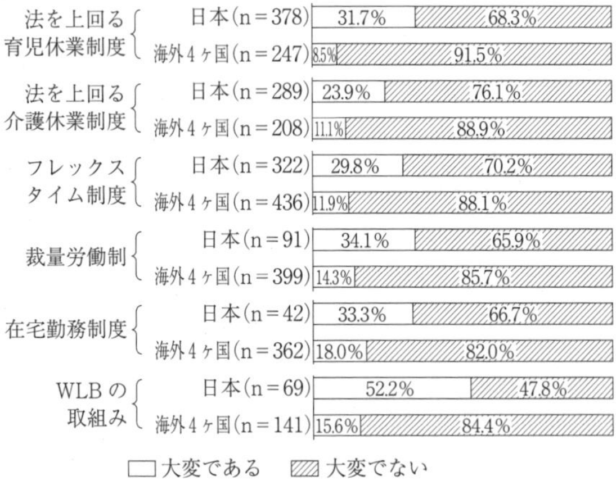

施策		大変である	大変でない
法を上回る育児休業制度	日本(n=378)	31.7%	68.3%
	海外4ヶ国(n=247)	8.5%	91.5%
法を上回る介護休業制度	日本(n=289)	23.9%	76.1%
	海外4ヶ国(n=208)	11.1%	88.9%
フレックスタイム制度	日本(n=322)	29.8%	70.2%
	海外4ヶ国(n=436)	11.9%	88.1%
裁量労働制	日本(n=91)	34.1%	65.9%
	海外4ヶ国(n=399)	14.3%	85.7%
在宅勤務制度	日本(n=42)	33.3%	66.7%
	海外4ヶ国(n=362)	18.0%	82.0%
WLBの取組み	日本(n=69)	52.2%	47.8%
	海外4ヶ国(n=141)	15.6%	84.4%

2.2 ワーク・ライフ・バランス施策以外の人事管理の状況
—— 職場生産性への効果の違いによる国際比較

2.2.1 ワーク・ライフ・バランス施策が職場生産性に与えた影響の違いに基づく指標の作成

職場生産性への影響別に人事管理の違いを分析するにあたり，分析の軸となる指標を作成する必要がある．このために，前述の2.1で取り上げた六つのWLB施策（法を上回る育児休業制度，法を上回る介護休業制度，フレックスタイム制度，裁量労働制，在宅勤務制度，WLBの取組）のうち制度が一つ以上ある企業について，各施策が職場生産性へ「プラスの影響」をもたらした場合に2点，「影響なし」に1点，「マイナスの影響」に0点をあたえ，それぞれを足し上げて得点化（以下，職場生産性得点と記す）し，さらにその職場生産性得点を各企業が有する制度の数で除して各企業の職場生産性得点の平均点を算出した．その平均点を合算して日本を含む5ヶ国の平均点（1.33点）を算出し，日本については，平均点を基準に『平均以上』と『平均以下』の2グループに分けることとした[6]．

日本，海外4ヶ国の各グループの配分は表1のとおりである．日本は，『平均以上』が3割程度であるのに対し，海外4ヶ国は7割強となっている．

以降の分析や考察は，主に日本の『平均以上』と『平均以下』の二つのグループを比較しながら，わが国のWLB先進企業の要因を明らかにすることとし，

表1 WLB施策の職場生産性への効果得点状況の比較（高い＝プラス効果）

（平均点：1.33）	平均以上	平均以下	合計
日本 (n = 675)	30.2%	69.8%	100.0%
海外4ヶ国 (n = 571)	72.0%	28.0%	100.0%

海外4ヶ国についてはその全体平均値を使用する．また，『平均以上』，『平均以下』といった表記については，日本について述べていることとする．

2.2.2 インセンティブ・システムについて

　企業調査票では，ホワイトカラーの一般社員と部下のいる管理職の給与と賞与について，「年齢」，「勤続年数」，「個人の業績」，「職務遂行能力」，「職務内容」，「組織の業績」，「個人の仕事への取組姿勢」，「その他」の8項目が占める割合を全体を100としてたずねている．ここでは「その他」を除く7項目について，日本の『平均以上』と『平均以下』および海外4ヶ国の平均値を考察する（表2）[7]．

　一般社員の給与については，日本は「職務遂行能力」，「年齢」が2割程度を占めている．なかでも『平均以下』では「年齢」が23.7となっており，『平均以上』を4.5ポイントも上回る．『平均以下』の企業では，個人の能力よりも個人の属性に偏重したインセンティブ・システムになっているといえる．一方，海外4ヶ国では，給与における「年齢」の比重は5.3で，「個人の業績」，「職務遂行能力」，「職務内容」の3項目のそれぞれの値が17〜19と同程度となっている．

　一般社員の賞与については，『平均以上』，『平均以下』ともに「個人の業績」（前者：27.7，後者：26.8）が最も多く，次いで「職務遂行能力」（前者：15.1，後者：14.8），「組織の業績」（前者：14.9，後者：13.3）となっているが，『平均以下』では「年齢」（14.0）と「職務遂行能力」（14.8）が同程度である．海外4ヶ国でも，「個人の業績」と「組織の業績」の値が20前後となっているが，「職務遂行能力」（16.8），「個人の仕事への取組姿勢」（14.4），「職務内容」（14.0）もそれぞれ近似した値となっており，給与と同様に，全体に多様な要素をバランスよく考慮したインセンティブ・システムになっているといえる．

　管理職の給与については，「個人の業績」と「職務遂行能力」が20前後となっているが，『平均以上』では『平均以下』に比べて「個人の業績」の占める割合が3.7ポイント高く，より個人の成果や能力に比重がおかれたインセンティ

ブ・システムとなっている．また，『平均以上』では「職務内容」(13.2) が上位3番目となっている．一方，『平均以下』については，「個人の業績」と「職務遂行能力」が他の項目に比べて高いが，「年齢」が16.3と3番目に高い．また，管理職の賞与についても，上位を占める要素の順位は『平均以上』，『平均以下』で同じであるが，各要素に占める割合は『平均以上』が高く，『平均以下』では「年齢」の占める割合が『平均以上』に比べ3ポイント程度高い．

　以上のことから，WLB 施策が職場にプラスの影響をもたらしている日本企業（『平均以上』）では，そうでない企業（『平均以下』）に比べて，個人の属性よりも個人の成果や能力を重視したインセンティブ・システムとなっており，この点においては，海外4ヶ国のインセンティブ・システムに近いといえる．ただし，ここで留意すべき点がある．海外4ヶ国では，前述したとおり「職務内容」についても一定割合の配分がされており，「職務遂行能力」との比重差は大きくない．これについて海外4ヶ国では，職務を明らかにすることで，その職務遂行に必要な能力を棚卸することができ，能力および職務の達成度≒業績を的確に評価していると考えられる．つまり，業績を重視するインセンティブ・システムには，職務に対する一定の比重が必要となると言える．それに対し，日本企業では，「職務内容」に対する比重は，『平均以上』で『平均以下』を上回るものの，「職務遂行能力」との格差は大きい．このことは，職務が明確になっていないなかで，その根拠なく職務遂行能力や業績が評価されている可能性が考えられる．さらに，「平均以下」の企業では，職務遂行能力と年齢の比重が同程度であることから，職務遂行能力は経験（≒年齢の積み重ね）を通して習得され，その能力をもって達成できる業績を評価している可能性があり，従業員が積極的，自発的に能力を高めようとしない危険がある．また，図表では示していないが，企業調査では25歳，35歳，45歳の給与（諸手当を含む月額）の平均，最高，最低額をそれぞれたずねており，海外4ヶ国は各年齢とも最高額と最低額の差が2倍程度あるが，日本では『平均以上』，『平均以下』ともに最高額と最低額の差が小さいうえに，『平均以上』は『平均以下』に比べてさらに格差が小さい．日本では賞与を中心に「個人の業績」を重視しているとしながら，その差は必ずしも大きくないうえに，職務内容が明確になっていない中で業績評価が行われていると考えられる．

表2 一般社員およびライン管理職の給与・賞与の決定要素の割合（平均値）

		年齢	勤続年数	個人業績	職務遂行能力	職務内容	組織の業績	個人の仕事への取組姿勢	その他
一般社員の給与	平均以上(n=139)	19.2	10.7	16.6	22.5	9.9	7.3	11.5	2.5
	平均以下(n=341)	23.7	12.8	16.6	18.8	9.0	6.1	10.8	2.2
	海外4ヶ国(n=568)	5.3	8.8	18.7	18.7	17.6	11.8	16.0	3.3
一般社員の賞与	平均以上(n=134)	10.6	7.6	27.7	15.1	8.6	14.9	12.0	3.4
	平均以下(n=335)	14.0	8.6	26.8	14.8	7.0	13.3	11.3	4.1
	海外4ヶ国(n=514)	5.6	6.8	21.7	16.8	14.0	19.1	14.4	1.6
管理職の給与	平均以上(n=138)	12.9	8.2	22.0	19.9	13.2	12.5	9.0	2.3
	平均以下(n=338)	16.3	8.7	18.3	20.1	11.5	13.5	8.9	2.7
	海外4ヶ国(n=567)	5.5	7.8	18.0	18.7	17.1	14.1	16.3	2.5
管理職の賞与	平均以上(n=132)	7.7	6.1	28.9	14.8	8.3	23.4	8.1	2.6
	平均以下(n=330)	10.3	6.1	26.7	13.7	8.7	22.9	7.3	4.2
	海外4ヶ国(n=531)	5.5	6.7	21.2	16.3	14.0	20.1	14.3	1.8

2.2.3　正社員や正社員以外の社員の異動および人数増減の決定権の所在

　長期休業者や短時間勤務者が職場に出た場合，職場の管理職が人員の異動および増減の決裁権限をもっていれば，速やかな対応ができるだろう．したがって，人事権の所在は職場のWLB関連制度の利用しやすさや職場生産性への効果に影響すると考えられる．

　本調査の企業調査票では，生産量や需要量の変動に対応して人員を増減させたり，異動させる権限が人事部または職場のどちらにあるかを正社員と正社員以外の社員別にたずねている．

　図4は，生産量や需要量の変動に応じた人員の増減・異動に関する決定権の所在を示したものである．全体的に，日本は人事部が主体となって決定（「人事部が主体となって決定（職場の意向はほとんど反映しない）」と「職場の意見を反映したうえで人事部が主体となって決定」）が海外4ヶ国に比べて多いが，両者とも正社員と正社員以外の社員のそれぞれの異動や人数増減に対し，人事部がそれらの権限をもっている．

　まず，「正社員の異動」，「正社員の人数の増減」のそれぞれについて，人事部が主体（「人事部が主体となって決定（職場の意向はほとんど反映しない）」と「職場の意見を反映したうえで人事部が主体となって決定」の合計）が『平均以上』，『平均以下』ともに65％前後となっており，人事部がその決定権を有していることがわかる．しかし，「職場の意見を反映したうえで人事部が主体となって決定」がそのうちの6割強を占めているうえ，海外4ヶ国に比べてその傾向が強いことから，日本は海外4ヶ国に比べて人事権の決定に際し，人事部と職場が連携

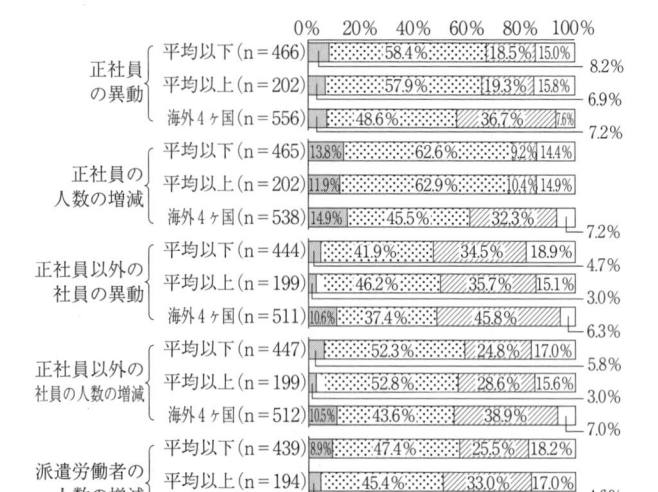

図4 正社員や正社員以外の社員の異動および人数増減の決定権の所在

		人事部が主体となって決定	職場の意見を反映した上で人事部が主体となって決定	職場が主体となって決定	ケースバイケース
正社員の異動	平均以下(n=466)		58.4%	18.5%	15.0% / 8.2%
	平均以上(n=202)		57.9%	19.3%	15.8% / 6.9%
	海外4ヶ国(n=556)		48.6%	36.7%	7.6% / 7.2%
正社員の人数の増減	平均以下(n=465)	13.8%	62.6%	9.2%	14.4%
	平均以上(n=202)	11.9%	62.9%	10.4%	14.9%
	海外4ヶ国(n=538)	14.9%	45.5%	32.3%	7.2%
正社員以外の社員の異動	平均以下(n=444)		41.9%	34.5%	18.9% / 4.7%
	平均以上(n=199)		46.2%	35.7%	15.1% / 3.0%
	海外4ヶ国(n=511)	10.6%	37.4%	45.8%	6.3%
正社員以外の社員の人数の増減	平均以下(n=447)		52.3%	24.8%	17.0% / 5.8%
	平均以上(n=199)		52.8%	28.6%	15.6% / 3.0%
	海外4ヶ国(n=512)	10.5%	43.6%	38.9%	7.0%
派遣労働者の人数の増減	平均以下(n=439)	8.9%	47.4%	25.5%	18.2%
	平均以上(n=194)		45.4%	33.0%	17.0% / 4.6%
	海外4ヶ国(n=497)	12.7%	39.4%	42.1%	5.8%

- 人事部が主体となって決定(職場の意向はほとんど反映しない)
- 職場の意見を反映した上で人事部が主体となって決定
- 職場が主体となって決定(人事部の意向反映無し)
- ケースバイケース

している.言いかえれば,人事決定におけるコミュニケーションコストが高いといえる.「職場が主体となって決定(人事部の意向反映なし)」については,『平均以上』が『平均以下』を若干上回るが,有意な差ではない.また,海外では正社員の異動,人数の増減ともに職場が主体となって決定する割合が3割程度あり,日本に比べて職場への人事権の委譲が進んでいることが分かる.

「正社員以外の社員の異動」および「正社員以外の社員の人数の増減」についても同様の傾向がみられるが,正社員に比べて人事部門から職場へ権限を委譲する傾向がみられる.特に「正社員以外の社員の異動」については,『平均以上』,『平均以下』ともに35%前後が「職場が主体となって決定(人事部の意向反映なし)」としている.また,異動および人数の増減の両者とも,『平均以上』が『平均以下』を若干上回っているが,これについても有意な差ではない.なお,海外4ヶ国は「正社員以外の社員の異動」において,約半数の企業が「職場が主体となって決定(人事部の意向反映なし)」と回答し,本人事権が職場に

あることを示しているが,「正社員の異動」,「正社員の人数の増減」および「正社員以外の人数の増減」の三つについては,ほぼ同程度であることは特徴的である.海外4ヶ国では,人事権は,正社員と正社員以外の社員に関わらず,一定の部門(又は人)がもっているといえる.

派遣労働者の人数の増減については,職場が人事権をもつ割合が日本,海外4ヶ国ともに高くなる.日本は『平均以上』が33.0％と『平均以下』を若干上回る.

以上の結果から,海外4ヶ国は,日本に比べて職場が人事権をもつ割合が高いものの,基本的には人事部門が主体となって正社員および正社員以外の社員の異動,人数の増減に関する決定を行っており,日本と大きく異なる人事管理システムをもっているわけではない.むしろ,日本の方が『平均以上』と『平均以下』ともに人事部と職場が連携し人事を決定していることや「ケースバイケース」の割合も全ての項目に対して15％前後あり,海外4ヶ国に比べてその割合が高いことから,職場の意向が反映された人材配置が行われているといえる.それにも関わらず,日本が海外4カ国に比べ,WLB施策が職場に与える影響をポジティブに回答しない理由は何なのか.次節では,WLB関連制度の利用者が出た場合の職場の対応について考察する.

2.2.4　ワーク・ライフ・バランス関連制度の利用者が出た場合の職場対応

職場の仕事量や質に対し,職場メンバーの能力を活用した最適な対処法を見いだすことができるのは,その職場の管理職でありメンバーである.したがって,本節では,WLB関連制度の利用者が出た場合の職場の対応をたずねた従業員調査票の設問を使用し,日本とイギリス,ドイツにおける違いをみることとする.考察にあたっては,各国の従業員調査にある「育児や介護のための休業制度」,「短時間勤務制度」について「あり」と回答し,かつ当該制度の職場生産性への影響が「プラス」とした者が「6ヶ月以上の長期休業者が出た場合」と「短時間勤務者が出た場合」の職場の対応についてどのように回答しているかを比較する[8]．

WLB関連制度の利用者が出た場合の職場対応については,「既存の正規社員の労働時間で調整する」,「既存の非正規社員の労働時間で調整する」,「他部門とのあいだで正規社員を異動して調整する」,「他部門とのあいだで非正規社員を異動して調整する」,「正規社員数の増減で調整する」,「非正規社員数の増

減で調整する」,「臨時的な社員（派遣社員など）の増減で調整する」,「外注業務で調整する」,「現在の人員を前提に業務量を見直す」,「現在の人員を前提に業務内容を見直す」,「特に何もしない」の11項目であり, これらからあてはまるものを全て選択してもらっている.

図5は,「6ヶ月以上の長期休業者が出た場合」の職場対応方法を日本, イギリス, ドイツで比較したものである. 日本では「既存の正規社員の労働時間で調整」(51.1%)が最も多く,「他部門とのあいだで正規社員を異動して調整する」および「現在の人員を前提に業務内容を見直す」(ともに32.2%),「現在の人員を前提に業務量を見直す」(24.6%)と続く. 一方, イギリスでは,「現在の人員を前提に業務量を見直す」(50.6%)が最も多く,「既存の正規社員の労働時間で調整」(46.8%),「他部門とのあいだで正規社員を異動して調整する」(34.1%)と続く. ドイツは「既存の正規社員の労働時間で調整する」が59.1%と, 3ヶ国のなかで最も多い. これに「現在の人員を前提に業務量を見直す」(52.0%),「正規社員数の増減で調整する」(38.7%)と続く. ここにおいて, イギリス・ドイツと日本で一つの特徴がみられる. 前者は, 先に述べた項目以外の項目にもそれぞれ2割から3割とほぼ同程度あるのに対し, 日本は前述した項目以外,「臨時的な社員（派遣社員など）の増減で調整する」(23.1%)を除いて割合が低い. つまり, イギリスやドイツの育児・介護休業制度が職場生産性にプラスであった職場では, 長期休業者が職場に出た場合, 正社員を中心に労働時間, 異動, 業務量の調整などによって対応を図りながらも, そのほかの方法も用いて柔軟に対応しているのに対し, 日本はその方法に偏りがあるといえる.

図表には示していないが, 短時間勤務者が出た場合の対応についても, 同様の傾向がみられる. 日本は,「既存の正規社員の労働時間で調整」(59.2%),「現在の人員を前提に業務内容を見直す」(31.5%),「現在の人員を前提に業務量を見直す」(26.8%)が中心となっており, そのほかの対応策の回答は10%前後か1ケタである. 一方, イギリスでは,「現在の人員を前提に業務量を見直す」(43.3%),「既存の正規社員の労働時間で調整」(32.9%)や「既存の非正規社員の労働時間で調整」(31.5%)が上位を占めるが,「正規社員数の増減で調整する」(24.5%),「非正規社員数の増減で調整する」(24.3%),「他部門とのあいだで正規社員を異動して調整する」(23.1%)が2割程度あるほか, そのほかの方法についても16～20%程度ある. ドイツについても,「現在の人員を前提に業務量を見直す」(41.9%),「既存の非正規社員の労働時間で調整」(30.8%)が上位

図5 6ヶ月以上の長期休業者が出た場合の職場における対応方法（従業員調査）

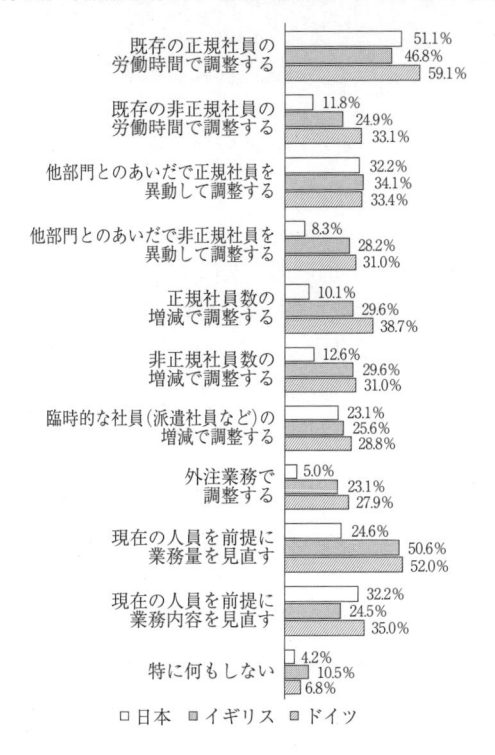

- 既存の正規社員の労働時間で調整する: 51.1% / 46.8% / 59.1%
- 既存の非正規社員の労働時間で調整する: 11.8% / 24.9% / 33.1%
- 他部門とのあいだで正規社員を異動して調整する: 32.2% / 34.1% / 33.4%
- 他部門とのあいだで非正規社員を異動して調整する: 8.3% / 28.2% / 31.0%
- 正規社員数の増減で調整する: 10.1% / 29.6% / 38.7%
- 非正規社員数の増減で調整する: 12.6% / 29.6% / 31.0%
- 臨時的な社員（派遣社員など）の増減で調整する: 23.1% / 25.6% / 28.8%
- 外注業務で調整する: 5.0% / 23.1% / 27.9%
- 現在の人員を前提に業務量を見直す: 24.6% / 50.6% / 52.0%
- 現在の人員を前提に業務内容を見直す: 32.2% / 24.5% / 35.0%
- 特に何もしない: 4.2% / 10.5% / 6.8%

□日本　■イギリス　◨ドイツ

2つを占めるが，それ以外の項目についても2割から3割弱ある．

以上の結果と前節の人事権の所在状況の両者を勘案すると，日本は正社員や正社員以外の人員の異動や増減について，人事部と職場が連携しあって対応する傾向があるにもかかわらず，WLB関連制度の利用者が出た場合は，当該職場内で職場管理職のマネジメント力に大きく依存するとともに，主に直属の部下の正社員のみを対象として対応しており，部門を超えた対応や外部を活用した対応に消極的であるといえる．正社員数および非正社員数の増減については法令の違いがあり，わが国においては，同方策を取る職場が少ないことは理解できる．しかし，それゆえに人員をあらゆる部門で活用できるように職能資格等級制度を軸に人材育成し，職場ローテーションの仕組みを構築してきたのではないか．その日本において，たとえば「他部門とのあいだで正規社員を異動して調整する」がイギリスやドイツと同程度（短時間勤務者が出た場合において

は，日本は11.7％と，イギリス（23.1％），ドイツ（27.8％）のほぼ半分程度）というのは，人材に関する情報を各職場が抱え込み，人事部門へ情報開示していない，または各職場と人事部の連携が定期異動など限定的にしか行われていない可能性がある[9]．

また，日本において，正社員の労働時間で調整することが長期休業者が出た場合と短時間勤務者が出た場合の両者で多いことは，佐藤厚［2008］の長時間労働が発生するメカニズム論があると考えられる．これは，業務量＝要員マンパワー（要員数×能力）×労働時間を基に業務計画がトップダウンで決定される日本企業において，職場では容易に要員数を増やすことができないうえ，部下が一定レベルの能力を習得するまでには時間がかかることから，結果的に職場の対応として一人ひとりの労働時間を拡大する方法を選択せざるを得ないというものである．日本では，制度利用者が出た職場内で業務運営の対応を検討する傾向が強いなか，正社員の労働時間拡大以外の対応策を取りつつ，職場生産性を高めるためには，WLB関連制度の利用者が出た機会を，ほかの各職場メンバーの能力開発機会と捉えて，各従業員の能力アップを進めることがポイントになってくるといえる．

3　分析の枠組みと推計結果

3.1　分析の枠組み

以上の議論を基礎にして，本節ではWLB関連制度が職場の生産性にプラスの効果をもたらす日本企業の要因をプロビット分析によって明らかにする．

ここでの分析で注目するポイントは，企業においてWLBの取組が不可欠になりつつあるなかで，従業員に利用を促しかつ利用によっても職場生産性にプラスをもたらすインセンティブ・システムとはどのようなものかを明らかにすることである．

また，従業員のWLB実現を支援する仕組みとして，意欲的に仕事に取り組むことができるプラットフォーム（＝インセンティブ・システム）の整備の他に，制度を利用しながら働くことができる環境（＝制度利用者が出た際の職場の対応）も合わせて必要になる．ゆえに，どのような職場対応が職場生産性に効果をもたらすか，についても本分析で明らかにする

なお，本分析に使用するデータは，前述の「仕事と生活の調和に関する国際

第3章　ワーク・ライフ・バランス施策が効果的に機能する人事管理　　99

比較調査」における日本の企業調査と従業員調査をマッチングしたデータである．マッチングデータを使用する理由として，利用者が出た際の職場対応に関する設問が従業員調査にあるためである．

3.2　変数の説明
3.2.1　被説明変数

　企業調査票の「法を上回る育児休業制度」があり，かつ当該制度の職場生産性への影響が「プラス」と回答しているものを1，「マイナス」および「影響なし」と回答しているものを0とする変数を作成した．当該制度はWLB関連制度のなかでも最も代表的なものである．まずは当該制度が円滑に運用される仕組みを明らかにすることが，柔軟な働き方に関する制度の導入を促進させることへとつながると考える．また，「育児・介護のための短時間勤務制度」についても，同様の変数を作成し分析する．当該制度については，海外4ヶ国と制度の概念が異なるため，日本との比較ができず前節を含めて取り上げていないが，国内企業を対象とした企業調査によると，本制度の導入率は72.3％と高い．また，当該制度は改正前の育児・介護休業法において，3歳以下の子を養育する労働者に対して企業が「勤務時間の短縮等」の措置すべ制度の一つとしてあげられていることから，多くの企業で運用されていると思われる[10]．

3.2.2　説明変数
(1) インセンティブ・システム

　先に述べた一般社員と管理職の給与および賞与を決定する際に占める各要素の実数値を用いる．ただし，「勤続年数」については，「年齢」と多重共線をおこす可能性があるため，除外した．また，「その他」は，具体的に記述しているものを見ると「市場による」ものが多く，従業員の労働意欲と直接的に関係しないと判断し，本分析から除外した．なお，分析は一般社員，管理職の給与と賞与を個別に行う．

(2) ワーク・ライフ・バランス関連制度利用者が出た際の職場対応

　WLB関連制度利用者が出た際の職場対応については，従業員調査の「6ヶ月以上の長期休業者が出た場合」と「短時間勤務者が出た場合」に対する対応についてたずねた設問を使用する．この設問では，以下の11の対応方法にあ

表3 各WLB関連制度の利用者が出た場合別
「部門内のみで対応」と「他部門や外部のサービス・人材も活用」の割合

	部門内のみで対応	他部門や外部のサービス・人材も活用
長期休業者が出た場合 (n=9400)	45.6%	54.4%
短時間勤務者が出た場合 (n=9529)	77.8%	22.2%

てはまるものを回答させている（複数回答）.

「既存の正規社員の労働時間で調整する」
「既存の非正規社員の労働時間で調整する」
「他部門とのあいだで正規社員を異動して調整する」
「他部門とのあいだで非正規社員を異動して調整する」
「正規社員数の増減で調整する」
「非正規社員数の増減で調整する」
「臨時的な社員（派遣社員など）の増減で調整する」
「外注業務で調整する」
「現在の人員を前提に業務量を見直す」
「現在の人員を前提に業務内容を見直す」
「特に何もしない」

　このうち，「既存の正規社員の労働時間で調整する」，「既存の非正規社員の労働時間で調整する」，「現在の人員を前提に業務量を見直す」，「現在の人員を前提に業務内容を見直す」，「特に何もしない」の五つのみに回答しているものを『部門内のみで対応』変数として1を，この五つを含むほかの選択肢にも回答しているもの（部門外の人材・サービスも活用して対応）を0とする変数を作成し，WLB関連制度の利用者が出た場合の職場対応がWLB関連制度の職場生産性に与える影響を考察する．なお，「長期休業者が出た場合」と「短時間勤務者が出た場合」の，「部門内のみで対応」と「他部門や外部のサービス・人材も活用して対応」の割合は表3のとおりである[11]．

第3章　ワーク・ライフ・バランス施策が効果的に機能する人事管理　　　101

表4　育児休業制度が職場生産性に「プラス」とする企業の要因分析

		一般社員給与	一般社員賞与	管理職給与	管理職賞与
インセンティブ・システム	年齢	-0.013***	-0.013 ***	-0.010 ***	-0.008***
	個人の業績	-0.008***	0.000	0.002	-0.002*
	職務遂行能力	0.003	-0.001	-0.005 **	0.003
	職務内容	0.001	0.007 **	0.001	-0.004
	組織の業績	0.006*	-0.004 **	0.000	-0.006***
	仕事への取組み姿勢	0.004	-0.005 *	-0.006 *	0.004
制度利用者が出た際の職場対応	部門内のみ対応 dummy	-0.121**	-0.111 *	-0.108 *	-0.081
N		2036	2036	2036	2036
prob>chi2		1999.10	1942.71	1870.41	1896.39

（注）コントロール変数として業種、企業規模、正社員の女性比率を投入し推計．有意水準：***p<0.001，**p<0.05，*p<0.1．

3.2.3　コントロール変数

コントロール変数は業種，企業規模，女性正社員比率を用いている．

業種については，各業種の割合から製造業，卸売・小売業，その他の業種の三つに分け，それぞれのダミー変数を作成した．

企業規模は，250人未満，250～999人，1,000人以上の三つに分け，同じくそれぞれのダミー変数を作成した．

女性正社員比率は，10%未満，10～20%未満，20～40%未満，40%以上の四つに分け，それぞれのダミー変数を作成した．

なお，分析の際，業種は製造業，企業規模は250人未満，女性正社員比率は10%未満が最も各カテゴリーにおいて高い割合を占めていたため，それぞれの基準と位置付けた．

3.3　推計結果

「法を上回る育児休業制度」が職場生産性にプラスに影響している企業を対象に要因分析した推計結果が表4である．

インセンティブ・システムに一般社員の給与を入れた推計結果を見ると，「年齢」，「個人の業績」の係数の符号が負（両者とも1%水準で有意），「組織の業績」の係数が正（10%水準で有意）となっていることから，「法を上回る育児休業制度」が職場生産性にプラスの効果をもたらしている企業の一般社員の給与は，そうでない企業に比べ，年齢や個人業績よりも組織の業績を高く考慮したインセンティブ・システムになっているといえる．

表5 育児介護の短時間勤務制度が職場生産性に「プラス」とする企業の要因分析

		一般社員 給与	一般社員 賞与	管理職 給与	管理職 賞与
インセンティブ・システム	年齢	-0.003***	-0.007 ***	-0.004 ***	-0.003**
	個人の業績	-0.007***	-0.003 ***	-0.005 ***	-0.003***
	職務遂行能力	0.001	0.001	-0.003 **	0.005***
	職務内容	0.006***	-0.007 ***	0.005 ***	-0.005**
	組織の業績	0.008***	-0.003 **	0.005 ***	-0.001
	仕事への取組み姿勢	-0.002	-0.002	-0.004 *	-0.003
制度利用者が出た際の職場対応	部門内のみ対応 dummy	-0.059	-0.021	-0.059	-0.050
N		4702	4702	4702	4702
prob>chi2		4500.14	4250.08	4352.18	4423.31

(注) コントロール変数として業種、企業規模、正社員の女性比率を投入し推計. 有意水準：***p<0.001, **p<0.05, *p<0.1.

WLB関連制度利用者が出た際の職場対応変数については,「部門内のみで対応」ダミーの係数が負（5％水準で有意）となった. 育児休業制度が職場生産性を高めている職場では, 他部門や外部の人材・サービスを活用しながら業務のやり繰りをしているといえる.

一般社員の賞与に関する推計結果を見ると,「年齢」,「組織の業績」および「仕事への取組み姿勢」の係数が負（前から順に, 1％水準, 5％水準, 10％水準で有意）,「職務内容」の係数の符号が正（5％水準で有意）となっている.「法を上回る育児休業制度」が職場生産性にプラスの効果をもたらしている企業の一般社員の賞与は, そうでない企業に比べ年齢や組織業績, 仕事への取組姿勢などを重視し過ぎず, 職務内容を考慮したインセンティブ・システムになっている. また,

WLB関連制度利用者が出た際の職場対応変数についても,「部門内のみで対応」ダミーの係数が負（10％水準で有意）となっていることから, 制度利用者が出た際に, 他部門や外部の人材・サービスも活用しながら対応することが, 制度の職場生産性を高める可能性がある.

管理職の給与に関する推計結果を見ると,「年齢」,「職務遂行能力」および「仕事への取組姿勢」の係数が負（前から順に, 1％水準, 5％水準, 10％水準で有意）となった. 管理職の給与については, 年齢や職務遂行能力, 仕事への取組み姿勢の比重は低く抑えられていることが分かる. また, WLB関連制度利用者が出た際の職場対応変数についても,「部門内のみで対応」ダミーの係数が負（10％水準で有意）となっていることから, 他部門や外部の人材・サービスも活用しながら対応することが, 制度の職場生産性を高めるといえる.

管理職の賞与については,「年齢」,「個人の業績」および「組織の業績」の係数が負（前から順に，1％水準，10％水準，1％水準で有意）となった．管理職の賞与では，年齢，個人業績，組織業績の比重は低いといえる．また，WLB関連制度利用者が出た際の職場対応変数については，有意な結果が得られなかった．

また，育児・介護の短時間勤務制度に関する推計結果が表5である．

まず，一般社員の給与に関する推計結果を見ると,「年齢」,「個人の業績」の係数が負（両者とも1％水準で有意),「職務内容」と「組織の業績」の係数が正（ともに1％水準で有意）となっている．なお，当該企業のWLB関連制度利用者が出た際の職場対応変数については，有意な結果は得られなかった．

一般社員の賞与の推計結果については,「年齢」,「個人の業績」,「職務内容」,「組織の業績」の四つの係数が負（前から順に，1％水準，1％水準，1％水準，5％水準で有意）となっていることから，当該企業では，職場生産性にマイナスの影響または影響なしの企業に比べ年齢，個人業績，職務内容，組織業績の比重が低いインセンティブ・システムになっているといえる．また，WLB関連制度利用者が出た際の職場対応変数は有意ではなかった．

管理職の給与については,「年齢」,「個人の業績」,「職務遂行能力」および「仕事への取組み姿勢」の係数が負（前から順に，1％水準，1％水準，5％水準，10％水準で有意）となった．WLB関連制度利用者が出た際の職場対応変数については，本推定式においても有意な結果は得られなかった．

最後に，管理職の賞与をみると,「年齢」,「個人の業績」および「職務内容」の係数が負（前から順に，5％水準，1％水準，5％水準で有意）であったが,「職務遂行能力」においては係数が正（1％水準で有意）となった．WLB関連制度利用者が出た際の職場対応変数については，有意な結果が得られなかった．

4　おわりに

以上の結果をふまえ，本章で明らかにしてきた内容を総括すると同時に，日本企業のWLB推進に向けた今後の検討課題を人事管理の側面から指摘したい．

まず，第一に，WLB施策が職場生産性へ与える効果が高い企業群（本章における『平均以上』グループ）のインセンティブ・システムは，給与に占める「年

齢」や「勤続年数」などの比重が低く,「職務遂行能力」など個人の属性に影響されない要素の比重が高い. 賞与についても,「個人の業績」,「職務遂行能力」,「組織の業績」の比重が高く, 被評価者の納得感を得やすい項目を重視する傾向がみられた. WLBを推進する際に, 目に見える成果を基準に評価することが重要であることが分かる. この点においては, わが国のWLB先進企業のインセンティブ・システムも海外4ヶ国のそれに近い構成になりつつあるといえる.

しかし, 日本企業のインセンティブ・システムの課題も見えてきた. 日本のインセンティブ・システムは,「職務内容」に対する比重が低い. より成果を適切に評価していくためには, 個々人の職務範囲を明確にする必要がある. これが明らかになって初めて, その職務（役割）の達成に必要な能力が棚卸でき, 達成すべき目標を適切に示すことができる. そして, その目標を達成できたか否かが分かりやすくなり, 評価に納得感が生まれる. しかし, 日本の『平均以上』のグループにおいても,「職務内容」の占める比重は「個人の業績」や「職務遂行能力」に比べて非常に低く, その割合は1割弱である. 同構成において, はたして明確に成果をはかり評価することができるかが疑問である. 特に, 近年のホワイトカラーの業務は独創性や創造性が求められ, 労働時間の長さではなく仕事の質と成果の適切な評価が重要になっている. 制約的な時間・条件の中で, こうした性質の仕事の成果をどのように評価するかが, WLB施策を効果的に運用する上で重要であり, そのカギが「職務」の明確化であると考える. 近年は「役割等級制度」など職務を考慮したインセンティブ・システムに移行する日本企業が増えているがこれらの企業がどこまで, 職務（役割）とその遂行に必要な能力要件を明確化にし, その達成度を適切に評価しているかを, 今後, 考察していく必要がある.

と同時に, 企業側が考えるインセンティブ・システムと職場レベルでの評価基準の一致性も考察する必要がある. 評価の基準は考課者の考え方に大きく依存する. 組織自体のインセンティブ・システムは, より職務や業績を重視するものとなっていても, それが職場レベルまで徹底されているとはいえない. 従来の評価基準を有した考課者が, その基準をもって部下を評価していることが, 役割を達成している部下の労働意欲を低下させている可能性もある. したがって, 今後の研究課題として企業のみならず, 職場レベルにおいてどのような評価基準となっているのかを, 従業員調査を通して把握していくことも不可欠で

ある.

　第二に，WLB関連制度が職場生産性にプラスの効果をもたらしている企業のインセンティブ・システムを分析したところ，前述の第一のファインディングで示されたとおり，育児介護の短時間勤務制度が職場生産性を高めている企業の一般社員と管理職の給与で「職務内容」の比重が高いことが明らかになった．柔軟な働き方の進む企業で「役割等級制度」に近いインセンティブ・システムものになってきているといえる．平野[2006]は，グローバル化の進展など企業の人事管理が経済状況や外部労働市場の状況に応じて変化（進化）していくなかで，そのインセンティブ・システムが職務を従来より重視し，役割等級制度になっていくことを指摘したが，本分析結果も，労働市場の変化に応じた人材活用策としてWLBに取組む企業で，インセンティブ・システムが変化（進化）していることを示している．

　給与に関する全体的な傾向としては，「年齢」，「個人の業績」に対する比重が低く，「組織の業績」を反映させる傾向が強い．WLB関連制度を適切に運用するインセンティブ・システムとして，個人の属性要因を低めるとともに，組織の業績を従業員に適切に配分することが重要であるといえる．管理職の給与については，「職務遂行能力」が負に有意となっているが，これは，WLB関連制度が職場生産性にプラスとなっていない企業に比べてその比重が低いといえ，むしろ，従来よりも職務遂行能力を重視する割合を減らしたと考えれば，「役割等級制度」にシフトしていると解釈できる．

　賞与に関しては，全体的な傾向として，WLB関連制度が職場生産性にプラスの企業のインセンティブ・システムは，職場生産性にプラスでない企業に比べて「年齢」,「個人の業績」,「組織の業績」,「職務内容」の比重が低い．先の2.2.2では，海外4ヶ国のインセンティブ・システムは給与，賞与ともに個人業績，組織業績，職務遂行能力，職務内容など多様な項目に対してバランスの良い比重となっていることを指摘したが，本推計結果から，WLB関連制度が職場生産性にプラスな日本企業のインセンティブ・システムは，海外4ヶ国のそれに近い構成となっていることを示していると考えられる．

　働き方が多様化するほど，より時間当たりの生産性を重視したインセンティブ・システムが必要であるといわれている．その実現には，やはり職務とその職務遂行能力を明らかにし，個人の業績を評価する仕組みが重要になる．特定の項目に偏重したインセンティブ・システムは，むしろ従業員のWLBの実現

を阻害する可能性がある．

　第三に，従業員調査データを元に育児休業制度が職場生産性に効果的な職場の制度利用者が出たときの職場の対応方法をみると，日本は当該職場に所属する正社員の労働時間や職場全体の業務量，業務内容の見直しをするなど，当該職場内で解決策し，ほかの職場や外部を巻き込んだ対応を敬遠する傾向がある．日本では，各職場に所属する従業員のWLBの実現性は当該職場の管理職のマネジメント力に大きく依存しているといえる．一方，海外4ヶ国では，先の方法も用いたうえで，正社員以外の社員の異動や労働時間による調整，外部人員の活用など多様な方法を活用しながら，働きやすい職場環境を構築している．これについては，「人に迷惑をかけない」という日本人特有の思想観だけではなく，日本企業の文化の問題であるともいえるだろう．A.K.Kotter & J.L.Haskett [1992] は，企業が経済社会の変化に適応していく「文化」をもつことの重要性を指摘している．この点からいえば，日本企業の管理職は，変化への適応力，判断力に欠けていると言わざるを得ない．本来，日本企業ではあらゆる状況に対応し，あらゆる部門で人員を活用できるように職能資格等級制度を軸に人材育成し，職場ローテーションの仕組みを構築してきた．しかし，実際の日本企業では人材に関する情報を各職場が抱え込み，人事部門へ情報開示・情報共有しておらず，このコミュニケーンコストの高さがWLB関連制度の円滑な利用促進を阻害している可能性がある[12]．

　第四に，第三のポイントとも関係するが，育児休業制度が職場生産性にプラスの効果をもたらしている企業では，制度利用者が出た際に部門内外の人員，サービスを活用し対応していることが明らかになった．本推計結果は，必要な部署で，必要な能力を提供する人材を適切に配置することが，職場生産性にプラスとなることを示したといえる．この仕組みを円滑に運用するには，企業全体の人材情報を統括する人事部門の役割が大きい．2.2.3で述べたとおり，日本の企業は，人員の異動や増員を決定する際に人事部と各職場が連携するといった特徴がみられる．人事部門が各職場と連携し，組織の利益最大化を目的に人材適材適所に配置していくことが，従業員全体のWLBの実現に重要であると考える．しかし，育児介護の短時間勤務制度については，「部門内のみで対応ダミー」が有意ではなかった．短時間勤務の場合，制度利用者が所属する職場で働くことが前提になるうえ，制度利用者が短縮する労働時間の長さによって対処方法が異なってくる．また，今後は短時間勤務制度の利用者は育児

に限らず，親の介護のための利用が増えると考えられ，一つの職場に複数人の短時間勤務者が働くケースも多くみられると思われる．外部人材・サービスの活用や他部門を含めた業務配分の見直しに取組んでいく必要が生じてくるであろう．

　人事管理は，それそのものが従業員の労働意欲や組織貢献意識，さらにはWLBの実現に直接的に関係するものではない．しかし，経済がグローバル化し，労働力人口が減少するわが国の現状の中で，人事管理の在り方は従来の"日本型"ではもはや機能しない状況にある．働く人材やその価値観が多様化するとともに，いわゆる「時間制限のある人材」[13]が労働市場の中心となる中で，人事管理の在り方も，正社員だけでなく，より幅広く多様な人材を活用できるものへと再構築していく必要があるだろう．

注
1) 本章においては，「WLB関連制度」は休業や短時間勤務などの柔軟な働き方に関する制度を指し，「WLB施策」はWLB関連制度に加え，WLB推進のための担当部署の設置なども含んだ取組を指している．
2) 佐藤・武石[2010]，佐藤厚[2008]．
3) 従業員調査については，日本，イギリス，ドイツの3ヶ国を対象に実施．なお，イギリスとドイツの2ヶ国については企業調査と従業員調査のデータをマッチングすることはできない．詳細は本書の序章を参照．
4) 本調査では，WLBへの取組み姿勢や積極性をたずねており，本来はそれらについてわが国と海外4ヶ国の違いを見たうえで各WLB関連施策の取組み状況を考察すべきであるが，武石[2010]が本章と同じデータを活用しこれらを国別に考察しているため，本章ではWLBへの取組み姿勢や積極性については割愛する．同項目の詳細は武石[2010]を参照願いたい．
5) 内閣府[2005]「管理職を対象とした両立支援策に関する意識調査」，㈱アイデム[2009]「短時間正社員と人事管理等に関する調査」．
6) 各WLB制度の効果を得点化して足し上げる方法とした理由は，先行研究からWLB制度は複数の制度を導入した方がより効果があることが明らかにされており，複数の制度の効果を足し上げることが，当該企業のWLB制度の総体的効果を的確に示すことになると考えるためである．
7) 「その他」は回答企業数がほかの項目に比べて20分の1~10分の1程度と少ないほか，「市場の影響による」といった意見が多いため，本章の分析・考察からは除外した．
8) ここで使用しているデータは従業員調査であり，前述した図2で使用したデータと異なる点を留意いただきたい．
9) 平野[2006]は従来の日本企業における人事情報の粘着性について指摘している．

10) 平成22年6月30日より，301人以上の企業に対しては3歳未満の子を養育する従業員に対し，短時間勤務制度（1日6時間）を設けることが事業主の義務となっているが，調査実施時は本法律の施行前であった．
11) 本設問は，選択肢に当てはまるものを全て回答してもらっているため（複数回答），「特に何もしない」とほかの選択肢を同時に○をつけるケースも多かった．また，いずれの選択肢にも回答していないケースが「長期休業者が出た場合」で669サンプル，「短時間勤務者が出た場合」で541サンプルあったが，これらは「無回答」として分析から除外している．
12) 平野［2006］は従来の日本企業における人事情報の粘着性について指摘している．
13) 佐藤博樹［2008］．

参考文献

A.K.Kotter and J.L.Haskett [1992] "Corporate Culture and Performance," Free Press.

Eaton Susan C. [2003] "If You Can Use Them: Flexibility Policies, Organizational Commitment,and Perceived Performance,"*Industrial Relations*,Vol.42, No.2,pp.145-167.

Perry-Smith Jili E. and Blum Terry C.[2000]"Work-family Human Resource Bundles and Perceived Organizational Performance,"*Academy of Management Journal*,Vol.43, No.6, pp.1107-17.

Roberts, J. [2004] "*The Modern Firm; Organizational Design for Performance and Growth*," New York : Oxford University Press.（谷口和弘訳［2005］『現代企業の組織デザイン——戦略経営の経済学』NTT出版）．

池田心豪［2010］「ワーク・ライフ・バランスに関する社会科学的研究とその課題——仕事と家庭生活の両立に関する研究に着目して」，『日本労働研究雑誌』No.599.

㈱アイデム［2009］『短時間正社員と人事管理等に関する調査』．

川口章［2002］「ファミリー・フレンドリー施策と男女均等施策」，『日本労働研究雑誌』No.503.

川口章［2008］『ジェンダー経済格差』勁草書房．

こども未来財団［2008］『企業における仕事と子育ての両立に関する調査研究』．

権丈英子［2003］「オランダ，スウェーデン，イギリス，ドイツにおける典型労働と非典型労働——就業選択と賃金格差」，大沢真知子／スーザン・ハウスマン編著，大沢真知子監訳『働き方の未来——非典型労働の日米欧比較』日本労働研究機構．

坂爪洋美［2002］「ファミリー・フレンドリー施策と組織のパフォーマンス」，『日本労働研究雑誌』No.503.

佐藤厚［2008］「仕事管理と労働時間——長時間労働の発生メカニズム」，『日本労働研究雑誌』No.575.

佐藤博樹［2008］「人事戦略としてのワーク・ライフ・バランス支援」，佐藤博樹編『ワーク・ライフ・バランス——仕事と子育ての両立支援』ぎょうせい．

佐藤博樹・武石恵美子［2010］『職場のワーク・ライフ・バランス』日本経済新聞出版社.
武石恵美子［2010］「ワーク・ライフ・バランス実現への課題——国際比較調査からの示唆」RIETI Policy Discussion Paper Series, 11-P-004.
谷口真美［2005］『ダイバシティ・マネジメント——多様性をいかす組織』白桃書房.
鶴光太郎・樋口美雄・水町勇一郎編著［2009］『労働市場制度改革』日本評論社.
電機連合［2007］『21世紀生活ビジョンに関する研究会』.
東京大学社会科学研究所ワーク・ライフ・バランス推進・研究プロジェクト［2009］『働き方とワーク・ライフ・バランスの現状に関する調査研究報告書』.
東京大学社会科学研究所ワーク・ライフ・バランス推進・研究プロジェクト［2010］『管理職の働き方とワーク・ライフ・バランスに関する調査研究報告書』.
内閣府［2005］『管理職を対象とした両立支援策に関する意識調査』.
内閣府［2006］『企業における子育て支援とその導入効果に関する調査研究』.
ニッセイ基礎研究所［2005］『両立支援と企業業績に関する研究会報告書』.
原ひろみ・佐藤博樹［2008］「労働時間の現実と希望のギャップからみたワーク・ライフ・コンフリクト——ワーク・ライフ・バランスを実現するために」『季刊家計経済研究』No.79, pp.72-79.
平野光俊［2006］『日本型人事管理』中央経済社.
松原光代［2004］「短時間正社員の可能性——育児短時間勤務制度利用者への聞き取りを通して」,『日本労働研究雑誌』No.528.
松原光代［2008］「制度導入企業の要因分析」, 佐藤博樹・武石恵美子編『人を活かす企業が伸びる』勁草書房.
松原光代［2011］「社員のワーク・ライフ・バランスの実現と管理職の役割」, 佐藤博樹・武石恵美子編著『ワーク・ライフ・バランスと働き方改革』勁草書房.
守島基博［2010］『人材の複雑方程式』日本経済新聞出版社.
労働政策研究・研修機構［2007］『仕事と家庭の両立支援に関する調査』.
脇坂明［1999］「仕事と家庭の両立支援制度の分析——『女性雇用管理基本調査』を用いて」,『『家庭にやさしい企業』研究会報告書』女性労働協会.
脇坂明［2001］「仕事と家庭の両立支援分析——『女性雇用管理基本調査』を用いて」, 猪木武徳・大竹文雄編『雇用政策の経済分析』東京大学出版会.
脇坂明［2002］「育児休業制度が職場で利用されるための条件と課題」,『日本労働研究雑誌』No.503.

第4章

労働時間と満足度
——日英独の比較研究——

浅野博勝・権丈英子

1 はじめに

　日本では，2007年12月に「仕事と生活の調和（ワーク・ライフ・バランス）憲章」が策定され，2010年6月にはその改定が行われた．「仕事と生活の調和（ワーク・ライフ・バランス）憲章」策定にあたって意識されていたことの一つは，仕事と仕事以外の生活のバランスについて問題を抱える人が増加しているということである．すなわち，男性を中心とした長時間労働が問題視される一方で，子育て中の女性を中心に就業を希望しながらその機会をもつことができない多くの人が存在するという資源配分上の非効率が起こっている．この労働市場の問題は，家族形成を妨げ少子化を促すことや，人々の生活への満足度を落とすことの原因ともなっている．

　こうした資源配分上の非効率が拡大している背景として，次のような指摘がある．すなわち，正規雇用では多くの場合，企業から指定されている（残業を含めた）労働時間は，労働者が希望する労働時間よりも長いうえに，労働者が自ら希望する労働時間で働く自由度が低く，労働時間に関して希望と現実のミスマッチが大きい（原・佐藤[2009]，山口[2009]，権丈[2009a, 2009b, 本書の第8章]）．また，パートタイム労働などの柔軟な働き方は，賃金をはじめとした労働条件が正規雇用に比べて格段に劣る非正規雇用であることが多く，良質の短時間雇用機会が少ないことも，人々が労働時間を選択する自由度の低さをもたらしている（権丈[2008, 2010]）．

　こうした状況にある日本では，長時間労働や労働時間の希望と現実のミスマッチが，人々の労働時間や生活全般の満足度にマイナスの影響を与えていると考えられる．近年，経済学の分野でも満足度や幸福度の研究が進められるようになっており（この研究領域のサーベイはBruni and Porta [2007]，フライ＝ス

タッツァー［2005］，大竹ほか［2010］参照），労働時間が人々の満足度に与える影響の重要性も指摘されるようになってきた．

Pouwels *et al.*［2008］では，ドイツの GSOEP（German Socio-Economic Panel）を用いて，労働所得の増加が人々の満足度を高める一方，所得を得るためには働かなければならないことを指摘し，労働時間の長さが生活満足度に与える負の影響を確認している．また，Booth and Van Ours［2008］では，イギリスの BHPS（British Household Panel Survey）を用いて，週労働時間と三つの満足度指標――労働時間満足度，仕事満足度，生活満足度――との関連を分析し，男性では残業なしのフルタイム労働（週30時間以上40時間未満）の労働時間満足度が最も高く，女性ではパートタイム労働の満足度が最も高いという結果を得ている．

本章では，「仕事と生活の調和に関する国際比較調査」を用いて，日本，イギリス，ドイツのホワイトカラー職正社員について，労働時間と労働時間満足度・生活満足度との関係を分析する．前述した Booth and Van Ours［2008］では，週40時間以上の労働時間を残業付きのフルタイム労働として一つの区分にしているが，本章では，日本における長時間労働の実態を考慮し，週40時間以上をより詳細に区分することで，長時間労働が，人々の満足度に与える影響も精査する．また，週労働時間が同じでも，労働時間の増減の希望の有無，企業の WLB の取組，仕事の裁量度，通勤時間の長さなどでも，労働者の満足度には違いがあるかもしれない．この点についても検討する．

第2節では，本章で用いるデータを紹介し，週労働時間の分布，満足度の分布，週労働時間と満足度の関係などの記述統計量を確認する．第3節では，本章で用いる推計モデル（順序プロビット分析）を説明する．第4節では，労働時間満足度の推計結果を，第5節では，生活満足度の推計結果を提示する．第6節では，これらの推計結果を用いた，満足度の予測値を提示する．最後に，本章のまとめを行う．

2 データ

本節では，「仕事と生活の調和に関する国際比較調査」の日本，イギリス，ドイツのデータを用いて分析する．日本については，企業調査と個人調査をマッチさせて利用し，イギリスとドイツについては，個人調査のみを利用する[1]．3ヶ

国ともに，個人調査は，ホワイトカラー職正社員を対象にしている．分析に用いる標本数は，日本が男性6,223，女性2,836，イギリスが男性465，女性498，ドイツが男性527，女性472である[2]．

2.1 週労働時間の分布

はじめに，日本，イギリス，ドイツにおけるホワイトカラー職正社員の週労働時間の分布を男女別に確認しておこう．ここで，週労働時間とは，週当たりの平均労働時間で，残業時間を含む．図1より，3ヶ国の男性を比較すると，週労働時間の短い者は，イギリス，ドイツ，日本の順に多くなる．例えば，日本では，週30時間未満のパートタイム労働者（サンプルが正社員のみなので短時間正社員）は4.5%にすぎず，週40時間未満でも9.2%にとどまる．これに対して，ドイツでは週30時間未満が6.3%，週40時間未満が25.8%であり，イギリスではそれぞれ10.3%，40.0%と日本に比べて多い．一方，週50時間以上の長時間労働者の割合は，日本が37.7%であるのに，ドイツ19.4%，イギリス15.3%である．このように，日本では労働時間が長く，逆にイギリスでは労働時間が短い．ドイツでは，週40時間以上45時間未満への集中度が高く，その割合は38.1%である．

図2の女性の週労働時間の分布を，図1の男性の分布と比較すると，3ヶ国とも，女性は男性よりも労働時間が短いことが確認できる．また，3ヶ国の女性では，男性と同様に，イギリス，ドイツ，日本の順に労働時間の短い者が多くなる．日本は，ホワイトカラー職正社員のうち，週30時間未満のパートタイム労働者が，2.2%と非常に少ないのに対して，ドイツは14.0%，イギリスは21.9%と，この割合がかなり高い．また，週40時間未満の者は，日本は19.4%にすぎないが，ドイツは39.4%，イギリスは61.6%である．ホワイトカラー職正社員といっても，日本とイギリス（やドイツ）では，労働時間の長さが相当に異なる．さらに，週50時間以上の長時間労働者の割合は，日本12.4%，ドイツ8.3%，イギリス7.8%と，男性に比べるとかなり少ないが，日本の女性は，男性同様，3ヶ国のなかで長時間労働者の割合が最も高い．また最頻値をみると，日本とドイツは週40時間以上45時間未満階級であり，それぞれ49.8%，42.2%とこの階級への集中度は男性よりも高い．

このように，日本のホワイトカラー職正社員は，男女ともに，ドイツやイギリスに比べて労働時間が長い者の割合が大きい一方，短時間労働者の割合が非

図1 週労働時間の分布（男性）

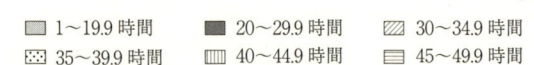

	1～19.9時間	20～29.9時間	30～34.9時間	35～39.9時間	40～44.9時間	45～49.9時間	50～59.9時間	60時間～
日本	2.9	0.6	1.6	4.1	28.3	24.7	27.4	10.3
イギリス	6.0	3.4	4.3	26.2	29.2	15.5	11.0	4.3
ドイツ	4.7	1.5	4.3	2.3	17.3	38.1	16.7	14.2	5.1

図2 週労働時間の分布（女性）

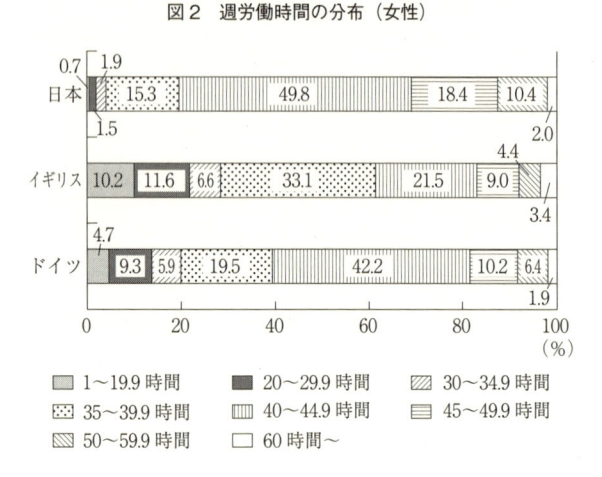

	1～19.9時間	20～29.9時間	30～34.9時間	35～39.9時間	40～44.9時間	45～49.9時間	50～59.9時間	60時間～
日本	0.7	1.9	1.5	15.3	49.8	18.4	10.4	2.0
イギリス	10.2	11.6	6.6	33.1	21.5	9.0	4.4	3.4
ドイツ	4.7	9.3	5.9	19.5	42.2	10.2	6.4	1.9

常に小さいことが確認できる．

2.2 勤務形態

次に，日本，イギリス，ドイツにおいて，人々はどのような勤務形態で働いているのかを確認しておこう．週労働時間の長さによって勤務形態には違いがあるのだろうか．図3～図5は，週労働時間別の勤務形態——フルタイムの通常勤務，フレックスタイム勤務，裁量労働制，在宅勤務（週に1日などの部分

第4章　労働時間と満足度　　　　　　　　　　115

図3　週労働時間別勤務形態（日本）

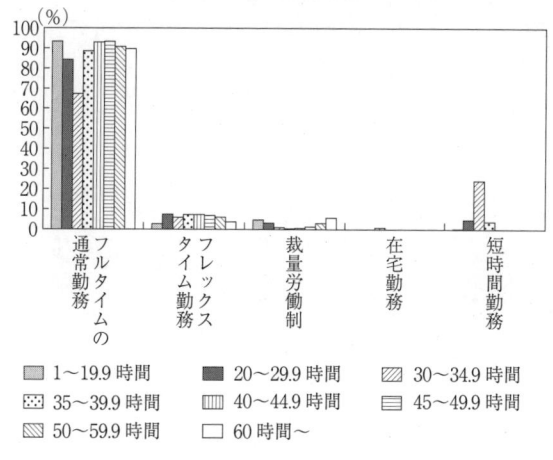

図4　週労働時間別勤務形態（イギリス）

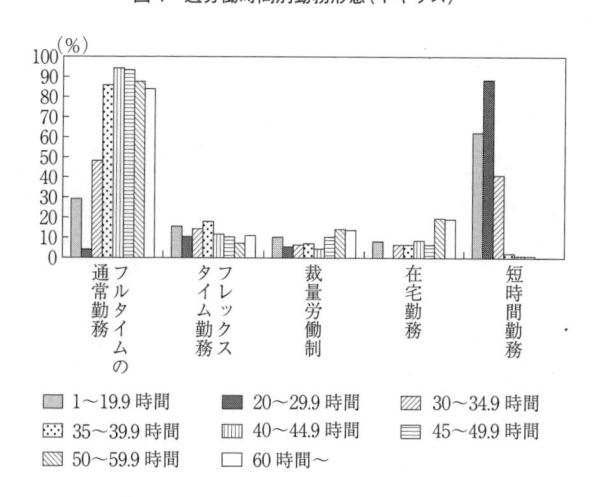

的な在宅勤務を含む），短時間勤務——を示している．このなかには，例えば，フルタイムの通常勤務でありながら，在宅勤務を兼ねている者など，複数の勤務形態に該当する者もいるため，各労働時間階級についてのすべての勤務形態の合計は100％を超える．

　図3の日本では，図4のイギリスや図5のドイツに比べて，フルタイムの通常勤務の者が多く，フレックスタイム勤務，裁量労働制，在宅勤務，短時間勤

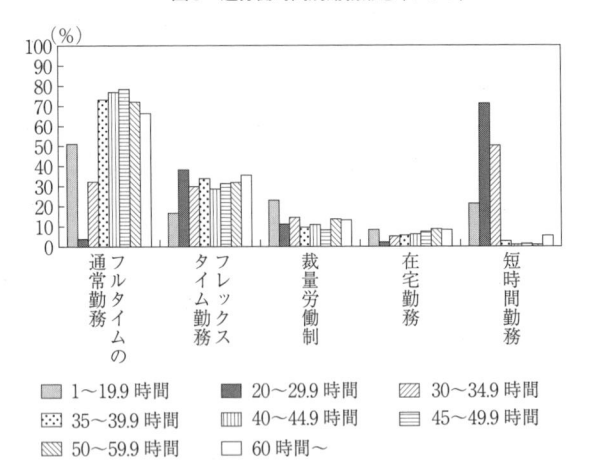

図5 週労働時間別勤務形態(ドイツ)

■ 1〜19.9 時間　■ 20〜29.9 時間　▨ 30〜34.9 時間
▧ 35〜39.9 時間　▥ 40〜44.9 時間　▤ 45〜49.9 時間
▨ 50〜59.9 時間　□ 60 時間〜

務等の多様な働き方をしている者は少ない．週労働時間が短い者に，短時間勤務の者が多いのだが，意外にも，労働時間が週30時間未満と短いにもかかわらず，フルタイムの通常勤務と回答した者もかなりいる．こうした者の割合は，日本が最も高く，ドイツ，イギリスと続く．この背景には，本章が用いる調査が2009年末から2010年にかけて実施されたために，2008年9月のリーマン・ショック以降の深刻な景気後退のなかで，フルタイムの通常勤務の雇用契約をもちながら，操業短縮などの措置により，週労働時間が短い者が一部含まれていると考えられる．

2.3　満足度の分布

日本，イギリス，ドイツでは，人々は，労働時間や生活全般についてどの程度満足しているのだろうか．ここでは，「あなたは以下にあげる①〜⑨の項目についてどの程度満足していますか」という質問のうち，⑥労働時間および⑨現在の生活全般についての回答を，それぞれ労働時間満足度，生活満足度と呼ぶことにし，分析していく[3]．質問に対する回答は，「満足している」「どちらかといえば満足している」，「どちらともいえない」，「どちらかといえば満足していない」，「満足していない」の5段階評価になっているので，これらを満足度の高いものから低いものへ，5から1で表す[4]．

表1は，労働時間満足度および生活満足度に関する分布を3ヶ国の男女別に

表1 満足度の分布

(%)

	男性			女性		
	日本	イギリス	ドイツ	日本	イギリス	ドイツ
労働時間満足度						
1. 満足していない	8.1	7.1	2.7	5.9	5.0	3.8
2. どちらかといえば満足していない	17.4	13.3	8.2	14.9	16.9	9.3
3. どちらともいえない	36.7	13.5	27.5	32.1	11.2	22.5
4. どちらかといえば満足している	29.4	43.4	38.5	34.8	43.0	38.6
5. 満足している	8.5	22.6	23.1	12.3	23.9	25.8
合計	100.0	100.0	100.0	100.0	100.0	100.0
平均値	3.13	3.61	3.71	3.33	3.64	3.73
生活満足度						
1. 満足していない	10.6	6.0	1.3	7.4	7.6	2.3
2. どちらかといえば満足していない	22.3	16.6	4.4	19.1	11.8	3.2
3. どちらともいえない	35.8	18.1	27.7	35.3	14.1	25.2
4. どちらかといえば満足している	26.3	36.3	42.5	32.2	44.2	45.1
5. 満足している	5.1	23.0	24.1	5.9	22.3	24.2
合計	100.0	100.0	100.0	100.0	100.0	100.0
平均値	2.93	3.54	3.84	3.1	3.62	3.86
標本数	6,223	465	527	2,836	498	472

示したものである．表1上段の労働時間満足度をみると，日本男性を除く各国男女とも，カテゴリー4（どちらかといえば満足している）と回答する者が35～45％を占め，最も多かった．これに対して，日本男性では，カテゴリー3（どちらともいえない）を選ぶ者が最も多く，満足度が低くなっている．また，イギリスとドイツでは，カテゴリー5（満足している）と答える者も2割を超え，日本の男女の1割前後に比べて満足度の高い方に分布が片寄っている．

労働時間満足度の平均値は，ドイツが男女ともに3.7，イギリスも男女ともに3.6である一方，日本は女性3.3，男性3.1であり，日本はほかの2ヶ国に比べると低くなっている．総じて，労働時間満足度の平均値は，国による違いが大きく，一つの国の中での男女差は小さい．イギリスはドイツに比べて平均値が低いが，これは，イギリスでは，カテゴリー4と5を選ぶ者が多い一方で，カテゴリー1（満足していない）と2（どちらかといえば満足していない）を選ぶ者も多いためである．

表1下段の生活満足度でも，イギリスとドイツの男女では，カテゴリー4を選ぶ者が4割程度と最も多い．これに対して日本では，男女ともにカテゴリー3を選ぶものが最も多い．平均値でみると，労働時間満足度と同様に，生活満足度は，ドイツ，イギリス，日本の順に高くなっている．特に，日本の男女の生活満足度は，労働時間満足度よりもいっそう低くなっている．

このように，日本では，労働時間満足度，生活満足度，いずれも3ヶ国中最も低いが，この結果は，これまでの生活満足度（幸福度）の国際比較研究の結果と整合的である．フライ＝スタッツァー［2005］は，経済学における幸福のとらえ方を論じる際に，多国間の比較可能性について，アメリカ人は自分が幸福だと主張する傾向があるのに対して，日本人は，謙遜を重視するため非常に幸福だと告白することをためらう傾向にあり，満足度が低い傾向にあることを指摘している．

満足度の調査では，個人の主観的な評価を尋ねるために，同じ質問をしても，質問に対する受け止め方や表現の仕方に，国民性や個人差がみられると考えられる．満足度に関した国際比較研究を行う際には，そうした点に配慮する必要がある．本章では，各国の満足度の水準を確認しながらも，水準そのものよりは，週労働時間等の変数の変化が，満足度にどのような変動をもたらすのかを中心に検討していく．

2.4 週労働時間と満足度

図6と図7は，週労働時間別にみた労働時間満足度の平均値を，男女別に示したものである．労働時間満足度は，イギリスとドイツの男女では，短時間労働者が最も高く，労働時間が長くなるにつれて低下する．また，週労働時間の変化による満足度の変化は，イギリスのほうがドイツよりも大きい．

日本についても，労働時間が長くなるにつれて満足度は低下する．図1と図2では，ほかの2ヶ国に比べて日本に長時間労働者が多いことを観察した．日本に長時間労働が多い理由として，これを日本の労働者の好み——長時間労働への選好——と捉える見方もあるが，図6と図7によれば，日本の長時間労働者が，労働時間満足度が高いわけではない．

もっとも，短時間労働に対する，日本の労働者の労働時間満足度は，イギリスやドイツとは異なり，ベースの週40時間以上45時間未満に比べて極めて低くなっている．この理由の一つに，前述したように，日本では，週労働時間が

図 6　週労働時間別労働時間満足度の平均値（男性）

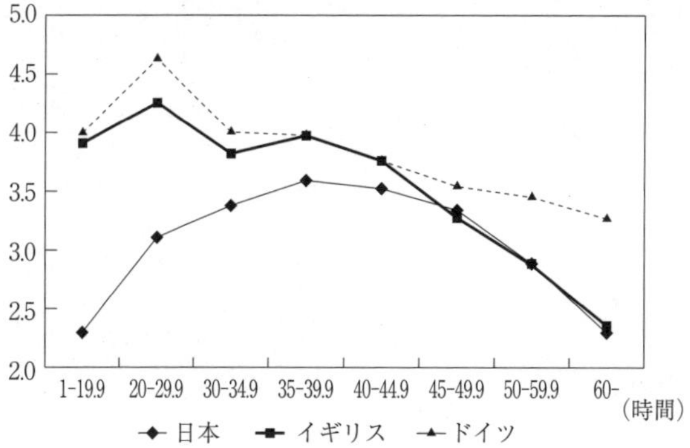
5.0
4.5
4.0
3.5
3.0
2.5
2.0
1-19.9
20-29.9
30-34.9
35-39.9
40-44.9
45-49.9
50-59.9
60-
（時間）
日本
イギリス
ドイツ

図 7　週労働時間別労働時間満足度の平均値（女性）

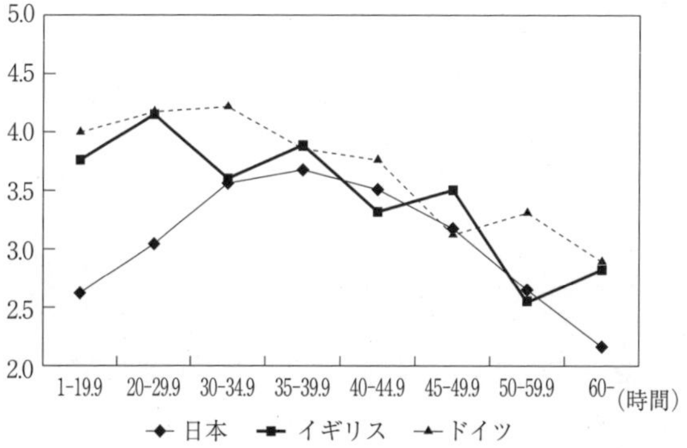
5.0
4.5
4.0
3.5
3.0
2.5
2.0
1-19.9
20-29.9
30-34.9
35-39.9
40-44.9
45-49.9
50-59.9
60-
（時間）
日本
イギリス
ドイツ

短い者のなかに，フルタイムの通常勤務の者が多く，もともと短時間労働を希望したわけではない者がおり，彼らの満足度が低いことがあるのではないかと考えられる．この点については，推計の際に考慮する．

図 8 と図 9 は，週労働時間別にみた生活満足度の平均値を示したものである．3 ヶ国の男女ともに，生活満足度の変動は，労働時間満足度と同様に，労働時間が長くなると満足度が低くなる（日本男性では労働時間が週 20 時間未満でも満足度が低い）が，その変動幅は，労働時間満足度に比べて小さい．特に，ドイツ男性では，週 30 時間以上の者については，労働時間の長さによる生活満足度の変動はほとんどみられない．また，日本女性では，短時間労働者の労働時間満足度が低かったが，生活満足度ではそうした傾向はみられない．

図8 週労働時間別生活満足度の平均値（男性）

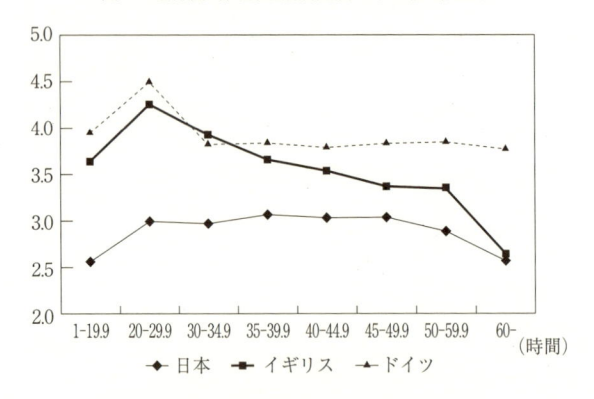

図9 週労働時間別生活満足度の平均値（女性）

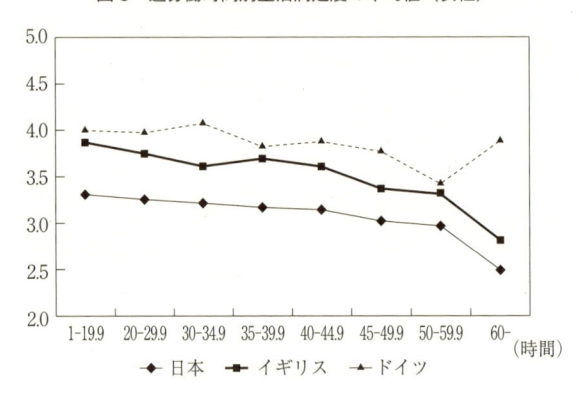

　このように，週労働時間の変化に伴う生活満足度の変化が，労働時間満足度に比べると小さいということは，生活満足度は，労働時間や仕事だけでなく，健康，金銭，住宅等様々な要因が絡み合った総合指標であるため，週労働時間との関連が，労働時間満足度に比べて弱いからと考えられる．
　なお，生活満足度は，男女ともに，ドイツ，イギリス，日本の順に高くなっている．日本の生活満足度が，ほかの2ヶ国に比べて，極めて低いことが観察される[5]．

2.5　労働時間の増減の希望と満足度

　週労働時間が長くなると労働時間や生活の満足度が低下する理由として，労

第 4 章　労働時間と満足度

図 10　週労働時間別労働時間増減の希望（日本）

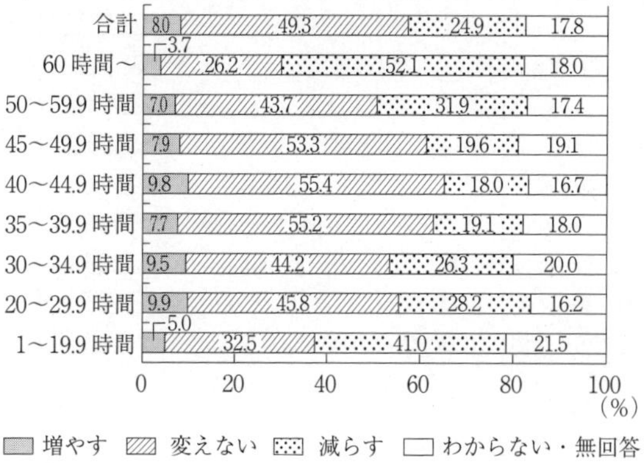

週労働時間	増やす	変えない	減らす	わからない・無回答
合計	8.0	49.3	24.9	17.8
60 時間～	3.7	26.2	52.1	18.0
50～59.9 時間	7.0	43.7	31.9	17.4
45～49.9 時間	7.9	53.3	19.6	19.1
40～44.9 時間	9.8	55.4	18.0	16.7
35～39.9 時間	7.7	55.2	19.1	18.0
30～34.9 時間	9.5	44.2	26.3	20.0
20～29.9 時間	9.9	45.8	28.2	16.2
1～19.9 時間	5.0	32.5	41.0	21.5

■ 増やす　▨ 変えない　⸫ 減らす　□ わからない・無回答

働時間が長いと，人々の希望する労働時間と現実の労働時間のあいだにミスマッチが生じる可能性があるだろう[6]．本章で使用しているデータでは，労働時間に関連して，「現在の時間当たり賃金のもとで，あなたが自由に労働時間を選べるとしたら，あなたは労働時間を増やしますか，減らしますか．それはどの程度ですか」という質問がある．そこで，この質問に関する回答を用いて，週労働時間別にみた労働時間の増減の希望（図 10～図 12）と，労働時間の増減の希望別にみた満足度の平均値（表 2）を確認しておこう．

　まずは，図 10～図 12 より，3 ヶ国における合計（労働時間計）を比較しよう．日本では，労働時間を変えないと答えた者 49.3%，増やすと答えた者（労働時間の増加希望）8.0%，減らすと答えた者（労働時間の減少希望）24.9%であった．これに対して，イギリスでは，それぞれ 58.0%，11.6%，15.6%であり，ドイツでは，64.7%，10.2%，6.3%であった．3 ヶ国を比べると，日本は労働時間の増加希望がやや少ないものの，減少希望が非常に多いために，労働時間を変えないと答えた者が少なくなっている．なお，各国ともに 2 割弱が「わからない」または無回答であった．

　週労働時間の長さと労働時間の増減の希望の間には，一般に，週労働時間が短くなるほど労働時間の増加希望が増え，週労働時間が長くなるほど労働時間の減少希望が増えるという関係があると，予想される．実のところ，労働時間が週 40 時間以上の者については，3 ヶ国ともこの関係がみられる．また，イギリスとドイツでは，労働時間の増加を希望する者は，労働時間が週 35 時間

図11 週労働時間別労働時間増減の希望(イギリス)

区分	増やす	変えない	減らす	わからない・無回答
合計	11.6	58.0	15.6	14.7
60時間～	5.4	40.5	35.1	18.9
50～59.9時間	8.2	41.1	34.2	16.4
45～49.9時間	6.8	58.1	18.8	16.2
40～44.9時間	7.0	60.1	16.9	16.0
35～39.9時間	10.5	64.5	11.8	13.2
30～34.9時間	26.5	51.0	12.2	10.2
20～29.9時間	20.5	66.7	7.7	5.3
1～19.9時間	25.3	48.1	3.8	22.8

■増やす ▨変えない ▦減らす □わからない・無回答

図12 週労働時間別労働時間増減の希望(ドイツ)

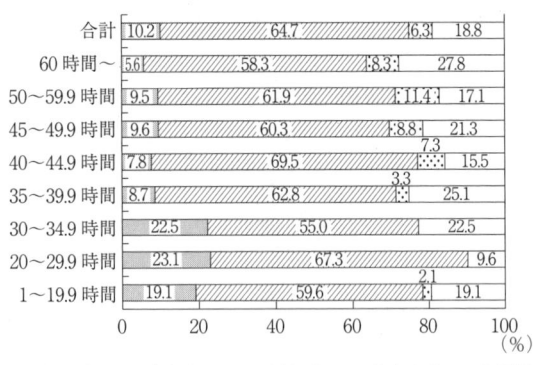

区分	増やす	変えない	減らす	わからない・無回答
合計	10.2	64.7	6.3	18.8
60時間～	5.6	58.3	8.3	27.8
50～59.9時間	9.5	61.9	11.4	17.1
45～49.9時間	9.6	60.3	8.8	21.3
40～44.9時間	7.8	69.5	7.3	15.5
35～39.9時間	8.7	62.8	3.3	25.1
30～34.9時間	22.5	55.0		22.5
20～29.9時間	23.1	67.3		9.6
1～19.9時間	19.1	59.6	2.1	19.1

■増やす ▨変えない ▦減らす □わからない・無回答

未満の者に多い[7]．

　各労働時間階級について労働時間の減少を希望する者の割合をみると，おおよそどの労働時間階級でも，多い順に，日本，イギリス，ドイツとなっており，これは，前述した合計（労働時間計）と同じ順番である．このことから，日本では，長時間労働者が多いために全体で労働時間の減少を希望する者が多いだけでなく，それぞれの労働時間階級においても，現実の労働時間が希望する労働時間と一致していないと考える者が多いといえる．

　表2上段は，労働時間の増減の希望別にみた労働時間満足度を示したものである．男女ともに，労働時間の増減を希望しない者（ただしドイツ男女とイギリ

表2　労働時間の増減の希望別満足度の平均値

	男性			女性		
	日本	イギリス	ドイツ	日本	イギリス	ドイツ
労働時間満足度						
労働時間の増加希望	3.13	3.81	3.81	3.30	3.67	3.92
労働時間の増減の希望なし	3.37	3.76	3.76	3.57	3.89	3.78
労働時間の減少希望	2.47	2.53	2.84	2.70	2.66	2.84
平均値	3.13	3.61	3.71	3.33	3.64	3.73
生活満足度						
労働時間の増加希望	2.68	3.40	3.91	2.79	3.62	3.88
労働時間の増減の希望なし	3.07	3.60	3.85	3.19	3.71	3.87
労働時間の減少希望	2.64	3.28	3.58	2.96	3.26	3.69
平均値	2.93	3.54	3.84	3.10	3.62	3.86
標本数	6,223	465	527	2,836	498	472

(注)「労働時間の増減の希望なし」には,「変えない」の他,「わからない」および無回答を含む.

ス男性では労働時間の増加を希望する者）が最も満足度が高く，労働時間の減少を希望する者が最も満足度が低くなっている．表2下段は，同様に生活満足度について示したものである．生活満足度についても，おおよそ，労働時間満足度と類似の傾向がみられるが，労働時間の希望別の生活満足度の相違は，労働時間満足度に比べてやや小さくなっている．

3　計量モデル

　前節において，日本，イギリス，ドイツのホワイトカラー職正社員は，週労働時間が長くなるにつれて，労働時間満足度や生活満足度が低くなるという共通した傾向がみられた．また，日本は，イギリスやドイツに比べて，労働時間が長いこと，労働時間満足度や生活満足度が低いことを確認した．第3節以降は，こうした週労働時間と満足度との関係が，ほかの事情を一定にしてもみられるのかを検討する．

　ここでは，労働時間満足度と生活満足度を被説明変数として，これらに影響を与え得る要因を検討する．被説明変数である満足度指標が，5段階の順序付けられた変数であるので，潜在変数の撹乱項に標準正規分布を仮定した，順序プロビットモデルを最尤法で推定する．順序プロビットモデルは,潜在変数(y^*)

を使って次式のように書ける.

$$y^* = x'\beta + \varepsilon \quad (\varepsilon \sim N[0,1])$$
$$y = i \quad もし \quad a_{i-1} < y^* \le a_i$$

ここで, ε は標準正規分布にしたがう撹乱項, x は説明変数 (本章ではダミー変数) のベクトル, β は対応する係数ベクトル, y は満足度を表す被説明変数であり, 満足度が低い方から1から5の値をとる ($i \in [1,5]$). a は被説明変数の数値が変わる区分点 (カットポイント) である. ただし, $a_0 = -\infty$ であり $a_5 = \infty$.

先の2式から j 番目のサンプル (y_j, x_j) がある数値 (i) をとる確率を計算することができる.

$$\begin{aligned}Pr[y_j = i] &= Pr[a_{i-1} < x'_j\beta + \varepsilon \le a_i] = Pr[a_{i-1} - x'_j\beta < \varepsilon \le a_i - x'_j\beta] \\ &= Pr[\varepsilon \le a_i - x'_j\beta] - Pr[\varepsilon \le a_{i-1} - x'_j\beta] \\ &= \Phi[a_i - x'_j\beta] - \Phi[a_{i-1} - x'_j\beta]\end{aligned}$$

ここで, Pr は確率 (Probability) の略であり, Φ は標準正規分布の累積分布関数である. 全分析データについて上式に示す確率の積を最大にする最尤法を用いて係数ベクトルの推定値 ($\hat{\beta}$) と区分点の推定値 ($\hat{a}_i$) が得られる. なお, 本章では推定値の標準誤差は White の頑健 (robust) な標準誤差を使用している (White [1980]).

係数ベクトルと区分点の推定値が求められると, 次いで説明変数の任意の値に対して被説明変数 (満足度) の数値を予測すること (Prediction) が可能になる. 任意の説明変数の数値 (z) に対して予測される被説明変数 (y) の数値の関係を次式で示すことができる.

$$Pr[\hat{y} = i] = \Phi[\hat{a}_i - z'\hat{\beta}] - \Phi[\hat{a}_{i-1} - z'\hat{\beta}]$$

上式から被説明変数の平均値または期待値 ($E[\hat{y}]$) の予測は次式から得られる.

$$E[\hat{y}] = \sum_{i=1}^{5} \{i \times (\Phi[\hat{a}_i - z'\hat{\beta}] - \Phi[\hat{a}_{i-1} - z'\hat{\beta}])\}$$

以下では, 推計結果を提示した後, 被説明変数の平均値の予測を行うが, そこでの予測は上式による. また, k 番目の説明変数 (ダミー変数) が0から1に

第4章　労働時間と満足度

変化したとき，被説明変数が特定の数値をとる確率の変化も得られる．

$$Pr[\hat{y} = i|z_k = 1] - Pr[\hat{y} = i|z_k = 0]$$
$$= \{\Phi[\hat{a}_i - z_{-k}\hat{\beta}_{-k} - \hat{\beta}_k] - \Phi[\hat{a}_{i-1} - z'_{-k}\hat{\beta}_{-k} - \hat{\beta}_k]\}$$
$$- \{\Phi[\hat{a}_i - z'_{-k}\hat{\beta}_{-k}] - \Phi[\hat{a}_{i-1} - z'_{-k}\hat{\beta}_{-k}]\}$$

ここで，z_{-k} は k 番目の説明変数を除いた説明変数ベクトル，$\hat{\beta}_{-k}$ は k 番目の係数推定値を除いた係数推定値ベクトル，z_k は k 番目の説明変数，β_k は k 番目の係数推定値を示す[8]．なお，上式は非線形な数式であるため，被説明変数が特定の数値を取る確率に対して β_k が与える影響を一概に示すことはできない．

以下では，労働時間満足度と生活満足度を被説明変数とし，前述した順序プロビットモデルを，日本，イギリス，ドイツについて，それぞれ男女別に推計する．説明変数は，週労働時間，労働時間の増減希望，通勤時間，持ち帰り残業の有無，仕事の手順の裁量の有無，WLBへの積極的取組，WLB関連制度の有無，操業短縮の対象か否か，年収，仕事によるストレスの有無，良い仕事への志向，家庭と仕事の両立志向，年齢，最終学歴，配偶者の有無と配偶者の就業形態，子供の有無と年齢，親との同居の有無（日本のみ），企業規模，業種，仕事内容の各ダミー変数である．（説明変数の詳細は付表1，付表2，説明変数の平均値は付表3を参照のこと）．

第4節と第5節では，労働時間満足度と生活満足度の推計結果をそれぞれ論じ，第6節では，これらの推計結果をもとに計算した，労働時間満足度と生活満足度の予測値について考察する．

4　労働時間満足度に関する順序プロビットモデル

労働時間満足度に関する順序プロビットモデルの推計結果は，表3（男性）と表4（女性）に示している．以下では，ほかの事情を一定とした各変数の効果を説明していく．

まず，週労働時間が，人々の労働時間満足度にどのような影響を与えるのかを確認しておこう．3ヶ国の男女ともに，労働時間が長くなると，ベースとした労働時間が週40時間以上45時間未満に比べて，労働時間満足度は統計的に有意に低い．また，パートタイム労働者（短時間正社員）の労働時間満足度を

表3 順序プロビット分析:労働時間満足度(男性)

	日本		イギリス		ドイツ	
	係数	標準誤差	係数	標準誤差	係数	標準誤差
週労働時間(40時間以上45時間未満)						
20時間未満	-1.45***	0.24	0.04	0.36	0.02	0.31
20時間以上30時間未満	-0.68***	0.24	0.45	0.30	0.85**	0.42
30時間以上35時間未満	-0.01	0.18	-0.40	0.40	0.06	0.45
35時間以上40時間未満	-0.05	0.07	0.01	0.14	-0.27*	0.14
45時間以上50時間未満	-0.22***	0.07	-0.51***	0.16	-0.48***	0.17
50時間以上60時間未満	-0.62***	0.07	-0.77***	0.21	-0.62***	0.19
60時間以上	-1.09***	0.09	-0.95**	0.38	-1.12***	0.26
労働時間の増減希望(希望なし)						
増加希望	-0.29***	0.05	-0.06	0.19	-0.06	0.15
減少希望	-0.73***	0.04	-0.94***	0.15	-0.91***	0.21
通勤時間(30分以上1時間未満)						
30分未満	-0.01	0.03	0.08	0.13	0.14	0.11
1時間以上1時間30分未満	-0.06	0.04	0.05	0.17	0.10	0.16
1時間30分以上	-0.02	0.06	-0.43**	0.21	-0.42*	0.21
持ち帰り残業あり	-0.20***	0.04	-0.03	0.13	-0.06	0.12
仕事の手順の裁量あり	0.23***	0.03	0.43***	0.12	0.44***	0.11
WLBへの積極的取り組み	0.06*	0.03	0.27**	0.12	0.27**	0.11
育児介護休業制度	0.08***	0.03	-0.01	0.13	-0.04	0.11
短時間勤務制度	0.07**	0.03	0.13	0.14	0.19*	0.11
フレックスタイム制度	0.00	0.03	0.21*	0.13	0.09	0.12
在宅勤務制度	0.03	0.10	0.11	0.14	0.19	0.12
操業短縮	0.32	0.23	0.17	0.41	-0.30	0.40
年収(第1五分位階層)						
第2五分位階層	0.03	0.06	-0.29	0.31	-0.54**	0.23
第3五分位階層	0.02	0.06	0.04	0.29	-0.17	0.23
第4五分位階層	0.06	0.06	0.00	0.29	-0.34	0.21
第5五分位階層	0.15**	0.07	0.01	0.29	-0.19	0.23
無回答	0.05	0.08	-0.14	0.28	-0.25	0.18
仕事のストレスあり	-0.41***	0.03	-0.56***	0.12	-0.33***	0.11
良い仕事志向	0.08***	0.03	0.29**	0.12	0.18	0.12
家庭と仕事の両立志向	0.05*	0.03	0.13	0.19	0.34**	0.14
区分点						
1～2	-2.20	0.11	-1.74	0.47	-1.83	0.37
2～3	-1.26	0.11	-0.79	0.46	-1.02	0.34
3～4	-0.08	0.11	-0.21	0.46	0.11	0.35
4～5	1.12	0.11	1.27	0.46	1.34	0.35
標本数	6,223		465		527	
対数尤度	-7986.9		-552.4		-638.1	

(注) 1. *** 1%水準で統計的に有意. ** 5%水準で統計的に有意. * 10%水準で統計的に有意.
　　 2. ( )内はベース・カテゴリーを表す.
　　　 上記以外の説明変数として,年齢,最終学歴,配偶者の有無と配偶者の就業形態,子供の有無と年齢,親との同居の有無(日本のみ),企業規模,業種,仕事内容の各ダミー変数を加えて推計.

みると，イギリス女性とドイツの男女について，週20時間以上週30時間未満で，ベース・カテゴリーに比べて労働時間満足度が高い一方，日本の男女では，労働時間満足度は低い．パートタイム労働は，一般に仕事と仕事以外の生活をバランスさせやすい働き方ということができ，労働者が自発的にパートタイム労働を選んでいるのであれば労働時間満足度も高いと考えられる．その一方で，労働者がフルタイム労働の機会がないために非自発的に選んでいる場合には，労働時間満足度は低いと考えられる．

なお，先にも触れたように，本調査の実施時期が，100年に一度ともいわれた深刻な不況期であり，操業短縮を行った企業もあった．このため，本来はフルタイム勤務であった者で数ヶ月間パートタイム勤務である場合がいると考えられる．日本の短時間労働者には，こうした本来の勤務形態とは異なるかたちで働く者が多いとすれば，この影響を取り除いて，通常の週労働時間と満足度の関係を抽出したい．しかし，残念ながら，本調査では，操業短縮等を直接尋ねた質問項目はないので，ここでは，勤務形態を「フルタイムの通常勤務」と報告しながら，労働時間が週30時間未満である者を，操業短縮対象者とするダミー変数を作って対処した．推計結果は，この変数もコントロールしたものである．しかしながら，こうした処置を施した後でも，日本の短時間労働者は，ほかの2ヶ国と違って労働時間が週40時間以上45時間未満に比べて満足度が低いという結果となった．

労働時間の増減の希望がある場合，とりわけ減少の希望がある場合は，そうでない場合に比べて，労働時間満足度が低いことを表2で確認したが，ほかの事情を一定としても，この傾向は維持されるのだろうか．表3と表4より，3ヶ国の男女は，労働時間の減少を希望する場合，ベースとした労働時間の増減を希望しない場合に比べて，労働時間満足度が統計的に有意に小さい．他方，労働時間の増加を希望する場合は，減少を希望する場合に比べて，労働時間満足度に与える影響は小さく，統計的に有意な負の効果を示すのは日本の男女のみである．

通勤時間が長いと，労働時間に加えて仕事関連の時間が増え，仕事以外に用いることのできる時間が減るため，長い通勤時間は労働時間満足度に負の影響を与えると予測される．推計結果によれば，イギリスとドイツの男性では，片道の通勤時間が1時間30分以上である場合は，ベースである30分以上1時間未満の場合に比べて，労働時間満足度が統計的に有意に負となる[9]．同様に，

表4 順序プロビット分析：労働時間満足度（女性）

	日本		イギリス		ドイツ	
	係数	標準誤差	係数	標準誤差	係数	標準誤差
週労働時間（40時間以上45時間未満）						
20時間未満	-1.11***	0.37	-0.17	0.23	0.48	0.37
20時間以上30時間未満	-0.51	0.36	0.38*	0.20	0.42*	0.24
30時間以上35時間未満	-0.14	0.16	-0.19	0.22	0.59**	0.28
35時間以上40時間未満	-0.18***	0.06	-0.37**	0.15	-0.07	0.15
45時間以上50時間未満	-0.49***	0.07	-0.41*	0.21	-0.60***	0.22
50時間以上60時間未満	-0.90***	0.08	-0.95***	0.28	-0.52**	0.25
60時間以上	-1.33***	0.17	-1.08***	0.36	-0.88*	0.47
労働時間の増減希望（希望なし）						
増加希望	-0.30***	0.09	-0.13	0.18	-0.05	0.18
減少希望	-0.79***	0.05	-1.00***	0.14	-0.75***	0.22
通勤時間（30分以上1時間未満）						
30分未満	0.09*	0.05	0.04	0.13	0.03	0.13
1時間以上1時間30分未満	-0.06	0.06	-0.26	0.18	-0.02	0.15
1時間30分以上	-0.07	0.11	-0.24	0.20	-0.21	0.32
持ち帰り残業あり	-0.14	0.09	-0.13	0.12	0.14	0.13
仕事の手順の裁量あり	0.08	0.05	0.18	0.11	0.51***	0.12
WLBへの積極的取り組み	0.07	0.04	0.48***	0.11	0.16	0.12
育児介護休業制度	0.03	0.05	0.11	0.12	0.03	0.13
短時間勤務制度	-0.02	0.05	0.05	0.13	0.09	0.13
フレックスタイム制度	0.02	0.05	0.07	0.12	0.00	0.13
在宅勤務制度	0.07	0.13	0.31**	0.14	-0.02	0.13
操業短縮	-0.01	0.36	0.12	0.50	-0.53	0.49
年収（第1五分位階層）						
第2五分位階層	0.03	0.06	-0.15	0.21	-0.31	0.20
第3五分位階層	0.06	0.06	-0.28	0.22	-0.19	0.27
第4五分位階層	0.02	0.09	-0.25	0.24	-0.03	0.23
第5五分位階層	0.04	0.13	0.08	0.27	-0.18	0.27
無回答	0.00	0.07	-0.11	0.18	-0.11	0.18
仕事のストレスあり	-0.41***	0.04	-0.44***	0.12	-0.46***	0.13
良い仕事志向	0.11***	0.04	0.16	0.11	0.29**	0.12
家庭と仕事の両立志向	0.05	0.05	0.19	0.18	0.64***	0.18
区分点						
1～2	-2.36	0.14	-2.04	0.42	-1.65	0.37
2～3	-1.42	0.13	-0.82	0.39	-0.83	0.37
3～4	-0.35	0.13	-0.36	0.39	0.13	0.37
4～5	0.89	0.13	1.12	0.39	1.40	0.37
標本数	2,836		498		472	
対数尤度	-3666.5		-581.3		-569.0	

（注）表3に同じ．

持ち帰り残業がある場合（自宅に持ち帰って仕事をする場合）にも，仕事関連の時間が増えるために，労働時間満足度に負の影響を与えると予測できる．表3と表4によれば，持ち帰り残業は，日本男性についてのみ，労働時間満足度を統計的に有意に低下させる[10]．

仕事の手順について裁量がある場合や，WLB関連制度が整っている場合には，同じ労働時間であっても，労働者は，仕事と仕事以外の生活をバランスさせやすくなる．このため，労働時間満足度は高くなるのではないか．表3と表4より，ドイツの男女および日本とイギリスの男性について，仕事の手順の裁量がある場合，労働時間満足度は，統計的に有意な正の影響がある[11]．企業によるWLBの積極的な取組は，イギリスの男女および日本とドイツの男性について，正の影響がみられる．その一方，育児介護休業制度，短時間勤務制度，フレックスタイム制度，在宅勤務制度というWLBに関連した個別制度の存在（制度があり利用者がいること）は，係数はおおむね正であるが，必ずしも統計的な有意な結果にはなっていない[12]．

仕事にストレスを感じている場合，3ヶ国の男女すべてで，労働時間満足度は，統計的に有意に低かった．「良い仕事をするためには働く時間を惜しむべきではない（良い仕事志向）」と考えている者は，そうでない者に比べて，労働時間満足度は高く，日本の男女，イギリス男性，およびドイツ女性について，この効果が統計的に有意であった．また，「男女とも家庭と仕事を両立できるようにすべきである（家庭と仕事の両立志向）」という意見に同意する者は，そうでない者に比べて，労働時間満足度が高く，ドイツの男女および日本男性では，この効果は統計的に有意であった．

年収については，ベースである（最も所得の低い）第1五分位階層に比べて，日本男性の第5五分位階層が正，ドイツ男性の第2五分位階層が負である以外は，統計的に有意ではなかった．また，表には掲載していないが，企業規模について，日本では，男性が従業員1,000人以上，女性が10,000人以上の企業において，従業員250〜499人の企業に比べて労働時間満足度が統計的に有意に高かった．しかし，イギリスやドイツでは，企業規模による統計的な有意な差はみられなかった．

5 生活満足度に関する順序プロビットモデル

生活満足度に関する順序プロビットモデルの推計結果は，表5（男性）と表6（女性）に示している．以下では，他の事情一定のときの各変数の効果を説明していく．

表5と表6より，週労働時間が長い場合，人々の生活満足度には，負の影響があるが，この影響は，労働時間満足度の場合に比べると小さい．日本男性（週50時間以上），日本女性（週60時間以上），ドイツ男性（週60時間以上）のみが，ベースの週40時間以上45時間未満に比べて統計的に有意に負である．他方，短時間労働については，週20時間以上30時間未満のイギリス男性，ドイツ男性，日本女性，および週20時間未満のドイツ女性について，生活満足度がベースに比べて高い．

日本の男女では，労働時間の増加または減少を希望する場合は，そうでない場合に比べて，生活満足度が統計的に有意に低い．イギリス男性では，労働時間の減少を希望する場合のみ，そうでない場合に比べて，生活満足度が統計的に有意に低い．ドイツの男女およびイギリス女性については，労働時間の増加または減少の希望があっても，生活満足度には統計的に有意な影響はみられない．

長い通勤時間は，日本の男女，ドイツ男性，およびイギリス女性の生活満足度に負の影響を与えていた[13]．持ち帰り残業がある場合は，日本の男女，イギリスとドイツの女性の生活満足度に統計的に有意な負の影響がみられる．

仕事の手順に裁量がある場合，3ヶ国の男女すべてで，生活満足度が統計的に有意に高かった．WLBへの積極的な取組は，イギリスの男女とドイツ男性について，生活満足度を統計的に有意に高める．育児介護休業制度，短時間勤務制度，フレックスタイム制度，在宅勤務制度というWLBに関連した個別制度の存在は，イギリス女性で短時間勤務制度と在宅勤務制度，日本女性で在宅勤務制度について，生活満足度に統計的に有意な正の影響がみられたが，それ以外については，統計的に有意な結果はみられなかった．

仕事にストレスを感じている場合，労働時間満足度と同様，生活満足度も低い（ただしドイツ男性については統計的に非有意）．「良い仕事をするためには働く時間を惜しむべきではない（良い仕事志向）」と考えている者はそうでない者

表5 順序プロビット分析:生活満足度(男性)

	日本		イギリス		ドイツ	
	係数	標準誤差	係数	標準誤差	係数	標準誤差
週労働時間(40時間以上45時間未満)						
20時間未満	−0.21	0.24	0.04	0.33	−0.05	0.36
20時間以上30時間未満	0.11	0.22	0.98***	0.34	1.04**	0.50
30時間以上35時間未満	0.02	0.16	0.09	0.27	−0.02	0.39
35時間以上40時間未満	0.00	0.07	−0.11	0.15	−0.13	0.15
45時間以上50時間未満	−0.02	0.07	−0.38**	0.18	−0.10	0.18
50時間以上60時間未満	−0.14**	0.07	−0.26	0.21	−0.12	0.19
60時間以上	−0.32***	0.08	−0.52	0.37	−0.48*	0.28
労働時間の増減希望(希望なし)						
増加希望	−0.38***	0.05	−0.23	0.19	0.06	0.17
減少希望	−0.30***	0.03	0.07	0.17	−0.16	0.16
通勤時間(30分以上1時間未満)						
30分未満	0.00	0.03	−0.01	0.13	−0.06	0.11
1時間以上1時間30分未満	−0.04	0.04	0.07	0.15	0.15	0.17
1時間30分以上	−0.12*	0.06	−0.03	0.20	−0.41*	0.22
持ち帰り残業あり	−0.08**	0.04	−0.11	0.14	0.17	0.12
仕事の手順の裁量あり	0.18***	0.03	0.25**	0.12	0.46***	0.12
WLBへの積極的取り組み	0.01	0.03	0.36***	0.12	0.28**	0.11
育児介護休業制度	0.05	0.03	0.14	0.12	−0.03	0.12
短時間勤務制度	0.02	0.03	−0.14	0.13	0.11	0.12
フレックスタイム制度	0.00	0.03	0.18	0.12	0.04	0.11
在宅勤務制度	−0.10	0.10	−0.13	0.14	0.10	0.12
操業短縮	−0.15	0.23	0.52	0.44	0.28	0.43
年収(第1五分位階層)						
第2五分位階層	0.18***	0.06	0.06	0.31	0.06	0.23
第3五分位階層	0.22***	0.06	0.30	0.33	0.41*	0.23
第4五分位階層	0.38***	0.06	0.19	0.30	0.06	0.22
第5五分位階層	0.69***	0.07	0.40	0.31	0.34	0.22
無回答	0.42***	0.08	0.22	0.29	0.14	0.19
仕事のストレスあり	−0.40***	0.03	−0.48***	0.12	−0.14	0.11
良い仕事志向	0.12***	0.03	0.47***	0.12	0.16	0.12
家庭と仕事の両立志向	0.06*	0.03	0.48***	0.16	0.33**	0.15
区分点						
1〜2	−1.08	0.11	−0.57	0.47	−0.81	0.34
2〜3	−0.20	0.10	0.39	0.47	−0.08	0.33
3〜4	0.82	0.11	1.01	0.47	1.26	0.33
4〜5	2.07	0.11	2.18	0.48	2.57	0.34
標本数	6,223		465		527	
対数尤度	−8488.4		−615.0		−598.8	

(注)表3に同じ.

表6 順序プロビット分析：生活満足度（女性）

	日本		イギリス		ドイツ	
	係数	標準誤差	係数	標準誤差	係数	標準誤差
週労働時間（40時間以上45時間未満）						
20時間未満	0.58	0.41	−0.10	0.22	0.80**	0.41
20時間以上30時間未満	0.53**	0.26	−0.22	0.20	0.14	0.23
30時間以上35時間未満	0.01	0.16	−0.08	0.25	0.43	0.26
35時間以上40時間未満	0.04	0.06	0.08	0.14	0.07	0.15
45時間以上50時間未満	−0.04	0.07	−0.16	0.19	0.13	0.20
50時間以上60時間未満	−0.11	0.08	0.08	0.25	−0.32	0.27
60時間以上	−0.55***	0.16	−0.48	0.33	0.24	0.44
労働時間の増減希望（希望なし）						
増加希望	−0.43***	0.09	0.25	0.17	−0.10	0.18
減少希望	−0.15***	0.05	−0.33**	0.15	−0.04	0.22
通勤時間（30分以上1時間未満）						
30分未満	0.05	0.05	−0.37***	0.12	0.07	0.13
1時間以上1時間30分未満	−0.14**	0.06	−0.56***	0.17	0.13	0.16
1時間30分以上	−0.18*	0.11	−0.39*	0.21	−0.03	0.31
持ち帰り残業あり	−0.20**	0.09	−0.36***	0.14	−0.27**	0.13
仕事の手順の裁量あり	0.12**	0.05	0.24**	0.11	0.33***	0.12
WLBへの積極的取り組み	0.04	0.04	0.45***	0.11	0.17	0.12
育児介護休業制度	−0.03	0.05	−0.10	0.11	−0.01	0.13
短時間勤務制度	0.03	0.05	0.34***	0.13	−0.04	0.12
フレックスタイム制度	0.04	0.05	0.03	0.12	0.13	0.13
在宅勤務制度	0.22*	0.12	0.27**	0.14	0.02	0.14
操業短縮	−0.47	0.30	0.21	0.48	−0.65	0.54
年収（第1五分位階層）						
第2五分位階層	0.03	0.06	−0.62***	0.20	−0.03	0.24
第3五分位階層	0.26***	0.06	−0.15	0.23	−0.14	0.27
第4五分位階層	0.55***	0.08	−0.14	0.24	0.18	0.27
第5五分位階層	0.78***	0.14	0.16	0.27	−0.44	0.32
無回答	0.08	0.06	−0.14	0.18	−0.02	0.19
仕事のストレスあり	−0.47***	0.04	−0.34***	0.12	−0.28**	0.13
良い仕事志向	0.13***	0.05	0.01	0.11	0.17	0.12
家庭と仕事の両立志向	−0.02	0.05	−0.12	0.20	0.55***	0.17
区分点						
1～2	−1.42	0.13	−1.99	0.40	−1.20	0.36
2～3	−0.53	0.12	−1.30	0.38	−0.77	0.36
3～4	0.48	0.12	−0.79	0.38	0.50	0.37
4～5	1.85	0.13	0.63	0.38	1.89	0.38
標本数	2,836		498		472	
対数尤度	−3,780.9		−627.5		−533.1	

（注）表3に同じ。

に比べて，日本の男女とイギリス男性で，生活満足度が統計的に有意に高かった．「男女とも家庭と仕事を両立できるようにすべきである（家庭と仕事の両立志向）」という意見に同意する者はそうでない者に比べて，ドイツの男女とイギリスと日本の男性で，生活満足度が統計的に有意に正であった．

年収は，労働時間満足度ではあまり明確な関係がみられなかったが，生活満足度では，日本の男女では明確な正の影響がみられた．企業規模では（表に非掲載），日本の男女は，従業員1,000人以上の企業では，ベースの250～499人の企業に比べて，統計的に有意に生活満足度が高い．日本では，大企業で働く者は，年収やWLBへの取組等を一定にしても，労働時間満足度も生活満足度も高くなっている．他方，イギリスとドイツは，企業規模について統計的に有意な影響はみられなかった．

6 予測値

第4節と第5節では，順序プロビットモデルの推計結果を論じてきたが，係数の推定値は，その符号や同一の推計式のなかでの係数の大小を論じることはできても係数の値そのものについて解釈することは難しく，異なる推計式の係数の大きさを比較検討することはできない．そこで，本節では，表3～表6の推計結果を用いて，ある属性をもつ個人の満足度の予測値を算出し，3ヶ国における週労働時間，労働時間の増減希望の有無，WLB関連制度等が，満足度に与える効果を数量的に比較する．

基準ケースは，次の属性をもつ個人である．すなわち，労働時間が週40時間以上45時間未満で，労働時間の増減の希望はない．通勤時間は片道30分以上1時間未満．持ち帰り残業はなく，仕事の手順の裁量はない．勤め先の企業では，WLBについての積極的な取り組みはなく，育児介護休業制度，短時間勤務制度，フレックスタイム制度，在宅勤務制度のいずれについても制度はない．また，操業短縮の対象ではない．本人年収は第4五分位階層に属す．仕事にストレスを感じておらず，「良い仕事をするためには働く時間を惜しむべきではない」という意見に同意し，「男女とも家庭と仕事を両立できるようにすべきである」という意見にも同意する．年齢は35歳以上44歳以下，大学・大学院卒．有配偶で配偶者は正社員として勤務，17歳以下の子供はおらず，親とは同居していない（日本のみ）．勤め先は，従業員250人から499人企業で，

業種は製造業．事務の仕事をしている．

　基準ケースでは，労働時間満足度は，男性では，日本 3.67，イギリス 3.71，ドイツ 3.37，女性では，日本 3.80，イギリス 3.20，ドイツ 3.51 である（表 7・基準ケース参照）．また，生活満足度は，男性では，日本 3.25，イギリス 3.59，ドイツ 3.25，女性では，日本 3.45，イギリス 3.00，ドイツ 3.85 である（表 8・基準ケース参照）．これらの結果で興味深いのは，表 1 で確認した，条件なしの（属性をコントロールしていない）労働時間満足度や生活満足度は，3ヶ国中日本が最も低かったのに対して，上記の条件をもつ個人（基準ケース）では，必ずしも日本の男女の満足度が低くないということである[14]．

　このことから，属性をコントロールしない場合に日本の満足度が低かったのは，日本では，イギリスとドイツに比べて，同じ属性（個人属性のほか，職場環境等を含む）をもつ個人の満足度が低いというよりは，むしろ，満足度が低い属性をもつ個人が多いとみることができる．言い換えると，日本でも，そうした属性（や環境）がイギリスやドイツと同じようになれば，日本の男女の満足度も増加する可能性があるといえる．

　次に，この基準ケースから週労働時間が変化した場合，満足度の予測値がどのように変わるのかをみてみよう．図 13～図 16 では，予測値をそのまま描かずに，各労働時間階級における満足度の予測値と基準ケースである週 40 時間以上 45 時間未満での予測値との差を示した．これは，各国男女における満足度の水準そのものよりも，週労働時間の変化によって満足度がどのように変わるかという変化に注目するためである．

　図 13 と図 14 によれば，労働時間が長くなると，労働時間満足度の予測値は，3ヶ国の男女いずれも低下し，その低下幅はほぼ同程度である．具体的には，労働時間が基準ケース（週 40 時間以上 45 時間未満）から週 60 時間以上へと長くなった場合，労働時間満足度の変化幅は −0.7 ～ −1.0 である．労働時間が短い場合は，ドイツとイギリスでは基準ケースよりも満足度が高く，短時間労働（短時間正社員）が仕事以外の生活とバランスをとりながら働くことのできる勤務形態として活用されているようにみえる．これに対して，日本では，短時間労働者の労働時間満足度は低い（操業短縮をコントロール済み）．

　図 15 と図 16 によれば，基準ケースから週労働時間が増加すると，生活満足度の予測値は低下するとともに，イギリスとドイツでは，短時間労働の生活満足度が高い．このパターンは，労働時間満足度と同様であるが，その変化幅は

第4章 労働時間と満足度

表7 労働時間満足度の予測値

	男性			女性		
	日本	イギリス	ドイツ	日本	イギリス	ドイツ
基準ケース[a]	3.67	3.71	3.37	3.80	3.20	3.51
基準ケースとの差						
労働時間の増加希望	−0.24***	−0.05	−0.05	−0.25***	−0.13	−0.04
労働時間の減少希望	−0.62***	−0.92***	−0.82***	−0.68***	−0.99***	−0.71***
通勤時間						
30分未満	−0.01	0.07	0.12	0.07*	0.04	0.02
1時間以上1時間30分未満	−0.05	0.05	0.08	−0.05	−0.26	−0.02
1時間30分以上	−0.01	−0.40**	−0.37*	−0.05	−0.24	−0.19
持ち帰り残業あり	−0.16***	−0.03	−0.05	−0.12	−0.13	0.12
仕事の手順の裁量あり	0.19***	0.35***	0.37***	0.06	0.18	0.42***
WLBへの積極的に取り組み	0.05*	0.22**	0.23**	0.05	0.45***	0.14
育児休業[b]	0.06***	−0.01	−0.04	0.02	0.11	0.03
短時間勤務制度[b]	0.06**	0.11	0.17*	−0.02	0.04	0.08
フレックスタイム制度[b]	0.00	0.18*	0.08	0.02	0.07	0.00
在宅勤務制度[b]	0.02	0.10	0.16	0.06	0.30**	−0.02

(注) *** 1%水準で統計的に有意. ** 5%水準で統計的に有意. * 10%水準で統計的に有意.
a) 基準ケースは，次の特徴をもつ個人である．すなわち，労働時間が週40時間以上45時間未満．労働時間の増減の希望はない．通勤時間は片道30分以上1時間未満，持ち帰り残業はなく，仕事の手順の裁量はない．勤め先の企業では，WLBについての積極的な取組はなく，育児介護休業制度，短時間勤務制度，フレックスタイム制度，在宅勤務制度のいずれについても制度はない．操業短縮の対象ではない．本人年収は第4五分位階層に属す．仕事にストレスを感じていない．「良い仕事をするためには働く時間を惜しむべきではない」という意見に同意し，「男女とも家庭と仕事を両立できるようにすべきである」という意見にも同意する．年齢は35歳以上44歳以下，大学・大学院卒．有配偶で配偶者は正社員として勤務，17歳以下の子供はいない．日本については，親と同居していない．勤め先は，従業員250人から499人企業で，業種は製造業．事務の仕事をしている．
b) 制度があり，利用者がいる．

表8 生活満足度の予測値

	男性			女性		
	日本	イギリス	ドイツ	日本	イギリス	ドイツ
基準ケース	3.25	3.59	3.25	3.45	3.00	3.85
基準ケースとの差						
労働時間の増加希望	−0.36***	−0.23	0.05	−0.38***	0.27	−0.08
労働時間の減少希望	−0.28***	0.07	−0.13	−0.13***	−0.37**	−0.03
通勤時間						
30分未満	0.00	−0.01	−0.05	0.04	−0.42***	0.05
1時間以上1時間30分未満	−0.03	0.07	0.12	−0.12**	−0.63***	0.09
1時間30分以上	−0.11*	−0.03	−0.34*	−0.16**	−0.44***	−0.02
持ち帰り残業あり	−0.08**	−0.11	0.13	−0.18***	−0.40***	−0.21**
仕事の手順の裁量あり	0.16***	0.23**	0.36***	0.10***	0.26***	0.24**
WLBへの積極的に取組み	0.01	0.34***	0.22**	0.04	0.48***	0.12
育児休業[a]	0.04	−0.15	−0.02	−0.03	−0.12	0.00
短時間勤務制度[a]	0.02	−0.14	0.09	0.02	0.37***	−0.03
フレックスタイム制度[a]	0.00	0.18	0.03	0.03	0.03	0.09
在宅勤務制度[a]	−0.09	−0.13	0.08	0.18*	0.30**	0.02

(注) 表7に同じ．

図13　週労働時間40〜44.9時間を基準とした週労働時間別労働時間満足度の予測値（男性）

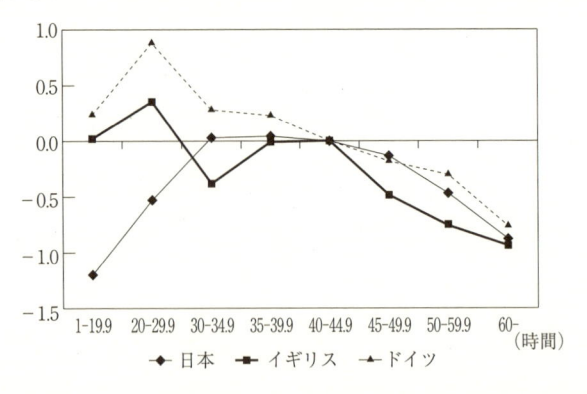

図14　週労働時間40〜44.9時間を基準とした週労働時間別労働時間満足度の予測値（女性）

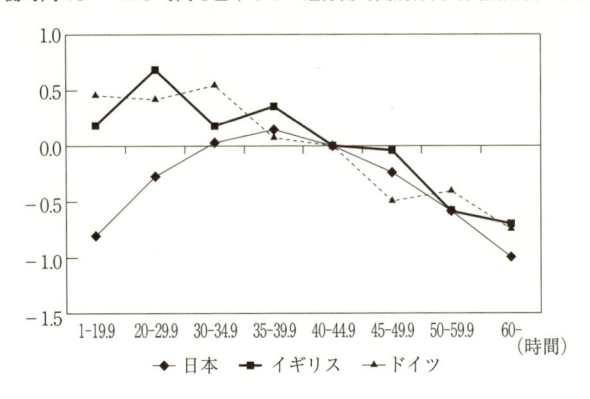

労働時間満足度に比べてかなり小さい．労働時間が基準ケースから週60時間以上へと長くなった場合，生活満足度の変化幅は−0.3〜−0.6にとどまる（ドイツ女性は除く）．

　ここで，基準ケースから週労働時間以外の主な変数が変化した場合，満足度の予測値がどのように変わるのかをみてみよう．表7（労働時間満足度）および表8（生活満足度）は，基準ケースからそれぞれの変数のみが変化した場合に生じる満足度の予測値の変化幅を示している．表7より，労働時間の減少を希望する場合，3ヶ国の男女ともに労働時間満足度の変化幅は−0.6〜−1.0と，大きく低下することがわかる．

図15 週労働時間40〜44.9時間を基準とした週労働時間別生活満足度の予測値（男性）

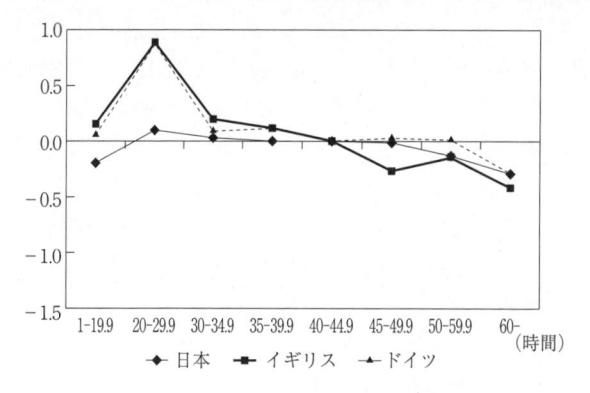

図16 週労働時間40〜44.9時間を基準とした週労働時間別労働時間満足度の予測値（女性）

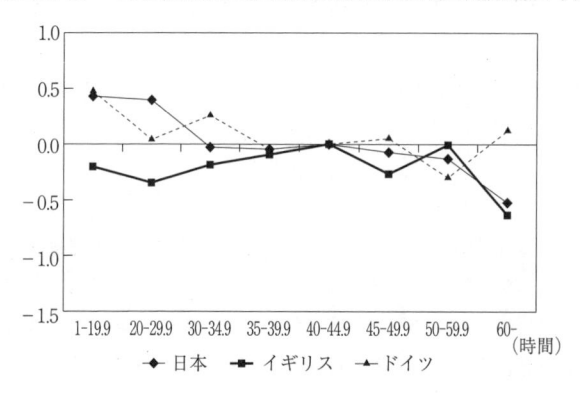

7 おわりに

　本章では，「仕事と生活の調和に関する国際比較調査」を用いて，日本，イギリス，ドイツのホワイトカラー職正社員について，労働時間と労働時間満足度・生活満足度との関係を分析した．ここでは，主な分析結果を要約しておく．
　第2節では，労働時間と満足度に関連するいくつかの記述統計量を概観した．はじめに，週労働時間の分布から，日本では，イギリスやドイツに比べて，労働時間が短い者が少なく，労働時間が長い者が多いことを確認した．
　次に，日本では，ドイツやイギリスに比べて，労働時間満足度・生活満足度の両方で満足度の高い者が少なく，満足度の平均値も低かった．週労働時間と

満足度の関係をみると，3ヶ国とも，労働時間が長い者は，労働時間が週40時間以上45時間未満に比べて，労働時間満足度も生活満足度も低かった．ただし，週労働時間の変化にともなう生活満足度の変化は，労働時間満足度に比べると小さかった．また，労働時間の増加や減少を希望する者は，そうでない者に比べて，労働時間満足度や生活満足度が低かった．週労働時間の長い者ほど労働時間の減少を希望する者が多いが，日本では，長時間労働者が多く，かつ，同じ労働時間でも労働時間の減少を希望する者の割合が高いため，イギリスとドイツに比べて，全体で労働時間の減少を希望する者が多かった．

このように，日本では，イギリスとドイツに比べて，週労働時間が長い一方で，労働時間満足度も生活満足度も低く，日本の労働者が長い労働時間を喜んで受け入れていることを示唆する事実は確認されなかった．

第3節〜第6節では，週労働時間やほかの変数が，労働時間満足度や生活満足度にどのように関連しているのかを捉えるために，労働時間満足度と生活満足度を被説明変数とした，順序プロビットモデルを，国別男女別に推計した．

推計結果によれば，ほかの事情を一定とした場合，日本，イギリス，ドイツの男女はいずれも，週40時間以上45時間未満に比べて労働時間が長くなると，労働時間満足度が統計的に有意に低下した．生活満足度については，週労働時間の影響は労働時間満足度に比べて小さいが，日本の男女では統計的に有意な負の影響が観察された．

さらに，推計結果を用いて，同じ属性をもつ個人について，満足度の予測値を国別男女別に算出した．週労働時間が長くなると，労働時間満足度が低下し，その低下幅は3ヶ国でほぼ同程度であった．

興味深いことに，（第2節で確認した）属性をコントロールしない場合には，日本の男女の労働時間満足度と生活満足度は3ヶ国中最も低かったのに対して，属性をコントロールした予測値では，日本が他の2ヶ国に比べて必ずしも低いわけではなかった．このことは，日本は，イギリスとドイツに比べて，同じ属性（個人属性の他，職場環境等を含む）をもつ個人の満足度が低いわけではなく，むしろ，満足度を下げる要因（個人属性，職場環境等）をもつ個人が多いとみることができる．言い換えると，日本でも，例えば，週労働時間を短縮したり，労働時間の選択の自由度を高めることなど，今日，満足度を下げている制度要因が改善されれば，日本の男女の満足度が高まる可能性のあることが示唆される．

注

1) 調査の詳細は，本書の序章を参照．日本についてのみ，企業調査と個人調査をマッチさせて分析することができる．

2) 性別，年齢，最終学歴，配偶者の有無，週労働時間，労働時間満足度，生活満足度のいずれかに欠損値がある者については，分析対象から外している．また，各国につき年収が所得分布の上下1%のサンプルは，外れ値として除外している．本調査では，対象者に年齢制限を設けていないが，イギリスとドイツでは，65歳以上の正社員は極めて少ないため，3ヶ国の調査対象者の年齢を揃えるため，日本のサンプルは64歳以下の者に限定している．変数の詳細は，付表1，付表2参照．

3) 調査票では，下記の項目に関する満足度を尋ねている．①仕事の量，②仕事の内容，③同僚とのコミュニケーション，④上司とのコミュニケーション，⑤教育・訓練の機会，⑥労働時間，⑦仕事に割く時間と生活に割く時間のバランス（WLB），⑧現在の給与水準，⑨現在の生活全般．このうち，本章では，⑥労働時間，⑨現在の生活全般についての回答を利用している．生活満足度は，仕事，金銭，住宅，健康，余暇，環境等さまざまな満足度を総合したものと考えることができる（Van Praag and Ferrer-i-Carbonell [2004]）が，本章で用いた⑨現在の生活全般の満足度（生活満足度）は，調査票では①～⑧の仕事関連の項目の後にあるため，仕事に重点をおいた評価になっている可能性がある．

　なお，労働時間満足度は，生活満足度の一つの構成要素ともみられること，満足度への回答には個人の性格等も反映することから，労働時間満足度と生活満足度には正の相関関係があると予測される．実のところ，これら2変数の相関係数は，日本0.38，イギリス0.41，ドイツ0.38であり，いずれも1%水準で統計的に有意であった．さらに，調査票の満足度指標のうち，⑦のWLB満足度は，労働時間満足度との関連が最も強かった．WLB満足度と労働時間満足度との相関係数は，日本0.72，イギリス0.66，ドイツ0.61と，いずれも1%水準で統計的に有意であった．予備的推計によれば，WLB満足度の推計結果は，労働時間満足度の推計結果とかなり類似していた．

4) 満足度（幸福度）に関する経済分析では，満足度が高いほど数値が大きくなるように指標化するのが一般的であり，ここでもその表記に従っている（Van Praag and Ferrer-i-Carbonell [2004]，フライ＝スタッツァー [2005]，大竹ほか [2010] など）．ただし，これは，調査票の質問における選択肢の逆順となる．

5) ドイツの週60時間以上では，生活満足度が高くなっているが，標本数が9（ドイツ女性の標本の1.9%）と少ないことに留意する必要がある．

6) 日本に関する，希望する労働時間と実際の労働時間とのミスマッチに関する研究として，労働政策研究・研修機構の2005年の「日本人の働き方調査」にもとづく原・佐藤 [2008]，慶應義塾大学の2000年の「アジアとの比較による家族・人口全国調査」を分析した山口 [2009] がある．また，長時間労働者の分析を行った権丈 [2009a] でも，連合総研「勤労者短観」第12～15回調査（2006年10月～2008年4月実施）を用いて，日本には希望する労働時間と実際の労働時間が一致しない者が多い（特に労働時間の減少希望が多い）ことを確認している．なお，これら三つの研究で使

用されているデータはいずれも，本章で用いた「仕事と生活の調和に関する国際比較調査」のデータとは異なり，「労働時間が減ると所得が減る」ことを明示しないで，労働時間の増減の希望を質問したものである．

7) 本サンプルに含まれる日本の短時間労働者（短時間正社員）には，景気悪化にともなう操業短縮の対象者が多いと考えられるため，操業短縮前の労働時間で働くことを希望する者，すなわち，労働時間の増加を希望する者が多いと予測される．しかし実際には，図10のように，短時間労働者のなかで，労働時間の増加を希望する者の割合は，労働時間が長い者とあまり差がみられない一方，労働時間の減少を希望する者の割合がかなり高い．

8) この式は $\hat{\beta}_{-k}$ が0に近い場合には次式のように書ける．

$$Pr\left[\hat{y}=i|z_k=1\right]-Pr\left[\hat{y}=i|z_k=0\right]=\hat{\beta}_{-k}\{\varphi[\hat{a}_{i-1}-z'_{-k}\hat{\beta}_{-k}]-\varphi[\hat{a}_i-z'_{-k}\hat{\beta}_{-k}]\}$$

ここで φ は標準正規分布の確率密度関数を示す．

9) 付表3より，3ヶ国いずれも男性に比べて女性の通勤時間がいくぶん短いが，3ヶ国間の通勤時間の差は小さい．

10) 付表3より，持ち帰り残業がある者は日本よりもイギリス，ドイツで多い．このことは，日本に比べて労働時間が短いイギリスやドイツでは，会社で仕事をする代わりに，家に持ち帰って仕事をしているようにみえる．しかしながら，こうした結論を導くためには，今後のより詳細な検討が必要である．というのは，本調査は，日本の調査時期がイギリスとドイツに比べて半年ほど早かったこと，また日本のサンプルでは製造業の割合が高いことから，日本はほかの2ヶ国に比べて2008年秋以降の景気後退の影響により，労働時間が短縮され持ち帰り残業も大幅に減少した可能性があるからである．さらに，3ヶ国には同一の質問をしているが，同一の質問であっても，国によって回答者の受け止め方が異なった可能性もある．本調査結果では，持ち帰り残業は，女性よりも男性に多く，職業別では，管理的な仕事，販売の仕事，営業（外回り等）の仕事に多くみられた．また，仕事の手順の裁量がない者に比べて，裁量がある者に多くみられた（日本は除く）．しかし，産業別では，3ヶ国に共通する明確な特徴はみられなかった．

11) 付表3より，仕事の手順に裁量がある者の割合は，イギリスとドイツに比べて，日本が高い．また，この割合は，イギリスとドイツでは男性が高いが，日本では女性がやや高い．

12) 付表3より，WLB関連制度があり実際に利用者がいる割合は，育児介護休業制度を除くと，ドイツとイギリスで高く，日本で低い．特に在宅勤務制度は，ドイツとイギリスが3割前後であるのに対して，日本では2〜3％と非常に低い．

13) イギリス女性では，片道の通勤時間が30分未満と短い場合にも，ベースの30分以上1時間未満に比べて生活満足度が低い．イギリス女性では，労働時間満足度と通勤時間の長さのあいだには，統計的に有意な関係はみられなかったことを合わせて考えると，通勤時間が短い場合には，家事・育児等の理由により，限られた仕事のなかから，必ずしも満足度が高くない仕事を選んでいる等，時間以外の要因によ

り生活満足度を下げていると推察される．
14) ここでは，ある属性をもつ個人について満足度の予測値を計算している．このため，条件を変えると当然ながら結果も変わる．そこで，条件をさまざまに変えて予測値を計算したが，（条件なしの場合に明確にみられた）日本の労働時間満足度と生活満足度が他の2ヶ国に比べて際立って低いといった結果は得られなかった．

参考文献

Booth and Van Ours [2008] "Job Satisfaction and Family Happiness: The Part-time Work Puzzle," *The Economic Journal*, 118, F77-F99.

Bruni, L. and P. L. Porta (eds.) [2007] *Handbook on the Economics of Happiness*, Edward Elgar Publishing, Cheltenham.

Pouwels, B., J. Siegers, and J.D.Vlasblom [2008] "Income, Working Hours, and Happiness," *Economics Letters*, 99, pp.72-74.

Van Praag, B. M. S. and A. Ferrer-i-Carbonell [2004] *Happiness Quantified: A Satisfaction Calculus Approach*, Oxford UP, Oxford.

White, H. [1980] "Maximum Likelihood Estimation of Misspecified Models," *Econometrica*, 50(1), pp.1-25.

大竹文雄・白石小百合・筒井義郎編著［2010］『日本の幸福度』日本評論社．

権丈英子［2008］「改正パートタイム労働法のインパクト——経済学的考察」『日本労働研究雑誌』No.576, pp.70-82.

権丈英子［2009a］「長時間労働とワーク・ライフ・バランスの実態——連合総研「勤労者短観」から」，連合総合生活開発研究所『広がるワーク・ライフ・バランス——働きがいのある職場を実現するために』pp.141-163.

権丈英子［2009b］「国際比較からみる日本のワーク・ライフ・バランス」，『ジュリスト』No.1383, pp.10-20.

権丈英子［2010］「パートタイム労働(1) ヨーロッパと日本におけるパートタイム労働」，原田順子編著『多様化時代の労働』放送大学教育振興会, pp.145-160.

原ひろみ・佐藤博樹［2008］「労働時間の現実と希望のギャップからみたワーク・ライフ・コンフリクト——ワーク・ライフ・バランスを実現するために」，『季刊家計経済研究』夏号, pp.72-79.

B. S. Frey and A. Stutzer [2002] *Happiness and Economics*, Princeton UP.（佐和隆光監訳, 沢崎冬日訳［2005］『幸福の政治経済学』ダイヤモンド社）．

山口一男［2009］『ワークライフバランス——実証と政策提言』日本経済新聞出版社．

付表1　説明変数一覧（表3～表6に掲載分）

週労働時間	週当たりの平均労働時間（残業時間を含む）．「20時間未満（紙幅の都合上，図では1～19.9時間と表記）」，「20時間以上30時間未満（20～29.9時間）」，「30時間以上35時間未満（30～34.9時間）」，「35時間以上40時間未満（35～39.9時間）」，「40時間以上45時間未満（40～44.9時間）（ベース）」，「45時間以上50時間未満（45～49.9時間）」，「50時間以上60時間未満（50～59.9時間）」，「60時間以上（60時間～）」の8分類.
労働時間の増減希望	「現在の時間当たり賃金のもとで，あなたが自由に労働時間を選べるとしたら，あなたは労働時間を増やしますか，減らしますか．それはどの程度ですか」，「増やす（増加希望）」，「減らす（減少希望）」，「変えない，わからない，無回答（ベース）」の3分類.
通勤時間	片道の通勤時間．「この1ヶ月の平均的な出勤日の状況を24時間法で記入してください（数値を記入）」という質問から，自宅を出る時刻と出社（会社に着く）時刻の差をとって算出．通勤時間「30分未満」，「30分以上1時間未満（ベース）」，「1時間以上1時間30分未満」，「1時間30分以上」の4分類.
持ち帰り残業あり	「あなたは1週間のうち仕事を自宅に持ち帰って行うことは何時間くらいありますか（在宅勤務の場合を除きます）（数値を記入）」1時間以上の持ち帰り残業を報告した場合を1，それ以外を0.
仕事の手順の裁量あり	仕事の特徴に関する項目のうち「仕事の手順を自分で決めることができる」（5段階評価）について，「あてはまる」，「どちらかというとあてはまる」を1，「どちらともいえない」，「どちらかというとあてはまらない」，「あてはまらない」および無回答を0.
WLBへの積極的取組	「貴社は同業他社に比べ社員の仕事と生活の調和（ワーク・ライフ・バランス）に積極的に取り組んでいますか」という質問につき0（取り組んでいない）から10（取り組んでいる）までの11段階評価について，6以上を1，5以下および無回答を0．なお，日本のデータは企業による回答を基にしたが，企業調査が利用できないイギリスとドイツは，従業員による評価に基づく.
育児介護休業制度	「育児や介護のための休業制度」について，現在の勤め先に「制度がある」と答え，かつ，「現在の職場での利用者がいる（過去も含む）」を1，それ以外を0.
短時間勤務制度	「短時間勤務制度」について，現在の勤め先に「制度がある」と答え，かつ，「現在の職場での利用者がいる（過去も含む）」を1，それ以外を0.
フレックスタイム制度	「フレックスタイム制度」について，現在の勤め先に「制度がある」と答え，かつ，「現在の職場での利用者がいる（過去も含む）」を1，それ以外を0.
在宅勤務制度	「在宅勤務制度」について，現在の勤め先に「制度がある」と答え，かつ，「現在の職場での利用者がいる（過去も含む）」を1，それ以外を0.
操業短縮	勤務形態に関する質問（図3～図5参照）について「フルタイムの通常勤務」と答えながら，週労働時間が30時間未満を1，それ以外を0.

年収	本人年収．年収の最も低い第1五分位階層から最も高い第5五分位階層まで（原則として20％づつ5分類）および「無回答」の計6分類．日本に比べて，イギリス，ドイツに無回答が多い．日本は，年収を100万円単位に丸めたサンプルが多数あるため，各分位のサンプルに偏りが大きい．
仕事のストレス	「あなたは仕事にストレスを感じていますか」の質問（5段階評価）に対し「強く感じている」「やや感じている」を1，「どちらともいえない」，「あまり感じていない」，「まったく感じていない」および無回答を0．
良い仕事志向	「『良い仕事をするためには働く時間を惜しむべきではない』という意見に対するあなたの考えとして最もあてはまるものをお答えください」という質問（5段階評価）に対し「非常にそう思う」，「ややそう思う」を1，「どちらもいえない」，「あまりそう思わない」，「まったくそう思わない」および無回答を0．
家庭と仕事の両立志向	「『男女とも家庭と仕事を両立できるようにすべきである』という意見に対するあなたの考えとして最もあてはまるものをお答えください」という質問（5段階評価）に対し，「非常にそう思う」，「ややそう思う」を1，「どちらもいえない」，「あまりそう思わない」，「まったくそう思わない」および無回答を0．

（注）特に断りがない限り，ベース・カテゴリーには，無回答を含む．

付表 2　説明変数一覧（表 3 ～表 6 に非掲載分）

年齢	年齢．「24 歳以下」，「25 歳以上 34 歳以下」，「35 歳以上 44 歳以下（ベース）」，「45 歳以上 54 歳以下」，「55 歳以上」の 5 分類．
学歴	最終学歴．「大学・大学院卒」，「短大・高専・専門学校卒」，「高校卒（ベース）」，「高校卒未満」の 4 分類．イギリス，ドイツについては，「その他」は「高校卒未満」に分類．日本については，「その他」はサンプルから除外．
配偶者の有無と配偶者就業形態	配偶者の有無および有配偶者では配偶者の就業形態．「配偶者なし（ベース）」「配偶者正社員」，「配偶者非正規社員」，「配偶者自営業・家族従業」，「配偶者無職」，「配偶者の就業状態情報なし（無回答）」の 6 分類．
子供の有無と年齢	17 歳以下の子供の有無と年齢．「17 歳以下の子供なし（ベース）」，「末子 5 歳以下」「末子 6 以上 17 歳以下」の 3 分類．
親との同居	自分または配偶者の父親または母親のいずれかとの同居の有無．いずれかの親と同居している場合を 1，それ以外を 0．日本のみの質問．
企業規模	男女正社員数．「29 人以下」，「30 人以上 99 人以下」，「100 人以上 249 人以下」，「250 人以上 499 人以下（ベース）」，「500 人以上 999 人以下」，「1000 人以上 9999 人以下」「1 万人以上」，「無回答」の 8 分類．イギリス，ドイツは，調査対象が従業員 250 人以上企業のみ．日本は，調査対象は原則として従業員 100 人以上企業のみ（本書の序章を参照）であるが，100 人未満の男女正社員数を報告している場合もあり，それに従った．
業種	主な業種．「製造業（ベース）」，「鉱業」，「建設業」，「電気ガス熱供給水道」，「情報通信業」，「運輸業郵便業」，「卸売業」，「小売業」，「金融保険業」，「不動産業物品賃貸業」，「飲食店宿泊業」，「教育学習支援業」，「その他サービス業」，「その他，無回答」の 14 分類．日本は，ほかの 2 ヶ国に比べて，製造業，卸売業，小売業の割合が高い．
仕事内容	仕事の内容．「専門・技術的な仕事」，「管理的な仕事」，「事務の仕事（ベース）」，「販売の仕事」，「営業（外回り等）の仕事」，「サービスの仕事」，「その他，無回答」の 7 分類．

（注）付表 1 に同じ．

付表3 説明変数の平均値（表3～表6に掲載分）

	男性			女性		
	日本	イギリス	ドイツ	日本	イギリス	ドイツ
週労働時間						
20時間未満	0.03	0.06	0.05	0.01	0.10	0.05
20時間以上30時間未満	0.02	0.04	0.02	0.02	0.12	0.09
30時間以上35時間未満	0.01	0.03	0.02	0.02	0.07	0.06
35時間以上40時間未満	0.28	0.29	0.38	0.50	0.21	0.42
45時間以上50時間未満	0.25	0.15	0.17	0.18	0.09	0.10
50時間以上60時間未満	0.27	0.11	0.14	0.10	0.04	0.06
60時間以上	0.10	0.04	0.05	0.02	0.03	0.02
労働時間の増減希望						
増加希望	0.09	0.11	0.10	0.06	0.12	0.10
減少希望	0.24	0.13	0.06	0.26	0.18	0.07
通勤時間						
30分未満	0.33	0.37	0.30	0.38	0.45	0.38
1時間以上1時間30分未満	0.18	0.17	0.15	0.14	0.12	0.15
1時間30分以上	0.06	0.08	0.04	0.04	0.06	0.03
持ち帰り残業あり	0.18	0.42	0.46	0.07	0.29	0.31
仕事の手順の裁量あり	0.78	0.60	0.68	0.80	0.55	0.57
WLBへの積極的取り組み	0.45	0.43	0.38	0.45	0.45	0.37
育児介護休業制度	0.61	0.55	0.57	0.73	0.55	0.59
短時間勤務制度	0.27	0.49	0.47	0.37	0.66	0.57
フレックスタイム制度	0.23	0.41	0.61	0.23	0.37	0.57
在宅勤務制度	0.02	0.37	0.36	0.03	0.29	0.29
操業短縮	0.04	0.03	0.03	0.02	0.02	0.02
年収						
第2五分位階層	0.09	0.10	0.09	0.16	0.20	0.12
第3五分位階層	0.22	0.13	0.11	0.14	0.1	0.09
第4五分位階層	0.31	0.15	0.14	0.08	0.11	0.07
第5五分位階層	0.22	0.21	0.15	0.03	0.07	0.05
無回答	0.05	0.34	0.42	0.12	0.35	0.54
仕事のストレスあり	0.68	0.65	0.67	0.61	0.70	0.66
良い仕事志向	0.39	0.52	0.72	0.29	0.43	0.64
家庭と仕事の両立志向	0.70	0.91	0.84	0.81	0.92	0.87

第5章
ワーク・ライフ・バランスを実現する職場マネジメント

武石恵美子

1 はじめに──問題意識と研究課題

　本章では，働く人のWLBを実現するための職場マネジメントの重要性とその具体的な内容を検討する．佐藤（博樹）［2008］は，企業が行うWLB実現への取組を理解するうえで，「仕事管理や時間管理など人材マネジメントと働き方の改革」，「WLB支援のための制度の導入と制度を利用できる職場作り」，「多様な価値観，生き方，ライフスタイルを受容できる職場作り」の3層構造でとらえることが有効であるとしている．これを建物にたとえると，「仕事管理や時間管理など人材マネジメントと働き方の改革」が1階部分に，「WLB支援のための制度導入と制度を利用できる職場作り」，すなわち育児休業制度や短時間勤務制度などの制度導入とそれが活用できるようにするための対応が2階部分に，それぞれ対応するとしている．そして，それらの土台が，「多様な価値観，生き方，ライフスタイルを受容できる職場風土の醸成」である．本章の問題意識は，主としてこの1階部分に着目し，WLB実現にはどのような職場マネジメントが重要か，という点を明らかにすることにある．
　働く人のWLBを実現するためには，企業において様々な支援制度・施策が導入されることが重要であると考えられる傾向は強く，前述「2階部分」にあたる制度・施策の導入が，WLB支援に積極的な企業をとらえる格好の指標とみなされることが多い．制度・施策の導入状況は外部からも可視化されやすいために，企業間の取組の比較をする際にわかりやすいという側面もある．しかし，実際に制度・施策が効果的に運用され個人の仕事と生活の調和を図ることができる制度として機能するためには,制度を導入するだけでは不十分である．制度を使いやすくするための運用面での対応，さらに特別な制度に過度に依存しなくてもWLBの実現が可能な仕事管理などの職場マネジメント，すなわち

「1階部分」が重要になると考えられる．実際に，制度はあるが利用しにくいという従業員の声を聞くことは多い．Kossek, et al. [2005] は，WLB に関する研究の多くがフォーマルな制度・施策に注目してきたが，インフォーマルな対応，たとえば自律的に仕事ができる状況か，といったことに注目すべきであると指摘している．

本章では，従業員個人の WLB の実現に関して，フォーマルな対応といえる企業レベルで取り組む制度・施策の実施状況と，インフォーマルな対応といえる職場レベルで行われている業務遂行や上司のマネジメントの状況の二つの側面に着目する．この二つの要素が，従業員の WLB の実現に関するアウトカム指標とどのように関連しているのかを分析し，結論として Kossek, et al. [2005] の指摘するインフォーマルな対応の重要性を明らかにする．WLB の実現において職場マネジメントが重要性であることに関しては，第2節で述べるように海外で研究蓄積が進んできたが，日本ではこうした視点からの研究はまだまだ少ない．企業の制度・施策の実施に加えて職場の現状に踏み込んで WLB の実現の課題を探ることにより，WLB の実現のために企業が取り組むべき方向性が明らかになると考えられる．検討にあたっては，WLB に関して日本よりも満足度の高いイギリス，ドイツの状況と比較検討を行う．

ここで，「WLB の実現」というとき，働く個人にとって仕事と生活の調和がとれているという認識も重要であるが，同時に職場レベルでみても職場のパフォーマンスが低下しないようにしなければ取組の拡大は期待できない．本章では，職場の生産性やそこで働くメンバーの職場への貢献意識を維持しつつ個々人の WLB 満足度を高める要因は何か，という視点から分析を進める．したがって，アウトカム指標として，個人からみた WLB の実現の程度に加えて，職場の生産性に関連する指標も用いて多角的な検証を行う．

以上の問題意識のもとに，以下第2節では，WLB の実現に関わる企業の施策や職場マネジメントに関する内外の研究をサーベイする．そのうえで第3節において，第4節以降で分析をする枠組みを提示し，そこで使用する主な変数について説明をする．第4節において，WLB に対する従業員の満足度や職場の状況などのアウトカム指標に，企業の制度・施策の導入と職場の状況等とが，どのように影響をおよぼしているのかを計量的に分析している．そして，第5節で結論と考察をまとめる．

2 先行研究にみる職場マネジメントの重要性

2.1 ワーク・ライフ・バランス実現と企業の施策

これまで，WLB の実現に関しては，企業のレベルでみた制度・施策の有無に着目した研究が多くなされてきた．前述の佐藤（博樹）[2008] の指摘する「2階部分」の取組に関心が集まっていたといえる．

武石 [2006] は，企業の WLB 関連施策が企業業績等組織のパフォーマンスにおよぼす影響に関する海外の文献サーベイを行っているが，このサーベイをみても，制度・施策の有無が企業経営や職場のパフォーマンス指標におよぼす影響に関する分析が数多く行われている．わが国でも，企業レベルでみた制度・施策の実施が個人の WLB 実現の意識や職場・企業のパフォーマンスにおよぼす影響に着目した研究が蓄積され，企業の取組の効果が実証されてきた．なかでも，佐藤・武石[2008][1]においては，特に両立支援策と企業経営面でのパフォーマンス指標との関連を総合的に分析し，制度・施策の有無のみならず，人事戦略における WLB 施策の位置づけ，あるいは制度・施策を運用するうえでの対応の重要性が指摘されている．ただし，この研究における調査対象が企業の人事部門であるため，職場レベルでの分析はできていない．

一方で，武石 [2008] は，WLB 施策の実施が従業員の働くモチベーションに一定の効果をあげるが，その際，制度導入にとどまらず，制度周知のための職場レベルでの取組や従業員・管理職を対象とした研修の実施など職場における日常的な取組を実施することが重要であることを指摘している．また，武石 [2011a] は，個人のパネルデータを用いた分析により，育児休業制度の導入効果について，制度があるだけでなく「利用しやすい制度」として従業員に認知されていることが女性の就業継続に重要な条件となっていることを導いており，制度導入に加えてそれを効果的に運用することの重要性が明らかになってきた．

企業が WLB 支援のための制度・施策を導入することは，個人にとっては制度利用の前提となるため重要であることはいうまでもないが，働く人にとって「仕事と生活の調和が図れている状態」というのは個人差があり，極めて多様性に富んでいる．したがって，一律的な制度導入・運用だけでは不十分であり，働く現場である職場における対応のあり方が重要となる．実際に，企業が様々

なWLB施策を提供しても，職場レベルでそうした施策が有効に活用されないという問題も起きている．

2.2 ワーク・ライフ・バランスの実現と職場マネジメント

以上のように，わが国のこれまでの研究では，「WLBのための取組」というとき，企業レベルでの制度・施策対応としてとらえる傾向が強かったといえるが，近年英米を中心に，働く人のWLBを実現するためには，企業レベルでの取組と併せて，あるいはそれ以上に職場のマネジメントレベルでの対応が重要であることに着目し，どのようなマネジメントのあり方がWLBの実現に有効か，という観点からの研究蓄積が行われている．

とりわけ職場マネジメントの担い手である管理職は，施策導入の効果を左右する重要な役割を担う．管理職を企業のWLB施策を効果的に実施する「gatekeeper」と表現するHopkins [2005] は，管理職が，仕事と生活の問題に敏感であること (sensitive)，柔軟であること (flexible)，支援的であること (helpful) が重要であるとするなど，従業員のWLBの実現にあたって重要なマネジメントの具体的内容にまでふみ込んだ実証研究が増えている．

たとえば，McDonald, et al. [2005] は，企業の提供するWLB施策は有効に活用されることが重要であるとの問題意識から，施策が有効に活用されるための条件を分析した．その結果，職場の環境・風土が重要であるとし，①管理職の支援，②キャリアへの影響，③組織の労働時間の見込み，④ジェンダー認知，⑤同僚の支援の重要性をあげている．また，Staines and Galinsky [1992] は，管理職のタイプやマネジメントの特徴が育児休業の効果に影響をおよぼすことを明らかにしており，管理職が，制度の理念を理解していなかったり仕事と家庭の両立を支持していなかったりする場合，男性である場合に，制度利用が職場のパフォーマンスにマイナスの影響をおよぼす可能性を示している．Blair-Loy and Wharton [2002] は，支援的で力のある上司の存在が，仕事と家庭の両立支援策の活用を促し，制度利用によるキャリアへのネガティブな影響を緩和するとしている．管理職の対応が，従業員個人の仕事と生活の調和に関連するストレスや葛藤を緩和し，個人のWLB満足度を高めるとともに，従業員の定着や組織コミットメント，組織の効率性，企業イメージにプラスの影響をおよぼすなど，組織にもプラスの影響をおよぼすことが明らかになっている[2]．すなわち，管理職の適切な行動や意識が，従業員個人におよぼすプラスの影響

第5章 ワーク・ライフ・バランスを実現する職場マネジメント　　151

を通じて，組織パフォーマンスにも効果があるということである．

　本章では，企業が導入する制度・施策，および職場の特徴が，ともに従業員のWLBの実現に影響をおよぼすとの仮説を設定している．この研究課題に関連する先行研究としてAllen [2001] がある．Allen [2001] においては，従業員が自身の勤務先を家族支援的な組織であると認識すること(Family-Supportive Organization Perceptions；以下，FSOP) が，仕事と家庭の葛藤（work-family conflict）の緩和や職務満足度等にプラスの効果をもたらすことを導いている．その際，従業員の家族を支援する制度・施策が単独でもたらす効果は限定的であり，家族支援的な管理職の存在によりFSOPが影響を受け，そうした管理職の存在が従業員のWLBや職務への意識にプラスの効果をもたらしていることが示されており，管理職の役割の重要性が強調されている．

　Hammer, et al. [2007] も，仕事と家庭の両立支援策の導入の重要性を指摘しつつも，それだけでは，従業員の仕事と家庭の葛藤（work-family conflict）を低減したり，従業員の健康や福利の改善を図るには不十分であり，家族支援的な管理職の行動の重要性を指摘している．この管理職の家族支援的な行動を「FSSB（Family-Supportive Supervisor Behavior）」と呼び，それがwork-family conflictの状況や，それに伴う健康や家庭への影響等のアウトカム指標との関連を分析して，家族支援的な管理職の行動の重要性についての概念化を行っている．特に管理職は，組織の提供するフォーマルな制度の提供と，家族支援的な組織文化や風土といったインフォーマルな支援環境をつなぐ役割を担っていると指摘されている．職場レベルで行われるフォーマルな対応，職場文化や風土の重要性は，これまでも研究がなされてきたが，ここでは，管理職の行動である「FSSB」に注目する必要性が強調されている．「FSSB」の特性として，①情緒的（emotional）な支援，②行動レベルの有益な（instrumental）支援，③従業員支援と経営的な視点の二つの視点を持つこと，④ロールモデルとしての行動をとること，の四つの側面が指摘されており，こうした行動様式をトレーニングによって開発すべきと提言する[3]．

　Hammer, et al. [2007] が従業員のWLBを推進する管理職の行動に注目したのと同様に，Lirio, et al. [2008] は，専門職パートタイム従業員とその管理職へのインタビュー調査を通じて，WLBを支援する管理職の行動および意識（態度，信念，価値観）の特徴を具体的に明らかにし，それぞれ5項目ずつ指摘している．行動に関しては，①短時間勤務の仕事をアレンジし配分すること，

②部下を信頼すること，③部下を擁護し支持すること，④職場における規範や運営を制度利用に適合させること，⑤従業員の能力開発を進めること，の5点があげられている．また，意識に関しては，①企業にとっての利益につながると信じること，②オープンにいろいろな試みをすることをためらわないこと，③制度利用者に共感していること，④勤務時間を短縮して働くことが可能であると信じること，⑤ WLB，ダイバーシティ，インクルージョン（inclusion）[4]などの価値を認識していること，の5点があげられている[5]．

これらの研究では，職場のマネジメントにおいて，特に管理職が企業の WLB 政策の趣旨や意義を理解し，それをふまえて部下に対して支援的な行動をとることが，企業の WLB 施策の効果的な運用，すなわち職場のパフォーマンス向上に意義があることが明らかにされている．そして，職場マネジメントのあり方について，その具体的な中身についても実証的に明らかにしようとする研究蓄積が行われてきたと総括できる．

また，本書の第7章のイギリスの最近の状況でも触れているように，イギリスでは，短時間勤務制度や在宅勤務制度などのフォーマルな制度利用に依存することなく，個々の職場レベルで管理職の裁量によりインフォーマルに対応する方が，個人のキャリアにとってもメリットが大きいという考えが多くなってきている．オランダやスウェーデンでも職場におけるマネジメントの重要性を認識した取組が進められるようになってきている．研究の面のみならず，実務の場面でも，管理職への働きかけの重要性が指摘されているのである[6]．

2.3 日本における働き方と職場マネジメント

わが国の WLB に関わる政策の議論においては，欧米の議論以上に様々な課題が山積している．特に週50時間以上と恒常的に極めて長い時間働く労働者がかなりの割合で存在しており，仕事と生活のバランスはもとより，仕事と健康，さらには生命とのバランスすら危ういと思われる層が存在している．また，山口 [2009] の分析により，希望する労働時間以上に働く「過剰就業」が広範に存在していることも明らかになっている．長時間労働や非自発的な働きすぎといった働き方の問題の背景の一つに，仕事管理や時間管理に関する厳格な意識付けが不十分であるといった職場レベルの問題が存在すると考えられる．

小倉 [2008] は，国際比較データにより日本で長時間労働者の比率が高いことを示し，その背景の一つに，個人によって基準の異なる「成果」が求められ

るようになって，成果主義が時間をかけて完璧を目指す「がんばり勝負」になってしまっているのではないかと指摘する．つまり，最終的な時間的締め切りの範囲でどれだけがんばるか＝成果を出すか，が重要になり，そこに投入されている労働時間が相対的に軽視されており，時間をかけて完璧を目指すかたちになっているというのである．同様のことは，佐藤・武石［2010］においても，「仕事に投入できる時間の総量を所与として，その時間総量の中で仕事の付加価値を高める職場マネジメント」に転換することが必要であると指摘されている[7]．また，守島［2010］は，労働時間が長くなっていると感じている人の分析により，職場での目標管理や多面的評価などの仕組みの導入・運用との関連性を明らかにしており，単なる成果主義が導入されているかどうかではなく，それに伴い職場における現場管理が強化された組織において，働く人のプレッシャーが高まり，労働時間の増加につながったのではないかとしている．職場管理面での変化が，労働強化につながっていることを示唆する研究である．

佐藤（厚）［2008］は，わが国のWLB実現の大きな阻害要因である長時間労働に関し，その発生メカニズムとして，そもそもの業務計画，要員管理という問題をベースに，仕事特性，管理職の行動と意識，社員の行動と意識といった職場マネジメントレベルの要因により増幅されると指摘する．ここでも，「仕事で成果が出るまで働きたい社員」の存在が指摘されている．

このように，時間を意識しないで成果をあげようとする職場の状況や個人の意識が，長時間労働という日本の働き方を特徴づけている可能性は高い．長時間労働の問題，そしてそれを是正する必要性については，これまで多くの問題提起がなされているが，法規制などによっても是正の歩みは遅いといわざるを得ない．小倉［2007］が長時間労働の実態をふまえ，その解消のための提言を行っており，そこでは，勤務時間管理の適正化や従業員主導の業務量調整の必要性など，職場のマネジメントレベルでの対応が指摘されている．法規制や企業における残業削減等の取組の重要性はそれとして認識すべきであるが，日本の職場における長時間労働是正のためには，職場マネジメントにおける課題をもっと具体的に検討していくことが必要といえよう．

以上みてきたように，日本ではWLBの実現と職場マネジメントの関連が着目されつつあるもののこれに関する実証研究は少なく，これまでは，WLBのための支援というと，企業単位での制度・施策の実施が注目されがちであった．しかし，英米の研究で明らかになっているように，日本でも，職場におけるマ

ネジメントの特徴などを加味したWLB支援のあり方を検討しなければ，WLBの実現は困難であると考える．

3 企業や職場の状況とワーク・ライフ・バランスの現状

3.1 分析データと分析の枠組み

以上の研究成果をふまえ，日本でWLBを実現するために企業レベルで導入する制度以上に職場マネジメントのあり方が重要なのではないかとの仮説に基づき分析を進めることとしたい．分析は，Allen[2001]やHammer, et al.[2007]の枠組みを参考にして，企業の制度・施策と職場のマネジメント等の特徴が従業員のWLBの実現というアウトカム指標にどのように関わっているのかを明らかにしていく．分析に使用したデータは，「仕事と生活の調和に関する国際比較調査」[8] の日本，イギリス，ドイツの個人調査データである[9]．分析に使う変数は以下のとおりである．

　説明変数：企業のWLB制度・施策の実施状況，職場のマネジメント等の特徴
　被説明変数：従業員のWLB実現に関するアウトカム指標

この変数の具体的な内容について，以下で順次説明をしていく．

3.2 企業の導入するワーク・ライフ・バランス制度・施策

まず企業における，WLB支援のための制度・施策の導入実態に注目する．本章では，アウトカム指標について従業員の回答に基づくデータを利用しており，制度・施策の導入に関しても従業員の認知状況が重要であると考え，従業員の回答に基づく制度の有無を説明変数として投入する[10]．対象とする制度・施策は，「育児や介護のための休業制度」，「短時間勤務制度」，「フレックスタイム制度」，「在宅勤務制度」，「労働時間削減のための取組」の5項目であり，「労働時間削減のための取組」については，日本だけで尋ねている項目である[11]．

これらの制度・施策の実施状況について示したのが表1である．「育児や介護のための休業制度」については国による差がみられないが，「短時間勤務制度」や「フレックスタイム制度」は日本の実施率は低く，「在宅勤務制度」はイギリス，ドイツが4割以上であるのに対して日本は7.0%と導入率の低さが目立っ

表 1　WLB支援制度・施策の実施状況（制度等が「有」の割合，従業員調査）　（%）

	n	育児や介護のための休業制度	短時間勤務制度	フレックスタイム制度	在宅勤務制度	労働時間削減のための取組
日本	10069	85.5	45.6	29.9	7.0	49.1
イギリス	979	75.7	74.0	49.5	43.0	-
ドイツ	1012	81.4	72.7	71.4	47.5	-

（注）「労働時間削減のための取組」は日本のみで質問している．

ている．

3.3　職場のマネジメントの特徴

　職場のマネジメントの状況に関しては，従業員調査において，自分が担当する仕事の特徴（10項目），上司の職場管理の特徴（12項目），職場の特徴（9項目）の3分野31項目について，それぞれの内容が自分自身の置かれている状況に「あてはまる」か「あてはまらない」か，5択での回答を求めている．

　31の項目を集約するために，日本の調査結果を使って因子分析を行った．その結果，仕事の特徴で三つ，上司の職場管理の特徴で二つ，職場の特徴で二つの因子を抽出し，これにより七つの合成指標を作成した．指標を構成する各項目について，「あてはまる」を5点，「あてはまらない」を1点として点数を足し上げて該当項目数で除して平均値を算出し，この点数を使って分析を行っている．したがって，指標は1～5のあいだの連続変数となる．以下が各合成指標の内容である．

a. 仕事の特徴について
　①仕事量の多さ：「仕事の量は多い」，「締切や納期にゆとりがない」，「突発的な業務が生じることが頻繁にある」の3項目．信頼性係数は0.726．
　②職務明確性，職務遂行の裁量性：「担当業務の内容は明確化されている」，「仕事の手順を自分で決めることができる」，「職務遂行に必要な能力（知識・技能の要件）が明確である」「自分の仕事上の知識・技能は他社に転職しても役立つ」の4項目．信頼性係数は0.602．
　③連携・調整業務：「自分の仕事は他と連携してチームとして行うものである」，「仕事を進めるうえで他部門との折衝が必要な場合が多い」，「仕事を進めるうえで非公式な調整に時間がかかる」の3項目．信頼性係数は0.631．

b. 上司の職場管理の特徴について
　①残業や休日出勤を評価：「残業や休日出勤に応じる人が高く評価される」の1項目[12].
　②支援的な上司：上司の特徴に関して，「業務量や重要な業務が特定の部下に偏らないように配慮している」，「部下のキャリアおよびライフビジョンをよく理解したうえで，時間をかけて目標等を設定し業務を配分している」，「業務の進捗を適切なタイミングで確認している」，「評価結果を納得がいくようにきちんとフィードバックしてくれる」，「部下の育成に熱心である」，「部下とのコミュニケーションはよくとれている」，「部門のメンバー内での情報を共有するように工夫している」，「メリハリをつけた仕事の仕方をしている」「部下の仕事以外の生活や家庭のことに配慮している」，「男性の部下も女性の部下も公平に扱っている」の10項目．信頼性係数は0.925．

c. 職場の特徴について
　①助け合い職場：「職場の同僚間のコミュニケーションは良好である」，「職場には，同僚同士で仕事のノウハウを教えあう風土がある」，「職場のメンバーの仕事を替わることができる人が職場にいる」，「性別にかかわりなく能力を発揮できる」の4項目．信頼性係数は0.654．
　②付き合い残業職場：「仕事が終わっても周りの人が残っていると退社しにくい」の1項目[13].

　表2に各指標の平均を国別に比較した結果を示している．WLBの実現にプラスと考えられる指標（仕事の特徴：職務明確性，職務遂行の裁量性など）だけでなく，マイナスと考えられる指標（仕事の特徴：仕事量の多さなど）も含めて，全体に日本のポイントが低い傾向がみられている[14].

3.4 従業員からみたワーク・ライフ・バランスに関する意識等

　本書の序章で述べたように，日本の就業実態の特徴として，労働時間が平均的に長いこと，画一的な働き方になっており多様な勤務形態の適用が少ないこと，フレックスタイム勤務などの柔軟な勤務制度の適用になっていてもほかの人と比べて労働時間や勤務時間帯に違いがみられないこと，が明らかとなっている．こうした就業の実態を反映して，働く人の就業意識の面で，どのような特徴があるだろうか．分析では，従業員のWLB実現に関するアウトカム指標

第5章　ワーク・ライフ・バランスを実現する職場マネジメント　　157

表2　職場マネジメントの特徴等

		n	平均値	標準偏差
仕事の特徴：仕事量の多さ	日本	9972	3.59	0.859
	イギリス	979	4.03	0.856
	ドイツ	1012	3.87	0.795
仕事の特徴：職務明確性，職務遂行の裁量性	日本	9942	3.69	0.680
	イギリス	979	3.94	0.699
	ドイツ	1012	3.87	0.704
仕事の特徴：連携・調整業務	日本	9930	3.48	0.840
	イギリス	979	3.75	0.853
	ドイツ	1012	3.64	0.807
上司の特徴：残業や休日出勤を評価	日本	10007	2.40	1.094
	イギリス	979	3.15	1.185
	ドイツ	1012	3.26	1.136
上司の特徴：支援的な上司	日本	9873	3.24	0.833
	イギリス	979	3.55	0.972
	ドイツ	1012	3.70	0.834
職場の特徴：助け合い職場	日本	9944	3.33	0.744
	イギリス	979	3.93	0.772
	ドイツ	1012	3.91	0.718
職場の特徴：付き合い残業職場	日本	10025	2.53	1.275
	イギリス	979	2.69	1.332
	ドイツ	1012	2.83	1.274

として，下記の4種類を取り上げる．

①労働時間の長さ：客観的な状況として「週の労働時間数」．
②過剰就業意識：現状を「働きすぎている」とみなす意識であり，「現在の時間当たり賃金のもとで，あなたが自由に労働時間を選べるとしたら，あなたは労働時間を増やしますか，減らしますか」に対して「減らす」と回答した場合に「過剰就業意識あり」とする．
③WLB満足度：「仕事に割く時間と生活に割く時間のバランス」に対する満足度．「満足している」から「満足していない」までの5段階評価．
④職場のパフォーマンス判断に関する主観指標：「職場の業績はよい」，「職場のメンバーは仕事を効率的に行っている」，「職場のメンバーの仕事に対する意欲は高い」，「職場のメンバーの職場に対する満足度は高い」，「職場のメンバーは職場に貢献しようとする意識が高い」，「個人の事情に応じて柔軟に働きやすい職場である」の6項目に関し，回答者の職場がほかの職場と比較してどのような状況かについての主観判断を求めた結果である．「あてはま

る」から「あてはまらない」までの5段階評価.

　ここで，①〜③は個人のWLB実現に関する指標であり，WLBの視点から働き方に関しての従業員個人レベルでの現状および意識を捉えるものである．また，④は職場レベルにおけるWLBに関するアウトカム指標と位置付けている．個々人がWLBに満足していても，それが組織貢献意欲や，職場における業務効率化などにつながらなければ，組織としてWLB支援に取り組むインセンティブが低下してしまう．WLB支援の取組が，職場のパフォーマンスにどのような影響，効果をもたらすのかを同時に検証することが重要と考える．

　これらの指摘について3ヶ国の現状をみておこう．

　まず，週の労働時間であるが，日本で長時間働く割合が高い．「50時間以上」の分布で比較すると，日本は28.0%であるが，イギリス11.4%，ドイツ14.4%と日本の半数程度以下である．男女別には男性の方が労働時間が長い点は各国に共通する傾向であるが，特に日本の男性では「50時間以上」の割合が36.0%で，イギリス15.4%，ドイツ19.6%と比べて高い割合となっている（表3）．

　次に，過剰就業意識に関しては，労働時間を「減らす」と回答した割合は，日本は24.7%，イギリス15.7%，ドイツ6.3%と，日本が最も多く，4人に1人が過剰就業の状態にある（表4）．

　WLB満足度は，イギリス，ドイツでは，「満足している」がともに2割強，「どちらかといえば満足している」が4割弱と満足している割合が6割程度を占めるが，日本ではこの二つを合わせて36.0%にとどまっている．「満足していない」10.0%，「どちらかといえば満足していない」が20.7%と，3割が満足していない状況にある．日本ではWLB満足度がイギリス，ドイツに比べて低い傾向が確認できる（表5）．

　職場のパフォーマンスについての判断についてみていきたい（表6）．質問は，ここにあげた六つの項目について，「ほかの職場と比較してあなたの職場はどうか」という設問であり，比較する職場は同一社内か他社かは必ずしも明確ではないが，職場の相対的なパフォーマンスを示す主観指標とした．

　ここで取り上げている六つの項目のうち，「個人の事情に応じて柔軟に働きやすい」を除く5項目については，日本は肯定する割合（「そう思う」「どちらかといえばそう思う」を合わせた割合）が最も低く，特に低い項目が「職場の業績はよい」と「職場のメンバーの職場に対する満足度は高い」で，肯定割合は

第5章 ワーク・ライフ・バランスを実現する職場マネジメント 159

表3 正社員の週当たり平均労働時間（従業員調査） (%)

		n	40時間未満	40-45時間未満	45-50時間未満	50-55時間未満	55-60時間未満	60時間以上	無回答	平均(時間)
日本	男女計	10069	11.8	33.4	21.4	16.8	4.0	7.2	5.5	44.77
	男性	6708	8.8	27.3	23.6	21.1	5.1	9.9	4.3	46.03
	女性	3258	18.0	45.8	17.2	8.0	1.8	1.8	7.4	42.10
イギリス	男女計	979	51.2	25.1	12.3	6.0	1.6	3.8	0.0	37.47
	男性	473	39.7	29.0	15.9	8.2	3.0	4.2	0.0	39.81
	女性	506	61.9	21.5	8.9	4.0	0.4	3.4	0.0	35.27
ドイツ	男女計	1012	31.9	40.2	13.4	8.4	2.2	3.9	0.0	39.94
	男性	535	25.4	38.5	16.4	11.6	2.4	5.6	0.0	41.82
	女性	477	39.2	42.1	10.1	4.8	1.9	1.9	0.0	37.83

表4 現在の時間当たり賃金を前提とした労働時間の選好 (%)

		n	増やす	変えない	減らす	わからない	無回答
日本	男女計	10069	7.9	49.0	24.7	17.7	0.7
	男性	6708	8.6	49.2	24.1	17.8	0.4
	女性	3258	6.5	49.2	26.0	17.6	0.6
イギリス	男女計	979	11.5	58.1	15.7	14.6	0.0
	男性	473	11.0	59.2	13.1	16.7	0.0
	女性	506	12.1	57.1	18.2	12.6	0.0
ドイツ	男女計	1012	10.1	64.9	6.3	18.6	0.0
	男性	535	10.1	65.2	6.0	18.7	0.0
	女性	477	10.1	64.6	6.7	18.4	0.0

表5 WLB満足度 (%)

		n	満足している	どちらかといえば満足している	どちらともいえない	どちらかといえば満足していない	満足していない	無回答
日本	男女計	10069	8.0	28.0	31.9	20.7	10.0	1.4
	男性	6708	7.4	27.7	33.2	20.9	10.4	0.3
	女性	3258	9.5	29.2	29.9	20.9	9.4	1.0
イギリス	男女計	979	21.0	39.4	14.6	17.5	7.5	0.0
	男性	473	19.9	38.3	16.5	18.0	7.4	0.0
	女性	506	22.1	40.5	12.8	17.0	7.5	0.0
ドイツ	男女計	1012	21.5	35.0	28.3	10.6	4.6	0.0
	男性	535	20.6	34.0	31.6	9.3	4.5	0.0
	女性	477	22.6	36.1	24.5	11.9	4.8	0.0

イギリス，ドイツの半分以下となっている．「職場のメンバーは仕事を効率的に行っている」と「職場のメンバーは職場に貢献しようとする意識が高い」も，日本の肯定割合はイギリス，ドイツよりも20ポイント以上低く，差がみられる項目である．一方で，「職場のメンバーの仕事に対する意欲は高い」，「個人の事情に応じて柔軟に働きやすい職場である」は国による差が小さく，否定割

表6　職場のパフォーマンスに関する主観指標　(%)

		n	職場の状況：業績はよい						職場の状況：メンバーは仕事を効率的に行っている					
			そう思う	どちらかといえばそう思う	どちらともいえない	どちらかといえばそう思わない	そう思わない	無回答	そう思う	どちらかといえばそう思う	どちらともいえない	どちらかといえばそう思わない	そう思わない	無回答
日本	男女計	10069	5.6	24.8	44.3	14.7	9.1	1.5	6.6	37.7	33.4	15.6	5.3	1.4
	男性	6708	6.1	25.9	43.2	15.1	9.3	0.4	6.3	37.9	34.0	16.3	5.2	0.3
	女性	3258	4.7	23.1	47.5	14.4	8.9	1.3	7.6	38.5	32.9	14.5	5.6	1.0
イギリス	男女計	979	29.3	43.0	18.4	6.7	2.6	0.0	25.5	41.4	19.5	10.6	3.0	0.0
	男性	473	31.7	41.6	18.2	5.9	2.5	0.0	26.6	41.4	20.3	9.5	2.1	0.0
	女性	506	27.1	44.3	18.6	7.5	2.6	0.0	24.5	41.3	18.8	11.7	3.8	0.0
ドイツ	男女計	1012	24.2	51.6	20.4	3.1	0.8	0.0	19.9	48.0	25.5	5.5	1.1	0.0
	男性	535	24.9	51.8	19.8	2.6	0.9	0.0	19.8	48.6	25.2	5.8	0.6	0.0
	女性	477	23.5	51.4	21.0	3.6	0.6	0.0	19.9	47.4	25.8	5.2	1.7	0.0

(%)

		n	職場の状況：メンバーの仕事に対する意欲は高い						職場の状況：メンバーの職場に対する満足度は高い					
			そう思う	どちらかといえばそう思う	どちらともいえない	どちらかといえばそう思わない	そう思わない	無回答	そう思う	どちらかといえばそう思う	どちらともいえない	どちらかといえばそう思わない	そう思わない	無回答
日本	男女計	10069	7.1	39.1	35.1	13.0	4.3	1.4	3.1	22.6	47.9	18.7	6.2	1.4
	男性	6708	7.2	40.4	35.1	12.9	4.1	0.4	3.2	23.6	48.0	19.2	5.6	0.4
	女性	3258	7.0	37.5	36.0	13.6	5.0	1.0	3.1	21.2	48.9	18.3	7.5	1.0
イギリス	男女計	979	17.7	36.9	19.3	16.0	10.1	0.0	17.7	35.4	24.0	15.4	7.5	0.0
	男性	473	18.4	37.4	21.1	13.7	9.3	0.0	18.0	37.8	22.4	15.0	6.8	0.0
	女性	506	17.0	36.4	17.6	18.2	10.9	0.0	17.4	33.2	25.5	15.8	8.1	0.0
ドイツ	男女計	1012	18.3	41.6	27.3	10.7	2.2	0.0	18.2	44.4	27.3	8.3	1.9	0.0
	男性	535	19.6	43.2	27.3	8.0	1.9	0.0	20.0	44.9	26.5	7.3	1.3	0.0
	女性	477	16.8	39.8	27.3	13.6	2.5	0.0	16.1	43.8	28.1	9.4	2.5	0.0

(%)

		n	職場の状況：メンバーの職場貢献意識は高い						職場の状況：個人の事情に応じて柔軟に働きやすい					
			そう思う	どちらかといえばそう思う	どちらともいえない	どちらかといえばそう思わない	そう思わない	無回答	そう思う	どちらかといえばそう思う	どちらともいえない	どちらかといえばそう思わない	そう思わない	無回答
日本	男女計	10069	5.8	35.8	38.1	14.3	4.5	1.4	10.5	43.3	29.8	10.1	5.0	1.4
	男性	6708	6.0	37.8	37.7	13.9	4.2	0.4	9.7	44.1	31.0	10.3	4.7	0.3
	女性	3258	5.5	32.7	39.9	15.6	5.3	1.0	12.4	42.9	28.3	9.8	5.7	0.9
イギリス	男女計	979	19.9	43.1	20.8	11.2	4.9	0.0	17.7	32.4	21.8	14.9	13.3	0.0
	男性	473	21.6	42.5	22.4	9.5	4.0	0.0	19.9	32.1	22.4	12.1	13.5	0.0
	女性	506	18.4	43.7	19.4	12.8	5.7	0.0	15.6	32.6	21.1	17.6	13.0	0.0
ドイツ	男女計	1012	20.7	49.5	23.1	5.5	1.2	0.0	24.5	43.7	20.8	6.4	4.5	0.0
	男性	535	21.3	50.1	23.0	4.5	1.1	0.0	25.2	44.5	21.9	4.9	3.6	0.0
	女性	477	19.9	48.8	23.3	6.7	1.3	0.0	23.7	42.8	19.7	8.2	5.7	0.0

合(「そう思わない」,「どちらかといえばそう思わない」を合わせた割合)は日本よりもイギリスで高い項目となっている.「個人の事情に応じて柔軟に働きやすい職場である」については,肯定割合は日本の方がイギリスよりも高い.全体に肯定意見の割合が高く否定意見の割合が低いのがドイツである.

4 従業員のワーク・ライフ・バランス実現に関連する企業,職場の要因分析

4.1 分析の内容

本節では,第3節で取り上げた従業員のWLB実現に関連するアウトカム指標が,企業によるWLB制度・施策の実施,仕事や職場の特徴など職場のマネジメントの状況,の二つの要因とどう関わっているのかを計量的に分析していく.

被説明変数は以下の項目で,従業員の就業状況やWLBへの意識,職場のパフォーマンスの主観評価である.

①労働時間の長さ
②過剰就業意識(現状の労働時間を減らしたいか否か)
③WLB満足度
④職場のパフォーマンスの判断(6項目)

一方の説明変数は以下の変数である.

まず第一に,「企業のWLB関連制度・施策の導入」については,育児や介護のための休業制度,短時間勤務制度,フレックスタイム制度,在宅勤務制度,労働時間削減のための取組(日本のみ)の五つ(イギリス,ドイツは四つ)の制度・施策で,従業員判断で制度・施策を実施している場合に「1」,実施していない場合に「0」のダミー変数とした.

第二に「仕事や職場の特徴」については,第3節で示した七つの合成指標の得点を投入する.ただし,上司の特徴と職場の特徴は関連性が高く,特に「上司の特徴:支援的な上司」と「職場の特徴:助け合い職場」の相関係数は0.464であるため,上司の特徴と職場の特徴はそれぞれ別の推計式で分析を行っている.

表7 労働時間の長さに影響する要因（OLS推計：週の労働時間数）

	日本		イギリス		ドイツ	
	係数	係数	係数	係数	係数	係数
制度・施策の実施ダミー（有=1）						
休業制度ありダミー	-1.160***	-1.066***	.403	.371	.367	.432
短時間勤務制度ありダミー	-.403*	-.430*	-2.362***	-2.319***	-.286	-.318
フレックスタイム制度ありダミー	.012	.056	-.687	-.849	.106	.082
在宅勤務制度ありダミー	-1.193***	-1.178***	.699	.479	1.012	.934
労働時間削減取組ダミー	-.695***	-.702***				
仕事や職場の特徴						
仕事の特徴：仕事量の多さ	1.924***	1.901***	2.395***	2.491***	1.959***	1.958***
仕事の特徴：職務明確化，職務遂行の裁量性	.152	.073	.202	.049	.096	-.343
仕事の特徴：連携・調整業務	-.070	-.158	-.414	-.372	.029	-.09
上司の特徴：残業や休日出勤を評価	.033		-.127		.127	
上司の特徴：支援的な上司	-.313**		-1.119**		-.899*	
職場の特徴：助け合い職場		0.233		-1.126**		-0.107
職場の特徴：付き合い残業職場		0.419***		-0.117		0.272
サンプル数	7077	7106	977	977	1010	1010
調整済みR2乗	.096	.099	.176	.173	.099	.096

（注）統制変数として個人属性（性別，年齢，配偶者・子どもの有無，学歴），職種，企業属性（規模，業種）を投入している．有意水準：* は10%未満，** は5%未満，*** は1%未満．

このほかに統制変数として，推計式の目的変数に応じて，企業属性，個人属性，職場属性を投入している[15]．

4.2　労働時間

労働時間の長さに影響する要因分析の結果をみていきたい（表7）．

企業のWLB関連制度・施策の影響に関しては，日本で，「育児や介護のための休業制度」，「短時間勤務制度」，「在宅勤務制度」，「労働時間削減のための取組」を実施していると有意にマイナスとなる．イギリスでは，「短時間勤務制度」のみがマイナス，ドイツはいずれの制度も労働時間の長さには有意な関係を示していない．ドイツはそもそも平均的に労働時間が短く，労働時間の長さが社会的に問題になることはほとんどないが，平均の労働時間が長い日本では，長時間労働の是正のために企業がWLB制度・施策を導入して制度を充実させることは効果があるといえる．

仕事や職場の特徴に関しては，3ヶ国とも「仕事の特徴：仕事量の多さ」が有意にプラスの係数である．「上司の特徴：支援的な上司」は，3ヶ国ともマ

イナスで，上司のマネジメントの特徴が職場の労働時間の長さに影響をおよぼしている．また日本では，「職場の特徴：付き合い残業職場」が有意にプラスであるが，イギリス，ドイツではいずれの制度・施策も関連がみられていない．日本で，「仕事が終わっても周りの人が残っていると退社しにくい」という職場の雰囲気が長時間労働につながっていくのは自然なことと理解できるが，イギリスやドイツではそうなっていない．この指標に関しては，表2の指標の平均値を見る限り，日本は2.53とイギリス（2.69）やドイツ（2.83）よりも低い数値となっているが，イギリスおよびドイツは，日本に比べると職場全体の労働時間が短いため，日本の「付き合い残業」とニュアンスが異なることが考えられる．

4.3　過剰就業意識

次に「過剰就業意識」すなわち「現在の労働時間を減らしたい」と考える意識に影響をおよぼす要因分析である[16]．「現在の労働時間を減らしたい」を1，それ以外を0とする二項ロジット推計により分析している．結果を表8に示した．

まず，「週の労働時間」の効果に注目したい．日本では，労働時間が50時間以上になると，労働時間が長くなるほど過剰就業意識が強くなり，これは原・佐藤［2008］の結果と同様の結果となっている．しかし，イギリス，ドイツでは労働時間と過剰就業意識との間に明確な関係は確認できない．確かにイギリスやドイツでも労働時間が長い層で過剰就業意識が強まる面はあるが，日本のような直線的な関係はみられない．日本は，労働時間が長くなると「労働時間を減らしたい」という意識に結びつくのに対して，イギリスやドイツでは，労働時間が長くても「減らしたい」という意識には直結していないのである．日本の長時間労働は，ほかの2ヶ国に比べて非自発的に生じていることが多いと考えられる[17]．

もう一つの日本の特徴は，労働時間が35時間未満の短い層でも過剰就業意識が強い点である．これは，この層で有意にマイナスの係数となっているイギリス，ドイツと対照的である．週35時間未満の層には，育児等の理由による短時間勤務制度の利用者が一定数含まれているとみられるが，こうした従業員が日本ではさらに労働時間を短くしたいと考えていることを示している．日本の短時間勤務者の週の平均労働時間（34.2時間）はほかの労働者（44.9時間）に

表8 過剰就業意識に影響する要因（二項ロジット推計：労働時間を減らしたい＝1，それ以外＝0）

	日本		イギリス		ドイツ	
	係数	係数	係数	係数	係数	係数
週の労働時間（基準:40-45時間未満）						
労働時間35時間未満ダミー	.941***	.910***	-1.003***	-1.100***	-2.283**	-2.432**
労働時間35-40時間未満ダミー	-.046	-.010	-.526*	-.612**	-.778	-.858*
労働時間45-50時間未満ダミー	.141	.109	.002	-.049	.207	.165
労働時間50-55時間未満ダミー	.644***	.597***	1.118***	1.011***	.249	.521
労働時間55-60時間未満ダミー	1.064***	1.023***	.792	.837	1.389***	1.165*
労働時間60時間以上ダミー	1.580***	1.543***	.999**	.979**	.774	.675
制度・施策の実施ダミー（有＝1）						
休業制度ありダミー	.071	.053	.066	.066	-.039	-.038
短時間勤務制度ありダミー	.086	.061	.089	.148	-.591*	-.623*
フレックスタイム制度ありダミー	.146**	.161**	-.561**	-.579***	.079	.093
在宅勤務制度ありダミー	.162	.117	.329	.235	-.446	-.513*
労働時間削減取組ダミー	-.287***	-.304***				
仕事や職場の特徴						
仕事の特徴:仕事量の多さ	.209***	.209***	.144	.164	.039	-.024
仕事の特徴:職務明確性，職務遂行の裁量性	-.045	-.049	-.138	-.092	-.263	-.644***
仕事の特徴:連携・調整業務	-.012	-.030	.196	.248*	.441*	.403
上司の特徴:残業や休日出勤を評価	.023		-.121		-.250*	
上司の特徴:支援的な上司	-.235***		-.221*		-.162	
職場の特徴:助け合い職場		-0.16***		-0.474***		0.438*
職場の特徴:付き合い残業職場		0.122***		-0.205***		-0.038
サンプル数	6622	6650	977	977	1009	1009
-2 対数尤度	6942.8	6971.2	728.4	717.7	403.8	405.4
カイ2乗	542.9***	539.5***	123.0***	133.7***	73.1***	71.5***

（注）統制変数として個人属性（性別，年齢，配偶者・子どもの有無，本人年収[18]，学歴，職種，企業属性（規模，業種）を投入している．有意水準：* は10％未満，** は5％未満，*** は1％未満．

比べると短いものの，イギリス（21.7時間）やドイツ（26.8時間）に比べると長い実態にある．日本では，短時間勤務制度を利用している場合でも，自分が望むだけの時間短縮にはなっていないケースが多いことを示唆する結果といえる．

次に，企業のWLB関連制度・施策の実施に関しては，日本で，「フレックスタイム制度」がプラス，「労働時間削減のための取組」がマイナスであり，「フレックスタイム制度」があると過剰就業意識につながる点が注目される．「フレックスタイム制度」の効果はイギリスではマイナスで，イギリスではこの制度のみが過剰就業意識を減じる効果をもっている．本書の序章で指摘している

ように，イギリスではフレックスタイム勤務に該当すると労働時間が短くなる傾向がみられており，始業時刻や終業時刻も早い時間にシフトするなど，フレックスタイム勤務者以外と勤務パターンが異なる傾向を示している．イギリスでは，フレックスタイム勤務の適用によりこうした裁量性のある働き方が可能になっていることが，過剰就業意識にマイナスの影響をおよぼしていると考えられる．一方で，日本では，フレックスタイム勤務者であっても労働時間や勤務パターンには大きな変化はみられず，むしろ終業時間は若干遅くなる傾向があるなど，フレックスタイム勤務制度が働き方の柔軟性確保の制度として有効に機能していないことが示唆されている．

　仕事や職場の特徴に関しては，3ヶ国に共通する傾向はみられない．日本の特徴の一つは，「仕事の特徴：仕事量の多さ」が有意にプラスである点であり，イギリス，ドイツではその傾向はみられていない．労働時間の長さの要因分析においては，3ヶ国ともに「仕事の特徴：仕事量の多さ」は有意にプラスの係数であったが，過剰就業意識に関して，イギリスやドイツではこの変数は関係がみられておらず，労働時間の長さが一律に過剰就業意識にはつながらないことと併せて考察すると，イギリスやドイツでは仕事量やその結果生ずる長時間労働が，個人の働き方の選択の結果となっている可能性がある．それに対して日本では，個人の希望とは無関係に多くの仕事量を任され，希望に反して長時間労働につながっていると考えられる．

　また，「職場の特徴：付き合い残業職場」は，日本ではプラス，イギリスではマイナスである．労働時間の長さの分析でもこの指標は日本において労働時間を長くする要因として抽出されたが，過剰就業意識に対しても影響力をもっていることが明らかとなった．

　「上司の特徴：支援的な上司」と「職場の特徴：助け合い職場」は日本とイギリスでは有意にマイナスになっており，職場の支援が過剰就業意識にマイナスの効果をもたらすことが確認された．特に日本では強い関連性がみられている．

4.4　ワーク・ライフ・バランス満足度

　WLBに関する満足度は，5段階で回答を求めており，順序プロビット回帰分析を行った．結果は表9に示した．

　「週の労働時間」の影響は大きく，3ヶ国に共通して50時間以上については

表9 WLB満足度に影響する要因（順序プロビット推計：WLB満足度について5段階で回答）

	日本		イギリス		ドイツ	
	係数	係数	係数	係数	係数	係数
週の労働時間（基準：40-45時間未満）						
労働時間35時間未満ダミー	-.589***	-.565***	.516***	.600***	.294***	.300***
労働時間35-40時間未満ダミー	.096*	.059	.266***	.304***	.020	.072
労働時間45-50時間未満ダミー	-.148***	-.134***	-.093	-.008	-.328***	-.387***
労働時間50-55時間未満ダミー	-.449***	-.434***	-.436***	-.326**	-.308***	-.352***
労働時間55-60時間未満ダミー	-.788***	-.777***	-.904***	-.960***	-.412*	-.395*
労働時間60時間以上ダミー	-1.121***	-1.098***	-.705***	-.625***	-.718***	-.807***
制度・施策の実施ダミー（有=1）						
休業制度ありダミー	.008	.006	.107	.090	.016	-.015
短時間勤務制度ありダミー	.026	.031	.141	.088	.131	.129
フレックスタイム制度ありダミー	-.037	-.047	.098	.149*	-.097	-.030
在宅勤務制度ありダミー	.033	.032	.108	.191**	.279***	.288***
労働時間削減取組ダミー	.127***	.149***				
仕事や職場の特徴						
仕事の特徴：仕事量の多さ	-.355***	-.359***	-.128**	-.161***	-.225***	-.264***
仕事の特徴：職務明確性，職務遂行の裁量性	.151***	.156***	.261***	.262***	.299***	.385***
仕事の特徴：連携・調整業務	.025	.037**	.027	.013	.023	-.010
上司の特徴：残業や休日出勤を評価	-.049***		.033		.073**	
上司の特徴：支援的な上司	.231***		.387***		.477***	
職場の特徴：助け合い職場		.207***		.516***		.479***
職場の特徴：付き合い残業職場		-.092***		-.007		.052*
サンプル数	6611	6639	977	977	1010	1010
-2対数尤度	17857.9***	17937.7***	2542.7***	2541.8***	2570.4***	2603.8***
擬似R2乗	.248	.249	.292	.292	.276	.252

（注）統制変数として個人属性（性別，年齢，配偶者・子どもの有無，本人年収，学歴），職種，企業属性（規模，業種）を投入している．有意水準：* は10％未満,** は5％未満,*** は1％未満．

有意にマイナスの係数を示している．特に日本では45時間以上の場合には，労働時間が長くなるほどマイナスとなる傾向が顕著であり，長時間労働がWLB満足度を有意に低下させている．また，日本は，イギリス，ドイツと異なり，35時間未満の場合にWLB満足度が低下するという点が注目される．過剰就業意識においてもこの層では労働時間を減らしたいと考えていることが明らかになっており，35時間未満で働く者が，希望する時間短縮が実現できず，結果としてWLBにも満足できていないということを示している．

企業のWLB関連制度・施策の実施については，日本で有意にプラスの係数となっているのは「労働時間削減のための取組」のみで，それ以外の制度・施

第5章　ワーク・ライフ・バランスを実現する職場マネジメント　　　167

策は WLB 満足度への影響を示していない．これに対して，イギリスでは部分的に「フレックスタイム制度」と「在宅勤務制度」が，ドイツでは「在宅勤務制度」がプラスで，いずれも柔軟に働くことのできる制度・施策の効果がみられている．いずれの国も，「休業制度」，「短時間勤務制度」といったいわゆる両立支援のための特別な制度の有無は影響をおよぼしていない点を指摘しておく．

　仕事や職場の特徴については，3ヶ国に共通して，「仕事の特徴：仕事量の多さ」がマイナス，「仕事の特徴：職務明確性，職務遂行の裁量性」，「上司の特徴：支援的な上司」，「職場の特徴：助け合い職場」がいずれもプラスで有意な係数となった．過剰就業意識の分析では職場の要因が明確にならなかったが，WLB 満足度に関しては，仕事量が多くて突発的な業務が生じるような仕事の特徴は WLB 満足度を低め，反対に，職務が求める要件が明確で仕事の手順を自分で決めることができるような仕事特性，上司の支援的なマネジメント，職場の助け合いの雰囲気が WLB 満足度を高めることが3ヶ国共通の要因として指摘できる．

　一方で，日本とほかの2ヶ国で係数の符号が反対の変数もある．「上司の特徴：残業や休日出勤を評価」と「職場の特徴：付き合い残業職場」は，日本ではマイナスだが，ドイツではプラスである．「職場の特徴：付き合い残業職場」が，日本とほかの2ヶ国では働く個人に及ぼす影響が異なる点は，先の二つの分析と同様である．日本では，「周りの人が残っていると退社しにくい」という職場風土は WLB 満足度にネガティブな影響を与える．「上司の特徴：残業や休日出勤を評価」は，日本では，こうしたマネジメントの姿勢が職場の長時間労働につながると考えがちであるが，ドイツでは残業なども選択肢の一つと考えられている可能性がある．そうした職場の風土が個人の働き方にプレッシャーをかけるのではなく，むしろ残業などが働き方の選択の結果としてとらえられている面があるのではないかと考えられる．

　ここまで，長時間労働，過剰就業，WLB 満足度と相互に関連性が強いと考えられる就業実態の背景にある要因を分析してきたが，その要因は必ずしも同じ構造になっていないことが明らかになった．長時間労働だからといって一律に過剰就業意識につながらないのがイギリスやドイツの特徴であるが，日本では，長時間労働が過剰就業意識を高め WLB 満足度を低下させる傾向が強い．また，特に WLB 満足度に関しては，休業制度や短時間勤務制度などの制度導入の効果はみられず，日本で企業の制度・施策として有効なのは労働時間削減

のための取組のみであった．一方で，WLB満足度を高めるうえで職場の要因は重要であり，仕事量を抑制するとともに，職務遂行の裁量性を高め，上司が部下の業務支援に取り組み，職場のなかでもお互いに仕事のノウハウを共有するなどの助け合いが重要であることが明らかとなった．

4.5 職場のパフォーマンスに関する主観判断

組織にとっての効果は，職場のパフォーマンスに関する主観指標を分析する．次の六つの項目に「そう思う」から「そう思わない」までの5段階の判断を目的変数とする順序プロビット回帰分析を行った．

①職場の業績はよい
②職場のメンバーは仕事を効率的に行っている
③職場のメンバーの仕事に対する意欲は高い
④職場のメンバーの職場に対する満足度は高い
⑤職場のメンバーは職場に貢献しようとする意識が高い
⑥個人の事情に応じて柔軟に働きやすい職場である

この分析では，統制変数として企業，職場の要因を投入している．具体的には，企業規模，業種，職場の部門[19]，職場のサイズ（職場の人数）[20]，個人の性別をコントロール変数とした．

日本で6項目すべてにプラスに有意であるのは，企業のWLB関連制度・施策では「労働時間削減のための取組」だけである．ほかの制度・施策は一部有意であるものの，安定していない．「在宅勤務制度」は『職場の業績はよい』，『仕事を効率的に行っている』でマイナスの影響である．日本では在宅勤務制度の導入が少ないが，導入している企業において，制度導入が職場のパフォーマンスにネガティブな影響をもたらす可能性があることが示唆されている．

イギリスにおいては，6項目に安定的に影響をおよぼしているWLB関連制度・施策はないが，「フレックスタイム制度」は，『仕事に対する意欲は高い』，『職場に対する満足度は高い』，『柔軟に働きやすい職場である』の3項目で有意にプラスである．イギリスにおいてフレックスタイム制度が職場パフォーマンスに一定の効果をあげている．ドイツにおいては，「在宅勤務制度」がいずれの項目においても，有意にプラスの係数となっている．イギリスにおいて「フ

表10 職場のパフォーマンスについての判断に影響する要因
       (順序プロビット推計:各項目について5段階で回答)

【日本】

	職場の業績はよい		仕事を効率的に行っている		仕事に対する意欲は高い	
	係数	係数	係数	係数	係数	係数
制度・施策の実施ダミー(有=1)						
休業制度ありダミー	.050	.040	.033	.022	.101**	.090**
短時間勤務制度ありダミー	-.015	-.011	-.012	-.019	.043	.042
フレックスタイム制度ありダミー	.069**	.069**	.012	.006	.036	.032
在宅勤務制度ありダミー	-.121**	-.113**	-.099**	-.088*	-.075	-.066
労働時間削減取組ダミー	.087***	.078***	.117***	.112***	.096***	.093***
仕事や職場の特徴						
仕事の特徴:仕事量の多さ	.003	.005	-.051***	-.055***	0.00	-.007
仕事の特徴:職務明確性,職務遂行の裁量性	.195***	.181***	.205***	.176***	.173***	.150***
仕事の特徴:連携・調整業務	.000	.004	-.017	-.015	.033*	.042**
上司の特徴:残業や休日出勤を評価	.031***		.013		.025**	
上司の特徴:支援的な上司	.196***		.399***		.467***	
職場の特徴:助け合い職場		.259***		.529***		.593***
職場の特徴:付き合い残業職場		-.004		-.020**		-.013
サンプル数	7551	7581	7555	7586	7556	7587
-2 対数尤度	20234.0	20242.5	19321.1	19170.2	18699.7	18547.6
擬似R2乗	.066	.072	.146	.172	.169	.193

	職場に対する満足度は高い		職場貢献意識が高い		柔軟に働きやすい職場である	
	係数	係数	係数	係数	係数	係数
制度・施策の実施ダミー(有=1)						
休業制度ありダミー	.043	.033	.074*	.066	.059	.049
短時間勤務制度ありダミー	.042	.044	.066**	.064**	.115***	.101***
フレックスタイム制度ありダミー	.077***	.072**	.026	.024	.019	.008
在宅勤務制度ありダミー	-.069	-.054	-.003	.009	-.040	-.050
労働時間削減取組ダミー	.117***	.121***	.111***	.120***	.139***	.141***
仕事や職場の特徴						
仕事の特徴:仕事量の多さ	-.082***	-.090***	-.010	-.026	-.132***	-.137***
仕事の特徴:職務明確性,職務遂行の裁量性	.233***	.221***	.159***	.152***	.232***	.198***
仕事の特徴:連携・調整業務	.010	.022	.056***	.069***	.015	.018
上司の特徴:残業や休日出勤を評価	.032***		.022*		-.076***	
上司の特徴:支援的な上司	.461***		.507***		.417***	
職場の特徴:助け合い職場		.512***		.572***		.551***
職場の特徴:付き合い残業職場		-.016		-.003		-.125***
サンプル数	7548	7579	7552	7584	7555	7586
-2 対数尤度	17856	17948.7	18371.5	18434.2	18730.3	18445.7
擬似R2乗	.186	.185	.191	.194	.186	.225

(注)統制変数として企業属性(規模,業種),職場属性(部門,職場のサイズ),および個人の性別を投入している.有意水準:*は10%未満,**は5%未満,***は1%未満.

【イギリス】

	職場の業績はよい		仕事を効率的に行っている		仕事に対する意欲は高い	
	係数	係数	係数	係数	係数	係数
制度・施策の実施ダミー（有＝1）						
休業制度ありダミー	-.059	-.081	-.020	-.072	-.065	-.073
短時間勤務制度ありダミー	.150*	.103	.172*	.117	.168*	.126
フレックスタイム制度ありダミー	.046	.098	.095	.135*	.140*	.205***
在宅勤務制度ありダミー	-.063	.009	-.169**	-.087	-.073	.034
仕事や職場の特徴						
仕事の特徴：仕事量の多さ	.073	.038	.068	.020	-.016	-.077
仕事の特徴：職務明確性, 職務遂行の裁量性	.189***	.185***	.219***	.202***	.193***	.233***
仕事の特徴：連携・調整業務	.027	.019	-.031	-.062	.033	.004
上司の特徴：残業や休日出勤を評価	.053		-.015		.048	
上司の特徴：支援的な上司	.423***		.481***		.624***	
職場の特徴：助け合い職場		.587***		.688***		.698***
職場の特徴：付き合い残業職場		-.016		.032		.065**
サンプル数	979	979	979	979	979	979
-2 対数尤度	2330.3	2319.9	2438.3	2394.2	2574.4	2627.3
擬似 R2 乗	.212	.221	.228	.262	.332	.295

	職場に対する満足度は高い		職場貢献意識が高い		柔軟に働きやすい職場である	
	係数	係数	係数	係数	係数	係数
制度・施策の実施ダミー（有＝1）						
休業制度ありダミー	.074	.042	-.012	-.050	.013	.040
短時間勤務制度ありダミー	.100	.044	.261***	.212**	.133	.116
フレックスタイム制度ありダミー	.173**	.226***	.044	.096	.677***	.712***
在宅勤務制度ありダミー	.022	.127	.087	.180**	.273***	.326***
仕事や職場の特徴						
仕事の特徴：仕事量の多さ	-.100**	-.157***	-.003	-.055	-.087*	-.116**
仕事の特徴：職務明確性, 職務遂行の裁量性	.215***	.223***	.253***	.254***	.325***	.362***
仕事の特徴：連携・調整業務	.091*	.052	.116**	.088*	.007	0.00
上司の特徴：残業や休日出勤を評価	.037		.020		.115***	
上司の特徴：支援的な上司	.549***		.521***		.329***	
職場の特徴：助け合い職場		.726***		.705***		.346***
職場の特徴：付き合い残業職場		.080***		.037		.057**
サンプル数	979	979	979	979	979	979
-2 対数尤度	2568.7	2558.4	2392.9	2374.7	2617.2	2669.2
擬似 R2 乗	.311	.318	.305	.318	.353	.319

（注）統制変数として企業属性（規模，業種），職場属性（部門），および個人の性別を投入している．
有意水準：* は10％未満，** は5％未満，*** は1％未満．

第5章　ワーク・ライフ・バランスを実現する職場マネジメント

【ドイツ】

	職場の業績はよい		仕事を効率的に行っている		仕事に対する意欲は高い	
	係数	係数	係数	係数	係数	係数
制度・施策の実施ダミー（有＝1）						
休業制度ありダミー	.272***	.227**	.081	.042	-.019	-.050
短時間勤務制度ありダミー	.162*	.120	.134	.107	.097	.090
フレックスタイム制度ありダミー	-.112	-.062	.017	.090	-.022	.081
在宅勤務制度ありダミー	.173**	.165**	.183**	.172**	.232***	.218***
仕事や職場の特徴						
仕事の特徴：仕事量の多さ	.174***	.136**	.089	.048	.001	-.051
仕事の特徴：職務明確性，職務遂行の裁量性	.230***	.224***	.280***	.307***	.107*	.198***
仕事の特徴：連携・調整業務	-.007	-.046	-.036	-.090	.049	-.023
上司の特徴：残業や休日出勤を評価	.008		.060*		.058*	
上司の特徴：支援的な上司	.447***		.479***		.689***	
職場の特徴：助け合い職場		.671***		.652***		.739***
職場の特徴：付き合い残業職場		-.031		.033		.072**
サンプル数	1012	1012	1012	1012	1012	1012
-2 対数尤度	2075.9	2028.7	2207.5	2187.1	2366.6	2400.9
擬似R2乗	.222	.259	.241	.257	.303	.279

	職場に対する満足度は高い		職場貢献意識が高い		柔軟に働きやすい職場である	
	係数	係数	係数	係数	係数	係数
制度・施策の実施ダミー（有＝1）						
休業制度ありダミー	.024	-.016	.030	-.022	.170*	.147
短時間勤務制度ありダミー	.131	.109	.150*	.111	-.142	-.147
フレックスタイム制度ありダミー	-.151*	-.057	-.059	.020	.571***	.597***
在宅勤務制度ありダミー	.214***	.202***	.184**	.172**	.367***	.368***
仕事や職場の特徴						
仕事の特徴：仕事量の多さ	-.022	-.069	.071	.020	-.119**	-.136**
仕事の特徴：職務明確性，職務遂行の裁量性	.191***	.268***	.179***	.199***	.502***	.570***
仕事の特徴：連携・調整業務	.021	-.037	.054	-.002	.025	.017
上司の特徴：残業や休日出勤を評価	.079**		.035		-.024	
上司の特徴：支援的な上司	.627***		.562***		.392***	
職場の特徴：助け合い職場		.717***		.789***		.330***
職場の特徴：付き合い残業職場		.049		.004		-.036
サンプル数	1012	1012	1012	1012	1012	1012
-2 対数尤度	2309.4	2330.1	2189	2145.1	2315.2	2342
擬似R2乗	.279	.264	.246	.279	.335	.318

（注）統制変数として企業属性（規模，業種），職場属性（部門），および個人の性別を投入している．
有意水準：* は10％未満，** は5％未満，*** は1％未満．

レックスタイム制度」が，ドイツにおいて「在宅勤務制度」が，それぞれ有効であるのは，これまでの分析結果と整合的である．

次に仕事や職場の特徴の影響である．日本で6項目すべてに有意にプラスであるのが，「仕事の特徴：職務明確性，職務遂行の裁量性」，「上司の特徴：支援的な上司」，「職場の特徴：助け合い職場」の三つの変数である．この三つの変数は，イギリス，ドイツでも同様にすべての項目で有意にプラスの係数となっており，職場のパフォーマンスを高めるうえで，裁量性のある仕事特性，上司の支援，お互いに助け合う職場風土，の三つの要素が重要であることが明らかとなった．

一方で，日本で一部でにマイナスの係数となっているのが，「仕事の特徴：仕事量の多さ」と『仕事を効率的に行っている』，『職場に対する満足度は高い』『柔軟に働きやすい職場である』の関係，および「職場の特徴：付き合い残業職場」と『仕事を効率的に行っている』，『柔軟に働きやすい職場である』の関係である．「仕事の特徴：仕事量の多さ」はイギリスやドイツでも一部マイナスで有意な係数であるが，ドイツでは『職場の業績はよい』にはプラスの係数となっており，「仕事の特徴：仕事量の多さ」は日本において特にネガティブな影響をおよぼしているといえる．その他，「仕事の特徴：連携・調整業務」や「上司の特徴：残業や休日出勤を評価」については，日本でプラスの係数を示しているものもあり，他部門と連携や調整が多い業務特性や，残業する社員を評価する上司の姿勢なども，職場のパフォーマンスにネガティブな影響を与えるだけではないことも明らかになっている．

4.6　分析のまとめ

以上，従業員個人の働き方を納得性のあるものとしWLBへの満足度を高めつつ，職場のパフォーマンスも同時に高める要因について計量分析を行ってきた．結果の集約を表11に掲載している．

日本の分析において，企業のWLB関連制度・施策に関しては，「労働時間削減のための取組」がWLBの実現に強いプラスの影響を及ぼしていることが明らかになっている[21]．休業制度や短時間勤務制度など，企業が実施する制度・施策は限定的な効果にとどまり，こうした制度以上に「労働時間削減のための取組」が重要であることがわかる．育児や介護のための休業制度や短時間勤務制度は，育児や介護など特別な事情がある従業員のみが利用できるものである

第5章 ワーク・ライフ・バランスを実現する職場マネジメント

表11　分析結果のまとめ

【日本】

	労働時間の長さ	過剰就業意識	WLB満足度	職場のパフォーマンス					
				職場の業績はよい	仕事を効率的に行っている	仕事に対する意欲は高い	職場に対する満足度は高い	職場貢献意識が高い	柔軟に働きやすい職場である
制度・施策の実施ダミー（有=1）									
休業制度ありダミー	−					+		(+)	
短時間勤務制度ありダミー	−							+	+
フレックスタイム制度ありダミー			+	+		+			
在宅勤務制度ありダミー					−				
労働時間削減取組ダミー	−	−	+	+	+	+	+	+	+
仕事や職場の特徴									
仕事の特徴：仕事量の多さ	+	+	−	−		−	−	−	−
仕事の特徴：職務明確性，職務遂行の裁量性			+	+	+	+	+	+	+
仕事の特徴：連携・調整業務			(+)			+	+	+	
上司の特徴：残業や休日出勤を評価			−	+		+	+	+	
上司の特徴：支援的な上司	−	−	+	+	+	+	+	+	+
職場の特徴：助け合い職場		−	+	+	+	+	+	+	+
職場の特徴：付き合い残業職場	+	+	−		−	−	−	−	−

【イギリス】

	労働時間の長さ	過剰就業意識	WLB満足度	職場の業績はよい	仕事を効率的に行っている	仕事に対する意欲は高い	職場に対する満足度は高い	職場貢献意識が高い	柔軟に働きやすい職場である
制度・施策の実施ダミー（有=1）									
休業制度ありダミー									
短時間勤務制度ありダミー	−			(+)	(+)	(+)		+	
フレックスタイム制度ありダミー		−	(+)		(+)	+	+		+
在宅勤務制度ありダミー			(+)		(−)			(+)	+
仕事や職場の特徴									
仕事の特徴：仕事量の多さ	+		−			−			−
仕事の特徴：職務明確性，職務遂行の裁量性			+	+	+	+	+	+	+
仕事の特徴：連携・調整業務		(+)					(+)	+	
上司の特徴：残業や休日出勤を評価									+
上司の特徴：支援的な上司	−		+	+	+	+	+	+	+
職場の特徴：助け合い職場	−	−	+	+	+	+	+	+	+
職場の特徴：付き合い残業職場		−				+	+		

【ドイツ】

	労働時間の長さ	過剰就業意識	WLB満足度	職場の業績はよい	仕事を効率的に行っている	仕事に対する意欲は高い	職場に対する満足度は高い	職場貢献意識が高い	柔軟に働きやすい職場である
制度・施策の実施ダミー（有=1）									
休業制度ありダミー				+					(+)
短時間勤務制度ありダミー	−			(+)				(+)	
フレックスタイム制度ありダミー						−			+
在宅勤務制度ありダミー		(−)		+	+	+	+	+	+
仕事や職場の特徴									
仕事の特徴：仕事量の多さ	+		−	+					−
仕事の特徴：職務明確性，職務遂行の裁量性	(−)		+	+	+	+	+	+	+
仕事の特徴：連携・調整業務	(+)								
上司の特徴：残業や休日出勤を評価									
上司の特徴：支援的な上司	−		+	+	+	+	+	+	+
職場の特徴：助け合い職場		−	+	+	+	+	+	+	+
職場の特徴：付き合い残業職場			+		+				

（注）それぞれの目的変数の推計式において有意なものに＋と−を表記．（　）は一部の推計式で有意なもの．

が，「労働時間削減のための取組」は企業全体に波及する取組であることが有効な施策となっている一つの理由と考えられる．また，日本では長時間労働の実態が従業員の過剰就業意識に直結しており，長時間働く従業員が量的に多いことに加えて，こうした長時間労働者の者ほど「労働時間を減らしたい」という意識を強くもっている．イギリスやドイツでは労働時間の長さが過剰就業意識の強い要因とはなっていないことから，日本においては，育児や介護のための休業制度などの両立支援策以上に，長時間労働の是正を進めることが急務であるといえる．

このことは，短時間勤務者においても共通する問題と推測できる．育児や介護などの理由で短時間勤務を利用している従業員は労働時間の長さには問題がないと考えられがちであるが，短時間勤務でも過剰就業意識が日本では強くみられており，時間短縮が個別事情に対応して希望通りに実現していない可能性がある．

企業のWLB関連制度・施策に関してもう一つ注目したい点は，「フレックスタイム制度」と「在宅勤務制度」の効果である．

イギリスでは「フレックスタイム制度」に一定の効果が認められるのに対して，日本では職場のパフォーマンス等に一部効果があるものの，過剰就業意識を強めるなど予想と反対の影響がみられている．日本では，フレックスタイム制度が適用されている従業員とそれ以外の従業員との間に労働時間の長さに違いはみられず，フレックスタイム勤務だからといって始業・終業時刻が分散して柔軟な働き方につながっているとはいい難い状況にある．イギリスでは，フレックスタイムで勤務する従業員は労働時間が短く，始業・終業時刻も早い方にシフトし分散化する傾向がみられており，イギリスとは異なる特徴がある．日本では，フレックスタイム勤務が，個人の働き方のニーズに合わせた働き方として機能していない可能性がある．

「在宅勤務制度」については，職場の業績や効率的な仕事遂行などの職場パフォーマンスにおいてマイナスの影響がみられている．対照的にドイツでは「在宅勤務制度」がWLBの実現等に強い影響力をもっている．日本では，在宅勤務制度の導入率が非常に低い水準にとどまっており，企業としてもその効果については懐疑的である．在宅勤務制度が職場のパフォーマンスにつながるような制度運用において課題があると考えられる．

企業のWLB関連制度・施策がWLBの実現にもたらす効果が限定的，ある

いは部分的に予想に反した効果をもたらしているのに対して，仕事や職場の特徴に関わる要因は重要である．分析の結果，従業員がWLBに満足しつつ職場のパフォーマンスを高める要因としては，企業の制度・施策の実施以上に，仕事や職場の特徴が強く関係している．なかでも，「仕事の特徴：職務明確性，職務遂行の裁量性」，「上司の特徴：支援的な上司」，「職場の特徴：助け合い職場」は，WLB満足度やコミットメント，職場パフォーマンスなどのアウトカム指標にプラスの影響をおよぼす重要な要因として抽出されている．これらの要因が重要であるのは，イギリス，ドイツでも同様である．日本では，上述のように，「フレックスタイム制度」，「在宅勤務制度」など，働く時間や就業場所の柔軟性を高めるための「制度」がうまく機能していない可能性があるが，一方で，職場で職務遂行要件や個々人の担当業務の内容を明確にして業務遂行の手順を個人に任せていくような仕事の仕方を進めることによって，WLB満足度や職場のパフォーマンス等を高めることから，制度以上に職場における仕事の進め方が重要であることが指摘できる．ただし，仕事を個人に任せるだけでなく，上司は業務の状況を適切にフォローして部下の育成も行うことが重要であり，同時に職場のほかのメンバーとも仕事に関するノウハウを共有してほかのメンバーが業務代替することが可能な職場であることも重要なポイントとなっている．

　また，日本では，「仕事の特徴：仕事量の多さ」が，WLB満足度や働きやすさなどにはマイナスの影響をおよぼすとともに，職場における仕事の効率性や職場に対する満足度などにもマイナスの影響をおよぼす．ただし，職場の業績，職場メンバーの仕事への意欲や職場貢献意識にはネガティブな影響は確認できない．仕事量が多いということは生産や売り上げが多く企業経営に貢献しているとの自負をもっているとみられる部署もあり，職場のパフォーマンスへのネガティブな影響がみられなかったものと考えられる．「仕事の特徴：仕事量の多さ」はWLB満足度や効率的な仕事遂行などにはネガティブな影響をおよぼすが，それ以上に「仕事の特徴：職務明確性，職務遂行の裁量性」がプラスの効果が高い点を強調したい．つまり，仕事の量も重要であるが，それ以上に，個々人の職務の範囲が明確で裁量性をもって仕事ができる状況がWLBの実現には重要となっている．

　仕事や職場の特徴に関して，「仕事の特徴：連携・調整業務」は仕事の効率化を阻害して長時間労働につながる要因と考え，また「上司の特徴：残業や休

日出勤を評価」は，無駄な長時間労働につながる要因と考えた．結果をみると，「上司の特徴：残業や休日出勤を評価」は，WLB満足度や柔軟に働きやすい職場という評価においてはマイナスに影響しているが，職場のパフォーマンスに関してはプラスになっているケースもある．また，「仕事の特徴：連携・調整業務」は勤め先や職場に対するコミットメント，メンバーの仕事への意欲や職場貢献意識にプラスとなっており，このような仕事や上司の状況が常にWLBの実現を阻むわけではないようである．

5　おわりに

　以上の分析を総括し，分析結果から指摘できるインプリケーションについてまとめたい．

　イギリス，ドイツに比べて日本では，50時間以上働く割合が高く，個人の意識面でも，労働時間を減らしたいと考える過剰就業意識が強く，かつWLB満足度が低い傾向にある．本章では，こうした日本の実態をふまえ，従業員個人のWLBの実現を促進しつつ職場のパフォーマンスも維持するうえで，企業の制度・施策と仕事や職場の特徴とがどのように影響しているのかについて要因分析を行ってきた．その結果明らかになったのは以下の点である．

　第一に，日本では労働時間の長さが過剰就業意識を高め，WLB満足度を低下させるというかたちで，長時間労働が個人のWLB実現の大きな阻害要因となっていることが明らかとなった．短時間勤務で働いている層でも，希望する時間短縮が実現できていないことが示唆されており，従業員の望まない長時間労働が多様な層に広がっている可能性が指摘できる．

　第二には，WLBの実現にどのような企業の制度・施策が重要か，という点に関してである．日本で従業員のWLBの実現に寄与しかつ職場のパフォーマンスにも寄与する企業の制度・施策は「労働時間削減のための取組」である．「育児や介護のための休業制度」や「短時間勤務制度」などの両立支援策は部分的にポジティブな影響をおよぼすにとどまっている．また，「フレックスタイム制度」や「在宅勤務制度」は，日本では部分的にネガティブな影響をおよぼしており，「フレックスタイム制度」が有効なイギリス，「在宅勤務制度」が有効なドイツとは大きく異なる点である．日本では，弾力的な勤務制度が効果をあげておらず，それ以上に長時間労働層が多い実態を反映して労働時間を削減す

ることの重要性が明らかになった．

　第三に，WLBの実現にどのような職場環境が重要か，という点である．全般に企業の制度・施策以上に，仕事や職場の状況の重要性が浮かび上がってきた．具体的には，職務が明確で職務遂行に当たって個人の裁量があるような仕事，上司が個人の業務遂行や育成に目配りをしたマネジメントを行っていること，職場のなかで協力的な雰囲気が醸成されていること，の三つがWLB満足度を高め，また職場のパフォーマンスを高めることが明らかになった．仕事や職場の要因の重要性はイギリス，ドイツにも共通する結論であるが，特に日本では，フレックスタイム制度等裁量度を高めるための制度導入の効果が低い分，実際に裁量度の高い仕事遂行を可能にする上司や職場風土が，従業員個人のWLBの実現にあたっては重要だということである．

　以上の分析結果から，従業員個人のWLB実現のためには，企業レベルでの制度・施策の実施以上に適正な職場マネジメントが行われる環境整備が重要であるといえよう．これは，Allen [2001] やHammer, et al. [2007] の研究結果と整合的である．そのためのキーパーソンが，職場における管理職である．英米の研究では，上司やマネジャーがWLBの推進に極めて重要であることが指摘されてきたが，本分析でも，上司が部下に対して支援的なマネジメントを行うことの重要性が明らかになった．

　日本企業のWLB支援の取組において，職場の管理職の役割の重要性は以前から認識され，多くの企業で管理職を対象にした研修等が行われてきている．しかし，その内容はWLB施策を進めることの企業の考え方を伝え，その重要性を理解してもらうための啓発的な研修が中心である．本章の結果より，そこから一歩ふみ込んで，管理職が部下支援や部下育成の重要性を理解し，実際にそうしたマネジメントができるための支援を充実することが重要であることが明らかになったといえよう．具体的には，部下とコミュニケーションを図り，部下を信頼して仕事を任せ，長期的な視点で育成を行い，必要なときに部下をフォローをするという上司像である．企業のWLB支援というとき，どうしても企業が提供する制度や施策に注目しがちであるが，働き方を変えるための職場レベルでの着実な取組の重要性を認識する必要がある．

　職場の管理職のマネジメントが重要な要素である一方で懸念されるのが，管理職が多忙になっており，部下支援等の丁寧なマネジメントが以前よりも困難になっている現実にあるという点である．役職者の労働時間が一般社員よりも

長時間化しているのは日本に限ったことではないが，日本は全体に労働時間が長いなかで，さらに管理職の労働時間が長くなっている．こうした管理職の就業実態が，管理職のマネジメントにどのような影響をおよぼしているのかについては今後の研究課題であるが，管理職の就業実態に目配りした対応が必要になると考える．

　ここから導かれるインプリケーションとしては，まず企業においては，WLB 支援のための取組を推進する際に，制度・施策の充実以上に職場における仕事管理や時間管理などを重視する必要があるということである．企業のWLB 支援の関心は，制度・施策の充実に向きがちであるが，従業員からみると自分自身の就業実態と深く関わる職場のマネジメントが重要である．これに関しては，特に職場の管理職の役割が重要であることに鑑み，労働時間・休憩・休日に関する労働基準法上の規定の適用から除外されている管理監督者の労働時間について，適切なマネジメントが可能かという観点から組織としてモニタリングしていくことが重要になるということである．近年の残業削減の取組において，労働時間管理の適用外となっている管理職に業務の負荷がかかっている事例は多いが，管理職に業務処理のバッファーの役割を求めていけば，さらに管理職が適正な職場マネジメントを行うことが難しくなることを理解する必要がある．

　もとより，適切な職場マネジメントが行われることは，WLB の実現に関わらず重要であることはいうまでもないが，WLB 支援の取組を契機に職場管理のあり方を見直すことは重要である．同時に，WLB を推進するための新たな制度を導入することは企業にとって負担が大きいが，職場マネジメントの適正化はそもそもやるべきことであるとすれば経営にとってのコストは小さい．これを改善することで働く人の WLB 実現につながるという分析の結果は，制度・施策の実施よりも職場マネジメントの改善を進めることで，コストをかけずに WLB が定着する可能性を示している．働く側にとっても，長期の休業制度や短時間勤務制度などのフォーマルな制度利用は，キャリア形成上一定の影響があるため，職場レベルで柔軟な勤務の実施が可能になれば，フォーマルな制度に過度に依存することなく WLB を実現できるというメリットもある．

　本章の分析からの政策的なインプリケーションとして，管理職の就業実態を把握するための法的な整備の必要性も指摘したい．これに関して，水町［2010］が，管理監督者についても「健康確保やワーク・ライフ・バランスの観点から

なされる最長労働時間，休息時間，週休制，年次有給休暇の規制の適用は除外されないものとすべきである」と指摘しているのが参考となる．管理職が多忙になり適切なマネジメントに十分な時間とエネルギーを注ぐことができないとすると，従業員のWLBの実現そして効率的な職場運営に支障をきたすことになりかねない．

　近年，職場の要員管理は厳しくなり，管理職がプレイングマネジャー化して本来のマネジメント業務に注力できない状況になっている職場も多い．しかし，こうした状況が中長期的には職場の効率的な業務遂行を阻害し，働く人のWLBの実現の障害となり，職場の士気にも悪影響をおよぼしている可能性を重く受け止めることが必要だろう．

注
1) 佐藤・武石［2008］はニッセイ基礎研究所［2003, 2005, 2006］をベースにしたものであり，詳細はこれらの報告書を参照されたい．
2) Scandura and Lankau［1997］, Friedman *et al*.［1999］など．
3) Kossek and Hammerほか［2008］において，家族支援的な管理者の行動は，従業員の職務満足や定着，健康や抑うつ症状の抑制などに効果を上げることが明らかになり，管理職への意識啓発などの訓練によりこうした管理者の行動を促進することを示した．
4)「インクルージョン（inclusion）」は，近年，人事管理の現場において注目されている概念である．「ダイバーシティ（diversity）」が従業員の多様性に着目する視点を提供したが，「インクルージョン（inclusion）」は，ダイバーシティの強みを活かして，多様性を受容していく組織風土や組織文化を醸成する意味で使用される．
5) Ryan and Kossek［2008］も，WLB施策が従業員にとって「インクルージョン」の認識につながるためには人事政策のなかでもWLB政策が重要であるが，特に政策を運用するための，①管理職の支援，②政策の普遍性（利用できる範囲の広さ），③交渉可能性，④コミュニケーションの質，の四つの重要性を指摘する．
6) イギリスにおける企業等インタビュー調査については，武石［2011b］においても一部紹介しているので参照されたい．
7) 武石・佐藤［2011］では，時間制約を設定した働き方をモデル的に実践した職場における仕事管理・時間管理の変化についての事例紹介がなされている．
8) 調査の詳細は本書の序章を参照されたい．
9) 日本は企業データとマッチングさせることが可能なため，企業規模，産業などの企業情報を企業調査をもとに分析している．
10) 日本のデータで企業調査による導入率と従業員の認知との比較を行った結果，企業の回答と従業員の回答には，一定のずれがみられている．
11)「労働時間削減のための取組」は，長時間労働が多い日本に特徴的な取組と考え，

海外の調査では質問項目から外している.「あなたの職場では長時間労働の削減に取り組んでいますか」に対して「積極的に取り組んでいる」,「取り組んでいる」と回答した場合に「取り組んでいる」と評価し,「部署のなかで心がけている程度」,「特に取り組んでいない」と回答した場合に「取り組んでいない」と評価している.

12) この項目は,「急な仕事に対応することが自分自身の評判につながる」と同じ因子として抽出されたが,信頼性係数が 0.479 と低いため,因子負荷量の高い項目一つを採用した.

13) この項目は,「効率よく仕事を終わらせてもほかの人の仕事をまわされる」と同じ因子として抽出されたが,信頼性係数が 0.549 と低いため,因子負荷量の高い項目一つを採用した.

14) 日本ではいずれの項目も「あてはまる」という肯定的な回答をする傾向が低く「どちらかというとあてはまる」,「どちらともいえない」という中立に近い回答に集中する傾向があり,国によって対象者の回答傾向に違いがある可能性があるため,平均値を国の間で比較するのは慎重であるべきと考える.

15) 日本において,分析対象のサンプル数が,個人の有効回答数の 10,069 と比べると減少する.これは,本章の分析では個人データと企業データのマッチングデータを利用しており,マッチングできたデータが 8,779 サンプルとなり,さらに制度導入などの無回答があるためにすべての変数がそろっている対象が少なくなっているためである.イギリス,ドイツは,企業データとのマッチングデータではなく,またweb 調査の際に無回答をできる限り排除するように設計したためにサンプルの脱落がほとんどない.

16) 過剰就業の実証分析の先行研究として,原・佐藤 [2008],山口 [2009] があるが,いずれの研究も,主として本人の労働時間や個人属性に着目した分析となっており,企業の制度・施策や職場の状況についての要因分析は行われていない.

17) 本書の第 2 章で掘り下げているように,日本では従業員の意思ではなく需要側の要因で長時間労働になる傾向がイギリス,ドイツよりも強いことを示唆しているといえる.

18) 「本人年収」は回答状況が悪く,海外のデータで本人年収の変数を含めるとサンプル数が大幅に減少するため,本人年収は日本の推計のみで使用している.

19) 「職場の部門」は,「人事・総務・経理・広報」,「企画・調査」,「研究・開発・設計」,「情報処理」,「営業」,「販売・サービス」,「建設,生産,運輸など」,「その他」の 8 部門のダミー変数である.

20) 「職場のサイズ(職場の人数)」は,所属する職場における正社員とそれ以外の社員(派遣社員や請負社員を含む)を合わせた全体の人数を尋ねており,「4 人以下」,「5〜9 人」,「10〜19 人」,「20〜29 人」,「30 人以上」の 5 区分のダミー変数である.ただし,職場サイズはイギリス,ドイツでは尋ねていないため,日本のみ変数として投入している.

21) ここでは,「労働時間の長さ」と「過剰就業意識」はマイナスの符号の場合,WLB 実現の視点からはポジティブに評価できる.

参考文献

Allen,T.D. [2001] "Family-Supportive Work Environments : The Role of Organizational Perceptions,"*Journal of Vocational Behavior*, Vol.58, pp.414-435.
Blair-Loy, M. and Wharton, A.S. [2002] " Employee's Use of Work-family Policies and the Workplace Social Context," *Social Forces*, Vol.80, No.3, pp.813-845.
Friedman, S., Christensen, P. and DeGroot, J. [1998] "Work and Life : The End of the Zero-Sum Game,"*Harvard Business Review*, 76(6), pp.119-129.
Hammer, L.B., Kossek, E.E., Zimmerman, K., and Daniels, R. [2007] "Clarifying the Construct of Family-Supportive Supervisory Behaviors (FSSB) : A Multilevel Perspective," in Perrewé, P. and Ganster, D.C.(eds.), *Research in occupational stress and well-being (Vol.6) : Exploring the Work and Non-Work Interface*, Amsterdam: Elsevier Ltd, pp.171-211
Hopkins, K. [2005] "Supervisor Support and Work-life Integration : a Social Identity Perspective," in Kossek, E.E. and Lambert S.J. (Eds) , *Work and Life Integration: Organizational, Cultural, and Individual Perspectives*, Mahwah,NJ : Lawrence Erlbaum Associates , pp. 445-467.
Kossek, E.E., Lautsch, B.A. and Eaton, S. [2005] "Flexibility Enactment Theory: Implications of Flexibility Type, Control, and Boundary Management for Work-Family Effectiveness," in Kossek, E.E. and Lambert S.J. (Eds) , *Work and Life Integration: Organizational, Cultural, and Individual Perspectives*, Mahwah,NJ:Lawrence Erlbaum Associates, pp.243-261.
Kossek, E.E. and Hammer, L.B. [2008] *Family Supportive Supervisory Behaviors (FSSB) Intervention Study : Effects on Employee's Work, Family, Safety, & Health Outcomes*, National Institute for Occupational Safety and Health.
Lirio, P., Lee, M.D., Williams, M.L., Haugen,L.K., and Kossek, E.E. [2008] "The Inclusion Challenge with Reduced-Load Professionals: The Role of the Manager," *Human Resource Management*, Vol. 47, No.3, pp.443-461.
McDonald, P.K., Brown, K., and Bradley, L.M. [2005]"Explanations for the Provision-Utilisation Gap in Work-life Policy,"*Women in Management Review*,Vol.20,pp.37-55.
Ryan, A. and Kossek, E.E.[2008]"Work-Life Policy Implementation: Breaking Down or Creating Barriers to Inclusiveness?,"*Human Resource Management*,Vol.47, No.2, pp.295-310.
Scandura, T. and Lankau, M. [1997] "Relationships of Gender, Family Responsibility and Flexible Work Hours to Organizational Commitment and Job Satisfaction," *Journal of organizational Behavior*, Vol.18, pp.377-391.
Staines, G.L. and Galinsky, E. [1992] "Parental Leave and Productivity : The Supervisor's View,"in Friedman, D.E., Galinsky, E. and Plowden, V.(eds.), *Parental Leave and Productivity*, Families and Work Institute.
小倉一哉 [2007]『エンドレス・ワーカーズ——働きすぎ日本人の実像』日本経済新

聞社.

小倉一哉［2008］「日本の長時間労働――国際比較と研究課題」,『日本労働研究雑誌』No.575, pp.4-16.

佐藤厚［2008］「仕事管理と労働時間――長労働時間の発生メカニズム」,『日本労働研究雑誌』No.575, pp.27-38.

佐藤博樹［2008］「人事戦略としてのワーク・ライフ・バランス支援」, 佐藤博樹編『子育て支援シリーズ　ワーク・ライフ・バランス――仕事と子育ての両立支援』ぎょうせい, pp.3-29.

佐藤博樹・武石恵美子編［2008］『人を活かす企業が伸びる――人事戦略としてのワーク・ライフ・バランス』勁草書房.

佐藤博樹・武石恵美子［2010］『職場のワーク・ライフ・バランス』日経文庫.

武石恵美子［2006］「企業からみた両立支援策の意義――両立支援策の効果研究に関する一考察」,『日本労働研究雑誌』No.553, pp.19-33.

武石恵美子［2008］「ワーク・ライフ・バランス施策と従業員のモチベーションの関連」,『キャリアデザイン研究』Vol.4, pp.33-48.

武石恵美子・佐藤博樹［2011］「時間意識の向上のためのモデル事業と働き方改革」, 佐藤博樹・武石恵美子編『ワーク・ライフ・バランスと働き方改革』, pp.110-139.

武石恵美子［2011a］「働き方と両立支援策の利用」, 樋口美雄・府川哲夫編『ワーク・ライフ・バランスと家族形成――少子社会を変える働き方』東京大学出版会, pp.173-194.

武石恵美子［2011b］「ワーク・ライフ・バランス実現への課題――国際比較調査からの示唆」, 藤田昌久・吉川洋編著『少子高齢化の下での経済活力』日本評論社, pp.245-289.

ニッセイ基礎研究所［2003］『両立支援と企業業績との関係に関する海外文献調査研究報告書（厚生労働省委託調査）』.

ニッセイ基礎研究所［2005］『両立支援と企業業績に関する研究会報告書（厚生労働省委託調査）』.

ニッセイ基礎研究所［2006］『両立支援と企業業績に関する研究会報告書（厚生労働省委託調査）』.

原ひろみ・佐藤博樹［2008］「労働時間の現実と希望のギャップからみたワーク・ライフ・コンフリクト――ワーク・ライフ・バランスを実現するために」,『季刊家計経済研究』No.79, pp.72-79.

水町勇一郎［2010］「労働時間法制の課題と改革の方向性」, 鶴光太郎・樋口美雄・水町勇一郎編著『労働時間改革――日本の働き方をいかに変えるか』日本評論社, pp.133-143.

守島基博［2010］「労働時間, 企業経営, そして働く人」, 鶴光太郎・樋口美雄・水町勇一郎編著『労働時間改革――日本の働き方をいかに変えるか』日本評論社.

山口一男［2009］『ワークライフバランス――実証と政策提言』日本経済新聞出版社.

第Ⅱ部　国際比較分析

第6章
アメリカにおけるワーク・ライフ・バランス*)

黒澤昌子

1 はじめに

アメリカにおける女性の労働力率は1960年代に上昇しはじめ,70年代から80年代半ばまでに急増をとげた.その間,特に顕著な変化がみられたのは小さな子供をもつ女性の労働力率の上昇であり,その結果,いわゆるM字型の労働力率は80年までにほぼ消滅した.女性の社会進出が急速に進んだこの時期はまた,労働市場全体における賃金格差が急拡大した時期でもあった.そうした労働市場を背景に,管理職に占める女性比率の急増や,フルタイムで働く男女における賃金格差の急速な縮小も観察され,女性の社会進出と共に,男女共同参画も急速に進展していったといえる.

女性の社会進出が進み,共働き世帯が増加すると,そうした働き方と家庭生活との両立は多くの家計にとって困難となる.大陸ヨーロッパ諸国と異なり,労働時間や育児・介護休暇についての規制が最低限で,公的な子育て支援も手薄なアメリカでは,その後90年代に入り,労使双方に利益を与える手段として,フレックス・スケジュールをはじめとする「仕事と個人の生活(ワーク・ライフ)との調和(バランス)」を図りやすくする働き方が多くの企業において自発的に提供されはじめた.男女共同参画が進展してもなお,家庭内における育児や家事負担が偏りがちな女性の定着を高めようとしたことがそうした支援を企業が自発的に提供しはじめるきっかけになったといわれているが,企業が女性を本格的に活用していたからこそ,従業員のWLBを自発的に支援する動機が企業側にも生じたといえる.すなわち,男女共同参画の進展が,企業による自発的なWLB導入の大前提であった.人々の平均的な実労働時間は現在もなお,日本と並んで先進諸国のなかでも長く,休日も少ないが,働き方の柔軟性はとくに長時間労働の傾向が強い専門職・管理職において高まった.その後,2000

年に入り，その傾向はやや停滞してはいるが，2008年以降の経済危機を経てもなお，柔軟な働き方が提供されなくなったわけではない．

本章は，アメリカのデータおよび文献サーベイを通して，アメリカの職場における，柔軟な働き方に代表されるWLB施策の導入状況とその背景を明らかにすることを通して，わが国への示唆を導きだすことを目的とする．

まず次節では，アメリカにおけるWLBを取り巻く法制度を整理し，第3節では1960年代から，WLB支援の動きが始まった80年代後半～90年代にかけての女性の社会進出および男女共同参画の進展を概観し，その要因についての考察を加える．第4節ではアメリカ企業でWLB支援策が提供され始めた背景，およびその実態をいくつかの調査から明らかにする．第5節はアメリカの今後の展望とわが国への政策的含意について考察し，結びに代える．

2 ワーク・ライフ・バランスを取り巻く法制度および公的支援

2.1 労働時間・休業に関する法制

アメリカでの労働時間や労働条件についての規制は，1938年に制定された公正労働基準法（Fair Labor Standards Act）という連邦法が中心となっているが，そこには週40時間以上の就労について通常の1.5倍の時間外賃金を支払うという規定のほかに，労働時間および労働日数に関する規定はみられない[1]．この規定に故意に違反した場合は，1万ドル以下の罰金または6ヶ月以下の禁固，あるいはその両方が科されることになっている．連邦法とは別に，各州において独自に労働時間規制ならびに休日や休暇等の規定を設けることもでき，実際に連邦法よりも厳しい時間外賃金の支払いを義務付ける州や，特定の職種において強制的時間外労働の禁止を義務付ける州などもみられ，それらの州法と連邦法とが重畳的に適用されている．

育児・介護等の休暇については，従業員50人以上の事業所を対象として，その企業に12ヶ月以上継続して年間1,250時間以上勤務した従業員に対し，出産，育児，介護，病気を理由とした年間最長12週間の全日休暇の取得を定めた家族・医療休暇法（Family and Medical Leave Act, 1993年）がある．この法律では権利行使に対する干渉，抑圧，拒否，不利益取扱いを禁止しているが，休暇中の所得保障はない．出産をほかの障害と同等に扱うことを規定する妊娠差別禁止法（Pregnancy Discrimination Act, 1978年）によって，短期的障害給

付プログラムのある企業であれば，妊娠・出産において就業不能となる期間には，一般的な障害と同様の扱いで，休業に対する給付を得ることができるが，夫婦共にそうしたプログラムのない企業に勤務している場合，休業中に何らかの所得補填が必要であれば有給休暇や病気休暇制度を活用するしかないのが現状である[2]．家族・医療休暇法についても，同一企業に勤務する場合には夫婦合わせて12週間しか取得できないことや，介護休暇の適用が「重病（seriously ill）」の場合に限定されること（前田 [2000]），ならびに小規模企業で働いている人々や，勤続年数1年未満の人々は対象外なので，実質的には民間部門における就労者の47%程度しか対象になっていない（Waldfogel [2001]）などの問題点も指摘されている．

2.2 子育て支援

アメリカの公的育児支援は限定的であり，子育て世帯に対しては扶養家族の数に応じた所得控除，および17歳未満の子供の数に応じた児童税額控除（Child Tax Credit）と13歳未満の子供についての保育費用の税額控除（Child and Dependent Care Credit）という税制上の優遇措置が中心である（白波瀬 [2007]）．そのほか特に低所得者層には，連邦政府から州政府が受けたブロック型給付（Temporary Assistance to Needy Families や Child Care and Development Block Grant, Social Services Block Grant など）を用いた保育支援が行われている．各州に裁量が委ねられているので，その形態は低所得世帯の保育料を保育園に対して補填する方法から低所得世帯への保育バウチャーの提供，保育園の質を高めるための補助金などまで多岐にわたる（Blau, et al. [2006]）．一方，事業者に対しては事業所内保育園設立・拡大・修理・運営費用に対する租税優遇措置（Child Care Investment Credit）がある．

このように，アメリカの公的な子育て支援は低所得者層を対象とした限定的なものであり，保育は市場で提供されるさまざまな民間の主体が担っているのが現状である．それにもかかわらず，アメリカの出生率（合計特殊出生率）は高く，2000年以降，2.0から2.1のあいだで推移している．世帯所得の階層別にみると，2万ドル未満で2.21であるのに対し，10万ドル以上で1.84と差はあるものの，高所得層においても日本を上回る数値となっている（これは2008年時点で40〜44歳における完結出生率[3]）．学歴別にみると，高卒未満で2.45, 高卒で1.97, 準学士で1.92, 学士（大卒）で1.70, 大学院卒で1.61である．

3 アメリカにおける女性の社会進出と男女共同参画の進展

アメリカにおける WLB の動きは 1980 年代後半に始まったとされるが，その時点までに，労働市場での男女共同参画はすでにかなり進展していた．このことは，企業が自発的に WLB 支援を導入する大前提であったことから，以下，その経緯を概観することにしたい．

まず，女性の社会進出の度合いを生産年齢人口に占める就業率の推移からみたものが図 1 である．この図から，女性の就業率は 60 年代から上昇しはじめ，とくに 70 年代半ばから 80 年代半ばにかけて急増し，90 年代以降はそれほど変化していないことがわかる．その間，とりわけ顕著な変化は，小さな子供をもつ女性の労働力参加の増加であり，その結果，いわゆる M 字型の労働力率は 80 年までにほぼ消滅した（図 2）．特に，末子が 6 歳未満の女性に占める年間を通してフルタイムで働いた者の比率は 1970 年にわずか 9.6％，75 年にも 11.9％であったものが，80 年代以降急増し，90 年には 28.0％，92 年には 30.6％に達している（Hayghe and Bianchi [1994]）．

さらにアメリカの場合，大変興味深い観察事実は，この女性の社会進出が急速に進展した時期に，管理職に占める女性比率の急増や男女間賃金格差の急速な縮小が起こり，男女共同参画が急速に進展したという点である．図 3 は管理職に占める女性比率をみたものであるが，1985 年の時点ですでに 35.6％の管理職（executive, administrative, managerial）が女性であり，その数値は，最近の北欧諸国に比べても高い．アメリカでのこの比率が 1970 年時点で 18.5％，1980 年時点で 30.5％であったことを鑑みると，女性の責任あるポジションへの進出は 70 年代半ばから急速に進んだことがわかる．

一方，フルタイムで働いている男女の賃金（週当たり）の中位数を比較すると，80 年には女性が男性の 64.2％であったものが，1980 年代に入ってから急速に上昇し，93 年には 77％にまで達している．その後 90 年代に格差縮小の傾向が鈍化，2000 年代前半には若干進展したが（2005 年には 81.0％），後半にまた鈍化しており，国際的にみれば，北欧諸国やフランスよりも格差は依然として大きいが，そもそも労働市場全体における所得格差の大きい国であることを考えれば，アメリカの男女間賃金格差はそれほど大きいとはいえない（Evans [2002]）．最近は同一職業であれば，男女間の賃金格差はほとんど見られないという研究

第6章 アメリカにおけるワーク・ライフ・バランス　　189

図1　女性就業率の推移（生産年齢人口に占める就業率）

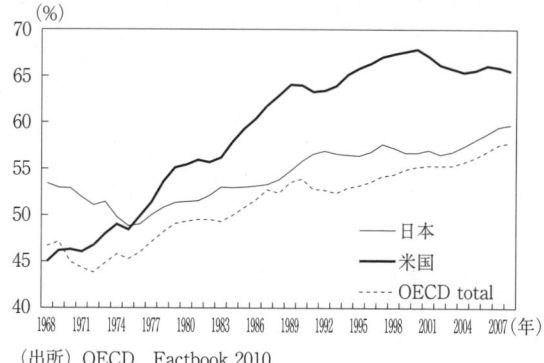

（出所）OECD, Factbook 2010.
（注）15-64歳（アメリカは16-64歳）に占める就業率．

図2　アメリカにおける女性の年齢階級別労働力率の推移

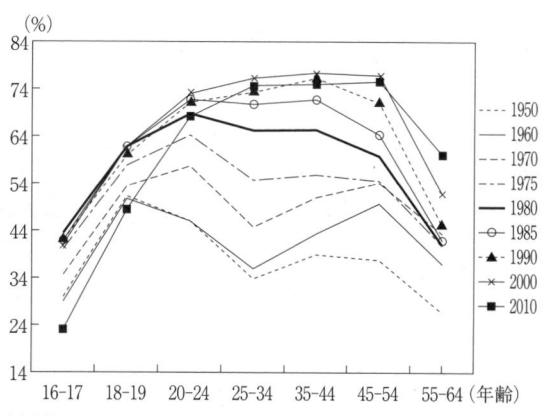

（出所）CPS, Labor Force Statistics from the Current Population Survey.
（注）季節調整された四半期データの年平均値．

もある（O'Neil [2003]）．

　こうした男女間格差縮小の主たる要因として，Blau, et al. [2006] は，女性の高学歴化や就労経験の増加といった労働供給側の要因と，男女差別の減少という需要側の要因[4]，そして女性労働者における能力構成の変化を挙げている．そうした変化の引き金となったのは，スキル偏向型技術進歩やグローバル化等によってもたらされた，高スキル労働者に対する需要シフトという環境の変化

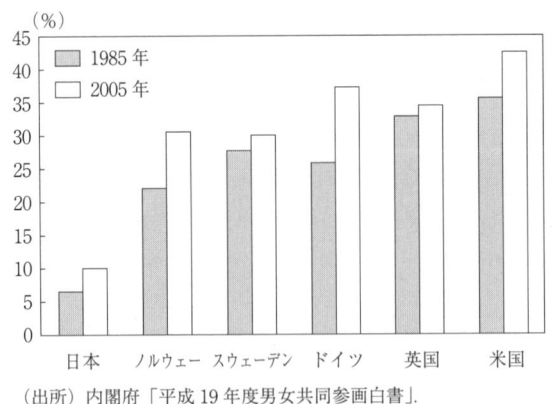

図3 管理職に占める女性比率の国際比較

(出所) 内閣府「平成19年度男女共同参画白書」．

である[5]．この需要シフトは，男性だけでなく女性においても賃金格差の増大をもたらし，修学や就業経験の蓄積のといった人的投資の期待収益を高めていった．このことは一方で，女性の高学歴化を促進し，他方で，能力の高い女性が非労働力化することの機会費用を高めた．その結果，以前より多くの能力の高い女性が労働市場に参入し，おそらくその多くがフルタイムとしての働き方を継続し，以前より多くの人的投資を自分自身が，そして企業もが行い，それがフルタイムで働く男女における賃金格差の一層の縮小につながったと考えられる（Mulligan and Rubinstein [2008]）．この傾向は，少なくとも90年代半ばまで続いており，実際，この期間における女性のフルタイム就業者の増大は，学歴の高い女性で高い傾向がみられる[6]．女性が積極的に人的投資を行うほど，女性の離職率は実際に低下し，雇用主の偏見や統計的差別の余地を減らすことになる一方で，男女差別が減少するほど，女性が自分に対する人的投資を行う動機も高まる．すなわち，供給側と需要側の要因は，互いにフィードバックし合いながら男女格差のより一層の縮小をもたらしたといえる[7]．

このように，アメリカでは企業によるWLB支援の導入が始められた時期において，すでに女性の本格的な活用が職場に浸透していた．すなわち，男女共同参画の進展が，企業が自発的にWLB支援を始める大前提であったといえる．

4 企業におけるワーク・ライフ・バランス支援の実態

4.1 ワーク・ライフ・バランス支援への取組の社会的・経済的背景

　前述のように，政府による関与が十分ではない状況で，アメリカにおけるWLB支援は，福利厚生の一環として企業と労働者の決断に委ねられているのが現状であり，現時点でも欧州諸国と比較してその導入状況は必ずしも高水準とはいえない．しかしながら，1980年代後半以降，従業員のみならず企業業績にもよい影響を与える手段として，柔軟な働き方をはじめとするWLBを支援する諸制度や取組を自主的に導入する企業が増え，その約10年後にその導入が本格化したといわれている（Galinsky, et al. [1991]）．

　その流れは，育児と就業の両立という困難に直面している女性への支援という形ではじまったとされる（Casner-Lotto [2000]）．前節で示したように，アメリカでは女性の就業率の高まりと共に，女性の本格的な活用も進展し，責任のあるポストで働く女性の数も増加したが，だからこそ，そうした女性従業員の離職が企業にとって高いコストのかかる問題として表面化したといえる．職場での男女共同参画が進展してもなお，家庭内における育児負担は女性に偏りがちであり，離職理由を調査すると，決まってその筆頭にあげられたのが家庭生活との両立の難しさであったため，それを受けてワークとライフの調和を支援しはじめた企業が多いという．当初の支援策は，主に女性に対してその育児（家庭生活）を支援するものが多かったが，その後の就業形態や家族形態の多様化に伴い，次第に女性の介護や育児支援という家族生活（ファミリー・ライフ）と仕事（ワーク）との調和を図る支援から，男性も含めた社員全員のより広範な個人の生活（ライフ）と仕事（ワーク）との調和を図る支援へと発展していった（パク [2002]）．

　ワークとライフとをバランスさせることへの関心が，労働者のみならず企業においても高まっていった背景には，もう一つ，90年代初頭から始まった長期にわたる景気の拡大が労働市場を売り手市場にし，それが仕事と家庭生活との調和を図る制度の導入を促進したことが挙げられる．しかも景気の拡大が続くなかで，激化し続けるグローバル競争は職場を常にリストラや買収の危機にさらし，人員は合理化で切り詰められ，1人当たりの抱える仕事量は増える傾向さえみられた．こうした職場環境の変化が労働者に過剰なストレスを与えは

じめたことも，人々が私生活と仕事とのバランスに興味を持ちはじめた一つの要因であろう (Galinsky, et al. [2005])．また，経済活動のグローバル化が24/7，すなわち1日24時間，1週間7日間，いつでも労働力を要求する傾向を強めた一方で，携帯電話や電子メールなどのIT化の進展が，どこにいても働くことを可能にしてきた状況も，働く場所や時間を選択できるということの需要側・供給側双方にとっての重要性を高めた大きな要因であることに間違いない．

　90年代に入ると，残業を強いられるとストレスの水準や飲酒量，欠勤が有意に増加するという研究 (Institute for Workplace Studies [1999]) や，仕事がきつくなると職場外の生活に問題をきたし，ひいては仕事上の効率をも低下させるといった研究 (Bond et al. [1998]) など，ワークとライフのバランスがとれないこと (WLコンフリクト) が職場での生産性にマイナスの影響を与えることを明らかにした研究が相次いで発表された．これらはみな，企業によるワーク・ライフの融和への取組が，業績の改善につながる可能性を示唆するものであった．

　そのほか，アメリカの就業者を取り巻く家族形態や就業形態の多様化，ならびに価値観の変化の影響も大きい．たとえば18歳以上の給与所得者 (wage and salaried workers) を対象とした全米規模の面接調査，National Study of the Changing Workforce (NSCW) によると，既婚雇用者のうち，配偶者も雇用者として働いている比率は1977年から97年の20年間で66%から78%に増加したという．18歳未満の子供をもつ男性雇用者に限定しても，その配偶者の雇用者比率は20年間で49%から67%に増えている．また，97年時点では，子供をもつ雇用者の約5人に1人が独身であり，その27%が男性であるという (Bond et al [1998])．こうした家庭環境の変化，ならびにベビーブーム世代が介護と仕事の両立を余儀なくされる年齢に突入しはじめたことなどは，女性のみならず男性のWLBに対する意識を高め，それが企業におけるWLBを図る支援への取組を促進したといえる．

　人々の仕事と家庭生活に対する価値観については，2000年に実施されたラドクリフ公共政策センターによるインタビュー調査に興味深い結果が示されている (Radcliff Public Policy Center [2000]) [8]．「あなたの仕事に関する以下の特徴について，その重要度を3段階に評価してください」という設問の回答において，最高点の比率が最も多かったのは「家族と過ごす時間を融通できる仕事スケジュール (Having a work schedule which allows me to spend time with my family)」および「同僚との人間関係が良好 (Having a good relationship with co-workers)」であり (いずれも 79%),「高賃金 (Earning a high salary)」(37%) や「高い地位や名声 (Having high job prestige or status)」(23%) などは人々が最も重要視しない項目であった[9]. しかも「家族と過ごす時間が融通できる」を最も重要であるとした比率は 40～64 歳の男性では 67~68%であったのに対して, 40 歳未満では男女共に 82～83%と高く, 仕事一辺倒で仕事のために家族との時間を犠牲にすることをいとわない人々が若い世代になるほど減っていることを示唆する結果となっている.

人々の WLB ニーズの高まりと企業での導入事例の増加を受け, 90 年代も後半に入ると, 職場での WLB 支援が従業員ならびに企業経営に与える影響を分析した研究結果が次々に発表されはじめた. 多くの研究において, 欠勤や離職 (Dalton and Mesch [1990]), 従業員満足度やコミットメント (Scandura and Lankau [1997]), 生産性 (Konrad and Mangel [2000]) へ概ねプラスの影響を与えることが示されている. 特に最近の研究の多くは, WLB 支援が組織内の他の制度や慣習に対して整合的に企業戦略の一環として組み込まれなければ企業経営にプラスの効果をもたらすことはできないことを明らかにしている. たとえば従業員の評価が「成果」よりも「職場で費やす時間」に依存しているといった慣習があれば, そうした慣習を改め, 仕事のやり方における裁量性を高めるという WLB 戦略の方向性と従業員評価の方法とに一貫性をもたせることが不可欠であるという (Casner-Lotto [2000]). WLB 支援策自体が企業業績を高めるとは限らないが, 優れた人的資源管理を行っている企業ほど WLB 支援策が充実しているといった分析結果や (Bloom, Kretschmer, and Reenen [2006]), WLB 支援策を包括的に導入した方が企業業績の向上に有効であることを示した分析結果 (Perry-Smith and Blum [2000]) などはみな, WLB 支援策とほかの人的資源管理策を含めた企業戦略とが互いに補完的に企業業績の向上に関連していることを示唆する研究となっている.

4.2 人々の働き方の実態

では実際に, アメリカにおける人々の働き方は, どのように変化してきたのであろうか. 企業による WLB 支援が始まったのは 80 年代後半といわれているが, 最近になっても就業者の平均年間総実労働時間は 1778 時間 (2010 年) で, 1733 時間の日本 (2010 年) と並び, ほかの欧州諸国と比べても労働時間の最

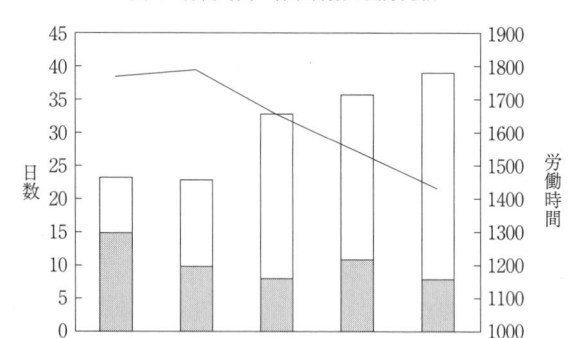

図4 労働時間・休暇日数の国際比較

（出所）OECD、Factbook 2010.
（注）年間労働時間は 2008 年時データ．そのほかのデータは内閣府「平成 19 年男女共同参画白書」．日本の値は「就労条件総合調査」．有給休暇日数は、日本のものは取得日数、ほかは付与日数．

も長い国のひとつである[10]（図4）．しかも日本では 1980 年代前半から時短の傾向が続いているが，アメリカでは 70 年代後半以降ほとんど変化がみられない[11]．

週休日以外の年間休日日数についてみると，日本では休日が多いのに対して（日本は 15 日，アメリカは 10 日），アメリカでは有給休暇が多い（日本は 8.4 日，アメリカは 13 日）という若干の違いはみられるが[12]，いずれにせよ，法定年間最低有給休暇日数として 30 日が付与されているフランスや 24 日付与されているドイツ，4 労働週が付与されているイギリスなどと比較すると，アメリカはいまだに日本と並んで先進国のなかでも最も休日日数の少ない国であることがわかる．

また，週 49 時間以上働く長時間雇用者比率をみても，男性が 39.2%，女性が 13.0%（2004 年）という日本や，男性が 33.5%，女性が 13.1%（2003 年）という英国よりは少ないが[13]，アメリカでは男性 23.5%，女性 10.2%（2004 年）と大陸ヨーロッパ諸国に比べると飛びぬけて高く，しかもその比率は景気変動にもかかわらず，90 年代以降，ほとんど変化していない[14]．他方，通常週 35 時間未満働く雇用者（パートタイム）比率をみても，1970 年代から男女共にほとんど変化がみられない[15]．働く延べ時間でみる限り，アメリカ就業者の労働

図5 アメリカにおけるフルタイム給与取得者に占めるフレックス・スケジュール適用者比率の推移

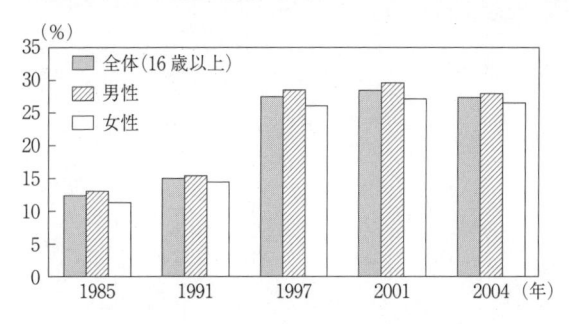

(出所) CPS, Work Schedules and Work at Home Survey, 1985, 91, 97, 01, 04.

時間は，企業による WLB 支援が活発になってからもそれほど変わっていないという実態が窺われる．

しかしながら，働き方の柔軟性という観点からみると，顕著な変化が90年代に見られる．図5は，代表的な全米規模の労働力調査である CPS（Current Population Survey）において，「働き始める時間や終わる時間を，自分で選ぶことができるかどうか（以下，フレックスと呼ぶ）」という問いに対し，「できる」と答えた給与所得者（wage and salary workers）の比率（フレックス適用者比率）の推移を示したものである．それによると，明らかに90年代初頭から終わりまでの間にそうした比率が大きく増加していることがわかる[16]．

BLS（労働統計局）によって別途調査された Employee Benefits Survey によると，正式な制度としてフレックスが規定されている職場は94年から97年のいずれの時点においても6%に満たないことから，CPS に基づくこれらの比率は，制度の有無にかかわらず，実質的にフレックスが可能かどうかの比率を示しているといえる．その後の CPS では，フレックスが可能であると回答した者について，それが職場の正式なフレックス制度によるものかどうかも聞いているが，その比率は例えば2004年においても，フレックス適用者のわずか38.8%に過ぎない．

フレックスはどういった労働者にとって利用可能な働き方になっているのであろうか．図6によると，フレックス適用の拡大は，25歳以上で大きく，とくに65歳以上で高いことがわかる．また，男女を比較すると，若いうちは女性の方が若干高いが，年齢を重ねるにつれ，男性で高まる傾向がみられる．6

図6　アメリカにおけるフルタイム給与取得者に占めるフレックス・スケジュール適用者比率：男女別、年齢階級別

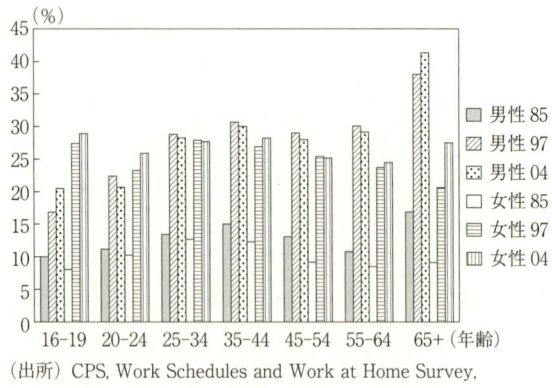

(出所) CPS, Work Schedules and Work at Home Survey, 1985, 97, 04.

図7　アメリカにおけるフルタイム給与取得者に占めるフレックス・スケジュール適用者比率：男女別、職業別、2004年

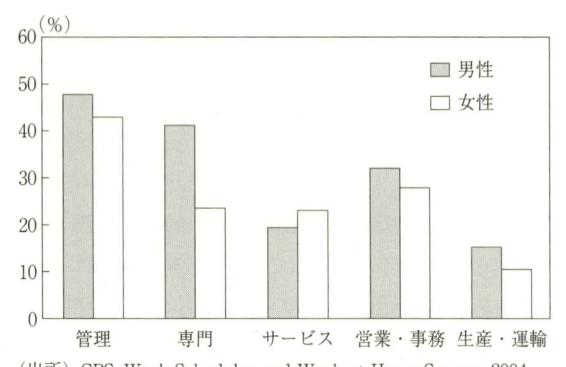

(出所) CPS, Work Schedules and Work at Home Survey, 2004.

歳以下の子供をもつ男女で比較しても，男性の方が若干フレックス適用比率は高く（男性30.2％，女性26.4％，2004年），18歳以下の子供がいない男女（両方ともに27.1％）とそれほど変わりがない．また，職業別にみると，管理職で最も高く，次いで専門職，営業・事務と続いている[17]（図7）．管理職では男女間でフレックス適用比率にそれほどの違いがないが，専門職では男性の方がかなり高い．学歴別にみると，高学歴ほどフレックス適用者比率が高いが，とくに

表1 給与取得者に占めるフレックス・スケジュール適用者比率
(パートタイム, フルタイムを含む)(男女計, 1997年)

通常の週労働時間	%
1-20 時間	62.2
21-34 時間	45.0
35-39 時間	33.2
40 時間	22.7
41-49 時間	33.3
50 時間 or more	52.2

(出所) CPS, Golden [2001].

大卒において, 女性より男性におけるフレックス適用比率が高くなっている (約10%ポイント).

さらに興味深いのは, フレックス適用者比率を通常の実労働時間別にみると, 短時間労働者と, 週に50時間以上働いている長時間労働者という両極端において高くなっている点である (表1). フルタイム雇用者のみに限定すると, フレックス適用者の方が, 非適用者に比べて週の平均実労働時間は約3.4時間長く, フルタイム雇用者のなかでは, 長時間働かなければフレックスという働き方が適用されにくくなっている (Golden [2001]). 同研究ではCPSの個票データを用いて, フレックス適用確率を重回帰分析で推計しているが, それによると, 管理・専門職, 営業職であることや, 高い年齢, 高学歴, 白人, そして一方ではパート労働者, 他方では長時間労働者においてフレックス適用確率が高いという. Caputo [2000] においても同様の傾向が示されており, 柔軟に働くことができるのは一方でパートタイム労働者, 他方で長時間働いている管理職・専門職, 高学歴という, 二極化の実態が浮かび上がる. 小さな子供の有無による違いはなく, 女性より男性に適用率が高い観察事実をみる限り, 少なくともフレックスについてはニーズに合わせて提供されているわけではないことが窺われる.

そのほか, CPSでは少なくとも週に1度は在宅で働いている労働者の比率 (有給) を調査しているが, そちらについては, 男性より若干女性の比率が高く, フレックスのように, 高学歴, 管理・専門職に偏っている状況は見られない[18].

4.3 職場におけるワーク・ライフ・バランス支援の実態

職場における WLB 支援には, フレックスや在宅就労以外にも, さまざまな方法が存在する. 以下ではその実態を全米規模の代表的な調査に基づいて概観

しよう．ここで用いるのは，Families and Work Institute（FWI）という WLB や若年・幼年に関する調査研究を行う NPO 団体によって行われた，National Study of Employers（企業が対象，以下 NSE），および National Study of the Changing Workforce（従業員が対象，以下 NSCW）という調査である．

4.3.1 企業調査（NSE）

職場における WLB 支援の実態をみるうえで代表的な企業調査である NSE は，2005 年と 2008 年に従業員 50 人以上の企業に対して実施されている．FWI は 1998 年にも従業員 100 人以上の企業に対して，WLB 支援に関する調査を行っているため（Business Work-Life Study，BWLS），100 人以上の企業については，98 年からの比較が可能である[19]．以下はその結果がまとめられた Galinsky *et al.* [2008] に基づく．

この調査は，制度の有無ではなく，従業員が「……できるかどうか[20]」を調べていることから，職場における WLB 支援の実態をより正確に把握することができるという特徴がある．とくに中小企業では制度化・明文化が大企業ほど進んでいないが，柔軟な働き方が実質的に可能なケースも多い．なお，2008 年調査は前年の 4 月から 8 月にかけて実施されたものであるから，リーマン・ショックよりも前の状況を示している．

同調査では，企業の提供する WLB 支援の主たる柱である「柔軟な働き方」を六つのカテゴリに分けて調査している．一つめは時間と場所の柔軟性を与えるものであり，その代表的なものが「フレックス」で，これはある時間帯について始業と終業時間を定期的に変えられるというものである．「フレックス（日々）」は，そうした変更を毎日できる場合を指す．このカテゴリには，ほかに在宅勤務や，たとえば 1 日 8 時間週 5 日働く代わりに，1 日 10 時間週 4 日働くといった集約勤務が含まれる．次のカテゴリは時間管理についての裁量であり，ここにはシフトや残業時間について従業員に選択の余地があるかどうかが含まれる．三つめのカテゴリは時短の可能性である．たとえばフルタイムからパートタイムに移行し，しばらくしてから以前と同じフルタイムのポジションに戻れるかどうか，ジョブシェアリングができるかどうか，短期間就労（たとえば年に数ヶ月働くなど）ができるかどうかが含まれる．四つめは休暇に関するカテゴリで，出産あるいは養子縁組後すぐにフルタイム勤務に戻るのではなく，段階的な復帰が可能かどうかや，平日に有給休暇が取得できるかどうか，

第6章　アメリカにおけるワーク・ライフ・バランス

表2　柔軟な働き方の普及状況（NSE2008年，NSCW2008年）

(%)	NSE（企業比率）		NSCW（従業員比率）
	何人かの従業員に[(1)]	ほとんど全部の従業員に[(2)]	各項目が適用可能な従業員比率[(3)]
flex time and place			
フレックス	79	37	44（34.8）
フレックス（日々）	32	10	
集約勤務（compressed work week）	38	8	35（16）
在宅就労（時々）	50	3	16（10.4）[(4)]
在宅就労（常時）	23	1	（3）[(5)]
choices in managing time（has control over ～）			
シフト	38	16	
残業時間	27	13	
reduced time			
フルとパートの間の異動（同一ポジション）	41	13	
ジョブシェアリング	29	8	
短期間勤務	27	11	26[(6)]
caregiving leaves			
出産・養子縁組直後就労への復帰段階的	77	57	
time off			
平日有給休暇	73	45	
use a compensatory time-off program	36	18	
flex careers			
段階的引退への時短	53	25	
サバティカル（同等の仕事に戻る保障付き）	38	21	
教育訓練休暇（paid/unpaid）	74	40	

（出所）(1)～(2)欄についてはNSEの2008年調査より（Galinsky et al. [2008]）．50人以上規模の企業に占める比率．
　　　(3)欄はNSCWの2008年調査より，給与所得者サンプルに占める比率．カッコ外は各項目を利用可能な従業員比率，カッコ内は各項目を実際に利用した従業員比率．
（注）(4)少しでも在宅で働くことができる比率，カッコ内は実際に少しでも在宅で働いた従業員比率．
　　　(5)主に在宅で働いた従業員比率．
　　　(6)実際に短期間勤務をした人ならびにしようと思えば可能な人を合わせた従業員比率．

残業代をもらう代わりに休暇を取得できるかどうか（compensatory time-off program）などが含まれる．最後のカテゴリはキャリアの柔軟性に関するもので，段階的引退プロセスの一貫として時短，サバティカル休暇の取得（同等の仕事に戻る保障つき），教育訓練休暇の取得（有給・無給を問わない）についての可能性である．

　表2の(1)～(2)欄は，50人以上規模の企業において，各項目の働き方を，「何人かの従業員」に，あるいは「ほとんど全員」に提供している企業の比率をそれぞれ示したものである．興味深いのは，「何人かの従業員」に限定すれば，

フレックスや段階的な出産後復帰，平日の有給休暇から教育訓練休暇に至るまでが，70%強の企業で提供されているが，それらの項目でさえも，「ほとんど全員」にとなると，提供する企業比率がその半分程度に減ってしまう点である．とくに，フレックスや在宅就労，教育訓練休暇については，特定の従業員になら提供するが，ほとんどの従業員には提供しないという企業が約40%にのぼる．

Galinsky et al. [2008] は，これらの項目から柔軟な働き方の統合指標を作り，その値が大きい企業の属性として，金融・保険・不動産や専門サービスなどの頭脳労働者の多い業種，女性従業員比率が50%以上，組合がない，女性あるいは少数派（人種）がトップ（CEO，取締役，あるいはそうした人たちを直接的上司とする人々）にいることを挙げている．

さらに興味深い観察事実は，表2に挙げられた項目すべてについて，「ほとんど全員」に提供している企業比率に，従業員1,000人以上の大企業と100人未満の小規模企業において統計的な差がないことである[21]．2005年調査では，むしろ小規模企業における比率の方が統計的にも有意に高い項目が半数程度あった．この状況は，我が国とは大きく異なる．

なお，時系列的な比較は100人以上規模の企業に限定されるが，1998年以降，これら柔軟な働き方の提供状況はほとんど変化していない[22]．それどころか，急激な景気の冷え込みが起きた2008年後半以降も，スケジュールや働く場所の柔軟性を高める選択肢を減らしたと回答した企業はわずか6%に過ぎず，13%の企業では，むしろ時短や在宅勤務を労働コスト削減手段として今まで以上に活用している様子が示されている（Galinsky and Bond [2010]）．

NSE調査では，企業の提供するWLB支援策として，これらの項目以外に，産休や子育ておよび介護支援に関する項目についても調べているが，それらについては大企業の方が実施率の高い項目が多い（表3）．とはいえ，最も実施率の高い子育て支援情報提供や紹介のサービスについても，1,000人以上企業で57%，99人以下企業で30%，事業所内・近辺保育施設にしても提供している企業比率は全体で9%，保育費用補助・保育バウチャーは5%と実施率はおしなべて低い．産休中の何らかの給付については，それを提供している企業の80%が短期的障害保険を適用しており，そうした制度があるのは大企業の方が多いことから，大企業での比率が高くなっている．

表3 子育て・介護支援実施状況（NSE, 2008年）

	全企業	99人以下企業	1000人以上企業
12週間以上の産休	85	79	82
産休中の給付あり（母親）	52	48	76***
産休中の給付あり（父親）	16	17	17
子育て支援情報提供・紹介	35	30	57***
保育費用所得控除適用（DCAP）	46	37	76***
事業所内・近辺保育施設提供	9	7	21***
保育バウチャー・保育費用補助	5	5	13**
残業時間分の保育費用負担	3	2	4
出張中保育費用負担	6	6	5
介護支援情報提供・紹介	31	24	53***
介護費用所得控除適用（DCAP）	23	17	45***
介護バウチャー・介護費用補助	1	1	3**
介護休暇（解雇されずに）	75	75	72
介護費用補助	7	6	11
残業時間分の介護費用負担	1	1	0
出張中介護費用負担	4	5	2

（出所）NSEの2008年調査より（Galinsky et al. [2008]）．企業比率．
（注）*，**，*** はそれぞれ10%，5%，1%の有意水準で企業規模による実施率に違いが認められることを示す．

4.3.2　従業員調査（NSCW）

　前節の実態が企業調査に基づくものであったのに対し，NSCWは従業員の立場から職場で提供されているWLB支援の実態を全米規模で調べた代表的な調査である．これもFWIによって1992年以来，何回か継続的に実施されており，直近の調査は2007年11月から08年4月にかけて実施された2008年調査である．この調査自体は調査時点に自営業あるいは雇用者として就労していた人々が対象であるが，そのなかでも給与所得者（wage and salary workers）における柔軟な働き方の規定要因を検証したTang and Wadsworth [2010] に基づき，NSEで調査されたいくつかの項目について，それが利用可能な従業員比率と実際に利用した従業員比率（カッコ内）を示したものが表2の（3）欄である．

　従業員側からみると，フレックスは44%の従業員が利用でき，集約勤務は35%，時々でも在宅で勤務できるとしているのは16%である．Tang and Wadsworth [2010] によると，フレックス，集約勤務，在宅勤務，短期間勤務などが利用できる労働者は，高学歴や管理・専門職や，非製造業職場で多いという[23]．フレックスについては，利用可能な人々（適用者）の8割が実際に利

用しているが，在宅勤務は65%，集約勤務は45%の適用者しか利用していない．

有給の病気休暇や子供等家族の病気のための有給休暇といった突発的な休暇や，事前に計画する有給休暇についても，やはり男性，高学歴，管理・専門職で利用できる確率が有意に高いという．仕事のスケジュールについて，「完全」あるいは「その多く」をコントロールできると感じる確率も，高学歴，管理職・専門職，非製造業に勤務しているほど高い．小さい子供や要介護者がある場合，柔軟な働き方へのニーズは高くなるであろうが，そうしたニーズに応じて柔軟な働き方が提供されている状況は，NSCWからもみられない．

なお，1997年以降の変化をみると，柔軟な働き方についての利用可能性に変化はないが，いずれの有給休暇についても，97年に比べて利用できる労働者は減る傾向がみられる．

4.4　企業におけるワーク・ライフ・バランス支援

以上，アメリカの職場におけるWLB支援の実態をいくつかの調査データから概観してきたが，そこから見えてくるのは，育児や介護支援，有給休暇など，直接的コストのかかるものの実施率は決して高いとはいえず，柔軟な働き方のメニューも従業員一律に提供している企業は少なく，ほとんどの職場では，一部の従業員，とりわけ管理職・専門職，高学歴といった高スキルをもつ労働者に限定して提供されているという実態である．フレックス就労はパート労働者にも多く提供されているが，休暇と柔軟な働き方がセットで提供されているのは，高スキル労働者に限定されている．

企業の自発的な選択の結果として，このような配分がもたらされたのであるから，それは企業の利潤最大化と整合的なはずである．つまり，休暇や柔軟な働き方というメニューを導入するメリットの大きな従業員が高スキル労働者であり，そうした人々に限定的に提供されていることが窺える．

それに加えて，そうしたメニューを提供するコストを，企業は賃金を低くすることである程度賄っている可能性も指摘されている (Baughman *et al.* [2003])．従業員に柔軟な働き方を許容するには，代替要員の確保などの表面的なコスト以外にも仕事の配分やコーディネーション，人事評価のやり方などをWLB戦略との整合性をもつように根本的に修正する必要があり，それにはコストがかかる．全体でみると，柔軟な働き方は賃金の高い労働者に限定的に提供されているようにも見えるが，Heywood *et al.* [2007] は，賃金の高い労

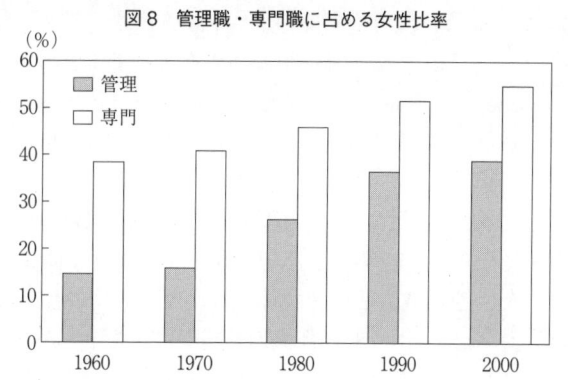

図8 管理職・専門職に占める女性比率

(出所) Dupont [2010] より．米国センサスデータ，1950年時点の職業分類に基づく構成比．

働者ほど柔軟な働き方を選ぶ傾向が強いという所得効果をコントロールすると，柔軟な働き方ができるとほかの条件が一定のもとでは賃金が低くなるというヘドニック賃金関数の推計結果を示している[24]．すなわち，企業が柔軟な働き方を高スキル労働者に限定的に提供している背景には，そうしたメニューを提供するメリットが大きいだけでなく，コストも抑えやすいという状況が推察される．

また，このようにWLB支援が高スキル労働者に限定的に提供されている状況は，高スキル女性の長時間労働を強いられる管理職・専門職への進出を促進させた可能性もある．管理職や専門職に占める女性比率は，男女間賃金格差の縮小が停滞した90年代に入ってからも若干ではあるが拡大しているし（図8），パートタイム（週34時間以下）で働いている管理職比率も若干ではあるが増加傾向にある[25]．労働時間を減らし，働き方の柔軟性を高める代わりに賃金を減らすが，仕事内容や責任などは変えない「新しい」パートタイム就労（new-concept part time work）の仕組みを，専門職を中心に提供する企業も増えており，従業員にとっては従来型のパートタイムほどキャリアを犠牲にせずWLBを図ることが可能になり，企業にとっても定着・採用，コミットメント，業績等の面でメリットのあることが示されている（Hill et al. [2004], Barnett and Hall [2001]）．寛大な育児休業制度等の積極的なWLB支援を法律や政策を通して推進している北欧諸国で性別による職域分離の度合いが高いのと対照的に（Evans [2002]），アメリカでは企業の自発的なWLB支援が職域分離の解消を

促進しているといえよう．女性が組織のトップに進出すること自体が，その組織内の男女差別を減らし，社会全体の男女格差をますます縮小させる効果も見出されている（Cohen and Huffman [2007], Cohen *et al.* [1998]）．

しかしながら最近は，管理職・専門職の女性においても，男性と同様，長時間労働の比率が上昇している．柔軟な働き方や休暇などが最も潤沢に提供されている職業であるにもかかわらず，あるいは，柔軟性が提供されているからこそ，労働量は増大し続け，結果として WL コンフリクトの高まっている可能性がある[26]．また，管理職に就いた女性のなかでも，女性比率の高い部署の管理職賃金は低く，女性はそうした部署の管理職に就く確率が高いという．このことは，女性の管理職比率が高まったとはいえ，権限の低い管理職にとどまっている女性が多い可能性を示唆している（Cohen *et al.* [2009]）．

5　おわりに

最小限ともいえる政府による関与の下で，アメリカにおける WLB 支援は福利厚生の一環として企業と労働者の決断に委ねられているのが現状であり，現時点でも欧州諸国と比較してその導入状況は必ずしも高水準とはいえない．しかしながら，従業員のみならず企業業績にもよい影響を与える手段として，柔軟な働き方をはじめとする WLB を支援する諸制度や取組を自主的に導入する企業が 1980 年代半ばから 90 年代にかけて増加した．ただし，その配分は管理職・専門職といった高スキルをもつ労働者に限定されていることが多い．

スキル偏向型技術進歩やグローバル化に代表される，高スキル労働者に対する需要シフトの下で，高い能力・スキルをもつ女性の多くがフルタイムとしての就業を継続し，以前よりも多くの人的投資を企業だけでなく自分自身が行い，低スキルの人々との格差が拡大しはじめた 80 年代以降，職場での男女共同参画は急進展した．このことは企業による労働者，特に高スキル労働者に対する WLB 支援に経済的合理性をもたらしたと同時に，WLB 支援なしでは踏み込めなかった管理職や高度専門職への女性の進出を促進した可能性もある．すなわち，高スキル労働者に限定的に提供されている WLB 支援の誘因は，男女共同参画がある程度のレベルまで進展したからこそ生じたが，WLB 支援によって男女共同参画がより一層促進された側面もある．

ただし，柔軟な働き方が提供された高学歴・高スキルの人々の長時間労働の

度合いは，近年，変わるどころか強化する傾向さえみられる．そうした状況が，キャリアを中断し，子育てに専念する高学歴・専門職の女性を増やしているとの記事が話題にもなった（Belkin [2003]）．しかし少なくとも 2000 年代半ばまでにおいて，高学歴や専門職の女性の就業率や勤続年数が同様の男性と比較しても低下していることが統計的に確認されたわけではない（Goldin [2006]）．

むしろ，最近ではアメリカにおいても男性による WLB 支援の活用が増えている．企業の WLB 支援を享受することの多い女性の方が，それだけ賃金面での犠牲を払っているであろうが，職場での男女均等・男女共同参画の進展は性別役割分業のメリットを減らすはずであり，実際にアメリカにおける男性の家事参加率は 1980 年代以降高まり続けている．NSCW によると，1992 年から 2008 年にかけて，WL コンフリクトを自覚する男性の比率が高まったと同時に，男性の家事労働負担や子供と過ごす時間は長くなったという（Galinsky, et al. [2009]）．男女計の家計・育児時間に占める男性の分担割合をみても，今や北欧諸国と引けをとらない水準になっている [27]．WLB 支援を法律や政策を通して推進してきた北欧諸国では，性別による職域分離が拡大したが，その背後にある家庭内における性別分業のあり方を，父親だけが取得できる育児休業制度の促進等を通して変えようとしているのと対照的である．家庭内の性別分業体制が崩れてゆけば，WLB は女性だけでなく，長時間労働にさらされる労働者として男女共通の問題になり，今後はより一層，労働市場においても男女間格差が縮小してゆくと考えられる．

振り返ってわが国の現状をみると，人的投資に熱心な企業ほど，実は男女間の人的投資の格差が大きく，このことは女性の能力発揮が阻害されていることを示す典型的な例であるといえよう（黒澤 [2006]）．日本が企業の自発的な選択に任せるかたちでの WLB 支援の充実を目指すのであれば，まずは企業に WLB 支援を導入する誘因をもたせる必要がある．アメリカの辿ってきた道は，そのためには日本においても女性の本格的活用を進め，均等処遇を達成することが不可欠であることを物語っている．ただし，そこへ向かうために，たとえば一層寛大な育児休業制度等を義務付けても，男女共同参画はかえって後退する可能性がある．アメリカにおいても，WLB 支援がニーズにマッチしていない状況，とりわけ低学歴・低スキルの女性に WLB 支援の手が届いていない状況を改善するという目的で同様の議論がなされているが，そうした規制強化は，結局のところ女性の技能の陳腐化を促し，企業が若い女性を統計的差別する傾

向を助長する可能性が高い（Evans [2002]）．むしろ，均等処遇を実現し，優秀な女性労働者を本格的に活用している企業が競争力をより一層発揮できるようなルールを整備することが肝要であろう．女性を本格的に活用している企業ほど，WLB 支援を導入するメリットは大きいのであるから，WLB 支援の実態についての情報開示を義務付けることなども考えられる（川口 [2008]））．長期雇用を前提とした雇用慣行が崩れるなか，WLB 支援は年功賃金に代わるインセンティブ付与の在り方としても有効な手段となりうるはずである．

　また，まだ数は多くないが，アメリカにおいても WLB 支援を一部の従業員に限定することなく提供し，企業経営の向上につなげている先駆的企業も存在する．とくに，柔軟な働き方のメニューを従業員の「ほぼ全員」に対して提供している企業比率が，財政力の弱い中小企業においても大企業と変わらないという観察事実は，一部の高スキル従業員に限定することなく柔軟な働き方を提供することが，経済合理性にかなうことの左証でもある．そうした企業におけるWLB 支援導入のノウハウ，とくに WLB 支援をいかに組織内のほかの制度や慣習に対して整合的に企業戦略の一環として組み込むかについて，ほかの企業にも広く普及させることが肝要であろう．企業における WLB 支援が企業業績に良い影響を与えるための条件についての研究をサポートし，その結果を広く公開・普及させることも重要である．こうした活動は，アメリカでは FWIや Sloan 財団などの NPO 団体が担っているが，わが国では政策的対応が望まれる．

注

*）本章執筆にあたり，武石恵美子氏，山口一男氏，矢島洋子氏，山本勲氏，黒田祥子氏をはじめ，RIETI プロジェクトチームの皆様とのディスカッションから多くの貴重なご示唆を頂いた．心より感謝申し上げる．
1）管理的（executive）・運営的（administrative）・専門的（professional）被用者，外勤セールスマン，ならびに農林水産業従事者，コンピュータ・システムアナリストなどは，時間外賃金規制の対象外となっている．
2）カリフォルニアなど，州によっては州の運営する短期的障害給付プログラムに雇用主が参加することを義務づけ、その給付を妊娠・出産時に適用できるケースもある．
3）"Fertility of American Women, 2008", *Current Population Reports*, pp.20–563.
4）ここでの男女差別の減少は，いわゆるオアハカの要因分析において，観察可能な属性の違いでは説明されない男女間格差が縮小したことから推測している．
5）ほかに国際競争の激化，組合組織率の低下などもその要因とされている（Katz

and Autor [1998]）．
6) 1969年から1997年にかけて，16歳以上の女性に占めるフルタイム就業者比率は，高卒未満では6.6%ポイント高まっただけだが，高卒では19.9%ポイント，大卒以上では18.9%ポイント高まっている．
7) MBAや医学，歯学，法学等の職業大学院学位授与者に占める女性比率の推移をみても，1970年にはそれぞれ3.6%，8.4%，0.9%，5.4%であったものが，2001年には40.6%，43.3%，38.6%，47.3%にまで拡大しており（NCES, *Trends in Educational Equity of Girls and Women*.），これも長いあいだ働き続けて教育投資に見合う収益を回収できるとする女性が増加してきたことを示唆している．
8) 本調査は，フリーボストン金融グループの支援のもとで，全米の代表的な21歳以上の1,008サンプルに対して実施されたインタビュー調査である．
9) そのほかの項目は，「自分の能力や技能を活かしてチャレンジできる（Doing work which challenges me to use my skills and abilities）」，「高い雇用保障（High level of job security）」，「地域社会や一般社会に役立つ（Doing work which helps society or my community）」である．調査時点に仕事に就いていない人に対しては，「もし今仕事に就いているとしたら」として回答を要求している．
10) 労働政策研究・研修機構［2011］．
11) 平均実労働時間をみると，日本では1983年の2,095時間から1994年には1,898時間，2009年には1,714時間と減少の一途を辿っているが，アメリカでは，1983年に1,820時間，94年に1,836時間，2009年に1,768時間とほとんど変わっていない（OECDのEmployment Outlookより）．
12) ただし，日本の年次有給休暇日数は平均取得日数であるのに対して，アメリカの数値は付与日数である．
13) 英国と日本のデータは労働政策研究・研修機構［2011］による．
14) 1979年における同比率は男性で22.1%，女性で6.5%，89年に26.5%，10.4%，95年に25.7%，10.4%となっている（CPSより）．
15) 1970年において男性雇用者の8.5%，女性雇用者の26.1%がパートタイム雇用者であった．その後80年には9.6%と26.8%，90年には10.1%と25.2%，2000年には10.1%と24.6%で，2008年でも男性は11.1%，女性は24.6%とほとんど変化はみられない（CPS, Women in labor forceより）．
16) この時期には，経済のサービス化や管理・専門職等の拡大に伴って，時間外労働に対する割増賃金適用除外となるホワイトカラーエグゼンプション対象者比率も増大している．しかし，フルタイム給与所得者に占めるホワイトカラーエグゼンプション対象者比率の推計値は，1983年から98年にかけて高い見積りでも24%から27%と（低い見積りでも17～20%），3%ポイントしか増加しておらず（GAO［1999］），それがフレックス適用者比率増大の主たる要因になっているわけではないことがわかる．このことは，管理職や専門職におけるフレックス適用者比率が85年から97年にかけて急増していることからも窺われる（管理職については，男性で20.6%から45.1%，女性で18.0%から39.2%，専門職については，男性で22.4%から47.3%，女性

で 10.8% から 24.7%).

17) より詳細な職業分類をみると，管理職，弁護士や科学者，教員などの専門職に次いで営業職で高い.

18) 在宅で週に 1 回以上仕事を行い，かつその仕事に対し，報酬が支払われる取り決めになっていると回答した比率（16 歳以上）. その比率は男性 14.7%，女性 17.8%. 大卒では 15.0%，高卒で 15.4% と学歴による差はない. 職業でみると，営業・事務で 24.1% と最も高く，次いでサービス職 20.6%，専門職は 12.2%，管理職では 16.2% である（出所は CPS, Work Schedules and Work at Home Survey, 2004. Wage and salary workers）.

19) BWLS は 1,057 サンプル，うち 84% が営利企業，16% が非営利企業である. NSE の 2008 年調査のサンプル数は 1,100 で，その 77% が営利企業，残りが非営利企業である. いずれも，企業規模による従業員構成比率に応じた層別抽出法によるランダムサンプルである.

20) 調査票では，「allows employees to~」あるいは「provides the following benefits or programs~」という聞き方をしている.

21) 2008 年調査では，compensatory time-off プログラムのみについて，100 人未満では 21%，1,000 人以上では 9% で小規模企業の方が統計的にも有意に高いことが示されている.

22) フレックスが 68 から 79% に増加したことと，フルとパート間の異動が 57 から 47% に低下したことのみ，10% の有意水準で変化が認められた.

23) しかも，短期間就労以外については，男性の方が適用率は高い.

24) ただし，これは英国のデータを利用している.

25) 男性は 2003 年に 10.6% から 2011 年に 14.1%，女性は 2003 年に 19.8% から 2011 年に 20.5% と，最近は男性においても管理職に占める短時間労働者比率の高まる傾向がみられる.

26) NSCW 調査によると，「時間に追われている（time deprivation）」と感じる労働者比率が 2002 年以降若干増加している（Tang and Wadsworth [2010]）.

27) この比率はカナダで 43.4%，オーストラリアで 39%，ノルウェーで 40.4%，スウェーデンで 37.7%，アメリカで 37%，日本では 12.5% となっている（男女共同参画局 [2005]）.

参考文献

Barmett, R. and Hall, D. [2001] "How to Use Reduced Hours to Win the War for Talent," *Organizational Dynamics*, 29, pp.192–210.

Baughman, R., Dinardi, D., and Holtz-Eakin D. [2003] "Productivity and Wage Effects of 'Family-Friendly' Fringe Benefits," *International Journal of Manpower*, 24, pp.247–59.

Belkin, Lisa [2003] "The Opt-Out Revolution," *New York Times Magazine*. October 26, Section 6, 42.

Blau, F., Ferber, M. and Winkler, A. [2006] *The Economics of Women, Men, and*

Work. New Jersey, Prentice Hall.

Bloom, Nick and Toby Kretschmer, John Van Reenen [2006].*Work Life Balance, Management Practices and Productivity*, Centre for Economic Performance.

Bond, J., E. Galinsky, J. Swanberg [1998] *The 1997 National Study of the Changing Workforce*. Families and Work Institute.

Casner-Lotto, Jill [2000] *Holding a Job, Having a Life : Strategies for Change*. A Work in America Institute, Inc.

Caputo, R. [2000] "Race and Marital History as Correlates of Women's Access to Family-Friendly Employee Benefits," *Journal of Family and Economic Issues*, vol. 21 (4), pp.365-385.

Cohen, L., Broschak, J., and Haveman, H. [1998] "And Then There Were More? The Effect of Organizational Sex Composition on the Hiring and Promotion of Managers,"*American Sociological Review*, vol. 63, pp.711-727.

Cohen P. and Huffman C. [2007] "Working for the Women? Female Managers and the Gender Wage Gap,"*American Sociological Review*, vol. 72, No.5, pp.681-704.

Cohen P., Huffman M. and Knauer, S. [2009] "Stalled Progress? Gender Segregation and Wage Inequality Among Managers, 1980-2000," *Work and Occupations*, 36 (4), PP.318-342.

Dalton, D. and Debra J. Mesch [1990] "The Impact of Flexible Scheduling on Employee Attendance and Turnover," *Administrative Science Quarterly*, No.35, pp.370-387.

Dupont, B. [2010] "Occupational Segregation from 1950 to 2000 : A View from the States," Department of Economics, Western Washington University, mimeo.

Evans J. [2002] "Work/Family Reconciliation, Gender Wage Equity and Occupational Segregation: The Role of Firms and Public Policy," *Canadian Public Policy*, vol. XXVIII, supplement 1.

Friedman, S., P. Christensen, J. Degroot [2000] "Work and Life: The End of the Zero-Sum Game." In *Harvard Review on Work and Life Balance*, Harvard Business School Press.

Galinsky, E., Aumann, K. and Bond, J. [2009] *Times Are Changing : Gender and Generation at Work and at Home*. New York: Families and Work Institute.

Galinsky, E., Bond, J., Kim, S., Backon, L., Brownfield, E. and Sakai, K. [2005] *Over Work in America: When the Way We Work Becomes Too Much*. New York: Families and Work Institute.

Galinsky, E., Bond, J., Sakai, K. [2008] *2008 National Study of Employers*, New York: Families and Work Institute.

Galinsky, E., Bond, J. [2009] *The Impact of The Recession on Employers*. New York: Families and Work Institute.

Galinsky, E., Friedman, D. A. and Hernandez, C. A. [1991] *The Corporate Reference*

Guide to Work Family Programs. New York : Families and Work Institute.
General Accounting Office [1999] *White-Collar Exemptions in the Modern Work Place.* Washington: Report to the Subcommittee on Workforce Protections, Committee on Education and the Workforce, U.S. House of Representatives.
Golden, L. [2001] "Flexible Work Schedules : What Are We Trading Off to Get Them?"*Monthly Labor Review,* March, pp.50-57.
Goldin, Claudia [2006] "The Quiet Revolution That Transformed Women's Employment, Education, and Family,"*American Economic Review,* vol. 96, No. 2, pp.1-21.
Goldman, Debbie [2000] "Today's Work and Family Issue: Curbing Abusive Mandatory Overtime." In *Holding a Job, Having a Life: Strategies for change.* A Work in America Institute, Inc.
Hayghe H. and Bianchi S. [1994] "Married Mothers' Work Patterns: the Job-Family Compromise,"*Monthly Labor Review.*
Heywood, J., Siebert, W. and Xiangdong W. [2007] "The Implicit Wage Costs of Family Friendly Work Practices," *Oxford Economic Papers,* 59, pp.275-300.
Hill, J., Martinson, V. and Ferris, M. "New-Concept Part-Time Employment as a Work-Family Adaptive Strategy for Women Professionals with Small Children," *Family Relations,* vol. 53, No. 3, pp.282-292.
Institute for Workplace Studies [1999] *Overtime and the American Worker.* Cornell University, New York State, School of Industrial and Labor Relations.
Katz, L. and D. Autor [1998] "Changes in the Wage Structure and Earnings Inequality," Harvard University, mimeo.
Konrad, A.M. and Mangel, R. [2000] "The Impact of Work-Life Programs on Firm Productivity," *Strategic Management Journal,* Vol.21, pp.1225-1237
Mulligan, C. and Rubinstein, Y. [2008] "Selection, Investment, and Women's Relative Wages Over Time," *The Quarterly Journal of Economics,* 123 (3), pp.1061-110.
O'Neill, June [2003] "The Gender Gap in Wages, circa 2000," The *American Economic Review,* vol. 93, No.2, Papers and Proceedings of the One Hundred Fifteenth Annual Meeting of the American Economic Association, pp.309-314.
Percheski C. [2008] "Opting Out? Cohort Differences in Professional Women's Employment Rates from 1960 to 2005," *American Sociological Review,* vol. 73, No.3, pp.497-517.
Perry-Smith, Jill E. and Terry C. Blum [2000] "Work-Family Human Resource Bundles and Perceived Organizational Performance,"*Academy of Management Journal,* Vol.43, No.6, pp.1107-17
Tang, C. and Wadsworth, S. M. [2010] *Time and Workplace Flexibility,* New York: Families and Work Institute.
Scandula, T. and Melenie J. Lankau [1997] "Relationship of Gender, Family, Responsibility and Flexible Work Hours to Organizational Commitment and Job

Satisfaction," *Journal of organizational Behavior*, Vol.18, pp.377-391.
The Radcliffe Public Policy Center [2000] *Life's Work : Generational Attitudes toward Work and Life Integration*. Radcliffe Public Policy Center.
Waldfogel, Jane [2001] "Family and Medical Leave : Evidence from the 2000 Surveys," *Monthly Labour Review*, 124, no.9.
川口章［2008］『ジェンダー経済格差』勁草書房．
黒澤昌子［2005］「個人の Off-JT, OJT の受講を決める要因」，『企業の行う教育訓練の効果および民間教育訓練機関活用に関する研究結果』JILPT 資料シリーズ No.13, 労働政策研究・研修機構, pp.34-55.
白波瀬佐和子［2007］「アメリカの子育て支援──高い出生率と限定的な家族政策」海外社会保障研究, Autumn, No.160, pp.99-110.
日本労働研究機構［1994］「労働時間制度の運用実態──欧米諸国の比較研究」調査研究報告書, No. 50.
労働政策研究・研修機構［2011］『データブック国際労働比較』．
パク・ジョアン・スックチャ［2002］『会社人間が会社をつぶす』朝日新聞社．
前田信彦［2000］「仕事と家庭生活の調和──日本・オランダ・アメリカの国際比較」JIL 研究双書，日本労働研究機構．
脇坂明［2002］「日本型ワークシェアリング」PHP 新書．

第7章
イギリスにおけるワーク・ライフ・バランス

矢島洋子

1 はじめに

　日本におけるワーク・ライフ・バランスの推進は，2007年に内閣府で策定された「仕事と生活の調和（ワーク・ライフ・バランス）憲章」を契機としてスタートしている．WLBの取組としては，従来から推進されていた育児休業や育児期の働き方の選択肢としての短時間勤務制度等の「両立支援策」と，育児や介護等の両立目的に限らないフレックスタイム制度や在宅勤務制度など「柔軟な働き方（以下，FW）の導入」，長時間残業の削減や有給休暇の取得促進，効率的な働き方の導入など「基本的な働き方の見直し策」などが含まれる．さらには，若者の就業機会の確保策として，失業対策や非正規問題への対応策なども含まれる．このようにWLB施策としての取組を個々にみると従来から推進されている施策であるが，こうした施策を総合的かつ強力に推進することで，日本の仕事と生活の調和（ワーク・ライフ・バランス）憲章は，働く人の「仕事と生活の調和」や「多様なライフスタイル選択」を可能とすることを目指している．

　WLB先進国として紹介される北欧諸国やフランス，オランダなどは，こうした取組を個々に進めてきた結果，「WLBをはかることが可能な社会」となっており，あえて「WLB」というパッケージで施策を推進してきたわけではない．日本の場合，先に挙げた個々の取組が進まないなかで，低水準の既婚女性の就業率や合計特殊出生率といった問題が改善せず，特に長時間労働等「基本的な働き方の見直し」の必要性が強調された結果，WLBという目的を掲げた施策をパッケージとして推進するに至った経緯がある[1]．先進各国を見渡したときに，日本に近い経緯で取組を推進しているのがイギリスである．イギリスも長時間労働という課題を抱え，子育てや介護における家庭や女性の役割が強調さ

れてきたことなどを背景として,男女雇用機会の均等を主眼とし,柔軟な働き方を可能とする WLB 施策が日本に先立つ 2000 年から推進されてきた.10 年間の取組を通じて,どのような成果が得られ,またどのような課題が残されているのだろうか.

本章では,イギリスの WLB 施策を概括し,国の取組と企業の取組の視点からその特徴と課題を整理する.さらに,施策推進の結果,国民の働き方や職場環境にどのような変化がもたらされているのかを把握するため,日本とイギリスにおいて行った個人調査のデータを用いて,両国の働き方や職場環境の特徴,柔軟な働き方を可能とする職場環境について比較分析を行う.これらの分析結果をふまえ,日本の WLB 施策推進における国と企業の取組課題を提示する.

2　イギリスにおける施策

イギリスでは,1997 年のブレア政権発足時から「個人が仕事と育児や介護の責任を両立できる労働慣行の確立」を重視するという方針が打ち出され,2000 年から「WLB 向上キャンペーン」を中心とした WLB 政策が推進されている.WLB が可能な社会を目指すという方針は,1997 年にスタートした欧州雇用戦略と 2000 年の欧州理事会で採択されたリスボン戦略で女性の就業率向上を長期目標に掲げた EU においては,加盟国共通のものである[2].スウェーデンやフランスなど,これまで「仕事と家庭生活の両立(ワーク・ファミリー・バランス)」を積極的に進めてきた国でも,子育てや介護などの家庭責任と仕事との両立に限らず,すべての人が様々な個人の生活と仕事とのバランスをはかることを目指すという意味で「WLB」という言葉を用いている.WLB のはかり方は人によって様々であり,決まった両立のかたちがあるわけではなく,同じ人であってもライフステージに応じて希望するバランスは変化する.ただし,WLB という場合でも,具体的な施策や法的対応の中心は,「仕事と子育ての両立」や子どもをもつ親にターゲットを絞っている点は,欧州各国で共通のように見受けられる.

本章でイギリスの取組に着目する理由は,先に述べたように欧州諸国のなかではイギリスが長時間労働の国であり,子育てや介護における家庭や女性の役割が強調されてきた国だったことなどから,なかなか「両立支援」が進まないなか WLB に活路を見出した点で,日本と置かれている状況が似ていることに

ある.また,企業に対するアプローチ方法も,法的規制を一部導入しながら,企業の自主的な取組を促すことに主眼を置くという手法に日本との共通性がある.

イギリスのWLB施策は,「女性のスキルアップ」を行い,ライフステージが変化するなかでも,柔軟に就業継続や再就業,管理職へのチャレンジ等ができるよう能力を高めるという視点から,教育技能省(以下,DFES)において取組がスタートした.出産・子育てを理由に女性が離職し,その後再就職する際に,元のスキルを生かせないことが,男女間の賃金ギャップの大きさの背景にあるとみられ,これを是正する一つの方策がWLBと位置づけられている.この目的については,その後も変わらないものの,2001年からは貿易産業省(以下,DTI)に移管され,企業への支援策に重点がシフトした[3].施策を推進する上で,企業の役割において「柔軟な働き方」が可能な雇用環境を整備することが重要と判断されたためである.DTIの取組では,「柔軟な働き方」は,企業・労働者・労働者の家族など,あらゆる人々にとってメリットがあるという視点に立ち,その具体的なメリットを提示することに重点を置いている.

2.1 国による施策——インタビュー調査より[4]

国による主な取組は,表1の通りである.特にWLB施策として特徴的な取組は,2000年の「WLB向上キャンペーン(以下,WLB-CP)」と,2002年雇用法で定められ2003年に施行された「フレキシブル・ワーキング法(以下,FW-Actという)」,FW-Actの対象層等を拡大させた2007年に施行された「仕事と家族法(以下,WF-Actという)」である[5].

イギリスのWLB施策推進の基本的な方針は,先に述べたように「企業の自主的な取組を促すこと」である.そのため,企業の先進事例の開発と企業のメリットの提示を目的とし,WLB-CPが実施された.チャレンジ基金を創設し,企業においてモデルコンサルティングを実施し,コンサルティングで開発した事例とその効果を成果として公表している.このように企業の自主的な取組を促すことに主眼を置く一方で,労働者への権利付与として,2003年のFW-Act施行により,6歳未満の幼児または18歳未満の障がい児を養育する雇用者に対し,雇用主に柔軟な働き方を請求する権利を認めた.「柔軟な働き方」には,表2のような働き方の選択肢の例がある.

FW-Actにおいては,雇用主は従業員の要求を受け入れる義務はないが,検

表1 イギリスにおける主なWLB関連施策[5]

1997年	「個人が仕事と育児や介護の責任を両立できる労働慣行の確立」重視方針
1998年	労働時間規制導入
	雇用審判所の設置
1999年	Sure Start Program（就学前の子育て環境整備）開始
	就業家族タックスクレジット導入
	育児休暇制度，介護休暇制度導入
2000年	パートタイム労働者の不利益取扱いの防止に関する規則制定
	ワーク・ライフ・バランス向上キャンペーン（WLB-CP）開始
	※チャレンジ基金
2002年	父親休暇の創設．出産休暇手当の引き上げ．追加的出産休暇の導入．
2003年	フレキシブル・ワーキング（Flexible Working）法施行
2004年	子育て支援10ヶ年計画策定
2007年	仕事と家族法（Work and Families Act 2006）施行

表2 イギリスにおける柔軟な働き方の例

◆短時間勤務	：フルタイムよりも短い時間で働く．1日の所定労働時間を短くする場合と，週あたり就業日数を短くする場合，両者の組み合わせなどがある．
◆年平均労働時間	：年単位での労働時間に基づく勤務時間帯の調整．
◆集約勤務	：所定労働日数よりも短い期間に集中して働く．週4日など（賃金は所定労働日数で働いた場合と同じだが，1日の所定労働時間を超えても時間外手当が支払われない）．
◆フレックスタイム	：核となる時間帯を中心に始業・終業時間を選択できる．
◆在宅勤務	：会社と自宅の双方で働くことを可能とする．フルタイムの場合も短時間の場合もある．
◆ジョブシェアリング	：1人分のフルタイムの仕事を短時間勤務の2人で担う．
◆時差勤務	：始業・終業時間をずらすことができる．
◆学期間勤務	：学校の休暇期間中に無給休暇を取ることができる．
◆交代制	：通常の所定労働時間よりも長い営業時間等に対して，複数の労働者が交代で働く．柔軟な勤務体制の導入が合意された場合，交代制手当てが不必要になる場合もある．

討して文書で回答する義務がある．DTIによれば，導入当初1年間で100万人（対象者の4分の1）が要求し80～90万人が利用した．うちおよそ1割が男性である．2007年のWF-Act施行により，対象が成人の介護責任を負う雇用者に拡大された．2007年4月のDTIのプレスリリースによれば，新たに260万人の介護者が権利を得て，以前の対象者とあわせると600万人以上が権利を得たとされる．

　イギリスで主にWLB施策として説明されているのは，WLB-CPやFW-Actだが，表1にあげたような長時間労働の是正や働き方の柔軟性を高めるために

は，様々な関連する法や制度の整備も重要である．1997年以降の法・制度で関連すると考えられるものは，1998年の労働時間規制，雇用審判所の設置（創設は1984年．この年に改正），1999年の育児休暇制度，介護休暇制度導入（いずれも無給），2000年のパートタイム労働者の不利益取扱いの防止に関する規則制定，2002年雇用法での父親休暇の創設，出産休暇手当の引き上げなどがある．また，2004年の「子育て支援10ヶ年計画」も関連が深い[6]．この計画はDFESを核として推進されているが，DFESのみならずDTIや雇用年金省（DWP）が連名で策定しており，WLB施策の一環であるという説明がなされている．方針としては，「すべての子どもに乳幼児期からできる限り最善の環境を与える」，「雇用パターンの変化に対応し，両親，特に母親が確実に職に就き，キャリアを積むことができるようにする」，「仕事と家庭生活の両立をはかるうえで，家族自身の選択を尊重する」があげられている．この「子育て支援10ヶ年計画」以前の1997年から2004年までに保育関係の予算を約3倍に増やし，保育サービスの大幅な量的拡大をはかっていたが，大規模な政策評価を実施した結果,「保育サービスの柔軟性がなくコーディネートもできていない」，「障がいのある子どもや少数民族の子どものサービスが不足している」，「保育の質が低い（法で規制し監査体制は厳しいが，働く人たちが低賃金であり，資格や資質に課題がある）」，「保育サービスの価格が高すぎる」などの課題が指摘され，新しい計画でさらなる対応が検討された．WF-Actでは，有給の出産休暇期間の延長や父親休暇の有給化などが実現したが，これらの施策もこの10ヶ年計画に示されたロードマップを反映している．

2.2　企業による施策——インタビュー調査より[7]

イギリスのWLB先進企業における基本的な考え方は，従業員の多様な就労ニーズを認めることで，多様なビジネスニーズに対応するというものである．雇用主は，従業員のリテンションやコミットメント，モチベーションを高める効果に期待している．また，法律は16歳以下の子ども（障がい児は18歳以下）を養育する雇用者，成人の介護をする雇用者のFWを認めているが，先進企業では，全従業員を対象に実施している点に特徴がある．正式な雇用契約の変更ではなく，職場でのインフォーマルな手続きによる取組も行われている．NPO法人WorkingFamiliesによる先進企業7社3,580人の従業員調査によれば，約7割がインフォーマルでのFWの利用となっている．

表3 イギリスの先進企業における職場マネジメント改革の取組例

◆管理職支援（意識改革・スキルアップ・好事例提供・評価）
◆キャリア形成支援 ※特に女性（能力開発研修，リーダー養成）
◆コミュニケーション支援（重要性のアピール，場の提供）
◆人事評価運用支援 ※公正な評価のための取組（アウトプットの計測方法の提示，評価結果のチェック，人事監督担当：PMLの設置）
◆職場風土改革（ハード→スマートへ，多様な人材・働き方に対する無意識の偏見の払拭，古いスタイルの管理方法の否定）

　先進企業が取組において重視しているのは，「職場マネジメントの改革」である．FWに対応した職場マネジメントへの転換がはかられており，具体的には，表3のような取組があげられる．
　2010年にインタビュー調査を実施したイギリスにおいて最も取組が進んでいるといわれる企業の事例を紹介する．

○A社（通信事業）

＜導入状況：2009年末現在＞
○正社員：86,370人．うち，短時間勤務・ジョブシェアリング比率：5.9％．フルタイムに占める女性比率：17.8％，短時間勤務に占める女性比率：86.7％．
○管理職：28,087人．うち，短時間勤務765人．※ほとんどが女性．
＜導入しているFWの内容＞
○在宅勤務，短時間勤務，ジョブシェアリング，学期間勤務，年間勤務，圧縮勤務，モバイルワーク
これら以外にもインフォーマルに週1日だけ自宅で働くなどは上司との相談で実施可能．このインフォーマルな取組が非常にうまくいっている．
○すべての従業員がFWを要求する権利をもつ．
＜FWに取り組む目的＞
○法律の施行前から取り組み，政府にも権利の対象を広くするよう働きかけている．FWにすると組織へのエンゲージメント，生産性もあがる．障がい者や女性などにも，多様な才能をみつけることができる．
○顧客のニーズにあわせるために柔軟に働く．グローバル化するなかで，対応可能性を広げなければならない．ビジネスの必要からスタートしている．

＜FW運用のポイント＞
○コミュニケーションが重要．FWの意味や導入方法を社員によく説明する．経営トップがロールモデルとしてまず実践する．初期で実践した人がケーススタディとなって，イントラネットなどで体験を紹介する．信頼関係も重要であり，チーム内のコミュニケーションを充分にはかる必要がある．
○マネジメント方法として，管理職にはこれまでとは別の技能が必要．初期は，目の前で見ていないと不安という管理職がいたが，徐々に文化が変わった．管理職がこれまで以上の努力でコミュニケーションをはかり，目の前の仕事ではなく，成果を評価するようになった．
○ただし，顧客のニーズが第一義．顧客によってできない働き方もある．また，人によっては，自宅で働きたくない人もいる．本人がハッピーでないとダメ．選択肢があることで，すべての人が何らかのよい働き方をみつけられる．
＜短時間勤務のニーズについて＞
○伝統的に家事や子育てを女性がしているために，女性に短時間のニーズがある．もっと男女の比が近くなるとよいが，社会的な背景があるので，企業としてはこうした社会のニーズに対応した職場をつくる．管理職のなかに短時間勤務者もおり，この比率も増やしていく方針である．
○短時間については，比較的長い期間継続を希望する人がいる．60歳以上になると徐々に時間を減らして定年に備えるという働き方も人気がある．
＜短時間勤務利用者のキャリアについて＞
○短時間勤務のキャリア見通しや昇進については課題がある．機会均衡をはかることと，すべての職に短時間勤務が可能かどうかをみていく必要がある．短時間勤務者が，昇進を申し出られるよう奨励もしている．短時間勤務者がフルタイムに戻るには，フルタイムでもフレキシブルな働き方が必要である．実際のケースとして，子どもがいて，短時間で退社するが夜の在宅勤務で埋め合わせることでフルタイム勤務をしている女性もいる．
○短時間勤務者の昇進スピードがフルタイムと異なるかどうかは，実際に昇進した職の要求事項による．1人の人がフルタイムでやらなければならない仕事なのか，短時間勤務でもジョブシェアできる仕事か吟味する．フルタイムでしかできない仕事でも，フレキシブルに働けるよう考慮もする．

働ける時間よりも，その職に適した才能であるかどうかを重視している．
＜ジョブシェアリングの方法について＞
〇成功するのがもっとも難しい．2人の関係がよく，気の合う人でないとうまくいかない．今は，ジョブシェアリングするなら自分で相手を探すよう勧めている．以前は会社が探したがうまくいかなかった．仕事の内容によって難しさが異なる．2人とも3日ずつ出てきて，1日は相談をする時間がとれて，誰が何をやるかはっきりさせられればうまくいく．2人のうち1人が辞めた，病気になった，夏休みが重なるなど，色々な課題がある．
〇単純な仕事の方がジョブシェアリングしやすい．プロフェッショナルな仕事でも，弁護士や内部監査，会計・経理など，バックオフィス的な仕事の方がシンプルでやりやすい．
＜職場マネジメントに対する人事からのサポート＞
〇管理職の研修をしている．管理職全体が対象．昨年も，新たにイントラネットのトレーニングを始めた．しかし，すでに長年取り組んでいるため，管理職はFWについてよく知っている．職場単位のよい取組をグッドプラクティスとして紹介している．例えば，「月に1回はチーム全員でミーティングをする」，「インフォーマルにチームで社会的な活動をする」，「回数を減らしても質のよい会合の工夫をする」，「管理職からコミュニケーション機会を積極的につくる」など．
〇ベストボスアワードという賞も設けている．部下が投票し本社で表彰する．
〇管理職の特性としては，コミュニケーション能力が重要である．これは，FWに限った問題ではない．インターパーソナルスキル（人間関係）が高く，信頼を築き上げられる，目標を明確に打ち出せる，仕事の配分や評価が公正とみられている，モチベーションをうまくもたせることができるといった特性が必要である．FWを可能にすると，部下が積極的に仕事をして生産性があがり，ギブアンドテイクの関係になっている．
〇うまくできない管理職は「古いタイプ (old fashioned manager)」で，目の前で全員をコントロールせずにいられない．当社のマネジメント文化はそうではない．常に会社に来ていなければいけないのではなく，結果さえ出せばよい．その経路は自由とする．マネジメント文化を変えることが重要

であるが，変えるには時間がかかり一朝一夕にはいかない．トップの方針が浸透し広がると良い事例が出てきて，結果が数値的に出てくる．
＜公正な評価のための取組＞
○パフォーマンスマネージメントフレームワーク
アウトプットの計測をどのようにするのかを規定している．役割ごとにジョブスタンダードと目標，計測方法を全社でオープンにしている．四半期ごとにアセスメントを出している．評価をして，年単位のパフォーマンスレビューで賞与が決まる．HR 部門が評価についてチーム全体の結果をみて，監督をしている．ダイバーシティに配慮して，マイノリティが職と関係ないところで，不当な評価を得ないようにチェックをしている．
＜中小企業への示唆＞
○規模が小さい企業で，FW を導入したがらないという例はイギリスにもある．独立した人事部がない，法的対応が困難，マネジャーのトレーニングをすることが社内でできないなどの課題がある．どの企業でも同じようにできるというものでもない．しかし，それぞれの会社に合ったやり方を開発していくことが今後の課題であり，そこに新たなマーケットの可能性もある．
＜景気後退の影響＞
○あまり景気とは関係がなく拡大してきた．当社では，経済状態が悪くなったとき，ビルを手放すなど合理化をはかった．従業員のセグメントも行った．ホットデスク，モバイルワーキングなどを使ってオフィスのスペースを縮め，財務状態はよくなった．以前は，本社ビルに 1,500 人働いていた．オープンプランにしてレストラン，カフェなど作り，オープンスペースの机は予約するようになった．今では 1 日に 6,000 人がビルを使っている．アセットからのリターンは前よりよくなっている．

3 施策の効果と課題

本節では，先に紹介した国と企業の取組の効果と課題を整理する．また，それらの取組により社会全体にどのような変化がみられるのかを統計データを用いて整理する．

3.1 国の取組の効果と課題

先進事例の開発と企業のメリット提示を主眼としたWLB-CP等の取組については，大企業を中心にFWの重要性・メリットが周知され，DTIでは一定の効果が認められたとの判断から取組を3年で終了した．その後，NPO等による調査・表彰や企業独自のアピール等のかたちに取組が引き継がれており，国の取組は民間の取組の呼び水的役割を果たしたといえよう．課題としては，中小企業の取組意欲が低いことが指摘される．ただし，日本でも同じことが指摘されるが，中小企業では制度化されている取組は少なくとも，実質的には柔軟に対応しているという見方があり，イギリスにおいても，国や先進企業から同様の見方が示されている．またイギリスでは日本と異なり，好調な景気を背景として取組がスタートしていたが，景気後退期に入りFWに対する評価が2極化している面もある．景気後退がFW推進の抑制につながってしまっている企業等への対応が課題である．

FW-Act，WF-Actによる労働者への権利付与については，取組のトリガーとして効果があったということが，国・組合・企業共通の認識として示されている．2010年のビジネス・イノベーション・技能省（BIS）に対するインタビュー調査からは，近年の国の取組とその効果について以下のような指摘があった．2003年に導入されたFW-Actは，徐々に対象となる子どもの年齢を上げており，2009年からは16歳までが対象となっている．成人の介護をする人たちにも適用されている．新政権はこの法律を拡大して，すべての雇用者に適用しようとしている．FWは企業にうまく活用されているが，FWを使うのは子どものいる人や介護する人という偏見がある．権利はあっても偏見があるために使わない人もいるため，すべての人を対象とした施策を推進し偏見をなくしていく必要が指摘されている．法律が導入されて年数が経過し，雇用主にも前向きに受け止められており，申請の90%は受け入れられており，法律の対象層以外に

も柔軟な働き方が広がっている．雇用主が方策の拡大について気にしていることは，今後申請が多くなった場合，どのように優先順位をつけるのかという点である．

施策の効果については，2000年以降3回の調査が国によって実施されているが，3期調査（Third Survey）が2006年に実施された後，更新されていない[8]．BISとしては，実施すべきと考えているが，財政的問題もあり今後の実施については決まっていない．調査をしていないため，法律により対象を拡大した影響や景気後退の影響などがわかっていない．2009年の雇用者連盟（以下，CBI）の調査では，「景気後退期に労使の話し合いにより，解雇よりも全体的に労働時間を減らすという選択がとられている」との結果が出た．短時間勤務者（正規雇用だがフルタイムでない人）が増えており，失業率もそれほど上がってはいないと認識されている．雇用主が，現在のスタッフを減らすよりも就業時間を減らして凌いだ方が景気が回復したときに対応しやすいと考えているのではないかとみられる．これまでFWに前向きでなかった企業からも，景気が悪くなったので活用しようという動きが出ている．雇用主側から，サバティカル休暇（多目的の無給休暇）や短時間のオファーをしているケースもある．

FWの効果については，BISへのインタビュー調査において，以下のような指摘があった．Third Surveyの結果では，実際にFWで働いている人の大半はマイナス面はないと答えているが，給料が低いなどマイナス面をあげる人も一部いる．育児休暇やFWの導入により，女性の労働市場への参加は増えている．男性の方がFWの申請は少なく，男性の方が拒絶される可能性が高い．男性にもっとFWを要求するようにというキャンペーンを実施している．男性も育児にもっと参加すれば女性の負担が減る．現政権は，育児休暇の父母間でのシェアについて検討している．ノルウェーやスウェーデンの制度もみながら検討が行われているが，クォータ制がよいのかどうかはまだ判断されていない．雇用収入には，かなりの男女間格差の問題がある．女性の方が短時間勤務が多く，短時間勤務とフルタイムでは時間当たり賃金は同じだが，短時間勤務の多い仕事に女性が多いため平均年収が低くなる．育児休暇をとると1年以内なら同じ収入レベルの仕事に戻れるが，1年以上休むと以前より資格の低い仕事になってしまうという問題も指摘されている．FW-Actでは，「就業時間を変えることができる」となっているため，フルタイムから短時間勤務に変えることだけではなく，逆に短時間勤務からフルタイムに変えることも可能である．

ただし，変更は職場のニーズによるため，フルタイムへの復帰は景気後退期には認められにくいとみられる．

一方，労働者団体であるTUCからは，2004年時点で以下のような指摘があった．フレキシブルに働くことを推進する法律の趣旨そのものはよい．雇用主もFWのメリットを感じている．ただし，権利としては弱いことと，要求した後の手順に問題がある．FWを要求することだけであれば，法律がなくてもできる．正式要求が認められるには時間がかかる．さらに，一度FWが認められると，その働き方から元に戻す保証がない．このような問題（手続きに時間がかかる，一度変更すると元に戻す保証がない）から，TUCでは，フォーマルな手続きをするのではなく，インフォーマルなかたちで認めてもらうことを勧めている．要求する権利は，26週間フルタイムで働いてからでないと認められず，リクエストの機会も年に1度であることから，これから新たに働きたいという女性は利用できないこともTUCとしては問題と認識している．FWをうまく活用している企業は，法律以上のことを自主的に取り組んでいるためにうまくいっているのであり，法律通りのことに取り組めばうまくいく訳ではない．

2010年のTUCへのインタビュー調査では以下の指摘がある．FWが可能な仕事に良質な仕事があまりない．FWは，ライフコースアプローチで生涯を連続して考える必要があるが，一時的に柔軟性を求めているのに，元の働き方に戻すことが保証されていないのは問題である．ずっと短時間で働いているとパートナーがいない場合，低い年金で生活困難に陥る．景気後退の影響として，労働時間の短い契約が増えている．フルタイムで働きたい人が働けていない．ただし，組合と雇用主の話し合いで，解雇せずにサバティカル休暇や短時間で対応しているので労働者にとって良い面もある．公共部門は女性労働者の割合が高いため，公共部門の予算削減が女性の就労に悪影響を与えている．公共部門では人員削減がなされたため，FWを要求しても受け入れられないケースも出ている．長時間労働の問題も残っている．女性が短時間勤務を選択する結果，男性がさらに長時間になる．法律をもっと強力なものにして，男性もFWを実際に取れるようにする必要がある．男性の場合は，給与が減額されるという選択まで行かなくとも，フルタイムで出勤時間を変更するなど，もっと小さな柔軟性に対するニーズがある．短時間勤務の運用としては，28時間の契約でも35時間働いているというケースも少なくない．短時間勤務にしても担当する仕事量が減っていないためである．また短時間勤務で働く女性は，最重要な

仕事だけにフォーカスしがちであり，おしゃべりをしたり飲みにいったりしない．ミーティングも一部しか出られないと，職場で見えない存在になり，昇進にも差し障る可能性がある．

2010年の調査で先進企業や組合から多く指摘されたイギリスのWF-Actの課題を整理すると，一つには，権利として弱いという点である．あくまでも，申請する権利であり，利用する権利ではない点である．この点では，2009年の改正育児・介護休業法で，短時間勤務の「利用を可能とすること」が義務付けられた日本の方が権利としては強いといえよう．また，日本と同様，法律の適用対象が限定されている点も，組合やNPO等から課題として指摘されている．育児・介護目的から，全労働者を対象とする法律への転換が求められており，BISによれば国もこの点について検討しているとされる．さらにFWを請求して認められた後，通常の働き方に戻る権利の保証がないこと，手続きが複雑で時間がかかることなどが問題として指摘されている[9]．

柔軟な働き方の導入と並行して進められている子育て支援環境の整備については，保育サービスについて不足感はあるものの，無償の幼児教育の保証や保育の質の向上に取り組んでいる．10ヶ年計画の開始前の時点でも，イギリスの家族向け社会保障給付費の対GNP比は，日本やOECD24ヶ国平均と比較しても高く，このレベルからさらに充実をはかっている（図1参照）．

また，保育サービスの普及についても，10ヶ年計画スタート時点のデータではあるが，OECD各国のなかでは中程度の整備率であり，日本と比較すると約10％整備率が高い．このレベルからさらに量・質ともに充実に取り組んでいる（図2参照）．

政策の評価については，先に紹介したThird SurveyのみならずWLB-CPやWF-Actについての政策評価が実施され，取組の進捗状況・効果を確認・公表しており，企業への取組を促す一定の効果があったとみられる[11]．WLB施策のみならず，子育て支援についても，「子育て支援10ヶ年計画」が策定される前に，以前の取組に関して大規模な調査を実施し，その後も継続的に効果を検証している．評価の視点としては，「プログラムの理解度が高まっているか」，「親の就業可能性の拡大につながっているか」，「子どもの発達によい影響を与えたか」などがあげられる．このように，実施した施策を長期的な視点で評価しつつ進化させていくことが重要であろう．ただし，先にも述べたように，イギリスでも現実には，WLB調査が2007年のThird Surveyまででストップしてお

図1 家族へのサービスに関する社会保障給付費(対GNP比)[10] (2003年)

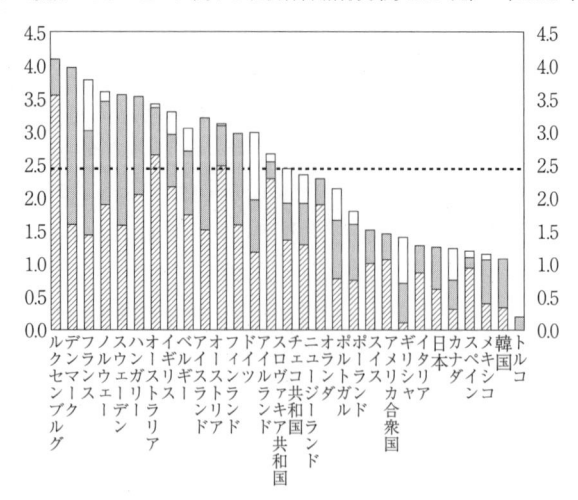

(出所) OECD "Babies and Bosses - Reconciling Work and Family Life (Vol. 5)".

図2 3歳未満人口に占める保育サービス割合(2004年)

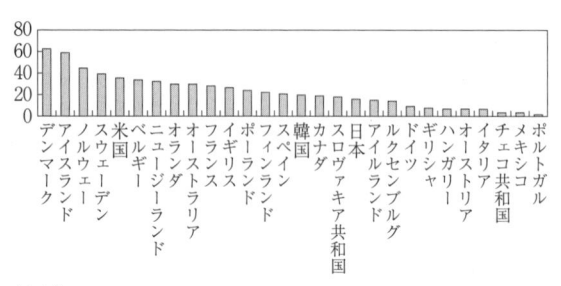

(出所) OECD "Babies and Bosses - Reconciling Work and Family Life (Vol. 5)".

り,法的権利拡大や景気後退期の影響などが,確認されていない点が課題としてあげられている.

3.2 企業の取組の効果と課題

企業の取組の効果としては,BERR [2007] において,制度の利用状況や企

図3　柔軟な働き方の導入率

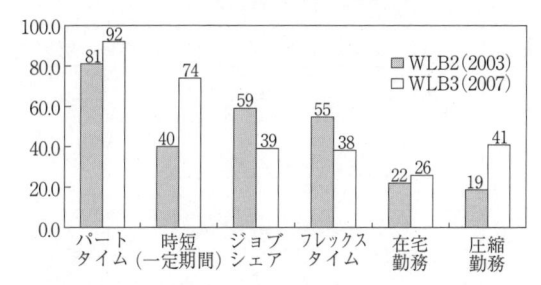

	WLB2(2003)	WLB3(2007)
パートタイム	81	92
時短（一定期間）	40	74
ジョブシェア	59	39
フレックスタイム	55	38
在宅勤務	22	26
圧縮勤務	19	41

(出所) BERR "The Third Work-Life Balance Employer Survey: Main findings" Dec.2007.
(注) 1. 従業員5人以上の事業所の人事担当者を対象とした調査．
　　 2. Second Work-Life Balance Employment Surveyは2003年に実施．
　　 3. 回答数は，WLB2: 1,509件，WLB3: 1,462件．

業による評価などが紹介されている（図3参照）．制度の導入状況としては，2007年の調査でもっとも多く導入されているFWは短時間勤務であり，92％の企業で導入されている．一定の期間に限定した短時間勤務の導入も2003年から2007年にかけて増えている．この調査では，短時間勤務制度の導入がもっとも多かったが，BIS［2010］など近年の調査では，フレックスタイム制度が短時間勤務に並んで導入が進んでいるという結果も紹介されており，調査によってはフレックスタイム制度の方が導入が進んでいるという結果も出されている．

さらに，BERR［2007］においては，導入している取組の多い企業ほど，WLB施策に関して，ポジティブな評価をしていることが指摘されている（図4参照）．

2004年のDISへのインタビュー調査では，WLB施策の推進にはマネジメントコストはかかるが，ほかのコスト節約の効果が大きいことが指摘された．節約コストとしては，「従業員の定着が高まる」，「FWを実施することで，多くの人材を惹きつけることができ従業員の幅が広がる」，「新規採用者のトレーニングコストが節約される」，「仕事の質が向上する（長時間労働は仕事の質が低下する）」，「サービスの質が向上し，顧客満足度が上がる」ことなどがあげられた．また，「企業と従業員が，同じ目標に向かっていくという意識，文化の醸成ができた」，「短時間勤務の運用をめぐり，労使が協調して働き方を工夫した」ことも施策導入の影響として指摘された．DISの職員に対する取組からも「WLB

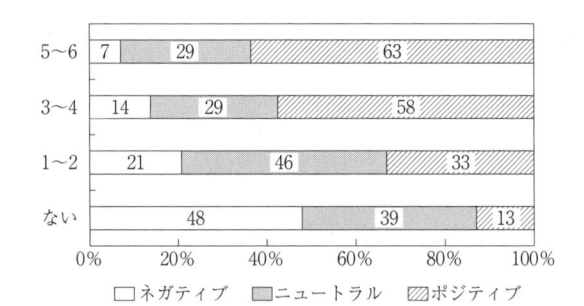

図4 制度の導入状況とWLBに対する総合的評価

導入数	ネガティブ	ニュートラル	ポジティブ
5〜6	7	29	63
3〜4	14	29	58
1〜2	21	46	33
ない	48	39	13

(出所) BERR"The Third Work-Life Balance Employer Survey: Main findings"Dec.2007.
(注) 1. 従業員5人以上の事業所の人事担当者を対象とした調査。
2. 回答数1,462件のうち,「わからない」,「無回答」を除く1,455件を対象として集計。

の具体的な取組は,実際に取り組んでみればそれほど運用が難しくなかった」という意見が出されている．

　2010年の企業に対するインタビュー調査からは,FWのメリットとして,顧客の多様なニーズへの対応や多様な人材の確保・維持が確認できたといった意見があった．具体的には,「多様性があるほど企業のパフォーマンスが向上する」,「顧客のニーズに対応するために柔軟に働く必要があり,グローバル化するなかで対応可能性を広げなければならない」などが指摘されている．さらに,在宅勤務導入によるスペースコストの削減,短時間勤務をうまく組みあわせた長時間営業への対応の効果なども指摘された．また,FWに対応したマネジメント文化の醸成も企業経営において大きな効果であり,「常に会社に来ていなければならないのではなく,結果さえ出せればよい．その経路は従業員の裁量に任せる．目の前で全員をコントロールしなければならないのは古いタイプの管理職である」と指摘される.「従業員がハッピーであることが,企業にとって重要」という認識は,複数の先進企業に共通したものであった．

　企業の取組における課題としては,効果的な職場マネジメントの追求についてのさらなる好事例開発と普及である．職場マネジメントについては,現場の管理職に委ねられている部分が多く,管理職のパフォーマンスによってレベルがマチマチとなりがちである．こうした個々の現場の取組を全社的な取組へと

図5 イギリス・日本の年齢階級別女性労働力率の推移

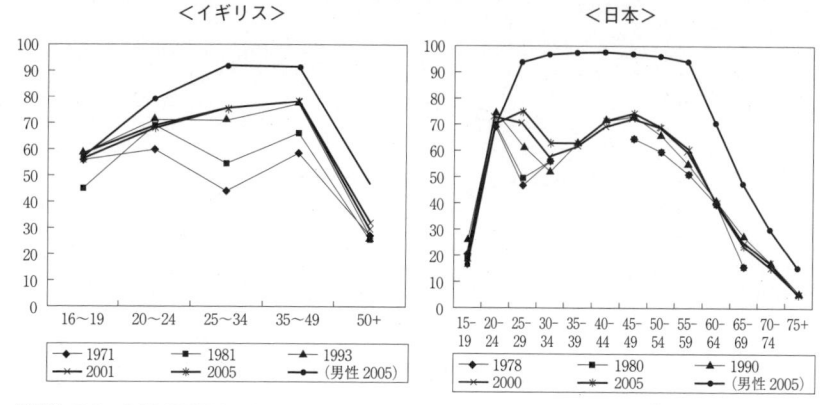

<イギリス>　　　　　　　　　　　　<日本>

（出所）ILO, LABORSTA, 1 A.
（注）イギリス1971年，1981年の「16-19歳」は，「15-19歳」．

表4　末子の年齢別女性の就労率の推移

末子年齢	2003 就労率	2006 就労率	2009 就労率
1歳未満	48.8%	53.9%	55.8%
1歳～2歳未満	48.7%	50.0%	51.8%
2歳～3歳未満	51.3%	54.6%	54.1%
3歳～5歳未満	56.5%	58.1%	56.8%
5歳～10歳	68.0%	67.6%	66.9%
11歳～15歳	72.0%	71.0%	70.7%
16歳～18歳	66.9%	65.1%	62.5%
子どもなし	75.7%	76.3%	76.1%
全ての女性	69.6%	70.0%	69.4%

（出所）BIS "Work and Families Act 2006 Evaluation Report" March 2010.

拡げ，全体のレベルを上げることが課題となる．具体的な対応テーマとしては，「コミュニケーションの充実」，「運用の難しい業務・職種での工夫」，「公正な評価の徹底」などがあげられる．先進的に取り組む企業からは，「FWを導入するなら，実際に従業員がそれでうまく働けるようにしなければ，逆にマイナスに受け止められてしまう」という指摘もある．

　男女間の格差については，女性に利用が偏りがちである点があげられる．特に短時間勤務が顕著である．「FWが女性中心にならないよう取り組んでいる」，

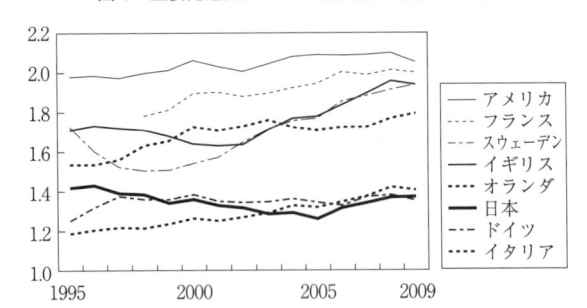

図6 主要先進国における合計特殊出生率の推移

(出所) ヨーロッパ: Eurostat (Online). Tables, Graphs and Maps Interface (TGM) table. 2012.1.
http://epp.eurostat.ec.europa.eu/tgm/table.do?tab=table&init=1&plugin=1&language=en&pcode=tsdde220
アメリカ: CDC "Centers for Disease Control and Prevention" National Vital Statistics System. 2012.1.
http://205.207.175.93/VitalStats/TableViewer/tableView.aspx?ReportId=42510
日本: 厚生労働省 平成23年(2011)人口動態統計の年間推計
http://www.mhlw.go.jp/toukei/saikin/hw/jinkou/suikei11/dl/honbun.pdf 2012.1.

「FW＝短時間勤務ではない」という指摘が企業からあった．また，長時間労働の人や部署が一部に残ってしまうことも課題としてあげられ，こうした課題についても，人事が職場支援を行うことで対応を進める必要が指摘された．

近年の雇用主側のアンケート結果では，「従業員との関係がよくなった」，「モチベーションが上がった」，「採用がしやすくなった」などの回答が得られている．イギリス全体では，一般的に75％の女性が育休から復帰しているが，最も大々的にFWを導入している企業では99％の女性が復帰している．

3.3 社会全体の効果と課題

では，こうした国や企業の取組と効果は，社会全体への効果として目に見えるかたちであらわれているのだろうか．国やNPOが指摘した効果としては，女性の就労率の上昇があげられる．イギリスの場合，就労率そのものはWLB施策推進以前から上昇傾向にあり，M字カーブは解消されていた（図5参照）．

WLB取組以降の近年の変化としては，BIS [2010] のWF-Actの政策評価レポートにおいて，子どもの年齢別の女性の就労率が示され，3歳未満の子どもを持つ女性の就労率が上昇していることが指摘されている（表4参照）．

表5 正社員の週当たり平均労働時間

		35時間未満	35-41時間	42-48時間	49-59時間	60時間以上	n
日本全体		4.8%	33.5%	31.7%	22.3%	7.7%	9485
	男性	5.1%	24.2%	32.6%	27.7%	10.3%	6409
	女性	4.2%	53.0%	30.0%	10.8%	2.0%	3002
子・配偶者有り		4.8%	28.3%	31.4%	26.0%	9.5%	4652
	男性	4.6%	22.2%	32.5%	29.6%	11.1%	3880
	女性	5.6%	59.0%	26.3%	7.7%	1.4%	771
イギリス全体		21.7%	49.8%	17.0%	7.8%	3.8%	979
	男性	13.7%	47.8%	22.8%	11.4%	4.2%	473
	女性	29.1%	51.8%	11.5%	4.3%	3.4%	506
子・配偶者有り		23.3%	44.9%	22.4%	7.1%	2.3%	437
	男性	10.2%	43.9%	32.1%	10.6%	3.3%	246
	女性	40.3%	46.1%	9.9%	2.6%	1.0%	191

(出所) 経済産業研究所「仕事と生活の調和に関する国際比較調査」(以下同様).

また，イギリスではWLBを少子化対策とは位置づけていないが，2000年以降合計特殊出生率の上昇も確認されている (図6参照).

4 日英男女の働き方と施策の影響
——「仕事と生活の調和に関する国際比較調査」より——

　国や企業へのインタビュー調査からもWLB施策の推進には，法や制度の導入のみならず，職場での運用上の工夫が重要であることが示された．日本においても，佐藤・武石 [2010] はWLB関連制度が職場で円滑に利用されるために働き方の効率化が不可欠で，職場マネジメントが重要であることを指摘している．

　ここでは，「仕事と生活の調和に関する国際比較調査」の日本とイギリスの個人調査を用いて，日本とイギリスの働き方と職場環境の違いをみていく．特に，両国で共通して，柔軟な働き方を選択する権利に関する法律が設定されている「子どものいる男女」の働き方や制度利用状況に着目する[12]．

4.1 日英の子どものいる男女の働き方
4.1.1 労働時間
　日本とイギリスの労働時間分布をみると，イギリスでは「35時間未満」の

表6 現在の賃金を前提とした労働時間の選好

		増やす	変えない	減らす	わからない	無回答	n
日本全体		7.9%	49.0%	24.7%	17.7%	0.7%	10069
	男性	8.6%	49.2%	24.1%	17.8%	0.4%	6708
	女性	6.5%	49.2%	26.0%	17.6%	0.6%	3258
子・配偶者有り		7.4%	49.8%	26.1%	16.4%	0.3%	4869
	男性	7.9%	49.8%	25.0%	17.0%	0.2%	4031
	女性	4.8%	49.8%	31.4%	13.5%	0.5%	837
イギリス全体		11.5%	58.1%	15.7%	14.6%	−	979
	男性	11.0%	59.2%	13.1%	16.7%	−	473
	女性	12.1%	57.1%	18.2%	12.6%	−	506
子・配偶者有り		8.2%	57.0%	19.2%	15.6%	−	437
	男性	8.1%	57.7%	15.0%	19.1%	−	246
	女性	8.4%	56.0%	24.6%	11.0%	−	191

表7 WLBに関する満足度

		満足している	どちらかといえば満足している	どちらともいえない	どちらかといえば不満	不満	無回答	n
日本全体		8.0%	28.0%	31.9%	20.7%	10.0%	1.4%	10069
	男性	7.4%	27.7%	33.2%	20.9%	10.4%	0.3%	6708
	女性	9.5%	29.2%	29.9%	20.9%	9.4%	1.0%	3258
子・配偶者有り		7.4%	26.7%	32.3%	22.2%	11.0%	0.5%	4869
	男性	7.0%	27.3%	32.9%	21.6%	10.8%	0.3%	4031
	女性	9.0%	23.7%	29.3%	25.0%	11.8%	1.3%	837
イギリス全体		21.0%	39.4%	14.6%	17.5%	7.5%	−	979
	男性	19.9%	38.3%	16.5%	18.0%	7.4%	−	473
	女性	22.1%	40.5%	12.8%	17.0%	7.5%	−	506
子・配偶者有り		19.5%	40.0%	15.3%	17.2%	8.0%	−	437
	男性	17.1%	40.7%	15.9%	17.1%	9.3%	−	246
	女性	22.5%	39.3%	14.7%	17.3%	6.3%	−	191

割合が高く，性別でみると特に「女性」で「35時間未満」の割合が高く，さらに言えば「子どものいる女性」において割合が高い（表5参照）。同じくイギリスは，「35-41時間」の割合も高く，男性でも「41時間まで」で約6割を占める。一方日本の男性の「41時間まで」の割合は3割弱とイギリスの半分程度の割合となっており，「60時間以上」の割合も子どもの有無にかかわらず約1割を占めている。イギリス男性と比較して日本男性の長時間労働の実態がみてとれる。一方，女性は日英ともに「35-41時間」の割合が子どもの有無にかかわらず5割以上を占める。ただし，イギリス女性と異なり，日本女性は「35

第7章　イギリスにおけるワーク・ライフ・バランス　　　233

図7　子どものいる男女の育児休業制度利用経験

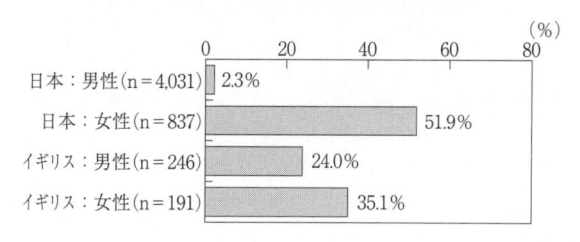

日本：男性(n=4,031)　2.3%
日本：女性(n=837)　51.9%
イギリス：男性(n=246)　24.0%
イギリス：女性(n=191)　35.1%

時間未満」の割合は低い．このように日英共通の男女間の労働時間の差や男性の長時間労働の問題と，男女の賃金格差・役割分業が残っていることとの間には密接な関係があるとみられる．

　では，現在の労働時間について，日英それぞれの男女はどのように考えているのだろうか．「現在の賃金を前提とした場合，労働時間を変えたいか」を聞いたところ，男女ともに，イギリスと比べて日本の方が「減らす」と答えた割合が高い（表6参照）．イギリスでは男女ともに子どもの有無にかかわらず「変えない」との回答が6割弱を占めており，比較的現在の労働時間を支持している割合が高いとみられる．「減らす」との回答は，日英ともに「子どものいる女性」で割合が高い．

　では，仕事と生活の時間のバランス（WLB）に関する満足度にはどのような分布がみられるだろうか．日英で比較すると，男女や子どもの有無にかかわらず全般にイギリスの満足度が高い（表7参照）．日本は，「どちらともいえない」，「どちらかといえば不満」，「不満」などのネガティブな回答の割合が高い．日英ともに，男女間ではWLBの満足度にはあまり差がみられない．

4.1.2　制度の利用状況

　次に，WLBをはかるための制度の利用状況をみていく．子どもと配偶者のいる男女について，現在の企業での育児休業の利用経験を聞いた結果，日本はイギリスに比べて男女の利用率に極端な差がある．女性の利用経験は多いが，男性の利用経験者が2.3%と少ない（図7参照）．イギリスは，男性24.0%，女性35.1%とあまり大きな差がみられない[13]．

　この育児休業取得率の男女差の背景として，それぞれの配偶者の就業率と正社員比率（就業している配偶者に占める正社員の割合）をみると，日本男性は配偶者の就業率が54.4%で，イギリス男性の配偶者就業率の68.7%と比較して低

図8 現在の働き方（複数回答）

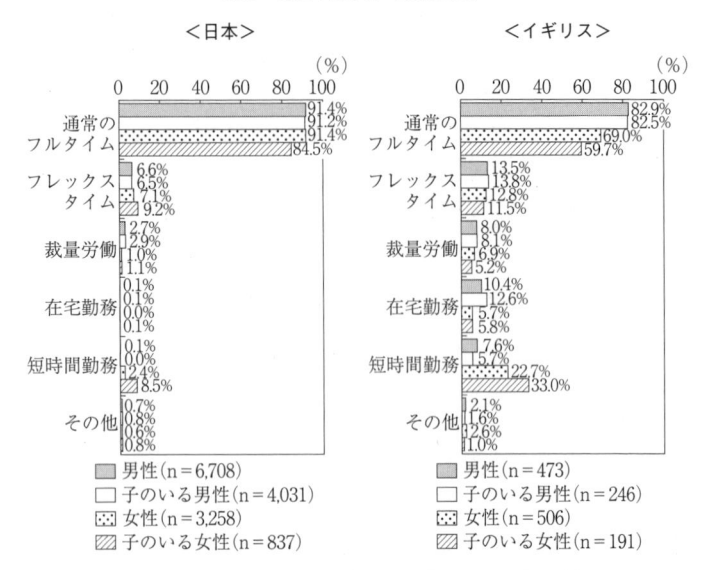

<日本>

働き方	男性(n=6,708)	子のいる男性(n=4,031)	女性(n=3,258)	子のいる女性(n=837)
通常のフルタイム	91.4%	91.2%	91.4%	84.5%
フレックスタイム	6.6%	6.5%	7.1%	9.2%
裁量労働	2.7%	2.9%	7.0%	1.1%
在宅勤務	0.1%	0.1%	0.0%	0.1%
短時間勤務	0.1%	0.0%	2.4%	8.5%
その他	0.7%	0.8%	0.6%	0.8%

<イギリス>

働き方	男性(n=473)	子のいる男性(n=246)	女性(n=506)	子のいる女性(n=191)
通常のフルタイム	82.9%	82.5%	69.0%	59.7%
フレックスタイム	13.5%	13.8%	12.8%	11.5%
裁量労働	8.0%	6.9%	5.2%	
在宅勤務	10.4%	12.6%	5.7%	5.8%
短時間勤務	7.6%	3.4%	22.7%	33.0%
その他	1.2%	1.6%	12.6%	1.0%

いことがわかる．さらに，配偶者の正社員比率は，日本男性で30.8％，イギリス男性で80.5％と，差が大きいことがわかる．日本においても共働き世帯は増加しているものの，イギリスと比較するとまだ既婚女性の就業割合が低く，特に既婚女性が「正社員」として働く割合が低い[14]．こうした状況から，日本では夫婦で揃って育児休業を取得するというスタイルが定着していないことがみてとれる[15]．

次に，就業している人について，現在どのような働き方をしているかを，「通常のフルタイム」とそれ以外の柔軟な働き方について聞いたところ，日本では，男女ともに約9割が「通常のフルタイム」で働いている（図8参照）．日本男性のうち，「子どものいる男性」も9割が「通常のフルタイム」勤務をしており，「子どものいる女性」でも8割以上が「通常のフルタイム」勤務である．柔軟な働き方としては「フレックスタイム」が男女ともに6～9％でわずかながら選択されている．「短時間勤務」はほとんどが子どものいる女性であり，子どものいる正社員の女性の8.5％が「短時間勤務」を利用している．そのほかの働き方についてはほとんど利用されていない状況で，全般的にみると，ほとんどの正社員が「通常のフルタイム」という硬直的な働き方にとどまっている．一方，イギリスの「通常のフルタイム」の割合は，「男性」は子どもの有無に

かかわらず8割強と高いが,「女性」では7割程度であり,そのうち「子どものいる女性」では6割である.「子どものいる女性」では,「通常のフルタイム」以外の働き方としては「短時間勤務」の利用割合が高く3割を超えている.男性の柔軟な働き方としては,「フレックスタイム」と「在宅勤務」が共に1割を超えている.「在宅勤務」は女性の利用割合が低いが,「フレックスタイム」の利用は男女にあまり差がない.このように,現在の働き方の分布をみると,イギリスの方が,日本よりも「通常のフルタイム」以外の働き方の選択肢が実際に利用されていることがわかる.

4.1.3 働き方とキャリア意識

柔軟な働き方の選択肢の中でも,イギリスでもっとも多く利用されているのは,「短時間勤務」である.日本においても,育児・介護休業法の改正により,2010年6月から3歳未満の子をもつ労働者の「短時間勤務」制度利用を可能とすることが企業に義務づけられたことから,今後急速に利用が拡大することが見込まれる.一方で,「短時間勤務」の利用は,ほかの柔軟な働き方の選択肢である「フレックスタイム」や「在宅勤務」と異なり,子育て期の女性にニーズが偏っており,利用率の男女差が比較的大きい.イギリスの企業や労働者組合へのインタビュー調査では,長期にわたり短時間で働く女性のモチベーションの低下や昇進・昇格の遅れ,ひいてはこの制度利用が男女間賃金格差の解消につながらないことなどへの懸念が示された.日本企業においても,「短時間勤務」がこれまでのホワイトカラー正社員の働き方と大きく異なることから,期待役割に応じたレベルの仕事ができないことで,短時間勤務者の長期的なキャリアや仕事に対する意欲の低下が懸念されている[16].

ここでは,キャリア形成に関わる三つの課題「昇進意欲(職場で昇進することについて)」,「専門性向上(仕事に関する専門性を高めること)」,「就業継続(今の職場に長く勤めること)」の重視度について,それぞれ現在の労働時間との関係をみる.

「職場で昇進すること」と「専門性を高めること」については,イギリスでは労働時間の長い人ほど重視度も高くなっている(図9参照).日本でも35時間以上では,労働時間の長い人ほど重視度も高くなっている.一方,日英ともに「長く勤めること」については,労働時間との関係があまりみられない.ただし,労働時間とキャリア形成意識との関係は,昇進意識や専門性志向の元来

図9 労働時間別キャリア形成意識（昇進・専門性・就業継続の重視度）

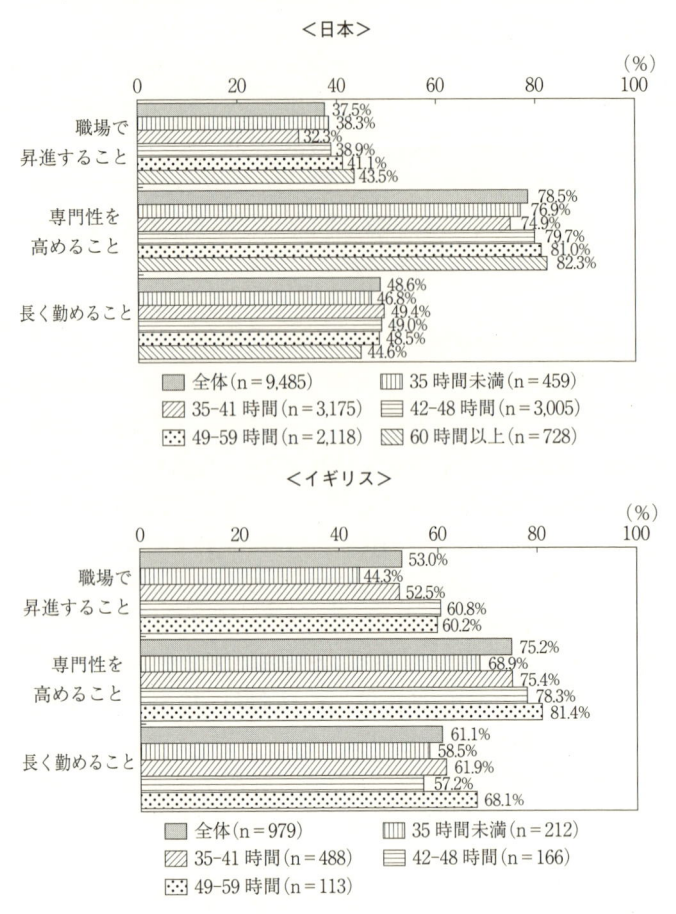

＜日本＞

職場で昇進すること
- 全体: 37.5%
- 35時間未満: 38.3%
- 35-41時間: 32.3%
- 42-48時間: 38.9%
- 49-59時間: 41.1%
- 60時間以上: 43.5%

専門性を高めること
- 全体: 78.5%
- 35時間未満: 76.9%
- 35-41時間: 74.9%
- 42-48時間: 79.7%
- 49-59時間: 81.0%
- 60時間以上: 82.3%

長く勤めること
- 全体: 48.6%
- 35時間未満: 46.8%
- 35-41時間: 49.4%
- 42-48時間: 49.0%
- 49-59時間: 48.5%
- 60時間以上: 44.6%

全体(n=9,485)　35時間未満(n=459)
35-41時間(n=3,175)　42-48時間(n=3,005)
49-59時間(n=2,118)　60時間以上(n=728)

＜イギリス＞

職場で昇進すること
- 全体: 53.0%
- 35時間未満: 44.3%
- 35-41時間: 52.5%
- 42-48時間: 60.8%
- 49-59時間: 60.2%

専門性を高めること
- 全体: 75.2%
- 35時間未満: 68.9%
- 35-41時間: 75.4%
- 42-48時間: 78.3%
- 49-59時間: 81.4%

長く勤めること
- 全体: 61.1%
- 35時間未満: 58.5%
- 35-41時間: 61.9%
- 42-48時間: 57.2%
- 49-59時間: 68.1%

全体(n=979)　35時間未満(n=212)
35-41時間(n=488)　42-48時間(n=166)
49-59時間(n=113)

低い人が短く働いているのか，従来の昇進モデルと異なる働き方を選択することで，能力発揮や効率的な業務遂行ができないために低くなってしまうのかは定かでない．短く働くことを選択する理由についても，育児期の短時間勤務のように，一時的に短い働き方を選択せざるを得ない場合と，恒常的に短い働き方を希望する場合とでは大きく異なると考えられる．今回の「仕事と生活の調和に関する国際比較調査」の分析において，子どものいる女性短時間勤務者のキャリア形成意識と，個人属性や職場環境との関係についても検討したが，特

に日本において，まだ制度利用者が少ないことなどから，有意な結果は得られなかった．今後の検討課題としたい．

4.2　柔軟な働き方を可能とする職場環境

　職場において，短時間勤務をはじめとする柔軟な働き方を可能とし，同時に職場の生産性を高めるためには，単に制度を導入するだけではなく，職場運営のための工夫が必要であることが指摘されている．東京大学 WLB 推進・研究プロジェクト [2009] では，WLB 満足を高めることが職場の生産性を上げる訳ではなく，「WLB 満足を高める『業務裁量性』，『効率的な業務管理』，『女性活躍の風土』さらに『上司との良好なコミュニケーション』の改善に取り組むことが，同時に，『仕事の生産性（自分自身に関する評価）』を高める可能性が高い」ことが指摘されている．では，日本よりも柔軟な働き方が選択されているイギリスでは，どのような職場環境が「柔軟な働き方」と「職場の生産性」を WIN-WIN の関係としているのであろうか．イギリスの先進企業へのインタビュー調査では，柔軟な働き方を定着させるなかで，「企業のマネジメント文化が変わった」という指摘がなされていた．一方，日本の企業においては，制度導入が義務づけられた「短時間勤務」を中心に，柔軟な働き方の職場での運用は「難しい」という管理職の意見が多く聴かれる．しかしながら，日本においてもこれまでのマネジメントの考え方のままで「問題なく運営できている」という管理職も存在する．

　本項では，「仕事と生活の調和に関する国際比較調査」における日英のホワイトカラー正社員個人の回答データを用い，「短時間勤務の運用の容易さ」と「職場の生産性」に対して，どのような職場や上司がプラスに作用するのかを計量的に分析する．

　まず，柔軟な働き方の主な選択肢である「育児・介護休業」，「短時間勤務」，「フレックスタイム」，「在宅勤務」について，「運用の大変さ」に対する回答傾向をみる．日本では，「育児・介護休業」がもっとも「大変である」という回答割合が高く，ついで「短時間勤務」で高い（図 10 参照）．ただし，この設問は，「職場で制度を導入している」と回答した人を対象としており，日本については，「育児・介護休業」とそのほかの制度の回答者数に大きな違いがあることに注意が必要である．「育児・介護休業」についての回答者のなかには，職場でほかの制度が導入されていない人が多く含まれるため，ほかの制度と比較しての

図10 柔軟な働き方別運用の大変さ（従業員調査）

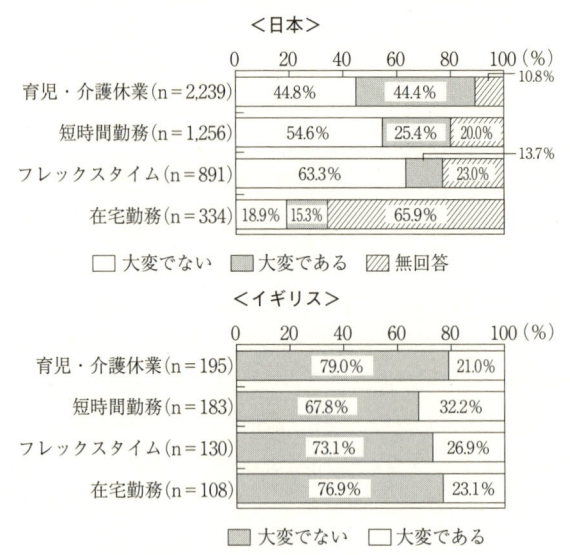

＜日本＞

	大変でない	大変である	無回答
育児・介護休業(n=2,239)	44.8%	44.4%	10.8%
短時間勤務(n=1,256)	54.6%	25.4%	20.0%
フレックスタイム(n=891)	63.3%	23.0%	13.7%
在宅勤務(n=334)	18.9%	15.3%	65.9%

＜イギリス＞

	大変でない	大変である
育児・介護休業(n=195)	79.0%	21.0%
短時間勤務(n=183)	67.8%	32.2%
フレックスタイム(n=130)	73.1%	26.9%
在宅勤務(n=108)	76.9%	23.1%

（注）それぞれ制度が「ある」と回答した場合の評価である．

回答ではない．また，逆に「短時間勤務」や「フレックスタイム」について回答している人の職場には，「育児・介護休業」に加えて，ほかの制度が導入されていることから，比較的先進的な職場である可能性がある．「在宅勤務」については，「無回答」の割合が高く，制度は導入されているものの利用者や利用できる職場が限られるなど，運用状況がよく把握されていない状態である可能性もある．

　イギリスについては，四つの制度間の回答傾向に日本ほどのばらつきはない．また，回答者数に大きな差がないことから，制度導入企業の割合にも大きな差のないことがうかがえる．全般的に，日本と比較して「大変でない」との回答割合が高いが，「短時間勤務」については，わずかな差ではあるがほかの制度に比べて「大変である」という回答が多くなっている．

　次に，生産性に与える影響について回答傾向をみると，日本では，「育児・介護休業」，「短時間勤務」，「在宅勤務」について，職場に与える影響として「プラスの影響」という回答が少なく，「マイナスの影響」という回答割合が高い（図11参照）．「フレックスタイム」については「プラスの影響」との回答割合が3

図11 柔軟な働き方別生産性に与える影響（従業員調査）

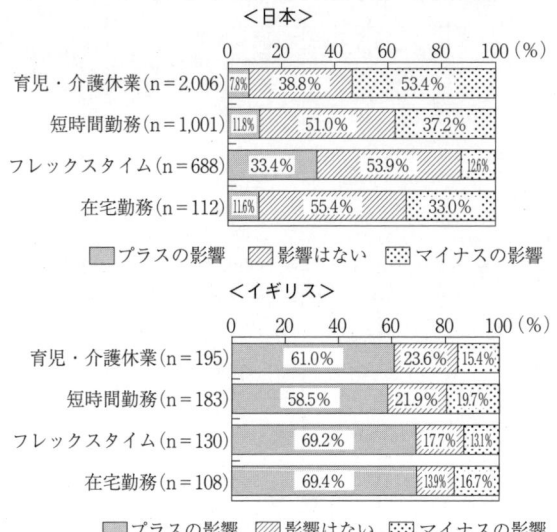

＜日本＞

制度	プラスの影響	影響はない	マイナスの影響
育児・介護休業 (n=2,006)	7.8%	38.8%	53.4%
短時間勤務 (n=1,001)	11.8%	51.0%	37.2%
フレックスタイム (n=688)	33.4%	53.9%	12.6%
在宅勤務 (n=112)	11.6%	55.4%	33.0%

＜イギリス＞

制度	プラスの影響	影響はない	マイナスの影響
育児・介護休業 (n=195)	61.0%	23.6%	15.4%
短時間勤務 (n=183)	58.5%	21.9%	19.7%
フレックスタイム (n=130)	69.2%	17.7%	13.1%
在宅勤務 (n=108)	69.4%	13.9%	16.7%

（注）それぞれ制度が「ある」と回答した場合の評価である．

割強とやや高い．一方，イギリスについては，いずれの制度においても，「プラスの影響」との回答割合が6～7割となっており，日本と比較して高い．働き方の中では，「短時間勤務」がわずかではあるが，「プラスの影響」という回答割合が低く，「マイナスの影響」という回答割合が高い．

このようにイギリスと日本を比較した時に，イギリスの方が柔軟な働き方について「運用が容易」と考える人や職場の生産性に「プラスの影響」を与えると考える人が多い．先に紹介したBERR［2007］では，導入している取組の数が多い，つまりは取組に積極的な企業ほど，取組にポジティブな評価を与えているとの結果がみられたことからも，柔軟な働き方の利用が進んでいるイギリスの方が，ポジティブな評価をしている人が多い可能性がある．

なかでも「短時間勤務」は運用が大変であり，生産性にマイナスの影響を与えると考える人が比較的多い制度であるが，どのような職場や上司が，この「短時間勤務」の運営を「容易」とし，「生産性にプラスの影響」を与えることに作用するのであろうか．

職場の特徴を示す目的で，「仕事と生活の調和に関する国際比較調査」の3

表8 短時間勤務の運用に関する職場の要因分析：イギリス

	モデル1		モデル2	
	短時間運用容易さ 大変でない=1 大変である=0	短時間職場の 生産性への影響 プラスの影響=1 それ以外=0	短時間運用容易さ 大変でない=1 大変である=0	短時間職場の 生産性への影響 プラスの影響=1 それ以外=0
1. 職場環境				
支援的上司	0.064	0.914***	−0.003	0.945***
業務多忙・折衝有	−2.327***	−0.252	−2.522***	−0.374
代替可能・公正	0.506	−0.393	0.514	−0.473
業務・能力明瞭	1.067***	0.469	1.224***	0.672**
付き合い多	0.255**	0.352***	0.289***	0.354***
裁量度低	0.047	0.168	−0.125	0.046
2-1. 柔軟な働き方の制度				
フレックスタイム制度あり	0.986***	0.759***	−	−
在宅勤務制度あり	0.247*	0.058	−	−
2-2. 柔軟な働き方の利用				
育児介護休業利用あり	−	−	−0.029	0.081
短時間勤務制度利用あり	−	−	0.894***	1.025***
フレックスタイム制度利用あり	−	−	0.940***	0.758***
在宅勤務制度利用あり	−	−	−0.124	0.201
3. 会社のWLB取組	0.781***	0.733***	0.811***	0.664***
4. 労働時間	−0.041***	−0.022***	−0.036***	−0.016***

(注) コントロール変数として, 企業属性（業種・規模), 個人属性（性別・年齢・子や配偶者の有無・役職）に関する変数を投入して推計している. 有意水準：***P<.01,** <.05, +<.10

問に設定された31の項目を主成分分析により集約し, 六つの分類軸を得た. ①支援的上司（業務量や重要な業務が特定の部下に偏らない, 部下の育成に熱心, 部下のWLBに配慮等10項目), ②業務多忙・折衝有（締め切りや納期の余裕がない, 仕事を進めるうえで非公式な調整に時間がかかる等6項目), ③代替可能・公正（同僚間のコミュニケーションは良好, 仕事のノウハウを教えあう, 性別に関わりなく能力を発揮できる等5項目), ④業務・能力明確（職務遂行に必要な能力が明確等3項目), ⑤付き合い多（周りの人が残っていると退社しにくい等2項目), ⑥裁量度低（仕事の手順を自分で決めることができない, 他と連携して行う仕事の2項目）である[17].

先に集約した職場環境と, 柔軟な働き方に関する制度の導入状況, 制度利用者の有無, 自社のWLB取組に対する評価, 労働時間を説明変数として,「短時間勤務の運用の容易さ」,「生産性へのプラスの影響」を支持する要因を分析する. なお, 職場環境については, イギリスのデータで行った主成分分析で集約された項目を用いて, 日本のデータでも同じく六つの分類軸を作成している[18].

表9 短時間勤務の運用に関する職場の要因分析:日本

	モデル1		モデル2	
	短時間運用容易さ 大変でない=1 大変である=0	短時間職場の生産性への影響 プラスの影響1 それ以外=0	短時間運用容易さ 大変でない=1 大変である=0	短時間職場の生産性への影響 プラスの影響=1 それ以外=0
1. 職場環境				
支援的上司	0.010	0.172**	0.363	−0.411
業務多忙・折衝有	−0.260***	0.020	−0.620**	−1.312***
代替可能・公正	0.122**	0.177**	0.232	1.052**
業務・能力明瞭	0.211***	−0.137	0.653***	0.555
付き合い多	−0.494***	−0.014	−1.257***	−1.254*
裁量度低	−0.241***	0.131	−0.268	0.757**
2-1. 柔軟な働き方の制度				
フレックスタイム制度あり	0.209***	0.272***	− −	− −
在宅勤務制度あり	−0.204**	0.359***	− −	− −
2-2. 柔軟な働き方の利用				
育児介護休業利用あり	− −	− −	−0.358	−0.295
短時間勤務制度利用あり	− −	− −	0.251	0.223
フレックスタイム制度利用あり	− −	− −	1.392***	−0.057
在宅勤務制度利用あり	− −	− −	−0.262	0.313
3. 会社のWLB取組	0.332***	0.160*	−0.115	−0.145
4. 労働時間	−0.011***	−0.006	−0.002	0.033**

(注) コントロール変数として,企業属性(業種・規模),個人属性(性別・年齢・子や配偶者の有無・役職)に関する変数を投入して推計している.有意水準:***P<.01,**<.05, +<.10

 なお,制度の導入と利用については,関連の強い項目であるため,モデルを1と2に分け,モデル1では,短時間勤務以外の柔軟な働き方である「フレックスタイム」と「在宅勤務」の制度の有無を投入した.モデル2では,制度導入のかわりに,「育児・介護休業」を含む四つの制度の利用者が実際に職場にいるかどうかを変数として投入している.

 イギリスの結果についてみると,「短時間勤務の運用の容易さ」については,モデル1では,職場環境のうち,「業務多忙で折衝が必要である」ことがマイナスの影響をおよぼしている(表8参照).また,「業務や必要な能力が明瞭」,「付き合いの多さ」についてはプラスとなっている.柔軟な働き方の制度としては,特に「フレックスタイム」が導入されていることがプラスとなっている.「会社のWLB取組に対する評価(他社に比べて進んでいる)」もプラスであり,「労働時間の長さ」はマイナス要因となっている.モデル2でも,職場環境については,「業務多忙で折衝が必要である」ことがマイナスであり,「業務や必要な能力が明瞭」,「付き合いの多さ」についてもモデル1と同様プラスとなってい

る．制度の利用については，「短時間勤務」と「フレックスタイム」の利用者が実際にいることがプラスとなっている．そのほか，「会社のWLB取組」や「労働時間」についても，モデル1と同様の結果となっている．

「職場の生産性」への影響をみると，モデル1では，「付き合いの多さ」と「フレックスタイム」の導入，「会社のWLB取組」がプラスである点と「労働時間の長さ」がマイナスとなっている点で，「運用の容易さ」と同様の傾向がみられる．モデル2では，「業務や必要な能力が明瞭」，「付き合いの多さ」，「短時間勤務」と「フレックスタイム」の利用者が実際にいること，そのほか，「会社のWLB取組」がプラスであり，「労働時間の長さ」がマイナスとなっている点で「運用の容易さ」と同様の傾向がみられる．一方で，二つのモデルに共通の結果として，「職場の生産性」については，「運用の容易さ」では影響のみられなかった「支援的な上司がいること」がプラスの影響となった．東京大学WLB推進・研究プロジェクト［2009］では，「効率的な業務管理」や「上司との良好なコミュニケーション」などが「仕事の生産性」と「WLB満足」を共に高めることが指摘されたが，本調査の結果からも，上司の職場マネジメントや部下に対する支援が「短時間勤務」という柔軟な働き方の導入と職場の生産性をWIN-WINの関係にするうえで鍵となることが示された．

次に，日本についてみると，「短時間勤務制度の運用の容易さ」については，モデル1では，「仕事の代替が可能で公正である（性別にかかわりなく能力発揮機会がある）」，「業務や必要な能力が明瞭」，「フレックスタイム」の導入，「会社のWLB取組」がプラスとなっている（表9参照）．一方で，マイナスの影響があるのは，「業務多忙で折衝が多いこと」，「付き合いの多さ」，「裁量度の低さ」，「在宅勤務」の導入，「労働時間」である．

「業務多忙で折衝が多いこと」，「業務や必要な能力が明瞭」，「フレックスタイム」の導入，「会社のWLB取組」，「労働時間」については，日英で同様の結果となっている．一方で，「付き合いの多さ」など，日英で逆の結果を示す項目もある．自分の仕事が終わっても周りの人が残っていると帰りにくいといういわゆる「付き合い残業」は，日本においてはしばしば長時間残業の課題として指摘されているところであり，職場のメンバーと飲みに行くことが多いということも，男性を中心に帰宅時間が遅くなることや，女性社員が情報から阻害される要因として課題視されるテーマである．イギリスの分析で，「付き合いの多さ」がプラスの影響となったのは，職場のメンバーと飲みに行くことや，

周りの人の帰宅を気にすることの「多さ」について，通常どの程度こうしたことが職場で行われているか，というレベル感に日本とイギリスの違いがあり，「職場の付き合い」に対するイメージが大きく異なるためではないかと考えられる．通常は職場のメンバーと付き合うことが少なかったり，周りの人の残業を気にしないことが当たり前の社会では，そうした「付き合い」のある職場は，「職場内の人間関係が良好である」という意味合いに捉えられる可能性がある．「短時間勤務」の運用においても，こうした「付き合い」というかたちである程度お互いの事情を気にしてくれる職場の方が，制度利用者のサポートや家庭環境に理解のある職場となる可能性がある．一方，こうした「付き合い」が頻繁な社会では，飲みにいくことの少ない職場や周りの人の残業を気にせずに帰れる職場が，仕事の効率や各自の生活時間を確保することに有用となろう．「短時間勤務」の運用においても，こうした「付き合い」が当たり前の社会では，制度利用者が先に帰ることについて気兼ねしたり，頻繁な職場内の付き合いから阻害されることで，コミュニケーション不足に陥る可能性が高くなる．

また，「裁量度の低さ」についても日英で逆の結果となった．仕事の手順を自分で決めることができないことや，ほかと連携して行う仕事であることは，日本ではまさに仕事の進め方における裁量がなく，自分の仕事時間をマネジメントしにくい要因として課題視されるが，仕事の手順を自分で決められないということは，業務内容や手順が明確化されていることの裏返しとも捉えられ，そのように捉えると，仕事を効率的に進めている職場というイメージになる．ほかと連携して行う仕事であることも，連携の意味の捉え方により，サポートしあえる職場というイメージで捉えられる可能性もある．「業務や必要な能力が明瞭である」ことは，イギリスと同様日本でもプラスであるため，業務や必要な能力が明確化されたうえで，どのような裁量が必要なのかは，今後詳細な調査が必要であろう．「仕事の代替が可能で公正である」ことは，イギリスでは有意な結果とならなかったが，日本ではプラスの影響となっている．この点についても，一般的にどの程度が当たり前のことであるか，という認識が日本とイギリスで異なっているためと考えられる．日本のホワイトカラーにおいては，仕事の代替可能性が低く，いまだに性別による能力発揮機会に大きな差があるため，こうした項目が効いてくるのではないだろうか．

柔軟な働き方の制度については，「フレックスタイム」があることはイギリスと同様日本でもプラスとなっているが，「在宅勤務」があることは日英で結

果が異なり，日本ではマイナスとなっている．「在宅勤務」制度の導入割合や利用率は，日本ではまだ極めて少ないが，企業の取組事例としては，短時間勤務と在宅勤務との併用でうまく運用されている例もあることから，この結果については，今後さらに検討が必要である．「会社の WLB 取組」についてはプラスであり，「労働時間」の長さはマイナスである点は，イギリスの結果と同様である．

モデル 2 については，制度の有無ではなく，実際の制度利用者の有無を説明変数に入れているが，日本は「フレックスタイム」の利用のみがプラスになっており，「短時間勤務」の利用については関係がみられなかった．実際に日本よりは多くの利用者がいて，すでに運用がうまくいっている職場のあるイギリスと，近年急速に実際の利用者が増えてきたことで運用課題が多く発見されるようになってきた日本との差が出ているとも考えられる．

「職場の生産性」への影響については，モデル 1 では，イギリスの結果と同様，日本でも「支援的な上司がいること」がプラスとなったが，モデル 2 では有意な結果とならなかった．「代替可能で公正であること」については，イギリスでは有意な結果となっていないが，日本では二つのモデルに共通して，プラスの影響がみられる．この結果は，日本の WLB 先進企業において，日頃から互いの仕事内容を把握すること（仕事の見える化）や，技術的にも代替しあえるよう能力開発を行うこと（多能工化）といった取組が重視されていることと呼応している．制度導入については，「フレックスタイム」と「在宅勤務」の導入がいずれもプラスとなっている．イギリスの企業インタビュー調査では，しばしば，柔軟な働き方で生産性をあげる方策として「在宅勤務」の有用性が指摘されたが，日本においても，「短時間勤務」は 1 人あたりの生産性が落ちるというイメージが根強いものの，フルタイムで両立をはかる方策である「フレックスタイム」や「在宅勤務」が導入されていることは，「短時間勤務」から「フルタイム」への復帰を容易にすると考えられることなどから，職場の生産性向上に有用な取組とみなされている可能性がある．一方，モデル 2 の制度の利用者の有無については，日本ではいずれの柔軟な働き方についても，実際に利用者がいることの効果が確認できなかった．ただし，このモデルを「実際に制度の利用者がいるかどうかをコントロールした結果」としてみると，職場環境について，モデル 1 よりも明確な傾向がみられる．「業務が多忙で折衝があること」はマイナスであり，「代替可能で公正であること」はプラスであり，「付き合い

の多さ」はマイナスとなっている．「裁量度の低さ」は，プラスとなっており，イギリスと同じ傾向がみられる．ただし，このモデルでは「労働時間の長さ」がプラスの影響となっており，この点は検討が必要である．

5 おわりに——日本への示唆

イギリスの WLB 施策と日英の働き方や職場環境の違い，柔軟な働き方の運用課題等を見てきた．ここから，日本の WLB 施策推進に対して，どのような示唆が読み取れるだろうか．

5.1 政策評価の重要性

イギリスの国における施策については，まず，2000 年の取組スタート以降の 3 回にわたる大規模な実態調査をふまえた政策評価の実施が注目される．企業における取組の進捗状況の確認と共に，社会政策としての WLB の効果についても検証が行われている．近年は，予算の関係で大規模な調査が行われていないため，法律の改正や景気後退の影響が把握されていないことが課題視されているが，こうした進捗確認や政策評価が日本においても必要であろう．日本では，近年，WLB の企業における生産性への影響に関心が集まりがちであるが，社会政策としての目的である男女共同参画社会の実現や，働くことと子どもをもつことなど多様な生き方を両立させることに有用な施策となっているかを検証していく必要がある．内閣府の仕事と生活の調和（ワーク・ライフ・バランス）憲章や行動計画で示されている数値目標や，働くことと子どもを産み育てる環境の両立指標としての合計特殊出生率の推移にも引き続き注目する必要がある．先に述べたとおり，イギリスでは，WLB は少子化対策と位置づけられてはいないが，2000 年以降出生率が回復してきていることは認められており，その点も日本としては注視すべきであろう．

5.2 働き方改革と社会サービス拡充の歩調を合わせる必要性

イギリスでは，日本でいう少子化対策ではないが，取組の当初から，子どもの育つ環境の整備という視点から WLB 施策が位置づけられている．日本においても，社会環境の変化を捉えるときに，単に出生率といった量的な変化にのみ注目するのではなく，子どもを含めた家族の質的な生活の変化にも着目すべ

きであろう.

　日本でもイギリスでも，保育等の子育て支援環境の整備と WLB 施策を平行して進めてきた．ただし，日本では，保育の量的な整備がニーズの拡大に追いつかない状況が続いており，待機児問題が深刻化している．子育て支援環境整備に投じられる予算が伸びていないために，量的な拡大に引き換えて，保育の質的な環境の悪化も懸念されている．イギリスでは，量的な拡大と同時に質の向上が目標とされており，質の向上については，民営化という手法に全面的に負うのではなく，保育従事者の教育や処遇改善を通じたレベルの向上や，環境整備への予算投入等が行われている．日本においては，企業の取組が進むなかで，例えば，育児休業は取得できても，復帰時に保育所に入れないために復帰をあきらめたり，年度初めの入所に合わせて復帰時期を極端に早めたりするという問題が起こっている．働き方の改善という意味での WLB 施策と子育てや介護などの社会サービス環境の整備は，同時に進めることが必要である．

　これまでは，長時間労働や育児休業が取得しにくいといった企業の WLB 取組の遅れが，ほかの欧米諸国には例をみない長時間保育や夜間保育，0 歳児の施設保育などのニーズを生み出し，社会的にも大きなコストとなり，通常の保育所はあっても両立ができないといった問題を引き起こしてきた．今後，このまま保育不足状態が続けば，充実してきた企業の取組にもかかわらず，例えば，育児休業は子が 1 歳まで取得できるにもかかわらず，子が 1 歳になると保育所に入れないために 0 歳児のうちに無理に早期復帰することや，復帰を断念するなど，企業の取組の効果を保育サービスの不足が打ち消してしまう可能性がある．また，短時間勤務制度が普及してきても，短時間勤務では保育所入所の優先順位が低くなってしまうために，制度を利用せず無理にフルタイムで復帰して，両立が困難になる可能性もある．また，こうした状態は，企業の WLB 取組の効果を低めるだけではなく，0 歳児保育や長時間保育などのニーズとなって，子育て環境整備負担にもはねかえってくる．WLB 施策と地域の子育て支援環境整備を車の両輪として，うまくかみ合うように進めていくことが必要である．

　今後は，介護についても企業の WLB 施策が進められるとみられるが，地域における介護環境整備との兼ね合いにも注目する必要がある．介護休業は，法定で 93 日間であり，制度利用者が自ら介護をするためには，十分な期間とはいえない．介護休業は，介護と仕事との両立のための環境整備の期間と捉え，

地域や親族間で介護体制を整える必要があるが，この際，介護資源が乏しいと，休業からの復帰やその後の両立が困難となる．休業ではなく，短時間や短日勤務，フレックスタイム，在宅勤務等の柔軟な働き方を活用して，仕事と介護の両立をはかることを前提に，必要な介護支援環境整備についても検討される必要があろう．

5.3 すべての人を対象とした職場マネジメント改革

また，イギリスのWLB施策は，日本と同様法的な対応は子育てや介護ニーズに限っているが，企業の取組としては事由を問わず，全従業員を対象とした取組に拡大されていた．イギリスで行われたWLBの政策評価においても，制度利用が子どものいる人や介護者に限らないことが指摘されている[19]．

日本においては，仕事と生活の調和（ワーク・ライフ・バランス）憲章等において「すべての人を対象とした取組」であることの必要性が強調されてきたものの，近年，法的な対応として，育児・介護休業法の改正が進み，子どもをもつ労働者の「権利」の強調や企業の運用における罰則規定が強調されてきたことにより，再び，子育てや介護など特別な事由をもった人に限った対応に注目が集まってきている．対象層が限定されることは，不公平感が強調されるのみならず，短時間勤務の運用を容易にしたり，短時間勤務を職場の生産性に対してプラスに運用するための「職場環境の見直し（業務・能力の明確化，多能工化や仕事の見える化による仕事の代替可能性の向上，上司のマネジメント力向上など）」などの取組が後手にまわることにも繋がる．育児休業や短時間勤務の利用が企業に義務づけられる一方で，こうした職場環境が見直されないままであると，短時間勤務者が職場のなかで効率的に働けない存在となり，短時間勤務制度の利用者に問題があるかのように誤認されてしまうことに繋がる．長時間残業が恒常化している職場や，契約社員やパートタイム・アルバイトなどいわゆる非正社員が正社員と同じ仕事を違う処遇で行っている職場，年功賃金が残っている職場などでも，短時間勤務制度は，評価・処遇を含めた合理的な運用が困難となる．こうした問題は，日本の企業内に依然として多く残っている．2010年の改正育児・介護休業法施行以来，急速に短時間勤務の増えた職場では，短時間勤務の運用の困難さや生産性に与えるマイナスの影響，短時間勤務利用者のキャリア意識の低さなどが多く指摘されている．しかし，個々の企業の事情をヒアリングしていくと，これらの課題は短時間勤務者や短時間勤務制度その

ものにあるのではなく，仕事における役割や配分・目標設定と評価が合理的に結びついておらず，柔軟な働き方を受け入れにくい従来の日本の職場運営に課題があることがわかる．育児ニーズのある女性を中心とした制度利用者のみに着目するのではなく，職場全体で働き方や人事制度全般を見直すことが重要である．

さらに，短時間勤務だけでなく，フレックスタイムや在宅勤務など，フルタイムでも両立がはかれる柔軟な働き方の選択肢を設けることで，長期にわたる短時間勤務ニーズを減らすことができる可能性がある．また，フレックスタイムや在宅勤務の運用には，目の前にいる部下しか管理できないという「オールドスタイル」のマネジメントから脱却する必要があり，こうしたマネジメント文化の変革を行うことが，短時間勤務を含めた柔軟な働き方と職場の生産性をWIN-WINの関係にする上で重要である．

国の取組としては，社会全体で，こうした視点からWLB施策を推進することの重要性を今一度強く示していく必要があろう．企業の自主的な取組としても，管理職のマネジメント意識の変革，マネジメント能力の向上，職場の業務内容や業務配分の見直し，制度利用者だけでなく「従業員全体の評価制度」や「評価制度の運用」の改革等が求められている．

5.4 柔軟な働き方を可能とする職場運営と制度利用者のキャリア形成支援

企業の取組については，WLBや柔軟な働き方の目的を再度確認することが求められる．WLBの取組が経営戦略として位置づけられることの重要性がしばしば指摘されるが，多様な人材を生かしていくことの必要性が，各企業レベルで具体的に認識される必要がある．イギリスでも指摘されたことだが，景気後退期には，ワークシェアリングやコスト削減策としての柔軟な働き方の促進に関心が集まる．イギリスではこうした目的であっても，実質的な働き方の見直しが行われることに対して前向きな評価が多く聞かれた．しかし，一方で，イギリス企業では，WLBを単に企業の生産性向上やコスト削減策としてみるのではなく，働く人のニーズや幸福感をも重視していた．働く人が幸福で，企業に対して強いコミットメント意識をもつことが，企業経営にもプラスであるという認識であり，WLB施策の個人の生活の質（QOL）に与える影響についても関心が払われている．日本においても，景気低迷期の残業削減策や生産性向上策としての側面が強調されがちであるが，従業員の視点からの評価も重要

である．さらに，女性の活躍推進についていえば，本来，これまで結婚・出産で退職してしまっていた層の女性の就業継続を目的として短時間勤務制度が必要とされており，こうした層の女性の働き方やキャリアに対する希望は，従来の男性ホワイトカラー層や両立支援制度がないなかでも就業継続してきた女性層とは異なっている．育児休業や短時間勤務制度の利用が進むことで両立可能な女性が増えてくると，企業としては，できるだけ早く男性ホワイトカラー層と同じキャリアコースに戻って欲しいと考えがちである．しかし，働き方の多様化を認め，元々異なる WLB 志向をもった層を受け入れたからには，キャリアコースについても多様化を検討する必要があろう．多様なキャリアコースのイメージを提示したうえで，制度利用層を対象としたキャリア形成支援により，従来の男性ホワイトカラー層とは異なるかたちで，昇進，専門性の追求，新たな仕事への意欲等，制度利用者の「やる気」を引き出していくことが重要である．それができないのは短時間勤務者を戦力としてみなせていないためであり，戦力とみなせないのは，正社員の評価は，「1 人あたりの生産性」基準が絶対で「時間当たり生産性」での評価ができないためである．また，管理職が多様な働き方をする人材をマネジメントして仕事のニーズにフィッティングさせるノウハウをもたないためである．短時間勤務者が急拡大してきた日本においては，今，この新たな人材の位置付けを間違えば，多様な人材を活用するというダイバーシティマネジメントの推進から後退する危険性がある．今回の日英での「短時間勤務」に対する評価の差を踏まえ，職場の働き方を柔軟化させる第一歩として，日本企業においては，「短時間勤務」を肯定的に受け入れる職場運営の好事例を開発し，マネジメントの手法を普及していくことが重要であろう．

注
1) 個々の施策推進が女性の就業率や合計特殊出生率の改善に結びつかなかった背景や，男女共同参画や少子化対策における基本的な働き方の見直しの重要性は，男女共同参画会議少子化と男女共同参画に関する専門調査会 [2005, 2006] において示されている．また，少子化対策の決定要因および男女の賃金格差の要因については，山口 [2009] に詳しい．
2) European Foundation for the Improvement of Living and Working Conditions [2003] は，欧州雇用戦略やリスボン戦略の背景にある EU 各国の男女の労働時間の実態と選好のギャップと政策課題等を示している．
3) WLB 政策は，組織再編により，貿易産業省 (Department of Trade and Industry,

DTI) から2007年にビジネス・企業・規制改革省 (Department for Business, Enterprise & Regulatory Reform, BERR) に，2009年にビジネス・イノベーション・技能省 (Department for Business, Innovation and Skills, BIS) に引き継がれている．

4) イギリスの国の施策については，2004年12月と2010年9月に筆者らが実施したDIS (2004年)，BIS (2010年)，TUS，NPO団体Working Familiesに対するヒアリング調査の結果とDIS・BIS等の公表資料に基づく．2004年12月の調査は，男女共同参画会議少子化と男女共同参画に関する専門調査会における調査の一環として実施されたものであり，その成果は，会議資料および同調査会報告書 [2003] において公表されている．http://www.gender.go.jp/danjo-kaigi/syosika/siryo/sy05-4.pdf.

5) これらの取組以前に，70年代から男女雇用機会の均等に関する施策等が推進されている．主な取組は，以下のとおり．1970年「同一賃金法」(1982年改正)，1975年「性差別禁止法」，「雇用保護法」，1989年「児童法制定」(子どものいる家庭支援サービスという考え方を打ち出し，保育サービスの提供に関する規制を実施)，1993年「母性保護規定改正」(ECの妊娠労働者指令 (92/85EEC) に基づき改正 (出産休暇，休暇，手当))，1997年「ハラスメント防止法」，1997年「行動準則の策定」(機会均等委員会 (EOC) による賃金における男女差をなくすための実務的なガイダンス策定.)

6) Department for Education and Skills [2004].

7) 企業の取組については，2004年に2社，2010年に3社を対象に筆者らが行ったインタビュー調査と各企業作成の公表資料の内容に基づいている．2010年の調査では，人事担当者に加えて，制度利用者や管理職を対象とした従業員ヒアリングも実施している．

8) "Work-Life Balance Employees 'Survey", "Work-Life Balance Employer Survey" 2000年から2006年までに3回実施された．

9) ただし，NPO法人Working Familiesによれば，法律が施行されてまだ数年であることや，子どもをもつ女性が長期にわたる短時間勤務利用を希望していることなどから，実際には，「短時間からフルタイムに戻りたいが戻れなかった」という事例は，まだあまり報告されていない．

10) サービスには，子どもを対象とした「手当て・給付」，「産休・育休手当て」，「保育サービス」が含まれる．

11) Department of Trade and Industry (DTI) [2004] "The evaluation of the Work-Life Balance Challenge Fund", Department for Business Innovation & Skills (BIS) [2010] "WORK AND FAMILIES ACT 2006 EVALUATION REPORT"

12) 日本は「育児・介護休業法」により，子が1歳になるまでの休業と3歳までの短時間勤務，所定外労働免除等の働き方を利用できる権利が認められている．イギリスは，先に述べたWork and Families Act 2006を指す．対象となる子の年齢や権利の強さ等は日英で異なる．

13) 日本の育児休業法が施行されたのは1992年であり，イギリスの制度導入は1999年．

14) 総務省「労働力調査」によれば，「男性雇用者と無業の妻からなる世帯」と「雇用者の共働き世帯」の数は，平成9年調査以降，「共働き世帯」が多くなっており，

その差はさらに広がる傾向にある．
15）育児・介護休業法では，かつては配偶者が専業主婦（夫）であるか，育児休業中であるなどの場合，労使協定により雇用主は「育児休業申請」を拒否できる内容となっていたが，平成 21 年の改正により，労使協定による除外は禁止となった．
16）こうした短時間勤務の職場での運用課題については，三菱 UFJ リサーチ＆コンサルティング［2010］に詳しい．
17）「仕事の手順を自分で決めることができる」はマイナス指標であったため，後で説明変数として 2 項目をまとめる際は，データの向きを反転させている．
18）日本のデータでも主成分分析を行った結果，三つの主成分に集約された．イギリスの結果の方が多様な側面を捉えられるため，イギリスの分類軸を用いて，日本の分析も行った．
19）イギリスにおける WLB に関する法律（仕事と生活の調和法）の効果については，BIS［2010］に詳しい．

参考文献

European Foundation for the Improvement of Living and Working Conditions［2003］"Working-time preferences and work-life balance in the EU：Some Policy Considerations for Enhancing the Quality of Life".
Department for Education and Skills ［2004］"Choice for parents, the best start for children：A ten-year strategy for childcare".
Department for BusinessEnterprise andRegulatory Reform（BERR）［2007］"The Third Work-Life Balance Employer Survey：Main findings"
Department of Trade and Industry（DTI）［2006］"The Third Work-Life Balance Employees' Survey：Executive Summary".
Department of Trade and Industry（DTI）［2004］"The evaluation of the Work-Life Balance Challenge Fund".
Department for Business Innovation & Skills（BIS）［2010］"WORK AND FAMILIES ACT 2006 EVALUATION REPORT".
佐藤博樹・武石恵美子［2010］『職場のワーク・ライフ・バランス』日本経済新聞出版社．
男女共同参画会議少子化と男女共同参画に関する専門調査会［2005］「少子化と男女共同参画に関する社会環境の国際比較報告書」．
男女共同参画会議少子化と男女共同参画に関する専門調査会［2006］「少子化と男女共同参画に関する社会環境の国内分析報告書」．
東京大学 WLB 推進・研究プロジェクト［2009］「働き方とワーク・ライフ・バランスの現状に関する調査」報告書．
三菱 UFJ リサーチ＆コンサルティング［2010］「短時間正社員制度導入の手引き（厚生労働省委託事業）」．
山口一男［2009］『ワークライフバランス――実証と政策提言』日本経済新聞出版社．

第8章

オランダにおけるワーク・ライフ・バランス
――労働時間と就業場所の選択の自由――

権丈英子

1 はじめに

　わが国では，仕事と生活のバランスに関して問題を抱えている人が数多くいると見られ，2007年12月には，「仕事と生活の調和（ワーク・ライフ・バランス）憲章」および「仕事と生活の調和推進のための行動指針〔以下，「行動指針」とする〕」が制定された．

　「仕事と生活の調和（ワーク・ライフ・バランス）憲章」では，WLBが実現した社会を「国民1人ひとりがやりがいや充実感を感じながら働き，仕事上の責任を果たすとともに，家庭や地域生活などにおいても，子育て期，中高年期といった人生の各段階に応じて多様な生き方が選択・実現できる社会」としている．具体的には，「就労による経済的自立が可能な社会」，「健康で豊かな生活のための時間が確保できる社会」，「多様な働き方・生き方が選択できる社会」という三つの柱をたてた．行動指針では，就業率や週労働時間60時間以上の雇用者の割合，育児休業取得率等に関する，10年後の目標値を示した．さらに2010年6月には，政労使トップの交代を機に，新たな合意が結ばれた．

　本章では，WLBに関するオランダのアプローチの特徴を捉え，日本への示唆を得ることを目的とする．オランダは，1990年代後半以降，経済・労働市場の成功を「オランダの奇跡」（Visser and Hemerijck [1997]）という言葉で評価されてきた．また，「世界初」，「世界で唯一」の「パートタイム経済」（Freemen [1998], Visser [2000]），あるいは「パートタイム社会」（権丈 [2006b]）とも呼ばれるように，現在，パートタイム労働者の割合が，ほかの先進国に比べて突出して高いうえに，労働時間の長さによって時間当たり賃金やほかの労働条件について差別することはできなくなっており，良質の短時間雇用機会が，未熟練労働だけでなく広範囲の仕事において存在する．また，日本では考えられな

いことであるが，労働者は労働時間を短縮・延長する権利までも認められており，男女ともに仕事と仕事以外の生活のバランスがとりやすくなっている．これに加えて，最近では，テレワークの推進によって，就業場所に関する選択の自由を高めることにも積極的に取り組んでいる．

本章では，はじめに，WLB に関連するいくつかの指標を，日本およびそれぞれ異なる特徴をもつ先進諸国（アメリカ，イギリス，ドイツ，フランス，スウェーデン）と比較しながら，オランダの特徴を確認する[1]．そして，オランダが，WLB 社会と評価できる理由を述べ，その社会を成立させている条件を，オランダ社会を理解する鍵となるパートタイム労働の制度と実態，そして日本の WLB にとって大きな課題となっている，仕事と育児の両立支援，さらには就業場所の柔軟性をもたらすテレワークについて検討する．また，2010 年 9 月に実施した，オランダの民間企業 4 社へのインタビュー調査から，オランダ企業における WLB の取組と人々の働き方の実態について考察する[2]．

なお，オランダにおける WLB は，企業主導のアメリカ（英語圏）型のアプローチに比べて，政府の役割が大きいヨーロッパ型のアプローチをとる．すなわち，企業間や個人間の格差の大きいアメリカ型に比べて，法律や労働協約によって規定される部分が大きく，対象範囲が広い．また，北欧やアメリカを典型例とする，フルタイム労働を標準的働き方とし，多様な働き方や休暇制度を活用することで働き方の自由度を高めて WLB を実現しようとするのではなく，パートタイム労働も 1 つの標準的働き方と認めながら労働時間を選択する自由度を高めることで，WLB を実現しようとしているといえる．

2 国際比較の視点から考えるオランダのワーク・ライフ・バランス

2.1 労働時間

WLB に関連して，日本では，男性を中心とした長時間労働が問題になっている．労働時間が長すぎると，仕事以外の生活に使うことのできる時間，いわゆる「可処分時間」の絶対量が少なくなり，生活への満足感が落ちることになったり，心身の健康を損なう事態も起こってしまう[3]．そこで，まずは，労働時間に関するいくつかの指標について，オランダにおいて仕事と仕事以外の生活のバランスが実際にうまく取れているのかどうかを確認しよう．

表 1 は，前述した 7 ヶ国における，労働時間に関連する四つの指標を示して

表1 主要国における労働時間に関する指標

	就業者1人当たり年間実労働時間 (2009年)	週労働時間50時間以上の者の割合 a) (%) (2000年)	パートタイム労働者の割合 b) (%) (2009年)	非自発的パートの割合 c) (%) (2009年)
日本	1,714	28.1	20.3	23.8
オランダ	1,378	1.4	36.7	4.4
ドイツ	1,390	5.3	21.9	18.3
フランス	1,554	5.7	13.3	28.7
スウェーデン	1,610	1.9	14.6	22.7
イギリス	1,646	15.5	23.9	5.8
アメリカ	1,768	20.0	14.1	8.1

(出所) 週労働時間50時間以上の者の割合はLee [2004, p.42] より，ほかはOECD.Statより引用．
(注) a) 日本とアメリカは，労働時間が週49時間以上の者．
b) パートタイム労働者とは，労働時間が週30時間未満の者．
c) 非自発的パートがパートタイム労働者に占める割合．非自発的パートとは，ヨーロッパ諸国では，パートタイムで働く理由として「フルタイムの仕事をみつけることができなかった」と答えた者，アメリカでは，「フルタイムの仕事をみつけることができなかったが，もっと長く働きたい」と答えた者，日本では，週35時間未満働く者で「もっと長く働きたい」と答えた者．

いる．まずは，就業者1人当たりの年間実労働時間をみる．7ヶ国中，オランダは1,378時間と最も短い一方，日本は1,700時間を超え，アメリカとともに最も長い[4]．また，日本では，「行動指針（2010年改定）」において，週労働時間60時間以上の雇用者の割合を現状（2008年）の10.0%から2020年に半減することを目標にしており，週60時間以上の者を長時間労働者とみなすことが多い．しかし，国際的には，週60時間以上の者についての調査はほとんどないため，ここでは，週50時間以上の労働者の割合を確認しておく．この割合は，オランダが1.4%と最も低い一方，日本は28.1%と高い[5]．このように先進諸国のなかで，日本では労働時間が長いのに対して，オランダでは短く，労働時間からみると，両国は対照的な社会となっている．

年間実労働時間は，フルタイム労働者だけでなくパートタイム労働者も合わせた労働者の平均であり，オランダの短さには，パートタイム労働者の割合が高いという事情もある．表1によれば，オランダのパートタイム労働者の割合は，就業者の36.7%を占め，この表に掲載していない国も含めたOECD諸国の中でも群を抜いて高い[6]．また，パートタイムで働く理由として，「フルタイムの仕事を見つけることができなかったから」と答える，いわゆる「非自発的パート」の割合は，ほかの先進諸国と比べてオランダでは低い．他方，日本についてみれば，パートタイム労働者の割合は，7ヶ国中，中程度であり，「非

自発的パート」の割合は，高い方となっている[7]．

このように，オランダでは，ほかの先進諸国に比べて，1人当たりの労働時間が短く，長時間労働者が少ないとともに，パートタイム労働者（短時間労働者）の割合が高いという，特徴をもっている．

2.2 就業率

前述のように，「仕事と生活の調和（ワーク・ライフ・バランス）憲章」では，「仕事と生活の調和が実現した社会」に必要とされる条件として，「就労による経済的自立」や「多様な働き方・生き方が選択できる社会」を揚げ，「行動指針（2010年改定）」において，2020年における「就業率」の目標値を次のように定めている．なお，カッコ内は現状（2009年）の数値である．

20〜64歳男女計 …… 80%　（74.6%）
15歳以上 …………… 57%　（56.9%）
20〜34歳 …………… 77%　（73.6%）
25〜44歳女性 ……… 73%　（66.0%）
60〜64歳 …………… 63%　（57.0%）
第1子出産前後の女性の継続就業率[8] …… 55%　（38.0%；2005年）

他方，EUの雇用戦略でも就業率向上を目指しているが，2000年のリスボン欧州理事会および翌年のストックホルム欧州理事会において，2010年における就業率の目標を次のように定めた．

15〜64歳男女計 …… 70%
15〜64歳女性 ……… 60%
55〜64歳男女計 …… 50%

また，2010年3月に今後10年に向けて発足した「欧州2020 (*Europe 2020*)」では，2020年の就業率の目標を次のように改めた．

20〜64歳男女計 …… 75%

表2　主要国における就業率　(%)

	20～64歳（2009年）				6歳未満児の母親（2005年）	
	男女計	男性（①）	女性（②）	②／①	末子3歳未満	末子3～5歳
日本	74.5	85.7	63.3	0.74	32.1a)	51.9b)
オランダ	77.5	83.2	71.8	0.86	69.4	68.3
ドイツ	74.2	79.6	68.7	0.86	36.1	54.8
フランス	69.5	74.2	65.0	0.88	53.7	63.8
スウェーデン	78.3	80.8	75.7	0.94	71.9	81.3
イギリス	73.5	79.2	67.8	0.86	52.6	58.3
アメリカ	71.3	76.3	66.5	0.87	54.2	62.8

(出所) 20～64歳の就業率はOECD.Statより筆者算出．母親の就業率は日本を除きOECD[2007, p.46]より引用．日本における母親の就業率は総務省統計局「労働力調査（詳細集計）」2005年平均より筆者算出．
(注) 就業率とは，当該年齢人口に占める就業者の割合．a) 0～3歳，b) 4～6歳．

　これらを参考にしながら，次に，就業率に関する指標を，表2で確認しておこう．まずは，日本の現行の「行動指針」および「欧州2020」の目標値になっている，20～64歳男女計の就業率を確認する．表2の7ヶ国は，男女計の就業率について，最も高いスウェーデンとオランダ，中程度の日本，ドイツ，イギリス，最も低いアメリカとフランスの三つのグループに分類できる．このように，男女計の就業率をみると，主要国のなかで日本は中程度である．しかし，男女別にみると，日本の男性の就業率が7ヶ国中最も高い一方，女性の就業率が最も低いという際立った特徴をもつ．すなわち，日本における就業率の男女差は極めて大きく，女性の就業率と男性の就業率の比（表2の②／①）は0.74と日本が7ヶ国中最も小さい．

　これに関連して，権丈[2009b]では，OECD 30ヶ国について，それぞれの国が，労働市場において，年配男性と働き盛りの年齢の女性のいずれを多く活用しているのかを検討した．具体的には，各国の労働市場の状況による就業率の差を調整するために，55-64歳男性と25-54歳女性の就業率を，25-54歳男性の就業率で除し，それぞれの相対的就業率を求め，これを比較した．その結果，日本は，OECD30ヶ国平均に比べて55-64歳男性の相対的就業率が著しく高い一方，25-54歳女性の相対的就業率がかなり低く，年配男性に比べて，働き盛りの年齢の女性の労働力の活用が進んでいないことを確認している．

　また，「行動指針」では，「第1子出産前後の女性の継続就業率」の目標値が設定されたが，これは，仕事と育児の両立が難しく，このため出産前後に退職

する女性が多いことが，日本のWLBの一つの課題と考えられるためとみられる．そこで，次にこの点を，先進諸国の6歳未満児をもつ母親の就業率により確認しておく[9]．表2の右側2列をみると，6歳未満児の母親の就業率は，オランダは末子3歳未満69.4%，末子3〜5歳未満68.3%とスウェーデンに次いで高いのに対して，日本はそれぞれ32.1%，51.9%と低く，オランダと日本の違いが明確に見られる．

2.3 労働力活用の二つのタイプ

ここで，表1の労働時間と表2の就業率から観察される結果をもとに，社会全体での労働力活用のあり方を整理しておこう．

就業者1人当たりの労働時間の長さをh，就業者数をEとすると，総労働力（または総労働時間）Lは，

$$L = h \cdot E$$

で表すことができる．ここで就業率をr，人口をPとすると，$E = r \cdot P$より，総労働力は

$$L = h \cdot r \cdot P$$

すなわち，

$$L = h \cdot \frac{E}{P} \cdot P$$

となる．ここで，総労働力Lおよび人口Pを一定とし，これを$L = \overline{L}$，$P = \overline{P}$と表せば，

$$\overline{L} = h \cdot \frac{E}{P} \cdot \overline{P}$$

となり，一定の総労働力を得るためには，就業者1人当たり労働時間hを増加させるか，就業者数Eを増加させるかのトレードオフに直面することが示される．ここで，この式の両辺を$\overline{P}$で除すると，

$$\frac{\overline{L}}{\overline{P}} = h \cdot \frac{E}{P}$$

となる．すなわち，

図1 「分業型」と「参加型」の社会

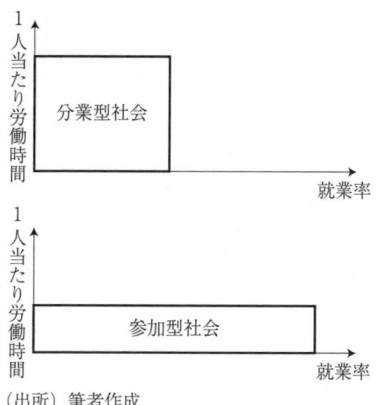

(出所) 筆者作成.

$$\frac{\bar{L}}{P} = h \cdot r$$

と表すことができる．この式から，人口で標準化した総労働力が一定のとき，就業者1人当たり労働時間と就業率はトレードオフとなることが示される．

図1は，この関係をモデル化したものであり，社会が一定の労働力を活用するとしても，限られた人に長時間働いてもらう「分業型」と，多くの人にさほど長くない時間働いてもらう「参加型」のアプローチがあることを示している．

前述したように，オランダに比べて日本は，就業者1人当たりの労働時間が長い一方，女性の就業率が極めて低いために全体の就業率があまり高くない，いわば男女役割分業に根差した「分業型」であるといえる．他方，日本に比べてオランダは，労働時間は短い一方，女性も含めてより多くの人が働いている「参加型」の国ということになる．

2.4 経済社会パフォーマンス

先進国のなかで長時間労働という特徴をもつ日本では，労働時間が短いと，生産性が落ちてしまうのではないかという疑問をよく耳にする．本当にそうなのか．

生産性を厳密に測定するためには同じ作業について同じ時間働いた場合にどれだけの生産量をあげているのかを比較する必要はある．しかし実際は，そう

した統計を幅広い職業や産業について得るのは容易ではないため，ここでは，生産性のおおまかな指標として，人口1人当たり GDP，労働1時間当たり GDP を用いることにする．

表3によれば，人口1人当たり GDP，労働1時間当たり GDP のいずれも，日本に比べてオランダのほうが高い．特に，オランダの労働1時間当たり GDP は，表のなかで最も高いアメリカとほぼ同水準である．こうしたことは，1人当たり労働時間の短いことが，生産性の低さに結びついているわけではないことを示唆している．また，失業率をみると，2009年にオランダは7ヶ国中最も低くなっている．

さらに，表3には，合計特殊出生率も示している．OECD 諸国の横断面データによる比較研究によれば，1960年代から1970年代までは，女性（特に子どもを産む年齢の女性）の労働力率が高い（低い）国々では合計特殊出生率が低い（高い），という負の相関関係が見られた．しかしその後，女性の労働力率が高い国々において，仕事と家庭の両立支援が整い始めた結果，出生率が回復し，1990年以降，女性の労働力率が高い国々のほうが，出生率が高い，という正の相関関係へと変わった（詳細は Kenjoh [2004]，男女共同参画会議少子化と男女共同参画に関する専門調査会 [2005]，山口 [2009] 参照）．表2において母親の就業率が低かった日本やドイツにおいて，表3において合計特殊出生率が低くなっている．オランダの合計特殊出生率は1.78であり，7ヶ国では中程度であるが，日本に比べると相当に高い．

以上の国際比較データをみると次のようにまとめることができよう．日本は，労働時間が長い一方，女性の労働力参加が低く，いわば男女役割分業に根差した「分業型」の社会であるといえる．対照的に，オランダは，1人当たりの労働時間が短く，幼児期の子どもをもつ母親も含めて，男女ともに就業率が高い「参加型」の社会になっている．

また，オランダでは，パートタイム労働者の割合が高い．パートタイム労働は一般に仕事と仕事以外の活動を両立しやすく，WLB のとりやすい働き方といえるが，時にはフルタイムの仕事がみつからないため，「非自発的に」パートタイムで働くこともある．その場合，パートタイムは魅力的な働き方とはいえないであろう．しかし，オランダでは，そうした非自発的パートは少ない．

さらに，1人当たりの労働時間が短く，長時間労働者も少なく，WLB がとりやすいとしても，このことが，生産性の低さや出生率の低さにつながってい

表3 主要国における経済社会パフォーマンス

	人口1人当たり GDP a) (USA=100) (2009年)	労働1時間当たり GDP a) (USA=100) (2009年)	失業率（%） (2009年)	合計特殊出生率 (2008年)
日本	70	67	5.1	1.37
オランダ	87	98	3.7	1.78
ドイツ	78	93	7.5	1.38
フランス	72	95	9.5	2.00
スウェーデン	81	85	8.3	1.91
イギリス	78	83	7.6	1.90 b)
アメリカ	100	100	9.3	2.12 b)

（出所）合計特殊出生率は国立社会保障人口問題研究所『人口統計資料集（2011年）』より，ほかはOECD.Statより引用．失業率は調整失業率（harmonised unemployment rate）による．
（注）a) 購買力平価換算，b) 2007年．

たり，あるいは，失業率が高いためにやむなく仕事を分け合っているのであれば，そうした社会はさほど魅力的ではないであろう．しかしながら，現在のオランダはそうした状況では，なさそうである．

3 ワーク・ライフ・バランスと「労働時間選択の自由」

3.1 労働時間の希望と現実

仕事と仕事以外の生活のバランスについて問題を抱える人の増加が日本での「仕事と生活の調和（ワーク・ライフ・バランス）憲章」制定にあたっての一つの問題意識となっているが，オランダと日本の労働者は，労働時間（仕事の時間）の長さをどのように評価しているのだろうか．

表4は，オランダ統計局「労働力調査」による雇用者を対象とした労働時間の増加・減少の希望に関する調査結果を示している．この表によれば，労働時間が現状のままでよいと答えた者は，男性88.4%，女性82.0%を占める一方，労働時間を増やしたい，または減らしたいと答えた者はそれぞれ1割に満たない．

表5は，類似の質問を日本のホワイトカラー職正社員を対象に行った「仕事と生活の調和に関する国際比較調査」の結果を示している．この調査によれば，現状のままでよい者が男性59.7%，女性60.3%であり，労働時間を減らしたい者が男性29.8%，女性31.5%と，オランダに比べて労働時間を減らしたい者が

表4 オランダにおける労働時間についての増加・減少の希望 (%)

	男性			女性		
	増やしたい	現状のままでよい	減らしたい	増やしたい	現状のままでよい	減らしたい
計（雇用者, 15-64歳）	5.4	88.4	6.2	9.7	82.0	8.3
労働時間別						
フルタイム	3.2	90.6	6.2	2.2	84.9	12.9
パートタイム	16.4	77.5	6.0	12.6	80.9	6.5
年齢階層別						
15-24歳	11.5	82.8	6.0	16.8	73.7	9.2
25-54歳	5.2	89.8	5.0	9.2	82.9	8.0
55-64歳	2.0	85.9	12.1	4.7	85.7	9.6
末子の年齢別 a)						
0-3歳	4.7	90.0	5.3	6.5	82.7	10.8
4-11歳	3.8	92.1	4.1	10.9	83.3	5.8
12-17歳	3.2	93.1	3.7	13.3	82.2	4.5

(出所) Centraal Bureau voor de Statistiek, Statline (Enquête beroepsbevolking, 2009年データ) より筆者作成.
(注)「所得が変わることを考慮したうえで，あなたは今後6ヶ月にもっと長く働きたいですか，短く働きたいですか．」についての回答．選択肢は，「もっと長く働きたい」，「同じ時間働きたい」「もっと短く働きたい」．調査対象は実労働時間が週12時間以上の者．35時間以上の者をフルタイム労働者，35時間未満の者をパートタイム労働者としている．a) 25-49歳の者.

かなり多くなっている.

　もっとも，「仕事と生活の調和（ワーク・ライフ・バランス）に関する国際比較調査」は，ホワイトカラー職正社員のみと対象が限定されている．そこで，質問形式は異なるが，正社員と非正社員の両方を含む連合総研「勤労者短観」の結果も，表5に掲載している[10]．ただし，オランダの調査及び「仕事と生活の調和（ワーク・ライフ・バランス）に関する国際比較調査」では，「労働時間が減ると所得が減る」ことを明示した質問なのに対して，「勤労者短観」では，そうした条件はないため，労働時間を減らしたいと答える者が多い可能性がある．

　「勤労者短観」によれば，現状のままでよい者が男性34.9％，女性49.1％であり，労働時間を減らしたい者が男性59.5％，女性41.1％，労働時間を増やしたい者が男性5.5％，女性9.9％と，労働時間を減らしたい者が圧倒的に多い．男性に比べて女性は労働時間を減らしたいと答える者は少ないが，これは，男

表5 日本における労働時間についての増加・減少の希望　　　　　　　　(%)

	男性			女性		
	増やしたい	現状のままでよい	減らしたい	増やしたい	現状のままでよい	減らしたい
仕事と生活の調和（ワーク・ライフ・バランス）に関する国際比較調査						
計（ホワイトカラー職正社員, 18-64歳）	10.5	59.7	29.8	8.2	60.3	31.5
労働時間別						
フルタイム	10.6	60.4	29.0	8.0	60.6	31.3
パートタイム a)	(8.3)	(47.4)	(44.3)	(11.9)	(53.5)	(34.7)
年齢階層別						
18-24歳	18.9	55.9	25.2	13.0	59.7	27.4
25-54歳	11.1	59.3	29.6	7.8	60.3	31.9
55-64歳	2.6	64.2	33.2	3.9	62.3	33.9
末子の年齢別 b)						
0-3歳	12.1	61.0	26.9	3.1	57.1	39.8
4-11歳	13.8	54.4	31.8	9.9	59.2	30.9
12-17歳	8.2	64.6	27.3	11.4	56.1	32.5
勤労者短観						
計（雇用者, 20-59歳）	5.5	34.9	59.5	9.9	49.1	41.1
労働時間別						
フルタイム	4.7	35.0	60.3	4.2	39.3	56.4
パートタイム c)	–	–	–	18.1	63.3	18.6

(出所)「仕事と生活の調和（ワーク・ライフ・バランス）に関する国際比較調査」および連合総研「勤労者短観」第12～15回調査（2006年10月～2008年4月実施）の個票データより筆者推計.「仕事と生活の調和（ワーク・ライフ・バランス）に関する国際比較調査」の詳細および関連した分析は，本書の第4章を参照.「勤労者短観」を用いた推計の詳細は，権丈［2009a］参照.

(注)「仕事と生活の調和（ワーク・ライフ・バランス）に関する国際比較調査」は，「現在の時間当たり賃金のもとで，あなたが自由に労働時間を選べるとしたら，あなたは労働時間を増やしますか，減らしますか．それはどの程度ですか．」についての回答．選択肢は，「増やす」，「変えない」，「減らす」．「わからない」と答えた者，性別，年齢，労働時間データに欠損値がある者は除く（サンプル数＝7,658）．「勤労者短観」は，「あなたの時間を，『仕事をしている時間』と『仕事以外の時間』とに分けた場合，現状の時間配分に対するお考えについてお答えください」についての回答．選択肢は，「現状の時間配分のままでよい」，「仕事の時間を減らしたい」，「仕事の時間を増やしたい」，「時間配分について考えたことはない」．無回答および「時間配分について考えたことはない」と答えた者を除く（サンプル数＝2,698）．週実労働時間が35時間以上の者をフルタイム労働者，35時間未満の者をパートタイム労働者としている．

a)「仕事と生活の調和（ワーク・ライフ・バランス）に関する国際比較調査」のパートタイム労働者を（ ）内に記載したのは，次の理由により，注意深い解釈が必要であるためである．日本では短時間正社員が非常に少ないため，サンプル数が少ない．また，調査時期が深刻な景気後退期であったため，操業短縮等により一時的に短時間勤務していた者を含む．
b) 25-49歳の者．
c)「勤労者短観」では，男性パートタイム労働者についてはサンプル数が少ないため，掲載していない．

性に比べて女性は，労働時間が短い者が多いためである．実際，フルタイムで働く女性に限定すると，56.4%の者が労働時間を減らしたいと答えている．

異なる国についての比較については慎重であるべきであり，特に本人の主観的評価を比較する際には，客観的な指標（就業率等の外から観察可能な指標）に比べてより一層注意が必要であるが，日本やオランダにおける他の調査結果からも推察するに，オランダでは日本に比べて，労働時間に関する満足度は高いようにみえる[11]．

もっとも，表4を詳細にみると，オランダでも労働時間の希望と現実には，ミスマッチがある．女性のフルタイム労働者で労働時間を減らしたいと答える者が多く，男女パートタイム労働者で労働時間を増やしたい者が，さらに，年齢3区分でみると，若年層には労働時間を増やしたい者が多く，高齢層では労働時間を減らしたい者が多い．女性は男性に比べて労働時間の増減を希望する者が多い．とくに，女性は，子どもの年齢によって労働時間増減の希望の変化が大きい．

アメリカにおける過剰就業（希望の労働時間に比べて実際の労働時間が長い状況）について分析したGolden and Gebreselassie [2007] は，労働時間の希望と現実のミスマッチの一つの要因として，ライフ・ステージに応じた希望労働時間の変化に，実際の労働時間の調整があっていない場合があること，たとえば，共働き世帯における家事や育児の必要性や健康上の理由を挙げているが，オランダの状況にも，この説明が当てはまるようにみえる．

以上のように，オランダでも，労働時間の希望と現実が完全に一致しているわけではない．しかし，日本に比べると，その不一致の度合いは小さい．なお，こうした労働時間の希望と現実が一致しない人々が，実際に労働時間を増減するためのアクションを起こしたかどうかはここではわからない．この点については，オランダの他の調査があり，それによれば，労働時間に不満を持っている人の2～5割程度がその後使用者に希望を出し，その約3分の2が実現しているという報告がある（Boelens [1997]）．

3.2 「労働時間選択の自由」の理論的説明

なぜ多くの日本人は，仕事の時間が長すぎると思いながらもその時間で働いているのであろうか．標準的な経済学は，労働供給者である個人は，与えられた賃金率の下で，所得と余暇（仕事以外の時間）について効用（満足度）を極大

図2　指定労働時間と労働時間選択の自由のもとでの労働供給行動

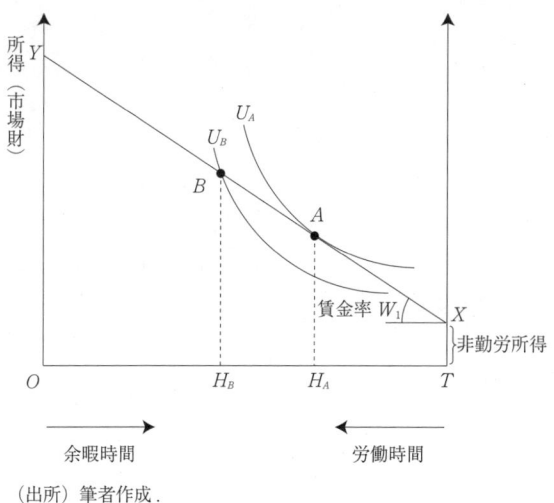

（出所）筆者作成.

化するように，労働時間（仕事の時間，同時に仕事以外の時間も決定される）を選択するという基本的枠組みを提示する[12]．この状況は，図2の所得余暇選好場において，賃金率 W_1 の下，個人は，最大の効用水準をもたらす点 A（労働時間 TH_A，余暇時間 OH_A，所得 $TH_A \cdot W_1 + TX$）を選択するというものである．この枠組みの下では，現在の労働時間は各人の労働者による合理的な選択の結果であるとみなされることになる．

　ところが，企業が実際に提示する雇用機会には，多くの場合すでに労働時間（残業時間を含めて）が定められており，労働時間を選択する自由が労働者に与えられているわけではない．個人には，定められた労働時間と賃金率（およびほかの労働条件）のパッケージに対して，働くか働かないかという二者択一の選択肢しか提示されていないのが普通である．つまり，労働時間が TH_B のように指定されているとき，点 A に比べてより低い効用水準しか実現しない点 B（余暇時間 OH_B，所得 $TH_B \cdot W_1 + TX$）が，非就業を示す点 X の効用水準よりも高いかぎり，理想の労働時間ではなくても就業することになる．ここで，労働時間を選択する自由度が高まり，H_A の労働時間，すなわち点 A を選ぶことができれば，賃金率が W_1 のまま変わらないとしても，この個人の効用は高まる．

人々の選好は一時点では所与とみなすことも許されるだろうが，現実には長期的に変化し得る．たとえば，育児や介護などの事情で，仕事以外の時間についての選好が高まることがある．仕事以外の時間への選好が強い個人にとっては，点 B が非就業を示す点 X よりも低い効用しかもたらさないかもしれない．その際，個人は非就業を選択することになる．

　仕事と仕事以外の生活のバランスについて個人の希望を尊重しようとするWLB の中心的な取組は，個人が最も満足度が高い点 A を実現できるようにすることにあると要約することができ，日本では主に次の二つが課題になっている．一つは，個人の希望に比べて長過ぎる指定労働時間を短くし，個人の希望に近づけることである．もう一つは，賃金率やほかの労働条件を（大きく）変えることなく，個人のライフ・ステージに応じた選好に合わせて労働時間を選択する自由度を高めることである．たとえば，各種休暇・休職制度や短時間勤務制度は，家族の育児・介護や本人の病気等，所定の事由が生じた場合，一定期間，仕事から離れたり労働時間を短縮したりすることにより，年単位もしくは週単位の労働時間選択の自由度を高める機能を果たしている．また，フレックスタイム制や始業・終業時間の繰上げ・繰下げ制度などは，働く時間帯に関する制約を緩和するかたちで，労働時間についての自由度を高めている．

　もっとも，日本でも最近では，パートタイム労働をはじめとする柔軟な働き方の選択肢が増えてはいる．確かに，これらの働き方は，労働時間を自由に選ぶことができるかのようにみえる．しかしながら，こうした雇用機会は，図3の W_2 のように，大幅に低い賃金率とセットになっていることが多く，そこで労働者の直面する所得制約は，図3の線 $XCDY$ で表される．このように制約条件に屈折点がある状況では，労働者にとって，労働時間を自由に選択できるとはいえない．こうして，日本の労働者は，必ずしも理想的とはいえない労働時間で働いている場合が多くなっていると考えられる．

　これに対して，オランダは，長時間労働が少なく，希望に比べて長過ぎる指定労働時間で多くの人が働いているという状態にはない．そして，労働時間を選択する自由度も高い．特に，パートタイム労働の待遇改善とその活用が広範囲であることによって，（日本ではみられる）図3の屈折点がないようにしていること[13]．また，労働者に労働時間を変更する権利を認めることで，希望する労働時間を実現しやすくしているのである．

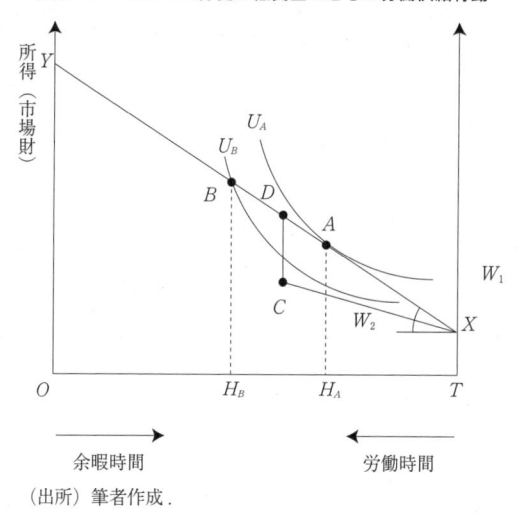

図3 パートタイム労働が低賃金のときの労働供給行動

(出所)筆者作成.

4 広範囲にわたるパートタイム労働の活用

4.1 パートタイム労働者の割合

オランダでは，先進諸国のなかでもパートタイム労働者の割合が突出して高いことを，表1において確認した．パートタイム労働は，フルタイム労働に比べて，仕事をしながらほかの活動にも多くの時間を割くことができるため，WLBのとりやすい働き方といえる．この節では，オランダにおけるパートタイム労働がどのように活用されているのかをみていく．

図4は，オランダと日本における就業者に占めるパートタイム労働者の割合を，男女年齢3区分別に示したものである．日本に比べて，オランダでは，パートタイム労働者の割合が男女ともにかなり高い．とくに，女性では，いずれの年齢層でも，パートタイム労働が過半を占め，オランダ女性にとっては，フルタイム労働ではなく，パートタイム労働が「典型的な」働き方となっている．

一般に，パートタイムで働く者には，仕事と家庭の両立を図ろうとする既婚女性や労働市場への参入・退出の時期にある若年者や高年者が多いことが知られている（権丈ほか［2003］，大沢・ハウスマン［2003］）．確かに，図4でも，男

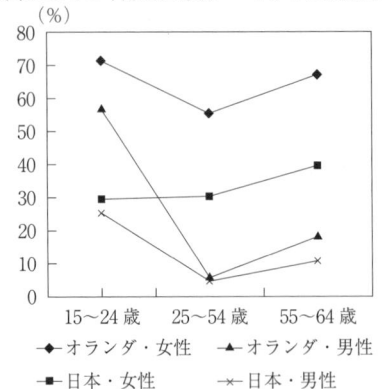

図4 オランダと日本における年齢3区分別パートタイム労働者の割合（2009年）

（出所）OECD.Stat より筆者作成.
（注）就業者に占めるパートタイム労働者の割合. パートタイム労働者とは，労働時間が週30時間未満の者.

性では若年層と高年層に多いV字型を示している（オランダでは，特に若年層のパートタイム労働者の割合が高い）．女性は男性に比べて，パートタイム労働の割合が高く，男性ではこの割合が低い25～54歳層でも，女性ではほかの年齢層に比べた落ち込みが小さい．

他方，働き盛りの既婚男性がパートタイムという働き方を選択することは，かなり珍しいこととみられているが，パートタイム労働者の割合の高いオランダではどうだろうか[14]．権丈［2006a］では，パートタイム労働者を，週35時間未満と定義して，20～54歳の既婚男女の就業形態（フルタイム労働，パートタイム労働，非就業）に関する選択を分析した．この研究によれば，オランダでは，既婚女性ばかりではなく，既婚男性の就業行動も子どもの存在や配偶者所得によって影響を受けていることが分かった．具体的には，6歳未満の子どもがいる場合や配偶者所得が高い場合，男性もフルタイムでなくパートタイムで働く確率が統計的に有意に高くなっている．

4.2 パートタイム労働に関する法整備

オランダにおけるパートタイム労働者の待遇改善は，1980年代前半から始まった[15]．当初は，労働協約（Collectieve arbeidsovereenkomst, CAO）のなかで定められたが，1990年代にはパートタイム労働に関する法整備が大幅に進

んだ．1993年には，それまで最低賃金法の適用除外になっていた週12時間未満の労働者に対しても，最低賃金法が適用されるようになった．続いて1996年には労働時間による差別が禁止された．これにより，賃金・手当・福利厚生・職場訓練・企業年金など，労働条件のすべてにわたって，パートタイム労働者もフルタイム労働者と同等の権利が保障されるようになった．

さらに2000年には「労働時間調整法 (Wet Aanpassing Arbeidsduur, 通称パートタイム労働法, De Deeltijdwet)」により，労働者は，時間当たり賃金を維持したままで，自ら労働時間を短縮・延長する権利までもが認められるようになった．すなわち，「労働時間調整法」では，従業員10人以上の企業において，労働者がその企業に1年以上雇用され，かつ，過去2年間に労働時間の変更を求めたことがない場合には，労働者は労働時間を短縮・延長する権利を持つ．EUの「パートタイム労働指令」(1997年) では，「使用者はできるだけ，同一企業内で可能なフルタイム労働からパートタイム労働への転換の希望，また，パートタイム労働からフルタイム労働への転換の希望を考慮すべきである」という規定があるが，その規定よりも，オランダの法は労働者に一歩進んだ権利を保障しているといえる．

4.3　パートタイム労働とフルタイム労働の賃金格差

このように現在までにオランダでは，労働時間の違いによる時間当たり賃金格差は，「制度（法律）上」なくなっている．とはいえ，制度（法律）と運用（実態）には乖離がみられることも多々あるので，ここで，パートタイム労働者はフルタイム労働者と本当に同程度の賃金を得ているのかどうかをみてみよう．

図5と図6は，オランダと日本における男女常用労働者の年齢階層別時間当たり賃金を，20〜24歳の男性フルタイム労働者の賃金を100として描いたものである．両国ともに，年齢に伴う賃金上昇は，男性フルタイムが最も大きい．しかし，日本に比べてオランダでは，男女ともに，フルタイムとパートタイムの賃金格差が非常に小さいことがわかる．

また，パートタイム労働者とフルタイム労働者では，男女比や年齢構成以外の属性が異なることが多い．たとえば，教育水準，勤続年数，就業分野など様々な属性の違いが，フルタイム労働者とパートタイム労働者の賃金格差をもたらしていることもある．こうした属性の違いを統計的にコントロールした分析結果をみても，オランダでは，パートタイム労働者とフルタイム労働者のあいだ

図5　オランダにおける常用労働者の時間当たり賃金（2005年）

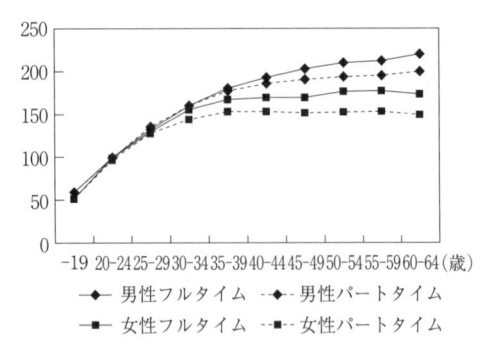

◆ 男性フルタイム　　◆ 男性パートタイム
■ 女性フルタイム　　■ 女性パートタイム

（出所）Centraal Bureau voor de Statistiek, Statline (Enquête werkgelegenheid en lonen) より筆者作成．
（注）1時間当たり所定内給与額．20〜24歳の男性フルタイム労働者の時間当たり賃金を100とした場合の各年齢階層における相対的賃金．

図6　日本における常用労働者の時間当たり賃金（2010年）

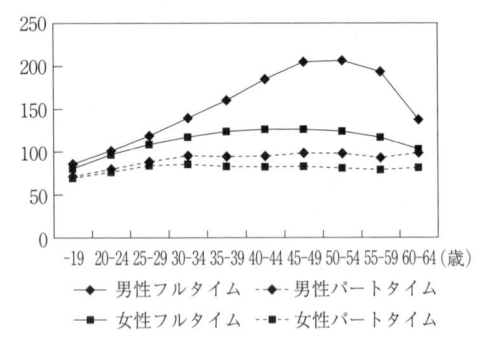

◆ 男性フルタイム　　◆ 男性パートタイム
■ 女性フルタイム　　■ 女性パートタイム

（出所）Centraal Bureau voor de Statistiek, Statline (Enquête werkgelegenheid en lonen) より筆者作成．
（注）1時間当たり所定内給与額．20〜24歳の男性フルタイム労働者の時間当たり賃金を100とした場合の各年齢階層における相対的賃金．

の時間当たり賃金の格差は非常に小さい（詳細は，権丈ほか［2003］，権丈［2006b］）．

　パートタイム労働者とフルタイム労働者の賃金格差がきわめて小さい背景には，オランダでは，パートタイムという働き方が，未熟練の低賃金労働だけではなく，様々な業種・職種に広がっているという事情もある．EUの「労働力調査」（2002年）を用いて，EU15ヶ国における，産業別・職業別のパートタ

イム労働者割合を調べた権丈 [2006a] によれば, EU 諸国におけるパートタイム労働者の割合は, 一般に熟練度が比較的低い仕事に多く, 管理的職業や専門的職業では少ない. こうした傾向はオランダでもみられる. しかし, パートタイム労働者の割合が非常に高いオランダでは, 管理的職業の 20.5%, 専門的職業の 41.8% がパートタイムで働いており, パートタイム労働の活用が広範囲にわたっている.

5 仕事と育児の両立支援

5.1 保育サービス

パートタイム労働が広く活用されているオランダでは, 仕事と育児の両立支援は, どのように行われているのだろうか. オランダは, 伝統的に保守的でキリスト教民主主義の影響が強く, 1980 年代までは子育ては全面的に母親が担うべきであるという意識が強かった[16]. 表 2 では, 現在, オランダ女性の就業率が高いことを確認したが, 歴史を振り返ってみれば, この国における女性の労働市場への進出はごく最近のことといえる. オランダの女性の就業率は, ほかのヨーロッパ大陸諸国や日本と比べても, 長い間, 極めて低く, 1985 年でも 35.5%(15〜64 歳)にとどまっていた. この年日本の女性就業率は 53.0% であった (OECD.Stat).

こうした状況のもと, オランダにおいて, 一般児童を対象とする保育サービスに, 公的補助が本格的に投入されるようになったのは相当に遅く 1990 年以降のことであった. ところがその後の保育サービスの拡張は目覚ましく, 4 歳未満児の保育所利用率は 1990 年の 5.7% から 2008 年には 34.0% へと上昇した (Sociaal en Cultureel Planbureau [2009, 2011]).

もっとも, オランダにおける保育所利用は週 2, 3 日程度が多く, 夫婦がパートタイム労働を組み合わせ, 子どもも保育所をパートタイムで利用する場合が多い. この背景には, 保育料の費用負担が大きいことや家庭保育重視の意識もある. 図 7 には, 子どものいる世帯が主に利用している保育サービスを示しているが, 保育所等のフォーマル保育のほか, 祖父母を中心としたインフォーマルな保育 (無償) がかなり活用されていることがわかる. また, いずれの保育も利用していない世帯が, 4 歳未満では 4 割程度あり, 子どもの年齢が高まるにつれてその割合は増加する. これらの世帯では, 夫婦のいずれかが専業主婦

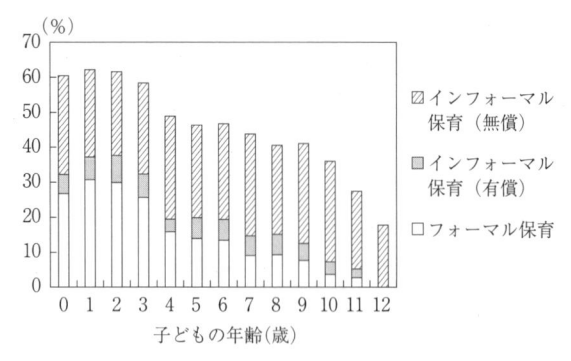

図 7 オランダにおける 12 歳以下の子どものいる世帯が主に利用している保育サービス（2007 年）

(出所) Centraal Bureau voor de Statistiek, Statline (Enquête beroepsbevolking) より筆者作成.
(注) 子供の両親のうち少なくともいずれかが 12 時間以上の就業している世帯. フォーマル保育は，主に保育所だが，認可家庭保育（保育ママ）を含む．インフォーマル保育（有償）は，民間のベビーシッターなど．インフォーマル保育（無償）は，祖父母，家族，友人，知人．上記三つに該当しない場合は，子供の親のみによって保育が行われている．

(夫) である場合のほかに，夫婦の片方または両方がパートタイム労働を組み合わせて，保育サービスを利用しない場合なども含まれる．

2005 年 1 月に保育法（Wet Kideropvang）が施行された．この法によって，従来保育サービスの供給側に対して行われていた補助を，直接需要側（利用者）に対して行うという変更がなされた．これは，複雑になっていた保育サービスの補助制度を整理するとともに，市場メカニズムを活用して消費者の選択の幅を広げることを目指したものである．新制度導入以降，保育サービスへの補助金の増加もあったため，親にとっての平均保育料は低下し，保育サービスの利用率は高まった．しかし，制度導入にあたって期待されていた女性の労働供給の増加効果は，これまでのところ小さい．親や祖父母などによる保育から，フォーマルな保育への代替が起こったために，保育サービスの利用率が上昇した部分もあるとみられている（Jongen [2010]，2010 年 9 月の社会雇用省でのインタビュー調査による）.

5.2 育児休業制度と関連制度

オランダにおける育児休業制度は，1991 年に創設されたが，その後の改正

を経て，2009年1月からは，子どもの両親がそれぞれ約半年間休業できることになった．より正確には，表6のように，子どもが8歳になるまでのあいだに，週契約労働時間の26倍の時間，休業できるというものである．ただし，実際には，半年間完全に休業するというよりは，週労働時間を短くしてパートタイムで働き（パートタイムで休業するかたちで）取得することが多い．また，休業は出産後直ちに継続して取得する必要はなく，取得期間を分割することもできる．休業中の所得保障は，労使の自主的な取組に任されており，公的部門では75%の所得保障がなされるが，民間では無給のところも多い．

オランダにおける育児休業取得状況をみると，2008年の取得率は，女性37.1%，男性17.9%であった[17]．日本では，2007年の「行動指針」で，育児休業取得率を，女性72.3%から80%へ，男性0.5%から10%へと上昇させることを目指した．その後の「行動指針（2010年改定）」では，取得率の高い女性についての数値目標はなくなり，男性についてのみ，2020年に13%とすることを目標としている．

ここで，日本とオランダの女性の育児休業取得率に注目すると，オランダは37.1%であり，日本の72.3%に比べて低い．このことから，日本に比べてオランダでは，出産前後に継続就業する女性が少ないような印象を受けるが，実はそうではない．日本では，育児休業取得率は高いが，実際には出産を機に離職する者が多く，これとは逆に，オランダでは，育児休業の取得率は低いが，出産後の就業率は高い．オランダでは，パートタイムで働いている者が多いため，育児休業を取得する必要性を感じない者が多いのである[18]．

男性の取得率については，オランダの17.9%は，日本はもとより，他のヨーロッパ諸国と比べても高いほうである（Fagan, *et al* [2007]）．オランダの男性の育児休業取得率が高い背景には，育児休業の取得資格が，子ども1人につき一定期間休業できるという世帯ベースではなく，子どもの両親のそれぞれにつき一定期間休業できるという個人ベースで付与されているためとみられる．これは，オランダでは育児休業制定時から，育児休業の取得資格が世帯ベースで与えられる場合，夫婦のいずれが取得してもよい場合でも結局は女性が取ることになり，男女の役割分業を固定化してしまうことに配慮がなされたためである（Plantenga and Remery [2009]）．

表6には，オランダの（法定の）家族関連休暇制度——産前産後休暇，父親休暇，養子休暇，育児休業，短期・長期介護休暇，緊急休暇——をまとめてい

表6　オランダにおける法定の家族関連休暇制度（2009年10月現在）

名称	内容	対象	休暇中の所得保障	使用者は申請を認めないことができるか
父親休暇	配偶者の出産後4週間のうちに2日間．出産時及び出生届の提出については，緊急休暇を利用．その後使用者に申請して取得．	雇用者	所得の100%	不可
産前産後休暇（妊娠母親休暇）	出産前後16週間．産前は予定日の6週間前から取得でき遅くとも4週間前に開始．出産後は10週間以上．	雇用者及び自営業者．ただし，自営業者は2008年6月4日以降に生まれた子供が対象．	所得の100%上限あり（自営業者は，税引き前の最低賃金を上限）．	不可
養子休暇	養子縁組する両親または里親が，実際に子供が家庭で暮らす日の2週間前から16週間後までの間に連続して4週間．	雇用者または自営業者（両親がそれぞれ取得可）．	所得の100%	不可
短期介護休暇	病気の子供，配偶者，親の介護のための短期間の休暇（他に介護できる人がいない場合のみ）．年間，週労働時間の2倍の時間．突然の病気については緊急休暇を利用し，2日目以降取得．	雇用者	所得の70%以上上限あり．	業務に重大な支障がある場合，可．
緊急および他の短期休暇	個人的理由による緊急事態のための休暇．事情に応じて2～3時間から2～3日．	雇用者	所得の100%	不可
長期介護休暇	病気の子供，配偶者，親の介護のための長期間の休暇．12ヵ月に，最大で週労働時間を半分にして12週間．	雇用者	無給（ライフコース貯蓄制度が利用可）．	業務に重大な支障がある場合，可．
育児休業	子供が8歳になるまでの間に，週労働時間の26倍の時間（2009年1月以前に取得を開始した場合は13倍）．週労働時間を半分にして約1年間取得することが多い．フルタイムでの休業や分割取得も可．	勤続1年以上の雇用者（両親がそれぞれ取得可）．	無給（ライフコース貯蓄制度が利用可）．	不可
他の無給休暇	様々な理由のため（教育，旅行，休養等）の一定期間の休暇．使用者と相談の上取得．	雇用者	無給（ライフコース貯蓄制度が利用可）．	可

（出所）Ministerie van Sociale Zaken en Werkgelegenheid（http://home.szw.nl/index.cfm）．
（注）労働協約により，ほかの取り決めがある場合もある．

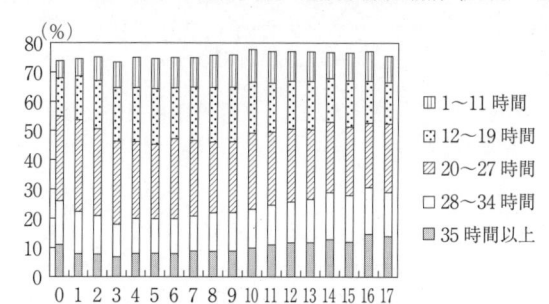

図8 オランダにおける末子の年齢別母親の週労働時間の構成（2006〜2008年）

凡例：
- 1〜11 時間
- 12〜19 時間
- 20〜27 時間
- 28〜34 時間
- 35 時間以上

末子の年齢（歳）：0〜17

（出所）Centraal Bureau voor de Statistiek, Statline（Enquête beroepsbevolking）より筆者作成．

る．興味深いことに，オランダでの休暇中の所得保障は，短期休暇については従前所得の100％が多いが，育児休業や長期介護休暇といった長期休暇については，無給であることが多いとともに，パートタイムで働きながら，パートタイムで取得することが標準となっている．

また，2006年1月にはライフコース貯蓄制度が施行された．これは，無給休暇について休暇中の所得を賄うために準備された制度である．この制度は，課税前所得の一部を貯蓄し，後に無給休暇を取る際に引き出すことができるというもので，税制上優遇される．介護，休息，育児，学業，退職前等様々な目的のために，利用することができる[19]．

5.3 母親の労働時間の分布

図8は17歳以下の子どもをもつ母親の労働時間が，末子の年齢に応じてどのように変わるかを示している．本図の労働時間別就業者割合の合計は，就業率となる．

興味深い点のひとつは，日本では，末子の年齢が高まると女性の就業率が上がるのが一般的であるが，オランダでは末子が0歳であっても就業率は高く，子どもが成長しても就業率は，ほとんど変化しないことである．また労働時間をみると，週35時間以上のフルタイム就業の母親は，全体を通して1割程度に過ぎず，様々な労働時間でのパートタイム労働が，子どもをもつ母親の働き方として広がっていることが分かる．

6 ワーク・ライフ・バランスの実現とテレワークの導入

WLBを推進する一つの方法として,「ICT（情報通信技術）を活用した,場所や時間にとらわれない柔軟な働き方」[20] すなわちテレワークの導入・普及がある．仕事と生活の調和（ワーク・ライフ・バランス）憲章でも,在宅型テレワーカーを2008年の330万人から,2015年に700万人にするという数値目標を掲げている．その数値のもとになった,国土交通省「テレワーク人口実態調査」によれば,就業者に占める在宅型テレワーカーは,2008年に5.1%,2009年に5.2%となっている．在宅型テレワーカーは,「就業者に占める自宅（自宅兼事務所を除く）でテレワークを少しでも行っている（週1分以上）狭義テレワーカー[21]」である．

主要国におけるテレワーク,特に在宅勤務の普及状況を確認しておこう．表7のSIBISの2002年と2003年調査による在宅勤務者合計が,日本の在宅型テレワーカーにほぼ相当するとみられる．在宅勤務者比率は,現在の日本よりも高い国が多いが,なかでも,オランダは,その比率が最も高い．またオランダは,EFILWC（2005年調査）でも,25%の時間を在宅勤務している雇用者が12.0%と,他国と比べてかなり高くなっている．

オランダ統計局（CBS [2008]）によれば,図9のように,オランダ企業の約半数がテレワーカーを雇用している．ここで,テレワーカーとは,「自分の所属する部署のある場所以外で,会社のICT（情報通信技術）システムにアクセスして規則的に働く雇用者」である．就業場所は自宅に限らないためより広義になっている一方,会社のICTシステムにアクセスできることを条件にしているため,単に会社の書類を自宅のパソコンで作成する場合は含まず,企業が制度としてテレワークを導入しているかどうかをみる指標となる．

このテレワーク導入率は,企業規模が大きいほど高く,従業員10〜19人では38%であるが,250〜499人で87%,500人以上で91%である．図9では,産業別の導入率を示している．「金融保険」,「事業所向けサービス」が事業の性質上導入率が高いが,大企業の多い「電気,ガス,水道供給」でも高くなっている．一方で,対人サービスやその場での作業が必要になる「ホテル・レストラン」,「建設」では,低い．また,「製造業」は中程度である．

このように,国際的にみるとオランダは,テレワークの普及度がかなり高い．

表7 主要国におけるテレワーカー比率 (%)

	SIBIS 2002/03					EFILWC2010 (2005年調査)	
	在宅勤務者比率（雇用者）		モバイル勤務者比率（雇用者）	自営業におけるテレワーカー比率	テレワーカー比率合計	在宅勤務者比率（雇用者）	
	在宅勤務者合計	週に1日以上				25%以上の時間	ほぼすべての時間
オランダ	20.6	9.0	4.1	5.0	26.4	12.0	1.9
ドイツ	7.9	1.6	5.7	5.2	16.6	6.7	1.2
フランス	4.4	2.2	2.1	0.8	6.3	5.7	1.6
スウェーデン	14.9	5.3	4.9	2.0	18.7	9.4	0.4
イギリス	10.9	2.4	4.7	4.5	17.3	8.1	2.5
アメリカ	17.3	5.1	5.9	6.3	24.6	−	−

（出所）Statistical Indicators Benchmarking the Information Society (SIBIS) *Pocket Book 2002/03*, (http://www.sibis-eu.org/). および EFILWC [2010].
（注）SIBIS 2002/03 のテレワーカー比率合計は，在宅勤務，モバイル勤務，自営業のテレワークの重複を除いたもの．

図9 オランダにおける産業別テレワーク導入率（2007年）

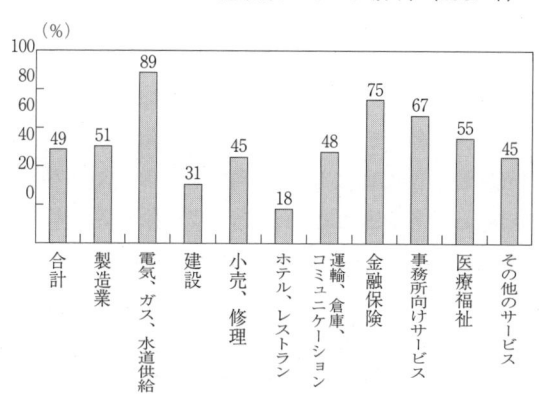

合計	製造業	電気、ガス、水道供給	建設	小売、修理	ホテル、レストラン	運輸、倉庫、コミュニケーション	金融保険	事務所向けサービス	医療福祉	その他のサービス
49	51	89	31	45	18	48	75	67	55	45

（出所）CBS [2008].
（注）自分の所属する部署のある場所以外で，会社のICT（情報通信技術）システムにアクセスして規則的に働く雇用者がいる企業の割合．従業員10人以上の企業に対する調査．

しかしながら，オランダでは，テレワークに関する規制は法律では行っておらず，労使の自主的取組に任せている．これまでの重要な取組として，2003年の労働財団による「テレワークに関する勧告（Aanbeveling Inzake Telewerk）」がある[22]．これは，前年のヨーロッパの労使の代表による「テレワークに関す

る枠組み合意」を受けたものであり，同合意を翻訳しその内容を紹介するとともに，テレワークを労使レベルで普及させていく方向を明示し，労働協約のなかにどのようにテレワークを導入するかの例を提示した．

そこでは，テレワークのメリットとして，次のことをあげている．雇用者にとっては，①就業場所と働く時間帯の選択の自由度が高まることで，個人の事情に合わせて働きやすくなるため，仕事の満足度が高まること，② WLB が取りやすくなること，③仕事を以前よりも効率的に計画し，集中して行うことができるので，生産性が向上すること，④職場までの通勤を減らすことができ，交通混雑の緩和に役立つことを挙げている．使用者にとっては，①以前よりも効率的で柔軟性が高まること，②管理コストを節約できること，③病気欠勤を減らすことができること，④病気の労働者や障害者を社会に再統合するために役立つことをあげている．また，社会全体として，交通混雑の緩和，環境問題に配慮できることを強調している．

一方で，テレワークのリスクとしては，①労働時間が長くなってしまい，過労や仕事と個人の生活の区別ができなくなってしまう危険性があること，②社会的コンタクトが少なくなり，孤独に陥る危険性があること，③テレワークの導入によって職場の組織や文化を変える可能性があること，特に，テレワークが高レベルの仕事のみの特権にならないように留意することを指摘した．

さらに 2009 年には，労働財団は「移動可能性とテレワーク勧告（Aanbeveling Mobiliteit en Telewerken）」をまとめた．これは，数年来，オランダにおいて問題となっている交通混雑について，労使が協力して取り組むことに合意したものである．交通混雑の緩和によって，人々の移動可能性を高め，労働市場におけるチャンスを高めることを目標にしている．そのために，労使は労働協約のなかで，フレックスタイムやテレワークなどの柔軟な働き方ができるようにすること，これによって，人々の WLB の実現を容易にし，労働市場への参加を促し，スムーズに移動もできるようになることを意図している．なお，この交通混雑の問題は，例えば，OECD [2010] でも 1 つの章が割かれている．同書によれば，オランダの通勤時間は 1 日平均 50 分で EU 諸国のなかで最も長いという．

7 オランダ企業におけるワーク・ライフ・バランスの取組

前節までは，オランダにおける WLB に関する制度的な枠組みとマクロレベルの調査結果について論じてきた．この節では，オランダの民間企業が WLB にどのように取り組んでいるのかを，2010 年 9 月 6 日（月）〜 10 日（金）に実施した，オランダの民間企業 4 社の人事部および従業員へのインタビュー調査結果をもとに考察する．対象企業は，金融保険業 2 社および製造業 2 社である．

7.1　A 社（金融保険業）

オランダに本社のある多国籍企業で，銀行，保険，資産運用業務を行う．オランダ国内の従業員約 28,000 人（フルタイム換算ではその 95%），女性比率 36%，平均年齢 42 歳（男性 43 歳，女性 41 歳）．

A 社では，WLB は，従業員に時間と場所について柔軟性を与える施策と捉えている．各人がその能力と可能性を自分の仕事に最大限活かすことができるように計画できるようにすることを意図している．

フルタイム労働者の契約労働時間は，週 36 時間である．労働者は 1 日 9 時間週 4 日働くことが多いが，その場合もフルタイム勤務とみなす．原則としてすべての仕事で短時間（パートタイム）勤務が可能となっており，短時間勤務は，単に労働時間が短いだけで，フルタイム労働者と同等の権利（ただし時間比例が原則）をもつ．男女とも利用でき，利用目的の制限はない．ただし，週 50 時間以上働く者もいる上級管理職では，短時間勤務は難しいとみられている．一般に，短時間勤務は，女性の利用者が多く，典型的には週 30 〜 32 時間（週 4 日）勤務であるが，それよりも労働時間を短くすることもできる．ジョブシェアリングの例はあるが多くはない．

テレワークについては，2005 年頃から積極的に取り組むようになり，2008 年の労働協約において，全従業員が，テレワーク——在宅勤務，ほかの支社，テレワーク・センター（サテライト・オフィス），あるいはそれ以外の場所での勤務——を利用できるようになっている．一部の人を除いて，固定した部屋や机はなく，荷物はカートに入れて移動する．

テレワークを行うには，事前に届出の必要はなく，それぞれが働きやすい場

所で働き，共有の電子カレンダーに記入する．週4日働くことがフルタイム労働者の標準的働き方であり，在宅勤務を活用する者も多いため，会議を，部署ごとに特定の日（例：火曜日と木曜日）に設定するようにしている．在宅勤務の際のセキュリティの問題について，通常の在宅勤務では，パソコン，IP電話，webメールを活用する．ただし，会社の全機能にアクセスするには，事前に登録する必要があり，①カード，②指紋，③パスワードの3点で照合する．現在，在宅勤務を利用する者の半分くらいが登録している．

テレワークをはじめとした柔軟な働き方は，オフィス・スペースの削減や通勤費用の節約になる．また，優秀な人材の確保・定着に役立つと考えている．特に，金融保険業では，リーマン・ショック前の好況時に新卒者の採用難があったこと，一般に離職率は高いため，優秀な人材の確保・定着には柔軟な働き方を提供することが不可欠であったという．最近では，国をあげた交通混雑の削減や環境への配慮の動きがあることから，柔軟な働き方の推進は，社会的な責任と考えられている．また，従業員にとって通勤による時間のロスやストレスが軽減されること，働く時間帯を個人の都合で選ぶことにより，WLBが取りやすくなることによって，企業側は，従業員がより効率的に仕事ができ，仕事意欲も向上することを期待している．

柔軟な働き方を定着させていくには，評価を職場にいること（労働時間）による評価から，仕事の成果による評価へ変える必要があった．これは，基本的に，「信頼」の問題である．職場にいたとしても本当に仕事をしているか確認するのは難しいのだから，職場に来なくても仕事をきちんとすればよいという発想の転換が必要であった．ただし，管理職のなかには，そうした発想の転換が容易にできない者がおり，導入当初は，従業員が在宅勤務の申請をしても上司が許可しないこともあった．また，個々の業務についてどれだけの時間がかかるかを調べる必要もあった．

有給休暇は，上級管理職も含めて全員取得する．休暇取得にあたっては，事前に準備し，可能な場合はほかの人に仕事を振り分ける．ほかの人が代わりにできない仕事は，休暇後に片づける．留守メールで，自分の担当業務を細分化し，担当者を振り分ける連絡をする．緊急時は，メールや電話で連絡することになっている（ただし，実際にはめったに利用しない）．こうした連携をスムーズに行うためには，日頃からのコミュニケーションが重要である．

女性労働者は法定の産前産後休暇の後，育児休業を取得する者もしない者も

いるが，比較的短期間で職場に復帰する．表6のように，育児休業期間は完全休業した場合で6ヶ月と短いからである．また育児休業を活用して労働時間を短縮し，週3〜4日勤務で働くことが多い．男性も子育てのため週4日程度の短時間勤務を利用する．オランダの法律によれば，産休期間中は従前所得の全額を企業側が支払うが，その後育児休業期間中は原則として無給である．A社では，育児休業期間中の追加的な給付は行っていない．

同業他社と比べて特に進んでいるわけではないという自己評価であったが，労働時間の柔軟性やテレワークの導入などでは，日本からみると別世界のような印象を受けた．

7.2　B社（金融保険業）

オランダの大手保険会社．従業員約16,000人，パートタイム労働者比率68%，女性比率51%．管理職は従業員の7%（パートタイム労働者比率38%，女性比率32%）．

オランダの民間ベースの事業において，WLB先進企業として表彰されている．2005年に，同じく保険業を営む，テレワークの先駆的企業として知られるE社と合併した．合併後，両社の労働条件を合わせる必要性，会社としての一体感を高めること，高スキルの人材確保のため等の目的により，働き方の柔軟性を高める取組に力を入れた．

中心プログラムである「ライフサイクル・ダイバーシティ・マネジメント (Lifecycle and Diversity Management, LDM)」は，2007年9月以降，三つの段階を経て導入した．その過程では，専門家（大学教授2名）のアドバイスを求めると共に，労働組合や従業員協議会と協力して進めた．LDMは，すべての人のすべてのライフ・ステージを対象とし，一人ひとりの多様性を活かし，労働市場と潜在的な顧客にとって魅力的な印象を与え，会社としての一体感をもたせるためのものである．個人の希望に合わせた働き方（オーダーメイド，maatwerk）の実現に取り組むとともに従業員と直属の上司とのコミュニケーションを重視する．

フルタイム労働者の契約労働時間は週36時間である．毎年10月，労働時間を変更するかどうかの確認がある．週34〜40時間では，フルタイムの雇用契約のままで変更できる．賃金は労働時間比例で決定される．また，上司の同意があれば，1年間のうち，時期によって労働時間を変えることが可能であり，

例えば，平均週34時間であれば，夏にはそれよりも長く冬には短くということができる．労働時間を週34時間よりも短縮することを希望する場合は，パートタイム勤務の雇用契約となる．ただし，時間比例を原則とするので，フルタイムからパートタイムの雇用契約となっても待遇が大幅に変わるわけではない．インフォーマルなルールとして，管理職については，週32時間以上就業することを期待している（現在，下限を週24時間とすることを検討中）．

LDMでは，職業人生を，①開始，②大志，③（仕事と生活の）組合せ，④エキスパート，⑤着陸という5段階に分類し，それぞれの段階で直面する課題を整理した．この5段階は，年齢・性別とは独立なコンセプトである．LDMの検討に当たって，当初は，子供のいる女性や高齢者を対象に施策を検討していたが，最終的には，全従業員を対象にすべきということになったという．職業人生における5段階を明確にすることで，従業員を，単なる働き手ではなく職場以外の生活をもつ人間としてとらえやすくなった．また，個人の希望に沿った働き方（maatwerk）を提供することについていえば，以前は，従業員は等しく処遇されるべきという考え方が強く，個別に対応することが妨げられていたが，今は，従業員とその直属の上司が話し合って決め，本人の希望に沿った働き方を提供することができるようになった．前述したように，1年に1度，従業員と直属の上司が話し合う正式のミーティングがあるが，日頃からコミュニケーションをとることが重視されている．

A社と同様，B社でも，全従業員がテレワークを行うことができ，一部を除き，固定した部屋や机はない．そうした柔軟な働き方のメリットとしては，通勤時間の節約により，個人の生活との組み合わせがしやすく，仕事時間を確保しやすい．企業にとっては，オフィス・スペースの削減，通勤費用の節約というメリットもある．会議は，それぞれの部署で特定の曜日（例：水曜日と木曜日）に設定する．在宅勤務には，事前の許可は必要なく，共有の電子カレンダーを用いて就業場所を報告する．仕事の成果が重要であり，どこでどのようにやるかは問題ではないこと，「信頼」が重要であることを，ここでも指摘された．

ついでながら，同社では，2010年1月よりシルバープール（Zilverpool）という，58.5歳以上の高齢余剰人員の企業内での就労を支援するプログラムを開始している．これは，オランダにおける最近の高齢者雇用の促進という方面での積極的な取組である．

同社では，同業他社と比べて従業員のWLBについてかなり積極的に対応し

ているという自己評価をしている．また，従業員のWLBを考慮した，柔軟な働き方を導入することにより，2005年以降，従業員満足度が上昇したこと，人材確保がしやすくなったこと，会社としての一体感が高まったこと等，プラスの評価を行っている．また，従業員の健康維持・満足度向上に努めることは，保険会社としてのイメージアップにも役立っているという．

7.3 C社（製造業）

オランダに本社のある多国籍企業で，家電，医療機器の製造販売を行う．従業員全世界約116,000人．女性比率35%，管理職の女性比率16%，役員の女性比率10%．本社人事部で，オランダおよびヨーロッパ全体の状況を伺ったが，以下では主にオランダの状況を記す．

フルタイム労働者の契約労働時間は，週40時間[23]——労働時間は年間を通じた平均なので実際の労働時間は週によって35時間のときも45時間のときがあってもよい．フルタイム労働は週5日勤務．パートタイム労働は週2〜4日勤務である．パートタイム労働者の割合は，1割強とオランダの全国平均よりは低い．管理職や秘書など職場にいることが必要な仕事では，ジョブシェアリングを活用して短時間勤務をすることがあるが，さほど多くはない．その理由として，同レベルの仕事ができる相性のよい2人を見つけるのは，容易ではないというのがあげられていた．

上級管理職には労働時間についての定めはなく労働時間は長いが，年25日間の有給休暇は取得する．中級以下の管理職，一般社員の有給休暇は，年30日間と年齢加算分である．インタビューしたC社の本社では，外国とのコンタクトや国内外への出張があるので，残業はやや多めで，週契約時間よりも10〜15%程度長く働いている．

テレワークは，職場イノベーションという項目のなかで在宅勤務日（home office days）という名前で呼ばれている．本社では，従業員の20%が在宅勤務を活用している．ただし，製造部門ではもっと少ない．自宅で仕事をする場合には，事前に連絡しても，朝上司に電話してもよい．会議があれば職場に来るし，そうでなければ家で働いても会社で働いてもどちらでもよいことになっている．ビデオ・カンファレンスも行っている．セキュリティについては，会社のラップトップを用いることで対応している．自宅のパソコンを用いて仕事をする場合は，メールのみの利用となる．

在宅勤務のメリットの一つは，オフィス・スペースを節約できることにある．今後，オフィスの建て替えに合わせて，フレキシブル・デスク——固定した部屋や机をもたず，荷物をカートに入れて移動する仕組み——を進める予定である．すでに，本社ビルの二つの階では導入し，成功している．ビデオ・カンファレンスの活用は，出張削減に役立っている．働き方の柔軟性をもたせることで，従業員はWLBが取りやすくなり，それによって彼らの満足感や帰属意識を高めることができている．3年前から，従業員による満足度評価を，管理職評価の対象にしている．

女性は，産休後は短期間のうちに職場に戻り，（育児休業制度を活用して）週3，4日の短時間勤務をすることが多い．その後2，3年してからフルタイム勤務に戻る．女性だけでなく，男性も子育てのため週4日勤務を利用する．産休・育休期間中の仕事については，本人と上司が話し合い，臨時労働者を雇う場合も，同じ部署の人に仕事を振り分ける場合もある．新たにその仕事をしたい人に機会を与える場合もある．

柔軟な働き方の導入については，意識の改革が必要で，管理職のなかには新しいやり方に馴染めない人もいた．以前は，皆が同じ時間に職場にいることで仕事をしている気がしたのに，職場で働いている姿をみないことでコントロールを失うように感じるという．柔軟な働き方を進めることは，職場にいること（労働時間）ではなく仕事の成果を評価することに評価法が変わるということである．結局は「信頼」の問題である．

なお，C社，特にオランダでは，同社で働いていることに誇りを持っている人が多く，新卒から65歳の定年年齢まで継続する人が多い．上級管理職の7～8割は内部昇進による．"talent pool"と呼ばれる幹部候補生を選別し，訓練する仕組みを整えている．

7.4　D社（製造業）

アメリカに本社のある多国籍企業で，電子制御システム，自動化機器の製造販売を行う．オランダ国内は従業員約1,200人．製造業企業向けテクニカルサポート部の人事担当者に話を伺った．同部署の従業員は180人．うちホワイトカラー30％，テクニカル・スタッフ（製造部門にいるが高度な技術が必要であり，ブルーカラーではない）70％である．現在，テクニカル・スタッフには女性はいない（以前はいたこともあった）．女性は，管理的業務，財務人事，及びコール・

センター（ヘルプデスク）に合計10人である．

　フルタイム労働者の契約労働時間は週40時間である．勤務時間が週40時間よりも短い者が5人．典型的なパートタイム労働者は，週32時間（週4日）勤務または週24時間（週3日）勤務である．また，パートタイム労働者には女性が多いが，子育て中の男性も週4日勤務をすることがある．また，契約労働時間は，年間平均なので，週によって労働時間を変えることができる．

　現在，産休取得中の者がいるが，その代替要員として臨時労働者を雇っている．産休取得者の給与は企業が支払うが，代替要員を雇う場合の給与（上限あり）は政府が支払う．前述のように，オランダの法定の育児休業は，子供が8歳までの期間に半年間（週契約労働時間×26週）取得できる．また，現在，育児休業中の者もいるが，彼女は，週1日育児休業を利用し，週4日勤務している．このうち，1日は在宅勤務で，3日がオフィスで勤務している．

　D社では，フレックスタイム制を採用し，会議等は午前10時から午後4時に設定することになっている．ホワイトカラーでは，朝，家で仕事をしてから出社することも可能であるし，在宅勤務も可能である．柔軟な働き方のメリットとして，仕事の能率が上がる，通勤時間による時間や体力のロスを防げる等をあげている．ただし，事前に上司と相談して，在宅勤務の日時，フレックスタイムの場合の出社時間などを決定する．

　オランダには，ADV dag（Arbeidsduurverkorting dag）という労働時間短縮の制度がある．この制度は，1980年代に，1人当たりの労働時間を削減することで雇用を維持しようとする，ワークシェアリングの手段として，多くの労働協約によって導入された．現在もあるかどうかは，それぞれの労働協約による．D社が属する労働協約では，1年当たり13日（1日8時間×13日＝104時間）が定められている．年間104時間というのは，1年間52週とすると1週間当たり2時間に相当する．したがって，週契約労働時間40時間といっても実際に労働する時間は週38時間ということになる．ADV dagは，追加の有給休暇のようなものであるが，翌年への繰越ができないので，（翌年への繰越ができる）有給休暇よりも先に取得するのが一般的である．

　そのほかに，労働時間調整法により，労働時間短縮の申請（申請者は男性）がなされたときには，それに対応した．また，法定外の休暇としては，慶弔休暇を会社独自で定めているが，これは他企業でもよくあるという．

　同業他社と比べてWLBや柔軟な働き方が進んでいるかという質問について

は，労働協約にしたがっているため，同水準だと評価している．ただし，賃金水準については，同業他社と賃金水準の情報を交換し，平均より少し高くなるように設定しているという．また，新卒採用はせず，20代後半から40代後半までの経験者を採用する．しかし，中途採用者の定着率はよく，60～62歳で退職するまで継続して働く人が多いという．

7.5 考察

　オランダの民間企業4社におけるWLBの状況についてまとめておく．基本的に，労働時間については，いずれの企業でも，ごく一部の上級管理職をのぞき長時間労働はほとんどみられない．フルタイム労働者とパートタイム労働者の均等待遇も実現しており，個人が労働時間を選択する自由度が高い．契約労働時間は年間の平均で，実際には時期によって変化させることが可能で，個人の希望と仕事の繁閑を調整し，労使の双方にとってメリットがあるように工夫している．働き方の柔軟性を高める取組みは，育児や介護など特定の理由を定めたものではなく，理由にかかわらず全従業員が利用できるようになっている．休暇等については，基本的に法律・労働協約にしたがっているようである．
　パートタイム労働者は，1日の労働時間がフルタイム労働者と同じで，1週間の労働日数が少ないことが多い．出産後の女性は，産休後すぐか，その2，3ヶ月後には職場復帰し，（育児休業による時間短縮を活用する場合もしない場合もあるが）パートタイムで働くことが多い．
　オランダでは，労働時間の柔軟性はすでにかなり高くなっているが，現在は，就業場所の柔軟性を高めることに取り組んでいる．いずれの企業でも在宅勤務は可能になっているが，全社的な取組という点で，（第7節でテレワークの導入率を確認したとおり）金融保険業が製造業よりも先行していた．金融保険業2社では，全社的にテレワークを実施しており，一部を除いて固定したオフィス・机がなかった．製造業のC社も管理事務部門ではその方向に進んでいる．D社では，テクニカル部門の比重が高く，事業所規模もあまり大きくないため，全社的な取組としては進めておらず，個別に対応している．在宅勤務は，現場での作業が多い製造業の現場を抱えていると進みにくいとともに，男性比率の高い製造業ではフルタイム労働者の割合が高いため，オフィス・スペースの削減効果も小さくなることが，テレワークへの対応の違いをもたらしているように見える．さらに，金融保険業では，労働者の流動性が高く，人材獲得競争の

なかで柔軟な働き方を進めたという動機もあったようである．この点，訪問先の製造業2社では，労働者の定着率が高く，人材獲得面での苦労は小さいようであった．

柔軟な働き方を導入・推進していくポイントとして，職場にいること（労働時間）による評価から仕事の成果による評価へと変える必要性と，従業員に対する「信頼」が重要であることを繰り返し指摘された．また，管理職の意識改革が難しかったが，次第に慣れるということも何度も聞いた．日本の首都圏における長い通勤時間やラッシュアワーの混雑の情報はオランダにも伝わっているため，日本でのテレワークの本格的活用を示唆された．

8　おわりに

社会が一定量の労働力を活用しようとするとき，限られた人に長時間働いてもらう「分業型」と，多くの人にさほど長くない時間働いてもらう「参加型」という，大きく二つのアプローチがある．「参加型」の社会では，「分業型」の社会に比べて，仕事と仕事以外の活動を同時にこなす人が多く，ワーク・ライフ・バランスの実現度も高いと考えられる．労働時間や就業率に関する指標をみると，オランダでは，1人当たりの労働時間が短く，幼児をもつ母親も含めて，男女ともに就業率が高い「参加型」の社会となっている．そして，経済社会パフォーマンスも悪くない．

こうした「参加型」社会としてのオランダを支えるうえで重要なのが，パートタイム労働である．オランダでは，パートタイム労働者の割合が先進国のなかでも突出して高く，パートタイム労働者とフルタイム労働者の均等待遇が法的に整備されているだけでなく実際にも確保されており，パートタイム労働は様々な職種や業種に広がっている．そして，時間当たり賃金を維持したままでフルタイムからパートタイムへ，あるいはパートタイムからフルタイムへと転換することもでき，労働時間を選択する自由度が極めて高い．

人々は，子育て期に労働時間を短縮したり，子どもの成長に合わせて労働時間を延長したりすることができる．さらに，労働時間の変更には，その理由を問われず，利用目的の制限はないため，単身者や子育てを終えた男女も活用している．このように，オランダでは，一時点でみた場合，長時間労働者が少なく，仕事と出産・育児の両立が可能だということに加え，ライフ・ステージに

応じた働き方を調整しやすく，生涯において WLB がとりやすい社会を形成している．

オランダは，最近では，スウェーデンのような，早くから仕事と育児の両立支援に取り組んできた国々に並ぶほど，女性の就業率が高くなっている．しかし，スウェーデンとオランダは，女性の就業率の高さでは現在同じグループに属しているのであるが，両者のアプローチには，かなりの違いが見られる．

スウェーデンでは，パートタイム労働の割合は高くなく，特に女性では減少傾向にあり，男女ともにフルタイムで継続して就業することを原則としながら，子育て期には，寛大な所得保障をともなう各種制度を活用して，WLB を達成できるようにしている．保育サービス・育児休業中の所得保障・家族手当等を含む家族関係社会支出は，2007 年には，同国の GDP の 3.35％におよんでいる (OECD, *Social Expenditure Database*)．

これに対して，オランダでは，男女の働き方に違いがあってもよいという考え方が一般に広く認められている．ただし，このことは職場において男女を異なる取り扱いをするという意味ではなく，個人の希望を尊重しようとするものである[24]．WLB の実現については，労働者がライフ・ステージの変化に応じて，自ら労働時間を選択する自由度を高め，パートタイム労働も一つの標準的働き方とすることで，取り組んでいる．オランダでは，スウェーデンに比べて育児休業中の所得保障や保育サービスなどの公的支出が少なく，2007 年における家族関係社会支出の対 GDP 比は 1.99％にとどまる．なお，この年の日本の値は 0.79％で，オランダに比べても低い．

もっともオランダでも最近は，パートタイム労働者の長期的キャリア形成や，パートタイム労働者にはやはり女性が多いという男女間格差の問題などが議論されている．2010 年 3 月には，それまで 2 年間にわたって，パートタイム労働者，特に女性労働者の労働時間の増加の必要性と方法を検討し，パイロット・プロジェクトの成果もまとめた「タスクフォース・パートタイムプラス（De Taskforce DeeltijdPlus）」の最終報告書が提出された．

最後になるが，2010 年 9 月のオランダでのインタビュー調査では，テレワークへの積極的取組が強く印象に残った．最近のオランダでは，労働時間の柔軟性に加え，就業場所の柔軟性も高めることで，これまで以上に柔軟な働き方を実現しようとしていた．その背景には，交通混雑が深刻化していること，オフィス費用が高いといった要因があるが，加えて，オランダがパートタイム社会で

あることも重要な要因であるようであった.

　パートタイム社会とテレワークには,少なくとも次の三つの関連が指摘できる.第一に,パートタイム労働者の割合が高いため,テレワークの実施による,オフィス・スペースの節約効果が大きくなる.第二に,オランダでも少子高齢化が進展しているが,労働者のパートタイム労働志向が強いため,労働供給を増やすことは容易ではない.そうしたなか,テレワークを組み合わせることで,テレワークという選択肢がなければごく短い時間しか働くことができない者も,より長い時間働くことが可能になる.第三に,パートタイム労働者が増加する過程において,すでに労働時間の柔軟化・個別化が進んだ.このため,企業はそこで人事労務管理に関するノウハウを蓄積し,人々の意識の変化も起こっている——職場にいて長く働くことだけを評価するのではなく,個人に合った働き方をすることを認め,仕事の成果で評価するような意識の変化も起こっている.こうしたことが,テレワークの普及にもプラスに働いている.

注
1) 2009 年の 1 人当たり GDP は,日本は 32,421 米ドルであり,本章で主に取り上げる欧米 6 ヶ国は,3 万米ドルから 5 万米ドルの範囲に位置する(購買力平価換算,OECD.Stat による).
2) この調査は,RIETI「ワーク・ライフ・バランス施策の国際比較と日本企業における課題の検討」研究プロジェクトとして実施した.訪問先は,オランダの民間企業 4 社,社会雇用省(Ministrie van Social Zaken en Werkgelegenheid),および労働財団(Stichting van de Arbeid; STvdA)である.調査研究の機会をいただいた RIETI に感謝するとともに,調査にご協力していただいた方々に御礼申し上げる.
3) たとえば,連合総研「勤労者短観」を用いた分析(権丈［2009a］)によれば,労働時間が長い者ほど,「仕事と生活のバランスが適度にとれている」と回答する者が少なく,仕事と仕事以外の時間の時間配分について,「仕事の時間を減らしたい」と答える者が多くなる.同様の結果は,後述する「仕事と生活の調和に関する国際比較調査」を用いた本書の第 4 章でも確認されている.また,長時間労働が健康問題をはじめ種々の問題を引き起こすことは広く指摘されている(厚生労働省［2007］,森岡孝二［2005］).
4) 本章では,主に 2009 年のデータを用いて比較しているが,2009 年は「100 年に 1 度」とまでいわれた不況の年に当たるため,解釈には注意が必要なことがある.例えば,2009 年の就業者 1 人当たり労働時間は,2008 年に比べて表 1 の 7 ヶ国すべてで減少した.なかでも,日本は,2008 年の 1,772 時間から 58 時間も減少しており,減少幅が最大となっている.このため,国際的にみて日本は労働時間が長いという,通常の年にみられる傾向は,2009 年についてはやや弱まっている.とはいえ,各国

の相対的な順位には大きな変更はない．なお，先進国のなかで日本は，2008年秋以降の景気後退期における就業者数や失業者数の実質GDPの弾性値が極めて小さく，人数単位での雇用調整が小さかったことが報告されている（内閣府［2009］）．その分，残業等の減少や操業短縮などを通じた労働時間の短縮及び賃金での調整が行われたとみることができる．

5）小倉［2008］によれば，日本の週50時間以上の労働者の割合は，発展途上国と比べても高い．

6）パートタイム労働者の定義は，国によって異なることがある．そこで，OECDでは，パートタイム労働者の定義を，労働時間が週30時間未満である者とし，国際比較の際に用いることを推奨している．したがって，OECD基準に則れば，日本で「パート」と呼ばれる者でも，労働時間が週30時間以上であれば，パートタイム労働者に区分されない．その一方，週30時間未満の正規労働者（短時間正社員）は，OECD基準の下ではパートタイム労働者に含まれる．パートタイム労働者の国際比較についての詳細は，権丈［2006a, 2010a］参照．

7）「非自発的パート」は，一般に景気が悪いと増加する傾向にあり，イギリスを除くすべての国で2008年に比べて2009年に増加した．

8）第1子を出産した女性について，第1子妊娠前に就業していた者に占める第1子が1歳時にも就業していた者の割合．

9）「第1子出産前後の女性の継続就業率」のデータを，日本以外の国について得ることは極めて難しい．Kenjoh［2005］では，イギリス，オランダ，ドイツ，スウェーデン，日本の5ヶ国の家計パネルデータの個票を用いて，1980年代と1990年代に第1子を出産した女性の出産前後の就業状態を調べているが，マクロレベルでの調査は少ない．

10）オランダ「労働力調査」と日本の「仕事と生活の調和に関する国際比較調査」にも表4および表5の注のように，質問形式には若干の違いがある．「仕事と生活の調和に関する国際比較調査」を用いた，日本，イギリス，ドイツの労働時間増減の希望については，本書の第4章参照．

11）日本に関する，希望する労働時間と実際の労働時間とのミスマッチに関する研究として，労働政策研究・研修機構の2005年の「日本人の働き方調査」にもとづく原・佐藤［2008］，慶應義塾大学の2000年の「アジアとの比較による家族・人口全国調査」を分析した山口［2009］などがある．

12）以下の労働供給に関する理論的考察は，Smith［2003］，Borjas［2005］など労働経済学の標準的テキストにしたがっている．また，労働時間選択と短時間雇用機会については，樋口［1991］が明示的に説明している．良質の短時間雇用機会の創出が，労働供給，労働需要，マクロ経済社会に与える影響については，権丈［2008］参照．

13）オランダにおける労働時間の分布は，ほかの先進諸国と比べて，特定の労働時間への集中が少なく分散したかたちになっている（Lee［2004］，権丈［2009b］）．

14）図4では，オランダの25～54歳層の男性のパートタイム労働者の割合は6.0％で，日本の5.0％に比べると高いものの，その差はさほど大きくはない．これは，OECDデー

タによるパートタイム労働者の定義が週労働時間 30 時間未満であり, オランダの男性によくみられる, 週 30 〜 34 時間のパートタイム労働者は, OECD 定義ではパートタイム労働者に含まれないからである. パートタイム労働者の定義を (オランダで通常用いるように) 週 35 時間未満とすると, この値は大きくなる.

15) 1970 年代後半からオランダ経済は, 深刻な不況に悩まされたが, 1982 年 11 月になされた政労使による「ワッセナー合意」が, オランダ経済の立て直しの転換点となったとみなされている.「ワッセナー合意」は, 高失業率対策として, 労働費用が上昇しないように配慮しながら, 労働力のより効率的な再配分を行うこと, すなわち, ワークシェアリングを実施することを合意したものである. そして, 標準労働時間の削減やパートタイム労働の積極的活用を通じて, 1 人当たりの労働時間を短縮しながら, 雇用の維持と創出を目指した. 詳細は, Visser and Hemerijck [1997], Hartog [1998], Visser [2000], 権丈ほか [2003], 権丈 [2010b] 参照.

16) オランダにおける女性就業と家族政策については, Pott-Buter [1993], Gustafsson [1994], Sainsbury [1994, 1996], Wetzels [2001], Kenjoh [2004, 2005] 参照.

17) 週労働時間が 12 時間以上の雇用者について, 育児休業利用者が, 8 歳までの子どもを持つ育児休業利用資格者に占める割合 (Centraal Bureau voor de Statistiek, Statline (Enquête beroepsbevolking) による).

18) 休暇・休業制度の取得状況と個人の必要性についての判断に関する調査は Van Luijn and Keuzenkamp [2004] 参照.

19) 法定の育児休業や長期介護休暇以外の無給休暇の取得にあたっては, 使用者の許可が必要となる. ライフコース貯蓄制度では, 年間の課税前所得の最高 12％まで貯蓄でき, 合計で年間所得の 210％まで貯蓄できる. この場合, 70％の所得を 3 年間利用できることになる.

20) 日本テレワーク協会のテレワークの定義による (日本テレワーク協会 [2010, p.2]).

21) 国土交通省「テレワーク人口実態調査」による. 狭義テレワーカーの定義は,「ふだん収入を伴う仕事を行っている人のなかで, 仕事でＩＴを利用している人かつ, 自分の所属する部署のある場所以外で, ＩＴを利用できる環境において仕事を行う時間が 1 週間あたり 8 時間以上である人」である. 2009 年には, 雇用者のうち 14.5％, 自営業者で 20.8％, 就業者全体で 15.3％が該当した (2005 年には就業者全体で 10.4％). しかし, パク [2009] は, 日本における在宅勤務の企業導入率は 4.6％ (社会経済生産性本部 2006 年調査) と低いように大多数の企業が在宅勤務を制度として導入しておらず,「テレワーク人口実態調査」によるテレワーカーには, 持ち帰りやサービス残業者が多数含まれていると指摘している.

22) 労働財団は, 労使の代表が今後の政策を協議する場で, ここでの勧告は労使の代表の合意に基づくものである. 労働財団に関する説明は, Stichting van de Arbeid [2003] 参照.

23) ただし, 後述する ADV dag (Arbeidsduurverkorting dag) という労働時間短縮制度により, 実際は週 38.5 時間.

24) 男女の働き方の違いがあってもよいという考え方は,オランダでは一般に広く認められているといえる.しかし,このことは,(日本のように)男性に比べて女性の政治や経済への参画があまり進んでいないことを意味するわけではない.例えば,日本では,国連開発計画(UNDP 2009)による,各国の人間開発の程度を表す,人間開発指標(Human Development Index, HDI)が,測定可能な182ヶ国中10位であるのに,女性の政治や経済への参画の程度を表すジェンダー・エンパワーメント指数(Gender Empowerment Measure, GEM)が,測定可能な109ヶ国中57位にとどまり,国際的にみれば,人間開発の達成度が高いのに比べて,女性が政治・経済活動や意思決定に参画する機会が不十分であることが,内閣府[2010]でも指摘されている.これに対して,同年のオランダの人間開発指標(HDI)は6位,ジェンダー・エンパワーメント指標(GEM)は5位と,両指標が同程度であり,国際的に見て女性の政治経済への参画の程度が低いとはいえない.なお,本章で取り上げた国々の人間開発指標とジェンダー・エンパワーメント指標は,それぞれ以下の通りである.フランス8位と17位,ドイツ22位と9位,スウェーデン7位と1位,イギリス21位と15位,アメリカ13位と18位である.

参考文献

Boelens, A.M.S. [1997] "Meer en Minder Willen Werken," *Sociaal Economisch Maandstatistiek*, 4 (5), pp.26-28.

Borjas, G. J. [2005] *Labor Economics*, 3rd ed., New York : McGraw-Hill.

Centraal Bureau voor de Statistiek (CBS) [2008] *De Digitale Eeconomie*, Den Haag.

European Foundation for the Improvement of Living and Working Conditions (EFILWC) [2010] "Telework in the European Union."

Fagan, C. et al [2007] "Parental Leave in European Companies," European Foundation for the Improvement of Living and Working Conditions, Dublin.

Freeman, R.B. [1998] "War of the Models: Which Labour Market Institutions for the 21st Century?," *Labour Economics*, 5, pp.1-24.

Golden, L. and T. Gebreselassie [2007] "Overemployment and Underemployment Mismatches in the US Work Force: The Preference to Exchange Income for Fewer Work Hours," *Monthly Labor Review*, April, pp.18-37.

Gustafsson, S. [1994] "Childcare and Types of Welfare States," in D. Sainsbury (ed.), *Gendering Welfare States,* London: Sage Publications, pp.45-62.

Hartog, J. [1998] "So, What's So Special about the Dutch Model?," *Report for the International Labour Organization,* Geneva.

Jongen, E. L.W. [2010] "Child Care Subsidies Revisited," *CPB Document*, No.200.

Kenjoh, E. [2004] *Balancing Work and Family Life in Japan and Four European Countries, Amsterdam*: Thela Thesis.

Kenjoh, E. [2005] "New Mothers' Employment and Public Policy in the UK,

Germany, the Netherlands, Sweden, and Japan," *LABOUR*, vol.19 (s1), December, pp.5-45.
Lee, S. [2004] "Working Hour Gaps: Trends and Issues," in Messenger, J.C. (ed.), *Working Time and Workers' Preferences in Industrialized Countries: Finding the Balance*, ILO.
OECD [2007] *Babies and Bosses: Reconciling Work and Family Life, A Synthesis of Findings for OECD Countries*.
OECD [2010] *Economic Surveys Netherlands*.
Plantenga, J. and C. Remery [2009] "Parental Leave in the Netherlands,"*CESifo DICE Report*, 2/2009, pp.47-51.
Pott-Buter, H.A. [1993] *Facts and Fairy Tales about Female Labour, Family and Fertility: A Seven-Country Comparison, 1850-1990*, Amsterdam: Amsterdam UP.
Sainsbury, D. (ed.) [1994] *Gendering Welfare States*, London: Sage Publications.
Sainsbury, D. [1996] *Gender, Equality and Welfare States*, Cambridge：Cambridge UP.
Smith, S. [2003] *Labour Economics*, 2nd ed., London and New York: Routledge.
Sociaal en Cultureel Planbureau [2009] *Emacipatiemonitor 2008*, De Haag.
Sociaal en Cultureel Planbureau [2011] *Emacipatiemonitor 2010*, De Haag.
Stichting van de Arbeid [2003] "The Labour Foundation," http://www.stvda.nl/.
United Nations Development Programme (UNDP) [2009] *Human Development Report*, http://hdr.undp.org/en/reports/global/hdr2009/.
Van Luijn, H. and S. Keuzenkamp [2004] *Werkt Verlof?* Sociaal en Cultureel Planbureau, Den Haag.
Visser, J. [2000] "The First Part-time Economy in the World: Does It Work?" *AIAS*, WP00-01.
Visser, J. and A. Hemerijck [1997] *A Dutch Miracle: Job Growth, Welfare Reform and Corporatism in the Netherlands*, Amsterdam: Amsterdam UP.
Wetzels, C. [2001] *Squeezing Birth into Working Life: Household Panel Data Analyses Comparing Germany, Great Britain, Sweden and The Netherlands*, Aldershot: Ashgate Publishing Ltd.
大沢真知子，スーザン・ハウスマン編著，大沢真知子監訳［2003］『働き方の未来——非典型労働の日米欧比較』日本労働研究機構．
小倉一哉［2008］「日本の長時間労働——国際比較と研究課題」,『日本労働研究雑誌』No.575, pp.4-16.
権丈英子［2006a］「EU 諸国におけるパートタイム労働」, 和気洋子・伊藤規子編『EU の公共政策』慶應義塾大学出版会 ,pp.107-130.
権丈英子［2006b］「パートタイム社会オランダ——賃金格差と既婚男女の就業選択」,『社会政策学会誌』第 16 号, pp.104-118.
権丈英子［2008］「改正パートタイム労働法のインパクト——経済学的考察」,『日本

労働研究雑誌』No.576, pp.70-82.
権丈英子［2009a］「長時間労働とワーク・ライフ・バランスの実態――連合総研「勤労者短観」から」，連合総合生活開発研究所『広がるワーク・ライフ・バランス――働きがいのある職場を実現するために』pp.141-163.
権丈英子［2009b］「国際比較からみる日本のワーク・ライフ・バランス」，『ジュリスト』No.1383, pp.10-20.
権丈英子［2010a］「パートタイム労働（1）ヨーロッパと日本におけるパートタイム労働」，原田順子編著『多様化時代の労働』放送大学教育振興会, pp.145-160.
権丈英子［2010b］「パートタイム労働（2）オランダにおけるパートタイム労働」，原田順子編著『多様化時代の労働』放送大学教育振興会, pp.161-173.
権丈英子，シブ・グスタフソン，セシール・ウェッツェルス［2003］「オランダ，スウェーデン，イギリス，ドイツにおける典型労働と非典型労働」，大沢真知子，スーザン・ハウスマン編著，大沢真知子監訳『働き方の未来――非典型労働の日米欧比較』日本労働研究機構, pp.222-262.
厚生労働省［2007］『労働経済白書（平成19年版）』．
男女共同参画会議少子化と男女共同参画に関する専門調査会［2005］『少子化と男女共同参画に関する社会環境の国際比較報告書』．
内閣府［2009］『平成21年度年次経済財政報告』．
内閣府［2010］『平成22年版男女共同参画白書』．
日本テレワーク協会編［2010］『テレワーク白書2009』日本テレワーク協会．
パク・ジョアン・スックチャ［2009］「在宅勤務の現状，導入のポイントと効果測定」，連合総合生活開発研究所『広がるワーク・ライフ・バランス――働きがいのある職場を実現するために』pp.119-139.
原ひろみ・佐藤博樹［2008］「労働時間の現実と希望のギャップからみたワーク・ライフ・コンフリクト――ワーク・ライフ・バランスを実現するために」，『季刊家計経済研究』夏号, pp.72-79.
樋口美雄［1991］『日本経済と就業行動』東洋経済新報社．
森岡孝二［2005］『働きすぎの時代』岩波書店．
山口一男［2009］『ワークライフバランス――実証と政策提言』日本経済新聞出版社．

第9章

スウェーデンにおけるワーク・ライフ・バランス
――柔軟性と自律性のある働き方の実践――

高橋美恵子

1 はじめに

　先進福祉諸国においても，WLB が進んだ国として知られるスウェーデンが両立支援型の社会を構築した背景には，1970年代に入り，従来の性別役割分業を基盤とする社会保障システムから夫妻共働き型へとシフトさせた経緯がある．「男性も女性も，仕事，家庭，社会における活動に関して，平等の権利と義務および可能性をもつ」という平等理念に基づき，男女とも配偶・子どもの有無にかかわらず，家庭と仕事が両立できるよう，労働環境が整備されてきた（高橋［2007］）．女性の労働市場への参画と男性のケアワークへの参加というレトリックは，約40年にわたり，同国の家族政策と平等政策の基軸となっている（Klinth［2005］）．1974年に育児休業法（Föräldraledighetslagen：親休業法）を男性に適用させ，世界に先駆けて父親が育児休業（父親休業）を取得できる制度を導入した．社会保険機構（Försäkringskassan）の調査によると，1995～1996年生まれの子どもをもつ親のうち，子どもが8歳に達するまで（休業対象期間）に育児休業を取得したことがある者は父親全体の89％，母親の97％を占めている（SOU［2005：73］）．

　本章では，わが国の仕事と生活の調和（ワーク・ライフ・バランス）憲章が目指す三つの柱――①就労による経済的自立が可能な社会，②健康で豊かな生活のための時間が確保できる社会，③多様な働き方，生き方が選択できる社会――（内閣府［2010］）を体現しているモデル社会としてみたスウェーデンのWLB のあり方を検討していく．国際比較の見地から緻密な実証研究に基づき日本のWLB への示唆を論じている山口［2009］は，WLB の実現に向けて重要な概念として，「多様性」，「柔軟性」，「時間の質」を提起している．わが国の現状では，働き方や生活の仕方が性別役割分業を基準とするなどの枠組みで

固定されており，多様な働き方が可能ではなく，ライフステージのなかで，ペナルティーを受けずに働き方を柔軟に選択できるシステムも構築されていない．長時間労働に起因するタイムプアや，家庭での共有時間のアンバランスも解消する必要がある，という（山口 [2009]）．スウェーデンは，まさにこれらの概念を実践していると考えられる．

本章ではまず，スウェーデン型 WLB 社会の仕組みを概観し，国レベルの施策や議論，ならびに WLB 研究の動向について，現地の関係諸機関を対象に実施したインタビュー調査（後述）で得られた知見も参考としながら整理していく．

次に，スウェーデンの WLB は，男女の機会均等の理念に基づいて実践されている，という観点から，5ヶ国（日本，スウェーデン，イギリス，オランダ，ドイツ）の企業を対象としたアンケート調査[1]（5ヶ国比較研究）のデータを用いて，スウェーデン企業の特徴を明らかにする．

さらに，現地の企業へのインタビュー調査で得られた知見を基に，WLB の実現に向けて，職場レベルでどのような取組が行われ，実践されているのかを考察する．子育て世代の男女の働き方と，自己の WLB に向けた選択行動を「潜在能力」という視点から捉え，従業員へのインタビュー調査結果を基に，スウェーデンの職場における WLB の特徴を導出する．最後は考察として，スウェーデンの WLB への取組から得られる示唆について論じる．なお，本書の主眼は，ホワイトカラー正社員の WLB であることから，本章でもこのグループに焦点を当てる．

2 スウェーデン型ワーク・ライフ・バランス社会の仕組み

2.1 国際比較でみるスウェーデンの位置づけ

国際比較研究においては，女性の就労率と出生率には正の相関関係があるとの指摘がなされてきた（Socialdepartementet [2001]，OECD [2007]）．女性の視点に立つと，仕事と子育てを両立できる環境が整備されているからこそ，子どもを産み育てたいという希望を実現させることができるのではないだろうか．また子どものいる家族への社会保障費レベルでは，OECD 諸国中，スウェーデンが首位である（OECD [2007]）．

エスピン・アンデルセン（Esping-Andersen [1990]）が，労働者の「脱商品化」

表1 福祉国家レジームとジェンダー・レジームによる各国の位置づけ

	社民主義・普遍主義	保守主義・組合主義	自由主義・市場指向
男性稼得者イデオロギー：弱い	スウェーデン，デンマーク	オランダ	アメリカ
男性稼得者イデオロギー：中庸	ノルウェー	イギリス，フランス	韓国
男性稼得者イデオロギー：強い	—	ドイツ	日本

(出所) チャン [2007] の分類に基づき，Lewis and Ostner [1994] に準拠し，筆者が一部加筆・修正して作成．

表2 5ヶ国の就労状況

	日本	スウェーデン	イギリス	オランダ	ドイツ
就労者一人当たりの年間平均労働時間（2010年）	1733時間	1624時間	1647時間	1377時間	1419時間
2000年の平均労働時間との差	−88時間	−18時間	−53時間	−58時間	−54時間
3歳未満の子どものいる女性の就労率（2008年）	29.8%	71.9%	54.0%	75.0%	55.20%
勤務時間の柔軟性（裁量労働制かフレックスタイムの適用：コアタイム有り・無しのいずれも）*	—	64.1%	49.9%	59.8%	39.1%
超過勤務時間の有給休暇への置換えが可能な者（1日単位かそれ以上の日数）**	—	46.0%	21.0%	23.0%	39.0%
組合組織率（2009年）	18.5%	68.4%	27.2%	19.4%	18.8%
失業率（2012年2月）***	4.5%	7.5%	8.3%*	4.9%	5.7%

(出所) OECD database（*参考資料：Fourth European Survey on Working Conditions [2005]，**参考資料：Establishment Survey on Working Time, 2004-2005，*** イギリスは2011年11月の数値）．

レベルの高低を主軸として行った福祉国家の類型化——①社会民主主義的福祉国家レジーム，②自由主義的福祉国家レジーム，③保守主義的福祉国家——と，ジェンダーの視点より男性稼得者イデオロギーの強弱を軸に類型化したジェンダー・レジームを基にして双方を照応させたチャン [2007] による分類を参考として，スウェーデンと各国の位置づけをみてみよう．表1にあるように，スウェーデンは社民主義レジームで男性の稼得者イデオロギーが弱いレジームを，日本は自由主義レジームで男性稼得者イデオロギーが強いレジームを代表している．オランダとイギリス，ドイツは保守主義レジームに属するが，それぞれ別のジェンダー・レジームに分類される．

次にOECDのデータを基に就労状況を比較すると（表2），スウェーデンの年間労働時間はイギリスより若干少ないものの，オランダやドイツに比べると

多い．過去 10 年間の労働時間の変化をみると，全ての国で減少している．勤務時間の柔軟性は幼い子どものいる女性の就労率に関連しているかのように思われる．裁量労働制あるいはフレックスタイムが適用される就労者の割合が高いスウェーデン（64.1%）とオランダ（59.8%）で，3 歳未満の子どものいる女性の就労率が高い（それぞれ 71.9%, 75.0%）．日本における 3 歳未満の子どもの母親の就労率は極めて低い（29.8%）．またスウェーデンでは，超過勤務時間（残業分）を有給休暇に置き換えることが可能な就労者の割合が他 3 ヶ国に比べて高い．同国の労働組合の組織率の高さは長く注目されてきたが，近年，低下傾向にあるといわれている．それでも組合加入率は 68.4% と，5 ヶ国では突出して高い（OECD database）．

内閣府が 2010 年，日本，韓国，アメリカ，フランス，スウェーデンにおける 20 ～ 49 歳の男女を対象に実施した「少子化社会に関する国際意識調査」[2]のデータを用いた筆者の分析によると，雇用者に付与されている年次有給休暇日数は，同 5 ヶ国中，スウェーデンで一番多く（年間平均 25.8 日），また取得率も極めて高い（84.3 %）．同じ EU 圏のフランスで有給休暇日数の平均値は 23.4 日であるが，取得率は 58.8% にとどまっている．有給休暇日数の長さでは日本がそれに次ぐが（14.1 日），取得率は 47.1% と 5 ヶ国中最も低い．アメリカと韓国では，取得率はそれぞれ 85.1%, 77.8% と高いものの，休暇日数自体が少ない（それぞれ 9.8 日，8.4 日）（高橋［2011, p.157］）．

2.2　ワーク・ライフ・バランス社会への布石

スウェーデンは，早くから平等と連帯の理念に基づき，労働者の権利保障と労働環境の整備を進めてきた．その基盤は同国に福祉国家の礎が築かれた 1930 年代終わりの，労使間の協議による「サルトシュバーデンの労使協定」（1938 年）の締結にみることができる[3]．政府は 1944 年，「国民の家」構想に沿ったプログラムを発表し，「完全雇用の実現」，「資源の公平な分配と生活水準の向上」，「生産性の向上とデモクラシーの強化」の三点を目標に据えた．ただし 1940 年代と 50 年代は，既婚女性の大半が専業主婦であり，労働政策に関する議論は男性を主眼に置くものであった．1950 年代後半，労働組合が中心となり男女間賃金格差を問題として取り上げ，同時期には女性解放の観点からも，女性の就労機会や社会進出についての議論が起こる．1959 年に「家庭と仕事」会議が開催され，男女とも家庭と仕事を両立できる環境作りを重要課題として

位置づけた．その背景には，50年代の高度経済成長による労働力不足への懸念があったことも指摘できる．60年代は，女性解放・男女平等に関する論調が高まり，先述したように，70年代に入り社会保障システムを転換した．後の研究によると，女性の労働市場参画を促進した要因は，①税制改革（所得税の課税方式を夫婦合算制から個人単位へ），②労働環境の整備（育児休業制度，労働時間短縮制度，一時看護休業制度の導入），③公的保育の整備と拡充，であったと指摘されている（高橋 [2007]）[4]．

　本節では，子育て世代の働き方とWLBのあり方を念頭に入れ，上記の「②労働環境の整備」に向けた施策として，特に育児休業制度への対応と実践に注目していく．スウェーデンが両立支援型の社会へと移行し，WLBを推進していくプロセスに，性別に中立な育児休業制度（1974年施行の親保険制度）の導入とその後の変遷が大きく関わっていると思われるからである（cf. SOU [2005: 73]）．

2.3　ワーク・ライフ・バランスをめぐる議論と動向
2.3.1　両立支援に向けた国レベルの取組と動向

　前述の通り，スウェーデンでは，国際的な枠組みでワーク・ライフ・バランスという概念が提唱される前から，男女の機会均等という理念に基づく「家庭と仕事の両立」というビジョンが打ち立てられていた．スウェーデンの父親役割の変遷を，「父親政策（Pappapolitik）」という視点から捉えたクリンチ（Klinth 2005）は，1960年代の性別役割論争については，女性の解放としてだけではなく，男性の解放としても捉えるべきであるとし，同国の男女平等の出発点は，両性の解放であったとの見解を示している（Klinth [2005]）．女性の解放が，仕事の権利と経済的自立によりなされるのに対し，男性の解放は，積極的で公平な親としての家庭参画であった．男性の解放なしには，女性の解放は成しえなかった，とする．育児休業制度における父親への割当制度，いわゆる「父親の月」の導入が，男女双方にとっての「二重の解放」であった．つまり女性はケアの担い手であると同時に働き手となることができ，男性は働き手であると同時にケアの担い手にもなることができたからである（Klinth [2005], Ahlberg et al. [2008]）．

　同国の労働環境は，就労者が性別や家族状況（配偶の有無，子どもの有無）にかかわらず，人として尊厳ある生活ができるよう整備されてきた．労働者の基

本的権利を定める労働時間法（Arbetstidslagen：所定労働時間は週40時間以下）や有給休暇法（Semesterlagen：年間最低5週間，国家公務員は6週間）は遵守され，徹底化されている．その前提があればこそ，国の両立支援策の基軸を成している親休業法（育児休業法：Föräldraledighetslagen．子ども1人につき480日，うち390日は所得の80％保障[5]．父母への割当期間＜各60日＞以外は，原則として父母で2分割するものという考え方が基本）が遵守されるのだといえる．また育児休業が取得できる職場環境・風土が培われているゆえに，子育て世代の柔軟な働き方を支援する制度──労働時間短縮制度（子どもが8歳に達するまで，フルタイムの75％まで短縮可能）や一時看護休業制度（12歳未満の子ども1人当たり，通常は年間60日まで）──の利用が可能となっている．育休休業取得者は，当初，大半が女性で，ジェンダーによる偏りはあったにせよ，女性が1年以上の育休後，当然のように職場復帰するのが可能な職場環境が整えられということ，また育休制度の柔軟性に絡めて時間短縮の権利が付与されたことから，「柔軟性」がキー概念になっていった．つまり，育休制度の整備・拡充とそれに対応した職場環境作りが，働き方の柔軟性を高めるうえでの基盤となっていったと思われる．

　今日のスウェーデンが掲げるWLB施策の基本軸の一つは，子育て環境のさらなる改善を目指した両立支援である．働く親の視点からだけではなく，子どもの権利の視点から親のWLBを考えるというもので，2009年上半期にEUの議長国を務めた際も，子どもの視点に立ちWLBを議論する場を設けるなど先駆的な取組を行った[6]．

　WLBを男女平等の視点からだけではなく，子どもの視点からも捉えるべき，という問題意識は，同国で育児休業制度を父親に適用するという1970年代の議論において，既に提起されていた．つまり，子どもの視点は，男女平等の視点と併存していた，といえよう（cf. SOU［2005：66］，SOU［2005：73］）．1995年に1ヶ月の育児休業を父親に割当てる，いわゆる「父親の月」が導入された際も，子どもの視点は重要な位置を占めていた．また前政権時の2005年には，「子どもの最善」を主眼として，育児休業の父親への割当期間を2ヶ月（2002年に改正）から5ヶ月に引き上げる改正案が提出されていた[7]．2006年9月の総選挙で政権が交代したことから，割当期間の引き上げには至らなかったものの，同年，親休業法を一部改正し，育児休業取得に対する職場でのいかなる差別も禁止した．2006年10月以降政権の座にある中道右派4党連合は，育児休

業の父母での分割が均等であるほど,手当を加算する「平等ボーナス制度」（子ども1人当たりの年間最高額13,500クローナ）と,就労せず家庭で子育てをする親を対象に,月額3,000クローナ（税抜き）支給する「養育手当制度」を導入している．これら二つの施策は,理念上相反するようにみえるが,政府は,家族の選択の自由度を高めるのが第一の目的であると指摘している．

スウェーデンでは,法律の策定にあたり,関係諸機関や民間団体に法案を送付し,意見を聴取して集約する「レミス（Remiss）」制度の体系が社会に定着しており,公的機関と民間団体との連携協力関係が構築されている．立場や意見を異にするアクターが,状況改善という共通の目的を叶えるべく建設的な議論を交わし,コンセンサスを見出すよう努める．WLB に向けた両立支援施策に関する議論もその例外ではない．

労働市場における男女の機会・処遇の均等や,父親の育児休業取得を目指す動きへの牽引力となった組織として,TCO（ホワイトカラー専門職労働組合連盟）が挙げられる．2000年代以降,子育て世代の WLB を同国では,「ライフ・パズル（Livspussel）」という概念で捉えるようになってきた（Enokson [2010]）．同概念を政策の議論で最初に用いたのが TCO である．TCO は,2002年9月の総選挙前の政策論議において,就労者の WLB の向上を呼び掛ける「仕事・心・家族（Jobb hjärta familj）」というキャンペーンを行い,政治家に WLB の重要性を訴えた．TCO の政策エキスパート,ローゲー・モートヴィク（Roger Mörtvik）とそのチームは,独自の調査から,当時,働く中年層がさまざまなストレスを抱えているという問題点を見出し,育児休業取得における男女差を解消することで一つの改善策が得られるのではないか,という考えから,父親の育児休業推進の必要性も呼び掛けた[8]．その際,用いられたのが「ワーク・ライフ・スクイーズ（work-life squeeze）」という概念にヒントを得た「ライフ・パズル」である[9]．同国では,就労上の地位が安定するまで,男女とも子どもをもつという選択行動を抑える傾向があり,子育てと仕事の両立を実践するのは,30代から40代とされる．その年代の人々の生活は,仕事,子育て,余暇,家族・親族との関係（親の高齢化など）といったいくつもの次元から成ると考え,WLB よりも広義の概念として,ライフ・パズルを提唱した,と Mörtvik は述べている．女性が主に育児休業を取得することで,男女の生涯賃金と年金額の格差が生じていると指摘された．また事業主側にとって女性はキャリアの途上で仕事を離れるリスクがあるため,男性に比べると非生産的であると捉えられ

る可能性がある点も拭い切れていない，とみる．男性も女性と同等に育児に参画することが規範となると，社会構造は変わるだろう，と考えたのである．TCOは2005年に上梓した調査報告書にて，「社会は子どもを受容しておらず，職場は親にやさしくない」との問題を提起し，家庭での男女の役割が平等となっても，就労環境が変わらないと男女の平等は実現しないと主張している（TCO [2005, p.3]）．TCOは，ライフ・パズルを表す一つの指標として，育児休業の配分状況をみる「父親指標（Pappaindex）」を提唱している．全国に290ある基礎自治体（コミューン）における育児休業の父母の分担状況を社会保険庁のデータから割り出し（平等に分担されていれば，指標は100となる）毎年発表して，男性のさらなる育児休業取得を促している．2009年の父親指標全国平均値は39で，前年比プラス1.2である．1999年のデータから換算した父親指標は16.7であるため，過去10年での上昇は著しいが，TCOは平等にはまだ程遠い，という批判的な見方をしている（TCO [2010]）．育児休業の全取得日数に占める父親の取得日数の割合は，2011年では23.7％である（Försäkringskassan Statistik）．父親指標の存在は今や広く社会で認知されるようになっており，啓発活動としての意義も大きいものと思われる．

1990年代に平等大臣の下で政策担当を務めた経歴をもつMörtvikは，国際比較の見地からも，国の経済発展と男女平等の達成度に着目してきた（Mörtvik & Spånt [2005]）．今後の展望については，次のように述べている．「男女平等の確立は国の経済発展の鍵である．グローバル化が進む中，今後，平等理念に基づき，ワーク・ライフ・バランスが実現できる就労環境を提供する企業だけが，優秀な人材を確保でき，更なる発展を遂げることができるだろう」[10]．

2.3.2 ワーク・ライフ・バランス研究の動向

EU諸国のワーク・ライフ・バランス研究において，女性の仕事とケアワーク（家事・育児・介護）の両立と男性の育児参加が重要課題として掲げられてきた．働き方の柔軟性やディーセント・ワークという視点も政策論議に採り入れられている．その一方，経済のグローバル化に伴い市場競争が激化し生産性や効率性が求められており，労働条件の改悪化や就労者個人が受けるストレスの増加といった問題が生じるのではないか，という懸念の声もあがっている（Hobson et al. [2010]）[11]．

これまでスウェーデンにおける仕事と家庭の両立を主題とする研究は，女性

の社会進出を促した要因，あるいは抑制している要因，労働市場における男女不均衡や，男女間賃金格差，役割分担における男女の不平等を問題として設定するものが主流となってきた．「なぜいまだ平等が達成されないのか」，「それを阻害する要因は何か」といったジェンダーと権力の視点からの問題意識に立つものであった (SOU [1998:6], Nyberg [1997], Ahrne & Roman [1997], Takahashi [2003]).

育児休業取得に関する男女不均衡や，休業取得がその後のキャリアに与える影響に関する研究，また企業や管理者の意識に関する研究は数多く，知見は豊富に蓄積されている．政府の報告書によると，育児休業制度が整備されて久しいため，企業レベルでの意識は概して高く，大半の管理者（男性84％，女性90％）は「父親も育児休業を取得すべき」と考えているが，意識が行動に必ずしも結びつかないことも指摘している (SOU [2005:73]). また育児休業取得で受けるマイナスの影響は女性より男性に大きいとの指摘もある (Stafford & Sundström [1996], Albrecht et al. [1999]).

ベッケンゲン (Bekkengen [1996]) は，1990年代に行った質的調査で，女性よりも男性の方が，育児休業取得に際し職場でネガティブな対応を受けたという結果を明らかにし，その状況は，男性にまだ「育児休業を取得しない」という選択肢が残されていることに原因がある，と捉えている．つまり，男性は育児休業取得を「選択をする」のに対して，女性はただ「取得する」という．

ホブソンら (Hobson et al. [2010]) は，就労者の権利とその権利を行使する能力のあいだに乖離があるとの視点から，WLBの国際比較研究における新たな枠組みを提示している．男女とも稼ぎ手とケアラー（家事・育児の担い手）という二つの役割を担うことへの社会的期待が高まり，個人が自身のWLB達成を阻害している要因の矛盾をどのように認識しているか，という視座に立ち，その矛盾をいかに克服できるかについて，個人の「潜在能力 (capability)」[12]との関係から導出しようとし，EUのコンテクストでのWLB研究への適用を試みている．これまでのヨーロッパ先進福祉諸国におけるWLB研究が，政策レベルの議論もしくは個人のエージェンシーや能力レベルの議論のいずれかを主眼としたものであったとし，国際比較の観点からマクロ－ミクロレベルを統合する新たなアプローチを提起している[13].

3 スウェーデンの職場環境の特徴

3.1 企業調査データからみる取組

スウェーデンの基本的な労働条件は前述した関連法規で定められおり，賃金や労働時間をはじめとする雇用条件の細則については，産業別の団体協定に基づき規定されている．現在，国内の雇用者のうち91％は，約600ある団体協定のいずれかを締結している企業・団体で働いている（Kollega 2011-02-15）．社会保険による育児休業中の所得保障は80％だが，日額910クローナが上限額として設定されているため，高所得者にとっては，損失が大きい．マイナス分を少しでも補うため，団体協定により所得補填の取り決めもなされている．民間企業のホワイトカラー雇用者を対象とする団体協定は数多くあり，条件に多少の違いはあるが（先述の約600種の団体協定の大半は民間企業・団体が対象），所得補填として給与の10％に相当する手当を90日間支給する，あるいは国の親保険制度から支給される額と合算して給与の90％に達するまで，その差額を支給する，といった条件が一般的とされる．育児休業開始時に1年以上雇用されていたことが受給条件となっている（SOU [2005：73]）．

本節では，スウェーデンのWLBは，男女の機会均等の理念に基づいて実践されている，という見地から，「仕事と生活の調和に関する国際比較調査」（企業調査）のデータを用いて，スウェーデン企業の取組の特徴を捉えていく．

まず企業内の男女均等処遇に関する5カ国の状況をみていこう．図1に示した通り，「貴社では性別にかかわらず社員の能力発揮を推進することを同業他社に比べてどの程度重視していますか」という設問に対し，「重視している」と回答した企業の割合は高い順に，スウェーデン58.0％，イギリス57.9％，ドイツ35.3％，オランダ34.0％，日本23.6％であった．そこに「やや重視している」と回答した企業も加えた「重視派」の割合についても，スウェーデンで最も高く（90％），日本が最下位である（64％）．社会や職場における男女平等に関する意識や実践状況が，対象国間で異なる点には留意すべきであろう．しかしながら，ここで注目したいのは，それぞれの企業が置かれた状況（社会）で，自社の男女均等処遇をどのように相対化し，評価しているのか，という点である．

次に企業における企業における両立支援策の導入状況と，ワーク・ライフ・バランスをめぐる意識と取組，さらに人事管理面の取組状況をみたうえで，企

第9章　スウェーデンにおけるワーク・ライフ・バランス

図1　「貴社では＜性別にかかわりなく社員の能力発揮を推進すること＞を同業他社に比べてどの程度重視していますか」への回答（％）

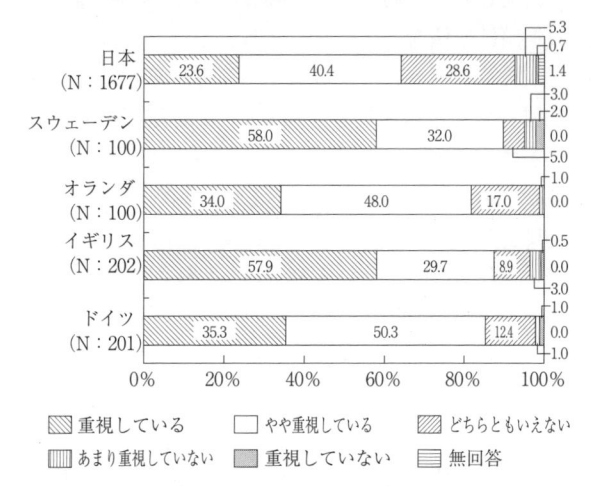

	日本(N:1677)	スウェーデン(N:100)	オランダ(N:100)	イギリス(N:202)	ドイツ(N:201)
重視している	23.6	58.0	34.0	57.9	35.3
やや重視している	40.4	32.0	48.0	29.7	50.3
どちらともいえない	28.6	3.0	17.0	8.9	12.4
あまり重視していない	5.3	2.0	1.0	3.0	0.0
重視していない	0.7	0.0	0.0	0.5	0.0
無回答	1.4	5.0	0.0	0.0	1.0

■重視している　□やや重視している　▨どちらともいえない
▦あまり重視していない　▪重視していない　≡無回答

表3　両立支援策の導入状況——導入「有り」と回答した企業の割合（％）と「性別にかかわりなく社員の能力発揮を推進すること」の重視度との相関性（Spearman係数）

	日本 N:1677	スウェーデン N:100	オランダ N:100	イギリス N:202	ドイツ N:201
法を上回る育児休業制度	27.2	56.0	31.0	50.0	29.4
男女均等処遇の重視度との相関性	0.15***	0.348***	0.07	0.147*	0.187*
フレックスタイム制度	24.4	88.0	69.0	48.5	90.1
男女均等処遇の重視度との相関性	0.054*	0.263**	0.154	0.038	0.121
在宅勤務制度	4.30	71.0	52	67.3	51.2
男女均等処遇の重視度との相関性	0.085***	0.31**	0.146	0.113	0.004

（注）*pr<0.05, **pr<0.01, ***pr<0.001.

業レベルの「男女均等処遇」とどのように関連しているのか明らかにしていく．
　第一に，両立支援施策として，「法を上回る育児休業制度」と「フレックスタイム制度」，さらに「在宅勤務制度」が「有る」と回答した企業の割合を比較すると，スウェーデンの数値は総じて高いことがわかる（表3）．とりわけ注目すべきは，国の育児休業制度が他国と比べて充実していると思われる同国で，「法を上回る育児休業制度」を整備している企業が56％にもおよぶ点である．先述した団体協定に基づき，休業中の所得を補填する制度等を導入しているものと考えられる．これら3項目と職場の「男女均等処遇」の重視度との相関性をみると，スウェーデンでは全ての項目との相関性が有意で，また同様の結果

が得られた日本に比べても係数が高い．スウェーデンと日本においてはほかの3ヶ国以上に，女性も男性と同様に能力発揮できる環境を整えている企業は，両立支援施策の整備にも注力している，と解釈できるだろう．

上記の両立支援施策を導入している企業のうち，その制度や取組があることで職場の生産性に「マイナスの影響がある」，と回答した企業の割合は，いずれの施策においてもスウェーデンで最も低く，「育児休業制度」については，そのように回答した企業はみられない（0%）．さらに「フレックスタイム制度」と「在宅勤務制度」については，「プラスの影響がある」と回答した企業の割合がスウェーデンで最も高く，それぞれ 86.4%，81.7% である[14]．

ワーク・ライフ・バランスについての考え方のスコアの平均値（0〜10点で，スコアが高いほど，配慮・取組をしている）をみたところ，「社員の生活への配慮」と「ワーク・ライフ・バランスへの積極的な取組」に関する5ヶ国の差はそれほど顕著ではない（表4）．注目すべきは，オランダの結果である．他4ヶ国で，これら二つの項目と男女均等処遇の重視度に有意な相関性がみられたのに対し，オランダでは相関性はみられない．先述の両立支援施策の導入状況との相関性もみられなかったことから，同国のワーク・ライフ・バランス施策は，職場レベルの男女平等とは必ずしも連動していない，ということが分かる．またイギリスの数値が総じて高く，男女均等処遇との相関性も高い点は，同国で，近年，ワーク・ライフ・バランス実現に向けた議論が高まっていることの表れであると思われる．

人事管理・考課のあり方において，同業他社と比べて重視度についての回答と男女均等処遇の重視度の相関性を表したのが表5である．各項目のカッコ内は「やや重視している」も加えた数値である．ここでみられる特徴は，社員の能力開発やキャリア形成を重視し，社員の評価基準を明確化していると思われる企業で，男女均等処遇を重視していることが各国共通してみられる点である．ただ，その傾向はオランダでは若干弱く，また同国では「社員の企業への帰属意識」の重視との相関性はみられない．スウェーデンの特徴は，「社員の企業への帰属意識」を重視していると回答した企業の割合が極めて高い（71%）点である．長きに渡り終身雇用制度が慣行であった日本の結果（26.1%）はまさにその対極であるといえる．欧米諸国では，キャリアアップのための転職は一般的になされており，スウェーデンもその例外ではないが，勤務しているあいだは，概してその職場の一員としての帰属意識を抱いているのではないだろう

表4 ワーク・ライフ・バランスについての考え方（スコア0～10，スコアが高いほど，配慮・取り組みをしている）の平均値と「性別にかかわりなく社員の能力発揮を推進すること」の重視度との相関性（Spearman係数）

	日本 N：1677	スウェーデン N：100	オランダ N：100	イギリス N：202	ドイツ N：201
貴社ではどの程度，社員の生活に配慮すべきと考えていますか——平均値	6.95	6.89	6.92	6.90	6.02
男女均等処遇の重視度との相関性	0.26***	0.35***	0.156	0.435***	0.281***
貴社は同業他社に比べ社員のワーク・ライフ・バランスに積極的に取り組んでいますか——平均値	5.80	6.30	6.41	6.81	6.11
男女均等処遇の重視度との相関性	0.312***	0.277**	0.058	0.412***	0.276***

（注）*pr<0.05, **pr<0.01, ***pr<0.001.

表5 人事管理で重視すること——同業他社に比べてどの程度重視していますか 「重視している」と回答した企業の割合（カッコ内 「やや重視している」と回答した企業を加算した割合）(%)，および「性別にかかわりなく社員の能力発揮を推進すること」の重視度との相関性（Spearman係数）

	日本 N：1677	スウェーデン N：100	オランダ N：100	イギリス N：202	ドイツ N：201
社員の能力開発	41.0 (82.3)	43.0 (86.0)	36.0 (84.0)	46.0 (78.2)	32.3 (84.4)
男女均等処遇の重視度との相関性	0.49***	0.453***	0.249*	0.565***	0.406***
社員の企業への帰属意識	26.1(69.3)	71.0 (94.0)	44.0 (93.0)	49.0 (85.1)	62.7 (98.0)
男女均等処遇の重視度との相関性	0.392***	0.537***	0.186	0.436***	0.294***
社員に社内でのキャリアを考えさせること	15.9 (55.0)	22.0 (69.0)	15.0 (66.0)	29.2 (70.8)	13.4 (61.2)
男女均等処遇の重視度との相関性	0.508***	0.62***	0.381***	0.53***	0.445***
社員に社外でも通用するキャリアを形成すること	9.4 (36.9)	20.0 (70.0)	15.0 (57.0)	22.8 (64.2)	21.4 (73.1)
男女均等処遇の重視度との相関性	0.455***	0.54***	0.343***	0.391***	0.3***
意欲や取組姿勢で社員を評価すること	26.9 (81.2)	38.0 (86.0)	24.0 (82.0)	40.1 (76.7)	25.4 (73.7)
男女均等処遇の重視度との相関性	0.404***	0.578***	0.387***	0.416***	0.174*
成果や実績によって社員を評価すること	34.3 (85.0)	45.0 (88.0)	31.0 (75.0)	55.4 (86.1)	39.8 (83.6)
男女均等処遇の重視度との相関性	0.424***	0.38***	0.19	0.388***	0.26***

（注）*pr<0.05, **pr<0.01, ***pr<0.001.

か．また上司や同僚との信頼関係が重視される職場の風土があることからも（後述の事例研究を参照），企業への帰属意識が生まれるものと考えられる．

3.2 職場のワーク・ライフ・バランスに関する雇用者の評価

　国と企業双方のレベルで両立支援が促進されているスウェーデンでは，働く人々も自身の職場のWLBを高く評価する傾向がみられる．前述した内閣府が実施した「少子化社会に関する国際意識調査」（2010年）における，「あなたの職場は仕事と育児を両立しやすい職場ですか」という質問に対し，「とてもそう思う」と回答した雇用者の割合が対象5ヶ国中最も高いのはスウェーデンで，58％と過半数を占めており，次いでアメリカ28.6％，フランス26.2％，日本16.6％，韓国5.8％の順であった（高橋［2011,p.158］）．

　先述の質問に対する民間企業の正社員の回答を男女別にみると，スウェーデンの特徴が浮き彫りとなる．表6に示した通り，職場のWLBを高く評価している者の割合は，男女ともスウェーデンで突出して高い．同質問に「とてもそう思う」あるいは「どちらかといえばそう思う」と回答した者の割合は，スウェーデンの女性で80.3％，男性で84.6％に達している．

　有配偶者で子どもをもつ正規雇用者（公務員も含む）の職場のWLBに関する評価も，スウェーデンで極めて高く，男女差が最も小さい（表7）．子どもがいるグループで，職場のWLBを高く評価する者の割合が女性より男性の方が高い点は特筆すべきあろう．その対極に位置するのは日本で，職場のWLBの評価において，男女差が最も顕著である．

4　事例研究──民間企業4社の取組と実践

　本節では，現地の企業へのインタビューで得られた知見を基に，WLBの実現に向けて，職場レベルでどのような取組が行われ，実践されているのかについて考察する．子育て世代の従業員のWLBに向けた選択行動を「潜在能力」のアプローチから捉え，従業員へのインタビュー調査結果を基に，スウェーデンの職場における働き方の特徴を明らかにしていく．男性の育児休業の取得状況にも注目する．

4.1　スウェーデン調査の概要

　2010年9月にスウェーデンの首都ストックホルム市に本社をおく大手企業4社を訪問し，人事部門の管理者と一般従業員へのインタビューを行った．対象企業の概要は表8に示した通りである．本章では，子育て世代の働き方に焦点

表6　あなたの職場は仕事と育児を両立しやすい職場ですか
——民間企業の正社員の回答，20-49歳，2010年（%）

		とてもそう思う	どちらかといえばそう思う	どちらかといえばそう思わない	全くそう思わない	わからない	全体	総数
日本	女性	16.8	41.1	27.0	14.6	0.5	100	185
	男性	10.5	34.4	34.1	17.5	3.5	100	343
韓国	女性	3.0	31.8	33.3	28.8	3.0	100	66
	男性	3.0	25.4	32.1	38.1	1.5	100	134
アメリカ	女性	29.1	33.3	19.7	12.0	6.0	100	117
	男性	23.8	25.2	21.0	21.0	0.1	100	143
フランス	女性	27.1	29.0	24.5	16.8	2.6	100	155
	男性	22.3	33.5	30.1	10.7	3.4	100	206
スウェーデン	女性	62.3	18.0	4.9	4.9	9.8	100	122
	男性	56.4	28.2	7.7	5.1	2.6	100	234

(出所) 髙橋 [2011]，表4-9，内閣府政策統括官『少子化社会に関する国際意識調査報告書』）.

表7　あなたの職場は仕事と育児を両立しやすい職場ですか
——有配偶（核家族世帯）で子どものいる正規雇用者の回答，20-49歳，2010年（%）

		とてもそう思う	どちらかといえばそう思う	どちらかといえばそう思わない	全くそう思わない	わからない	全体	総数	chi² *男女差
日本	女性	29.5	44.3	14.8	11.5	0	100	61	
	男性	10.8	39.5	34.1	14.4	1.2	100	167	16.97**
韓国	女性	5.9	44.1	26.5	20.6	2.9	100	23	
	男性	7.1	25.0	34.5	31.0	2.4	100	84	4.38
アメリカ	女性	37.0	37.0	12.4	9.9	3.7	100	81	
	男性	27.7	33.1	20.0	14.6	4.6	100	130	4.2
フランス	女性	27.3	30.2	25.2	15.8	1.4	100	139	
	男性	28.8	37.5	25.0	7.5	1.2	100	160	5.75
スウェーデン	女性	55.4	27.4	5.7	4.0	7.4	100	175	
	男性	59.0	29.8	7.4	2.7	1.1	100	188	0.91

(注) *「わからない」と回答した者を除く．***p<0.001，**p<0.01，*p<0.05．
(出所) 髙橋 [2011]，表4-10，内閣府政策統括官『少子化社会に関する国際意識調査報告書』）.

を当てているため，一般従業員へのインタビューは，子どもがいる者を対象とした．

　先述した通り，スウェーデンでは国レベルのWLB施策が充実しており，男女とも家庭と仕事を両立させる，という意識が社会全体に浸透していると想定したうえで，本調査では，特に下記の内容について探ることを目的とした．

表8 スウェーデン調査対象企業

企業の概要	ヒアリング対象者-人事部門の管理職および一般従業員(*は男性)
A社（銀行） スウェーデンの事業母体は旧公社．北欧4ヶ国の銀行の経営統合により2001年設立．従業員数約34,000人（国内約9,000人）．	①人事部門ビジネスサービス課主任・人事部門スペシャリストの2名 ②人事部門一般従業員*
B社（情報通信業） 旧公社，1993年国営会社，2003年フィンランドの企業と経営統合．国内従業員数約11,000人．	③人事部門（ビジネス）マネジャー*・人事部門一般従業員2名の計3名
C社（通信機器メーカー） 国内最大手企業，1876年設立，従業員約85,000人（国内約18,000人）．	④人事部門（福利厚生担当）マネジャー・人事部門労働法務スペシャリスト*の2名
D社（人材派遣業） 米国系企業，スウェーデンで1953年現地法人化．国内従業員数約11,000人，内勤者約580名以外は派遣コンサルタントとして雇用	⑤人事部門ディレクター（役員） ⑥人事部門コンサルタント（一般従業員） ⑦人事部門コーディネーター（一般従業員） ⑧人事部門スペシャリスト（一般従業員）*

（注）同一番号の調査では共同インタビューの形式を採った．

＜人事部門管理者＞
・企業としてのWLBへの取組と国の制度を超えた施策，人事戦略におけるWLBの位置づけ
・WLB関連制度の運用におけるマネジメントのあり方，男女差（処遇，育児休業，労働時間など）
・WLB推進の意義，仕事の生産性・効率性との関連

＜人事部門管理者・一般社員共通＞
・働き方とWLBの実状
・職場のマネジメントの特徴
・両立支援諸制度利用状況と仕事・キャリアへの影響，男女差
・働き方の柔軟性と多様性（男性の育児休業取得状況）

4.2 事例研究

本項では以下，スウェーデンの職場レベルで柔軟性と多様性のある働き方を支えている仕組みを探るべく，インタビュー調査で得られた知見を整理してい

く，子育て世代の従業員のワーク・ライフ・バランスのあり方を検討するうえで，重要と思われる特徴を明らかにする．項目や内容は整理しているが，記述に際しては，できるだけ解釈を加えず，回答者の語りに忠実に表現するよう試みた．

4.2.1　A社（銀行）
概要

A社はバルト海沿岸諸国をはじめとするEU諸国とアメリカ，東南アジアにも支社をもち，特に雇用条件・福利厚生については，事業を展開する周辺9ヶ国の常に把握し，各国の事情に沿った施策を講じている．国内に9,000人いる社員（うち有期雇用者約1割）の男女比はおよそ6対4で，役員には女性もいる．スウェーデンでは社員の健康促進を重視している企業が多く，A社でも年間一人につき800クローナ（2011年11月現在1kr＝約12円）のトレーニング費補助を支給している．また社内2ヶ所にもスポーツジムを設置している．

独自のWLB施策

子どもが1歳6ヶ月に達するまでの育児休業中，合計360日間は給与の10%に相当する親手当を支給，あるいは給与額が国で定める上限額を超える者に対して，給与の80%までの差額分を支給する．

労働時間と働き方に関する意識

所定労働時間は週38.5時間で，フレックスタイム制度を導入し，コアタイムは10〜15時（出勤7〜10時，退社15〜18時）である．在宅勤務制度適用の如何は部署によって異なり，例えば，IT部門や財務部門では導入しているが，人事部門のように雇用契約書等の機密書類作成に関わる部署では，セキュリティの関係上，導入していない．

WLBを支えるマネジメントの特徴

人事部門は23名のスタッフから成り（マネジャーは女性）で，インタビュー対象者（女性）が主任を務めるビジネスサービス課には13名（うち女性が9名）が配属されている．同部署で社員が育児休業を取得する際，基本的には代替要員を確保する．育児休業から復職後は，通常は元の業務に戻る．最近，育児休

業から復帰した女性社員は労働時間を短縮して勤務しているため，同じ部署の同僚が業務を分担している．それ以外で誰かが病気欠勤の場合，あるいは有給休暇を取得する際も同僚が仕事をカバーするなど，普段からバックアップ体制を整えている．円滑な対応のため，グループ主任が部下のメールをチェックできるシステムをとっている．社員は2人1組のチームで仕事をしており，バックアップ時に必要な際は，お互いのメールへのアクセスが可能となるようにしている．

隔週水曜日に部門会議（23人）とグループ会議（13人）をもち，またそれ以外にも定期的にスタッフとの打ち合わせ等を行い，情報を共有し合っている．上司は部下の業務内容を常に把握しており，必要に応じてサポートできるように心がけている．

スウェーデンでは，有給休暇は6～8月に交替で取るのが慣例であるため，A社では毎年4月中旬頃までには，全員が休暇希望を提出し，シフトを組んでいる．2011年の夏季休暇希望の提出期日は2011年4月15日である．それ例外，社員のWLBへの配慮において，会社内で特に大きな問題はないが，多少なりとも困難な状況になった場合は，職場での話し合いにより，ベストな解決策を見出すような体制をとっている．

育児休業について

同部署で社員が育児休業を取得する際，基本的には代替要員を確保する．育児休業から復職後は，通常は元の業務に戻る．最近，育児休業から復帰した女性社員は労働時間を短縮して勤務しているため，同じ部署の同僚が業務を分担している．それ以外で誰かが病気欠勤の場合，あるいは有給休暇を取得する際も同僚が仕事をカバーするなど，普段からバックアップ体制を整えている．

男性が育児休業を取ることはごく普通になってきているが，取得期間はまだ女性よりも短い．ただし，子どもの保育所への送迎のために勤務時間を調整する者は男性にもいる．

その他：非正規社員の処遇など

窓口業務などで社員と同様な業務に携わっており，社内の福利厚生についてもほぼ全て適用される．社員への特別融資制度も，勤務期間が半年以上の場合は対象となる．人事権は，それぞれの部門長が有しており，採用業務も各部門

が必要に応じて行う．非正規の採用についていえば，公募よりも，社内のコンタクトを介して行うか，人材派遣会社を通して行う．非正規採用され，その後社員として登用されるケースも多い．人事部門のスタッフの学歴は高校卒もしくは大学卒で，採用時には大半の者が実務経験を有す．専門職については，社内で実務経験を積んでいる者を採用することが多い．

【A社の一般従業員：30代男性，A社には3年半勤務，妻と5歳，8歳の娘の4人家族】

　職務内容は社内各部署の人事・総務に関わる補助業務が中心で，日常的に2人のチームで仕事にあたるため，自分ができない場合は，チームメートに頼むことが可能である．日常業務は，メールと電話でのやり取りが大半を占めるが，仲間で仕事を助け合うのは当然のことで，お互い必要な際は柔軟に対応している．実務経験のない新卒者がこの職務で即戦力になるには半年ほどかかる（システム知識の習得に数週間，契約書等の書類作成に6ヶ月）．フレックスタイムで規定されている時間の枠外で，出・勤退勤する際は上司に報告しなければならないが，その枠内であれば勤務時間は自由で，週に合計38.5時間勤務すればよいシステムである．通常朝8時に出社し，16時半に退社する．毎朝7時15分に自宅を出て，次女を保育所に送ってから出社し，帰宅後は夕食の準備をするなど，家族と過ごす．

　育児休業を取得したのは，前職時（派遣会社の非正規社員として2年半勤務）で，長女の時は4ヶ月（5〜9月にかけて），次女は約3ヶ月（5〜8月）取得した．周囲の男性でも6ヶ月以上休むのはまだ珍しく，4ヶ月程度が一般的である．通常は女性の休業期間の方が長いが，それは男性の給料の方が高いことも影響していると思う．休業によるキャリアへの影響は，部署によって異なるかもしれないが，普通は問題ない．職場では子育て経験のある女性もおり，理解がある．育児休業は法律上の権利でもあるので，取得すること自体に問題はない．

　業務内容と職場環境のどちらにも満足している．現在の生活時間の配分は，「仕事40％，家族50％，自分の時間10％」で，今のバランスで丁度よい．子ども達が小さいあいだは，家族での生活を大事にしたいと思っており，妻も同様な考えである．子ども達が大きくなったら，自分のための時間を増やしたいと思う．この先，まだあと30年働くわけなので，子ども達が10〜12歳位になったら，自分のキャリアアップについて考えたい．A社内でキャリアアップが可

能なので，そのときには，できれば別のポジションを狙いたいと思っている．

4.2.2 B社（情報通信業）
概要

　1994年に民営化される前は国営企業だったため，従業員の健康管理や男女の機会均等への取組みは，一般の民間企業よりは進んでいたという認識がある．現取締役7名のうち1名は女性で，携帯電話部門の営業店舗85店には，女性の店長も多いが，技術系の部署での男女比は7対3にとどまる．かつては，国営企業に入ると，定年まで勤め上げる者も多くいたが，現在では変化している．

企業独自のWLB施策

　国の法律にある「男女平等を実現するための施策」をより明確化し，ガイドラインを作成している．上層部が意識的に価値観を変革するよう働きかけてきた．上の者が率先して行うことで，手本となることも重要である．育児休業中，280日間は所得の90%まで保障するよう，差額分を補填する上乗せ制度を設けている．有給休暇（年間25日）中は，休暇手当として，給与の5%が上乗せされる．

労働時間と働き方についての意識

　就労規則は部署により異なるが，人事部では裁量労働制をとっており，在宅勤務も行っている．営業店舗では週40時間で，祝日や夜間勤務もある．子どもが小さい社員は午後2〜3時頃に退社する者もいる．お互いのプライベートな時間を尊重することは大前提で，個人差もあるが，例えば，午後5時以降に送受信したメールは，翌日以降に対応される／するもの，という意識をもつようにしている．

WLBを支えるマネジメントの特徴

　裁量労働制では，労働時間に規定があるわけではなく，上司や同僚との信頼関係が基礎で，連携のなかで，効率の良い働き方を選択していくことができる．自己責任のもとで働く社員が自己管理できるよう，上司のリーダーシップが必要である．比較的規模の小さい部署の場合，同僚同士の情報交換や交流も重要である．働く者達が家族のことを中心に考え，勤務時間を早く切り上げて帰宅

し，引き続き自宅で業務を行うという風に，働き方の自由度が高いのは，会社が社員に信頼感を抱いている証拠で，またそれを示すことは会社にとってプラスであって，マイナスではない．自由と責任を与えることで，社員のモチベーションも上がり，会社にとっても有益であり，win-winの関係となる．スウェーデン人の特質として，集団の目的を達成するために，個人の責任だけを考えるのではなく，共に働く人達のことを考えて集団として動くということころがあり，責任の所在も明確化させている．誰かにできない部分があれば，グループ全体でそれをどう分担し，対応していくかを考える．人間関係はフラットなので，上下関係という締め付けはない．

育児休業に入る場合（例えば，下記の例である上級管理職の男性），代替要員となる者は，約1ヶ月前から引き継ぎとして日常業務を共に行う．関係各所には，その旨伝達し，部署内では，できる範囲で仕事の振り分けも行う．必要に応じて，育児休業中の者に問い合わせることができる体制も整えておく．メールなどへのアクセスを許可するかどうかは，部署によって決められるが，通常はシステム上で日程表を共有しておき，そこでお互いの予定を確認し合う．夏季休暇中でも，必ず連絡が取れるような体制を整えている．

育児休業について

　育児休業を取得する際，遅くとも2ヶ月前には対応窓口である人事センターに問い合わせ，所定の手続きをとるよう指示する．休業予定者の職務と休業期間の長さにもよるが，通常は代替要員をまずは社内で公募する．人事部長の男性で，3人いる子ども全員，各6ヶ月の育児休業を取った者もいるが，休業中は，部下が代替要員となった．状況によっては，代替要員となる者にとっても経験と知識を得られる良い機会となる．それでも男性の育児休業期間が6ヶ月を超えることは少なく，時期も3月から9月にかけて取ることが多い．経済的理由から（所得損失が大きい），男性が長く取れないという家庭もある．スウェーデンでは今や男性の育児休業取得はごく普通のことになっているが，上級管理職の男性が長期の休みを取るのはまだ一般的とはいえず，特に，外国の支社の社員には奇異に映るようである．

4.2.3 C社（通信機器メーカー）

概要

　従業員数は約84000人で，国内では約18000人が雇用されている．スウェーデンを代表する企業で，インタビュー先は，人事・総務（福利厚生），団体協定等の法規について取り扱う部署で,45人のスタッフ（部門長は男性）から成る．技術系の従業員が多い企業なので，国内全体の男女比は7.5対2.5で，主任クラスでは女性が28％，取締役には女性2人がいる．人事部は女性が多い職場のため，80％が女性で，主任レベルでは60％が女性である．

独自のWLB施策・その位置づけ

　元来男性的な職場ではあるが，WLBについては，早くから意識改革を図る取組みを行うなど，民間企業のなかでは先駆的な立場をとり，意欲的に取り組んでいる．育児休業中の所得補填制度を「親手当」として規定し，150日間は所得の90％まで差額を保障，151日目から180日までは所得の80％まで差額を保障している．その目的も明文化している；「親手当は，当社が職場として魅力ある企業であるとの知名度を上げることで，有能な人材を確保することを目的としている．親手当は男女の平等性を促進すること，また子育て世代の社員，なかでも特に幼い子どもをもつ男性が，子育てをする権利を行使できるよう支援することも目的としている」（C社で入手した社内規定より抜粋）．

　WLBや男女平等を促進して企業が得るものはダイバーシティである．例えば男性が長期間育児休業を取得することで女性への偏見や差別が解消され，ひいては企業が求める子育て世代や多様な人材にとって魅力的な職場となる．全員が何かを得る，win-winが生まれる．

労働時間と働き方についての意識

　ホワイトカラー社員の労働時間は団体協定に基づき，週38.75時間（1日7時間45分勤務）で，通常の業務（シフト勤務でない職務）では，フレックスタイム制度を導入している．スウェーデンのWLBの流れとして，60年代以降の社会におけるさまざまな変革が基盤となっており，制度が導入され，70年代に社会に浸透していくというプロセスを辿った．制度が導入されるだけでは十分ではなく，例えば男女平等についての議論がさらに高まることで世論形成につながり，労働者側の組織運営にも影響を与えた．

C社の働き方については，世間で，「働く時間が短く，休みが長い」というイメージをもたれるようだが，個人が責任をもち自律して柔軟に働いているということが基盤にある．職場で何時間働いているのかということが重要なのではない．

　忙しい時期もあるが，夏の期間はテンポが落ちるため（スウェーデン全体で），落ち着いて働くことができる．普段も週日はインテンシブに働くが，週末に働くようなことはまずない．職場だけではなくスウェーデンの社会の風潮として，子どもを午後6時までも保育所に預けるということは，まず考えられない（遅すぎる）．

WLBを支えるマネジメントの特徴

　自律と責任が働き方におけるC社のキーワードで，自己責任があることが成功への鍵である．与えられた仕事に柔軟な姿勢で対応していくという意味でも，効率的である．社員に柔軟性があることは企業の効率性につながる．チームで仕事をすることも多いため，自己の責任を考えるだけでなく，上司は，チームの中でそれぞれがどのように機能していくか，指導する役目を負う．スウェーデン人は責任感や義務感が強いとされるが，そこにも鍵がある．例えば他の国から文化背景が違う者が入って来ても，スウェーデンモデルに順応していく．

　1年に3回，直属の上司がIPM(mål och kompetens-och utvecklingsplaner：目標・能力開発面談）という評価面談を行い（海外支社でも実施），個々の目標や，長期的展望，評価基準が打ち出される．例えば，評価基準に達しない場合，改善策が講じられる．

育児休業について

　（インタビュー対象の労務スペシャリストの男性は）6ヶ月の父親休業を取得したが，男性が長期休暇を取ることに対しての抵抗感は，社会全体でもC社においてももはやない．「親業」を経験することは，人間として成長する，という意味でもプラスの経験として捉えられる傾向にある．今や企業の上級管理職の男性も育児休業を取るので，男性の育休取得はむしろキャリアにおいて高く評価されるようになってきている．休業中は，社内で代替要員を確保することが多く，他の社員にとっても，別の仕事を経験できる良い機会となるため，うまく機能しているシステムであるといえる．

その他

　求人については部門の長が取り仕切るが，先ず社内で公募する．人材派遣会社から休暇中に人材を雇い入れることもあるが，その人材がそのままC社の社員となることもある（労務スペシャリストは，C社で派遣社員から社員に転職した経歴をもつ）．流動的で柔軟な労働環境があるから，個人が能力やキャリアを高めることができる．企業にとって，待遇・処遇が悪いと，優秀な人材が転出してしまうかもしれない，というリスクがある．（インタビュー対象の人事マネジャーは）2人の子どもの母親であるが，2度の育児休業後，いずれも転職した（2度目はC社にヘッドハンティングされた）．休業中に時間的余裕が出ることで，将来を考えることとなり，転職する決心をした．

　C社では企業戦力として，国内の技術者不足を改善するための数々の取組みも行っている．その一つとして，女子学生に技術職への関心をもってもらうよう，中学校で出張授業を行うといった啓発活動がある．

4.2.4　D社（人材派遣業）

概要

　アメリカ系企業で，スウェーデンには11,000人の従業員がおり，うち女性がおよそ70％を占める．従業員のうち約半数が正規雇用で，全体の80％強がフルタイムで働いている．国内で580人が内勤者（派遣要員：コンサルタントではない）で，マネジャークラスの57％が女性で，8人の取締役のうち3人が女性である．インタビュー対象の人事部門管理者（女性）は7人の部下をもつ．

企業独自のWLB施策

　労働条件はスウェーデンの規定に合わせてあり，アメリカの本社とは条件は異なる．育児休業中の所得補塡として，法律の規定より1ヶ月多く手当を支給している．

労働時間と働き方についての意識

　週39時間労働で，職場でおよそ半数は，朝7時半から8時に出勤し，午後5時半には退社している．人材派遣業務のため，フレックスタイム制度は導入していない．

　1990年代に国内での事業が急成長し，当時社員の平均年齢も若く（27～28

歳), 家庭をもっていない者が多かったため, 毎日午後9時頃まで働くようなことがあった. その後, 社員が徐々に家庭をもつようになり, 健康の観点からも働き方について話し合いがなされ,「エネルギーを取り戻すために, 家に帰る」という認識をもつように意識改革を行った. 家庭で過ごす時間, あるいは余暇時間をもつことで, 仕事に対する新たなエネルギーが得られるというのは, 今では会社としての共通認識となっている. 国の法律で, 子どもが8歳になるまでは労働時間を短縮できるため, 家庭状況にあわせて, 時短で働く者も多くおり, それが受け入れられる雰囲気となっている.

1990年代, 他人と競争するように長時間働いていたときは, 楽しく働けない雰囲気ができてしまい, 病欠が増え, 悪循環であった. 有能な人材の流出を抑えるためにも, 意識改革が行われた.

<u>WLBを支えるマネジメントの特徴</u>
　まず個々が与えられた仕事の結果を出すことが大事で, 上司は部下を信頼している. 人事部では大半が専門職のため, 短期・中期の目標を立て, それに沿った業務計画を立てていく. 人事部門が多種多様な事業の牽引力の役割を果たし, 対外的にもさまざまな業務を行っているが, それを達成するかどうかは一人ひとりの責任にかかっている. 管理者の仕事は, 業務がスムーズに進むよう, 内部だけではなく外部組織とのコンタクトを取り, 結びつけていくことが主体のため, 会議の数が多い. 7週ごとに部下に個人面談を行い (Raksamtal), 働き方について話し合いをもち, 業務の進展度についてもフォローしている. 能力開発面談は1年に1度行う. 上司が部下を信頼して任せ, 細かいところに口をはさまない, というのはスウェーデン的なリーダーシップの取り方である. 部下が相談をもちかければ, 難しそうであれば, 代替案を示す. 信頼して責任を与えると, それが結果となって返ってくる. 上司としては常に部下全員の業務内容が頭に入っているという点で, 完全に仕事から解放されることはないかもしれないが, 休日にメールをチェックするようなことはしていない. 今年の夏は5週間の休暇を取ったが, それは部下とのあいだに信頼関係があるから可能である. 休暇中は部下がバックアップの役割を果たし, 多くを学ぶことができるという意味で, 上司が休暇を取るのは, 有益なことである.

　仕事における生産性は午前中にはかなり高いかもしれないが, 午後には徐々に下降する. 時には長時間集中して働くことも可能かもしれないが, 毎日は持

続できない．創造性のある発想は，仕事から離れて，休みを取っている時に湧いてくることもある．

育児休業について
　D社では，女性が1年，男性が6ヶ月休業というのが一般的になってきた．休業の際は，通常は代替要員を雇うが，業績不振時にそれが叶わず，同僚チームで仕事を分担し合ったこともある（後述の男性従業員の育児休業時）．父親の子育てについては，昔と比べると随分変わってきた．キャリアへの影響に関しても，長い労働人生なので，1年位のブランクは大したことはない，という見方をするようになっている．

　今の若い世代は，将来に対する見方がポジティブで，勇気もある．少し前の世代は，休業して家に入ることで，キャリアに傷がつくのではないかと心配したかもしれないが，若い世代は，仕事のために家族との大切な時間を放棄するという選択はしない．育児のために休業することは大切だという考えが社会に浸透している．職種によって違いはあるだろうけれど，父親が育児休業を取ることは肯定的に捉えられている．

【D社人事スペシャリスト，30代男性，大卒，勤務約3年，パートナー（非法律婚の妻）と1歳半の娘の3人家族，先述の人事部門管理者の部下．元システムエンジニアで，起業の経験をもつ．前職は別の人材派遣会社で人事コンサルタント（主任）として2年半勤務】

　毎朝，8時前に娘を保育所に預けてから出社している．週に2日は自分が娘を迎えに行く．労働時間を週39時間という枠で捉えたことはない．費やした時間の長さに意味があるのではなく，出す結果が全てだと思っている．急ぎの報告書の作成などを自宅で行うことはある．業務に沿って計画を立て，それを柔軟にやり遂げることが重要だ．この仕事の利点は，柔軟に働ける可能性が大きいことで，上司は細部にこだわらず，結果を評価してくれる．柔軟に働く上で重要なのは，個々が責任をもつこと．日常的な話し合いやメール通信を介して，上司は部下の業務内容を把握している．

　育児休業は7ヶ月取得した．パートナーは11ヶ月休んだ．休暇を取る1年位前に父親休業の話を上司にしてはいたが，職場で準備を始めたのは，休業に入る3ヶ月程前のこと．2009年（休業時）は景気が悪く，業績も芳しくなかっ

ため，代替要員を雇うことができず，同僚で仕事を振り分けた．入社時，同じ部署の男性が 2004 年に 8 ヶ月の育児休業を取ったと聞いていたため，前例もあり職場にそういう雰囲気もあるので，抵抗感はなく，キャリア上の不安感もなかった．職場にとっては困難かもしれないが，育児休業は働く者の権利なので，それを取るのは当然と考える．上司が国の法律を重視せず，部下の意志も尊重しないのであれば，そのような職場には満足できないであろう．しかも人事の人間が法律を遵守しないのであれば，働く職場としてふさわしいかどうか，考えざるを得なくなる．休業することでキャリアに不都合が出るとしたら，それは企業側に問題がある筈で，もし否定的な対応をされたら，仕事を替えるだろう．生活時間の配分は，「仕事 60%，家族 30%，自分の時間 10%」で，もう少し自分の時間が確保できれば，とは思う．

【D 社ビジネスコンサルタント，40 代女性，高卒，夫と 15 歳の義理の息子の 3 人家族，勤務 11 年，前職は旅行会社に 10 年勤務】
　チームで大型プロジェクトに取り組むというのが日常業務のため，綿密な計画を立てることと周囲との連携体制の構築が重要で，休暇時はお互いカバーし合う．夏季休暇期間でスタッフが少ないときは，パソコンや携帯電話を駆使し，デスクを離れても常に情報が伝達される体制を整える．会社は社員の能力を重視するので，育児休業を取ったことでキャリアに対する不安や限界を感じるという話を周囲で聞いたことはない．
　約 10 年前にこの会社で働き始めた頃，午後 6 時過ぎにオフィスに残っていると，「こんな時間まで何をしているの」，と誰かが肩を叩きに来た．「5 時半になったら帰りなさい」，といわれる雰囲気があるから，仕事の後，家で英気を養い，職場に戻ってくることが大切なのだと理解できるようになった．
　現在の生活時間の配分は，「仕事 60%，家族 30%，自分の時間 10%」で，自分の時間が若干少ないかもしれない．

【D 社人事コーディネーター，40 代女性，大卒，3 歳と 8 歳の息子と 3 人暮らし，夫はイギリス人で母国勤務のため別居中，D 社には 1999 年入社】
　長女の出産後 2002 年から約 1 年半育児休業を取得し，夫の暮らすイギリスに滞在し，帰国後は社内でいくつかの職務を経験した．次女の出産後は 13 ヶ月間の休業を取得した．現在は，フルタイムの 93%（時間短縮）労働で，8 時

〜15時40分に勤務している．

日々の仕事の進め方は，個人に任されているが，毎週火曜に1時間の会議をもち，業務の進捗状況の報告を行い，必要に応じて業務を分配しサポートし合っている．仕事に関しては，責任もあるが，自律度が高い．ほかの人が自分の仕事をするわけではないが，送信したメールや報告内容を確認することで，周囲も仕事の進捗状況が把握できる．仕事を家に持ち帰り，在宅で仕事をするのは3週間のうち2日間ほど．その場合は，前日上司に伝えておく．今年の夏休みは6週間取ったが，休暇に入る前に，バックアップ要員と資料の場所や連絡方法など，綿密な打ち合わせを行った．現在の生活時間の配分は，「仕事70%，家族22%，自分の時間8%」，でやはり自分の時間が少ない．

4.3 事例研究の考察

インタビュー対象企業は4社という限られた数で，人事部門のみを対象としたものであることは念頭に入れておく必要があるだろう．それでもスウェーデンのWLBを特徴づけると思われるキーワードを見出すことができた．その一つめはまず，マネジメントにおける「個人の責任と自律性」で，社員一人ひとりが責任を果たし，仕事に柔軟に対応していく体制が整えられることで，企業にとってもプラスとなる，という考え方が共通してみられた．社員が義務感と責任感のもとで与えられた仕事の結果を出すという前提があればこそ，時間に制約されず，「柔軟」な働き方が可能となるのであろう．その「柔軟性」の軸となっているのは，全ての社員が家庭と仕事を両立させている，という意識の浸透である思われる．つまり，性別にかかわらず，（一定の年齢層の）誰もが就労生活の途上で子どもの親となる可能性をもつとして，ライフ・ステージのどこかの時点で，仕事にかける比重を減らすであろうことを想定している．個人と家族のニーズに応じた勤務条件が選択でき，また希望に応じてキャリアアップや軌道修正が図れる，といった多様な働き方の可能性は，人々が自己のWLBを実現するための「潜在能力」を高める要因となっているのではないだろうか．スウェーデンの企業では，日本企業のように年功序列による内部昇進制度なく，転職をすることでキャリアアップが可能となるシステムを採っている．それまでの経験と職歴は全て資源となるため，自身が希望する時点でキャリアの変更が可能となる．今回インタビューした企業はいずれも大企業のため，社内でキャリアアップを図れる可能性も大きいことが指摘された．

職場レベルの男女の機会・処遇の均等というコンテクストで考えると，女性の積極的登用という理念が浸透し，実践されているスウェーデンの企業において，職場レベルの問題意識は今や男性のWLBにシフトしているという傾向が読み取れる．育児休業中の所得補填制度（上乗せ制度）を充実させ，それを明文化することで，父親休業を希望する男性社員を惹きつけるといった人事戦略を掲げるC社の取組みはそのことを端的に表している．

もう一つ重要なキーワードとして「信頼関係」が挙げられる．上司と部下，同僚間の日常的な連携とサポート体制において，お互いを信頼し必要な作業を委ねることができる風土がいずれの職場でも築かれている．信頼関係が構築されているからこそ，安心して長期の有給休暇や育児休業を取得することができるのであろう．上司が部下の仕事の進捗状況を把握しているが，信頼して任せるという，適度な距離感が保たれている．また部下を信頼し，管理職の者が休暇を取るなどして，一定期間職場を離れることは，バックアップを任された部下にとって知識や経験を深める機会となり有益であると考えられる[15]．

今回のインタビュー調査で対象となった子育て中の従業員は皆，仕事との調整を図りながら，家族を優先させて日々を営んでいた．生活に対しては概ね満足しているが，自分自身の時間が少ない，という意見も共通して出ていたことは，今後の研究課題として注目できる．

5 おわりに

本章で論じてきたことを通して，わが国への示唆は，二つの論点に集約できると考えられる．

一点目は，政策の次元から捉えるもので，社会と企業における「男女共同参画の実践」である．同国では，働き方の「多様性」，「柔軟性」を可能とする基盤の形成時より男女共同参画の理念が導入され，それがゆえに，個人のWLB（「時間の質」の確保）の実現に近づいているものと思われる．仕事に全面的な比重を置く，いわゆる男性的な働き方を標準とするシステムから，家庭との両立を想定した女性の働き方を標準とするシステムへの移行が進みつつある．先行しているスウェーデンの経験は，WLBの実現とは，社会と企業，そして家庭における男女双方の解放—「二重の解放」—(Klinth [2005], Ahlberg et al. [2008]) を成し得てこそ成る，という示唆に富むものである．ジェンダーによ

る拘束を受けない（Takahashi [2003]）．柔軟で多様な働き方ができる環境は，例えば育児休業を取得する，ライフステージの一時期は家庭生活に比重を置く，といった選択行動への潜在能力を高め，自己のWLBの達成を促すものと思われる．

二点目は，前章で論じた職場レベルでの働き方やマネジメントの特徴から導出された二つのキーワード「責任の下での自律」と「信頼関係」である．これらは，前述した「男女共同参画の実践」のもと，柔軟で多様な働き方が可能な職場のあり方と勿論リンクしている．ただこちらは，国の政策レベルの改革をまたずとも，また企業内の現行の制度を変えずとも，職場の日常レベルで実践できるものである．業種や職種によって状況に違いがあるとは思われるが，社員一人ひとりの業務と責任の所在を明確化し，自律性を高めるために，次のような実践が可能であろう．管理職にある者は部下を信頼し，仕事を任せ，自ら率先して長期の休暇を取る（有給休暇を消化する）．同僚同士のコミュニケーションを活性化し情報の共有化を図り，また信頼関係を高めるため，フレンドリーな職場環境づくりを心がける．会議の回数は必要最低限に抑え，時間も設定する．家族状況にかかわらず，全員が所定の労働時間内で勤務を終えることを前提として働く．

バランスが取れたゆとりのある生活において，人々は自己のもてる能力を発揮でき，ひいては，生産性の向上にもつながるのではないだろうか．グローバル化と多様化が進み，流動性が増しているスウェーデン社会のWLBについて，今後さらに多角的に考察をすすめていくことが望まれる．

注
1) 調査の内容に関しては本書の序章を参照．
2) 2010年10～12月，20-49歳の男女を対象に実施された．回収数は次の通り．日本1,248, 韓国1,005, アメリカ1,000, フランス1,002, スウェーデン1,001（内閣府政策統括官 [2011, pp.3-4]）．
3) その後，連帯的労使協定により，中央集権的な団体交渉が行われるようになるが，そのシステムもやがて変貌を遂げることになる．スウェーデンの労使関係の変遷については，久米・Thelen [2004] が論じている．
4) 同国でWLBをめぐる男女平等が完全に達成されている訳ではない点に留意する必要がある．1970年代以降の女性の労働市場への進出は，公共セクターへの参入が中心であり，女性は男性への依存から，国家に依存する存在へと移行したにすぎない，との見方もされてきた．国際比較でみると，社会全般における男女の格差は極

めて小さいが（2010年の「ジェンダー格差指数」は世界第4位．World Economic Forum 2010），それでもなお，労働市場における性別職務分離（水平—職種・業種，垂直—組織内の地位，双方の次元での）をはじめとする経済活動における男女格差や，ケアワークの男女不均衡がいまだ解消されていないとの指摘がなされ，スウェーデン政府は，継続的に男女平等目標の見直しを図っている．完全雇用をさらに強化する視点から，生涯賃金の男女格差を解消するためには，女性の労働時間を今より増やす（短時間労働者を減らす）ことが有効である，とラインフェルト首相は述べている．またジェンダーの視点からみたワーク・ライフ・コンフリクトや，非正規労働者のWLBについても課題として掲げられている点は指摘しておく（Regeringskansliet HP）．

5) ただし上限があり，日額935クローナまで保障（Försäkringskassan 2012）．
6) 2010年9月16日，雇用省（Arbetsmarknadsdepartementet）にて実施した，雇用省，男女平等・統合省（Integrations- och jämställdhetsdepartementet），社会福祉省（Socialdeaprtementet）の政策エキスパートへのヒアリング調査より．なお，2011年1月，男女平等・統合省は，法務省（Justitiedepartementet），教育省（Utbildningsdepartementet），雇用省に再編統合された．
7) スウェーデンは，「子どもの最善の利益」という概念を法制度でおそらく世界で最初に導入した国であると思われる．同国では早くから幼保一元化が図られ，公的保育は「就学前学校」に一元化されており，公教育を受けるのは子どもの権利と位置付けられている．全てのコミューン（基礎自治体）に，1歳半以上の子どもの公的保育の保障が義務付けられている．但し対象年齢は1歳以上のため，0歳児を対象とした公的保育は提供されていない．子どもが1歳に達するまでは，育児休業制度を利用して，父母が協同で家庭にて子育てを担うことが社会規範となっている．同国の子育て支援からみたワーク・ライフ・バランスのあり方については拙論（高橋 [2007]）参照．
8) 2010年9月15日，筆者がTCOで実施したヒアリング調査より．
9) 子どものいる家庭で父母が仕事と子育ての時間を調整する様子を，「ジグソーパズル」に準えて「時間のパズル」として論じたものにLundén &Näsman [1989] の研究がある．
10) Mörtvikは，一般的に用いられてきた「フレキシキュリティ（Flexicutity）」に代わる概念として，「モビキュリティ（Mobicurity）」を提唱している．フレキシキュリティは元来，ブルーカラー労働者の働き方の膠着性を問題の所在として提起された概念であると指摘する．モビキュリティは，"mobility"と"security"を合わせたもので，生活保障に基づく流動性という概念が基礎となる．失業手当等の諸制度が整備され，雇用者の生活が保障されると，安定性は低くても生産性のある仕事を求める傾向が高まる，との考えに由る．その基盤として，「フレキシベーション（Flexivation）」（flexible + education：教育により柔軟性が高まる）の実現も重要である，と指摘している．
11) 同国では，労働環境庁と中央統計局により，1989年以来定期的に，「労働環境調

査（Arbetsmiljöundersökning）」が実施されてきた．対象は，従業員と企業の労働環境管理責任者，ならびに企業の労働環境対策委員会の関係者である．2009年に行われた最新調査項目は以下の通り．対象者全員（11,000人強）：職場の規模，上司・管理者の性別，仕事の将来性，労働時間，在宅勤務・残業の有無，仕事の量と質および健康への影響，職場における労働環境施策の有無．職場の労働環境対策委員会関係者：ガイドライン策定の有無，産業医・健康管理状況，パソコン使用状況，週日の睡眠時間，労働状況（肉体的負担，騒音等の影響），労働時間，ストレス状況，周囲のサポートと職場の人間関係，キャリア・能力開発の可能性，人間関係におけるリスク（対立，いじめ，暴力，ハラスメント），仕事の質と量に関する評価．労働環境の管理責任者：ガイドライン策定の有無（Arbetsmiljöverket 2010）．

　政府は2002年，病気による休業の激増を減らすため，アクションプランを作成した．女性に休業が多いことから，アクションプランの目的は，女性の職場と職場環境，就労状況とされた．同国のワーク・ライフ・コンフリクトに関しては，雇用省管轄のFAS（Swedish Council for Working Life and Social Research）の助成により数多くの研究が行われている（http://www.fas.se/sv/）．

12) 潜在能力はアマルティア・セン［2006］が提唱した概念で，「福祉」と「福祉を追求する自由」を「潜在能力」の視点から捉えたものである．個人の福祉を，生活の良さといった「生活の質」からみると，生活とは相互に関連した「機能（functioning）」の集合からなっているとみなすことができる，とする．そこで個人が達成していることは，その人の機能のベクトルとして表現される．個人が行うことができる様々な機能の組合せが「潜在能力」であり，それは「様々なタイプの生活を送る」という個人の自由を反映した機能のベクトルの集合として表される（セン［2006, pp.59-61］）．

13) Hobson et al. の提示した枠組みでは，エージェンシーを中核の次元として，個々の親がWLBについて要求する能力（the ability to make claims）と彼らの基本財ならびに能力の自己認識（sense of entitlements）という次元を捉えている（Hobson et al.［2010, p.7］）．

14) 導入している各施策が職場の生産性に与える影響についての回答は以下の通り：「法を上回る育児休業制度」＜プラスの影響＞日本12.5％，スウェーデン69.6％，オランダ32.3％，イギリス49.5％，ドイツ78.0％，＜マイナスの影響＞日本28.5％，スウェーデン0％，オランダ3.2％，イギリス6.9％，ドイツ6.8％．「フレックスタイム制度」＜プラスの影響＞日本33.9％，スウェーデン86.4％，オランダ69.6％，イギリス72.5％，ドイツ73.5％，＜マイナスの影響＞日本7.1％，スウェーデン1.1％，オランダ2.9％，イギリス7.1％，ドイツ4.4％．「在宅勤務制度」＜プラスの影響＞日本21.4％，スウェーデン81.7％，オランダ61.5％，イギリス39.0％，ドイツ70.9％，＜マイナスの影響＞日本7.1％，スウェーデン1.4％，オランダ1.9％，イギリス3.7％，ドイツ4.9％（なお，プラス，マイナスいずれでもなく「生産性に影響はない」と回答した企業もある）．

15) 同国で職場の人間関係が重視されていることは，人材派遣会社Xtra Personalが

実施した調査結果にも表れている．全国で1025人を対象に，最近5年間で転職したかどうか尋ねたところ，首都ストックホルムでは「転職した」と回答した者の割合は43％であった．18〜39歳の者では実に6割がこの間に転職していた．転職者のうち4分の1が転職理由として挙げたのは，「上司への不満」で，自身が管理職の者では，その数値は43.1％であった（Svenska Dagbladet 2011-2-10）．

参考文献

Ahlberg, J., Roman, C. and Duncan, S. [2008] "Actualizing the "Democratic Family?" Swedish Policy Rhetoric versus Family Practice," *Social Politics*, Vol.15, Spring 2008, pp.79-100.

Ahrne, G. and Roman, C [1997] *Hemmet, barnen och makten. Förhandlingar om arbete och pengar i familjen.* SOU 1997：139. Fritzes.

Albrecht, J.W., Edlin, P.A. Sundström, M. and Vroman, S.B. [1999] "Career interruptions and subsequent earnings： A re-examination using Swedish data," *Journal of Human Resources.* pp.294-321.

Arbetsmiljöverket [2010] *Arbetsmiljön* 2009.

Bekkengen, L. [1996] *Mäns föräldraledighet en kunskapsöversikt*, Arbetsrapport 96：12, Högskolan i Karlstad.

Enokson, U. [2010] "Tidsekologi för framtidens välfärd," *FRAMTIDER* 2/2010. Institute för Framtidsstudier.

Esping-Andersen, G. [1990] *The Three Worlds of Welfare Capitalism.* Princeton University Press.

Försäkringskassan [2012] "Faktablad: Föräldrapenning" 2012-02-24.

Försäkringskassan Statistik. http://statistik.forsakringskassan.se/rfv/html/FP_Tab_1_4_2011.html（最終閲覧日 2012年3月4日）．

Hobson, B. and Fahlén. S. [2009] "Competing Scenarios for Eropean Fathers: Applying Sen`s Capabilities and Agency Framework to Work Family Balance," The ANNALS of the American Academy of Political Social Science 624, July, pp.214-233.

Hobson, B., Fahlén, S. and Takács, J. [2010] "Tensions in Aspiration, Agency and Capabilities to Schieve a Work Family Balance：A comparison of Sweden and Hungary," Paper presented at EAPANET Conference.

Klinth, R. [2005] "Pappaledighet sam jämställdhetsprojekt", SOU 2005：66. *Makt att forma samhället och sitt eget liv.* pp. 205-235. Fritzes.

Kollega. 2011-02-15. http://www.kollega.se/

Lewis, J. and Ostner, I. [1994] "Gender and the Evolution of European Social Politics," ZeS-Arbeitspapier Nr.4/94. Center for Social Policy Research. University of Bremen.

Lundén Jacoby, A. and Näsman, E. [1989] *Mamma, pappa, job.* Arbetslivscentrum.

Mörtvik, R. and Spånt, R. [2005] "Does gender equality spur growth?," *OECD Observer*.No. 250. July.

Nyberg, A. [1997] *Kvinnor, män och inkomster. Jämställdhet och oberoende.* SOU 1997：87. Fritzes.

OECD [2007] *Baby and Bosses - Reconciling Work and Family Life：A Synthesis of Findings for OECD Countries.*

OECD database. http://stats.oecd.org/Index.aspx（最終閲覧日 2012 年 4 月 8 日）.

Sen, A. [1992] Inequality Reexamined, Oxford University Press.（池本幸生・野上裕生・佐藤仁訳 [2006]『不平等の再検討──潜在能力と自由』岩波書店）.

Socialdepartementet [2001] Barnafödandet i fokus. Från Befolkningspolitik till ett barnvänligt samhälle. Ds 2001：57. Fritzes.

Regeringskansliet HP. http://www.regeringen.se/sb/d/2593（最終閲覧日 2011 年 2 月 14 日）.

SOU [1998：6] *Ty makten är din. Myten om det rationella arbetslivet och det jämställda Sverige.* Fritzes.

SOU [2005：66] *Makt att forma samhället och sitt eget liv.* Friztes.

SOU [2005：73] 2005. *Reformerad föräldraförsäkring──Kärlek, omvårdnad, trygghet.* Fritzes.

Stafford, F. and Sundström, M. [1996] "Time Out for Childcare: Signaling and Earnings Rebound Effects for Men and Women," *Labour* 10(3),pp.609–29.

Svenska Dagbladet. 2011-02-10. http://www.svd.se/naringsliv/nyheter/smalanningar-mer-trogna-an-stockholmare_5931591.svd.

Takahashi, M. [2003] . *Gender Dimensions in Family Life. A comparative study of structural constraints and power in Sweden and Japan.* Almqvist & Wiksell International.

TCO [2005] Uppdrag Livspussel. TCO granskar.

TCO [2010] Pappaindex 2009. TCO granskar.

World Economic Forum [2010] The Global Gender Gap Report 2010.

久米郁男・KATHLEEN THELEN [2004]「政治的課題としてのコーディネーション──調整型市場経済における労使関係の変化」, RIETI Discussion Paper Series 04-J-031.

チャン・ジョン [2007]「韓国におけるジェンダー・レジームと仕事──家庭選択の現実」,『第 7 回日韓ワークショップ報告書　ワーク・ライフ・バランスの現実と課題：日韓比較』JILPT 資料シリーズ No.32, 労働政策研究・研修機構, pp.15-35.

高橋美恵子 [2007]「スウェーデンの子育て支援──ワークライフ・バランスと子どもの権利の実現」,『海外社会保障研究』第 160 号, pp.73-86.

高橋美恵子 [2011]「働き方とワーク・ライフ・バランス」, 内閣府政策統括官『少子化社会に関する国際意識調査報告書』pp.151-174.

武石恵美子 [2010]「ワーク・ライフ・バランス実現への課題──国際比較調査から

の示唆」RIETI Policy Discussion Paper Series 11-P-004.
内閣府政策統括官（共生社会政策担当）[2011]『少子化社会に関する国際意識調査報告書』.
内閣府［2010］『平成 22 年度版　子ども・子育て白書』.
山口一男［2009］『ワークライフバランス──実証と提言』日本経済新聞出版社.

資　料

資料1

「仕事と生活の調和（ワーク・ライフ・バランス）に関する国際比較調査」（企業向け調査票）

> 「仕事と生活の調和（ワーク・ライフ・バランス）」とは，仕事と生活の調和をはかり，やりがいのある仕事をしながら充実した生活を送ろうという考え方です．
> ここで言う「生活」の中には，子育てや家庭生活だけではなく，地域コミュニティでの生活や個人の趣味，学習など幅広い活動が含まれます．そのため，ワーク・ライフ・バランス施策としては，育児・介護休業制度や短時間勤務制度等の両立支援制度だけでなく，長時間労働の抑制やそれに伴う仕事の見直しなどの施策も含まれます．

問番号に＊印がついている質問は，基本的に海外調査にも共通する項目である．

Ⅰ．貴社の社員構成や企業概要についてお聞きします．

＊問1．2008年12月時点あるいは2008年度末時点での貴社の（1）正社員（役員，執行役員を除く）の人数，（2）正社員のうち管理職の人数，（3）正社員の平均勤続年数，（4）正社員の平均年齢について，男女別にご記入下さい．正社員と管理職の人数については，その中で短時間で働く人がいる場合にその人数をご記入ください．【各々数値を記入】

	(1) 正社員全体 （うち短時間勤務者）	(2) 管理職の人数		(3) 平均勤続年数	(4) 平均年齢
		部長相当職 （うち短時間勤務者）	課長相当職 （うち短時間勤務者）		
男性	人 （　　）人	人 （　　）人	人 （　　）人	年	歳
女性	人 （　　）人	人 （　　）人	人 （　　）人	年	歳

（注1）人数については，該当者がいない場合は「0」をご記入ください．
（注2）平均勤続年数と平均年齢については，小数点第一位以下を四捨五入してください．

問2．貴社について，（1）～（6）にお答えください．
＊(1) 主な業種【○印は1つ】

1. 鉱業	6. 運輸業，郵便業	11. 飲食店，宿泊業
2. 建設業	7. 卸売業	12. 教育・学習支援業
3. 製造業	8. 小売業	13. その他のサービス業
4. 電気・ガス・熱供給・水道業	9. 金融業，保険業	14. その他
5. 情報通信業	10. 不動産業，物品賃貸業	（　　　　　　）

(2) 決算月【数値を記入】
　　　　　　　月
(3) 資本金【数値を記入】
　　　　　　　千円
＊(4) 設立年【数値を記入】
　　西暦　　　　　年
＊(5) 1990年以降に合併・経営統合がありましたか．【○印は1つ】
　　1. ある　2. ない

(6) 2007年・2008年度の決算期における，貴社単体の売上高等下記の項目をご記入ください．経常利益については，マイナスの場合，数字の前に「−」(マイナス)を入れてください．【各々数値を記入】

	2007年度	2008年度
①売上高	千円	千円
②売上総利益	千円	千円
③営業利益	千円	千円
④経常利益	千円	千円

問3．正社員，非正規社員の全体をそれぞれ100％とした場合，職種別にみた社員構成についておおよその割合をご記入ください．「非正規社員」とは，本調査では，パートタイム・アルバイト・契約社員など正社員以外の社員（派遣社員は除く）のことをさします．【各々数値を記入】

職　種	正社員	非正規社員
①専門・技術職	％	％
②管理職	％	％
③事務・営業・販売・サービス職	％	％
④運輸・通信職	％	％
⑤生産・労務作業・保安職	％	％
⑥その他	％	％
合　計	100％	100％

※本調査では①～③の社員のことを「ホワイトカラー」社員と呼びます．以下，特に明示していない限り，社員とはホワイトカラー社員のことをさします．

※例えば，営業職で管理職，専門・技術職で管理職などの場合は，「管理職」としてお答えください．

問4．貴社のホワイトカラー正社員について，大卒以上（最終学歴が四大卒か大学院卒）の割合を男女別にお答えください．【各々○印は1つ】

	20％未満	20～40％未満	40～60％未満	60～80％未満	80％以上
男性	1	2	3	4	5
女性	1	2	3	4	5

＊問5．貴社の役員あるいは執行役員の中に女性はいますか．【○印は1つ】
1．いる　2．いない

問6．貴社には労働組合はありますか．【○印は1つ】
1．ある　2．ない

Ⅱ．貴社の人事管理についてお聞きします．

＊問7．貴社では，以下の①～⑧の各項目について，同業他社に比べてどの程度重視していますか．【各々○印は1つ】

	重視している	やや重視している	どちらともいえない	あまり重視していない	重視していない
①社員の長期雇用の維持	1	2	3	4	5
②社員の能力開発	1	2	3	4	5
③社員の企業への帰属意識	1	2	3	4	5
④社員に社内での将来のキャリアを考えさせること	1	2	3	4	5
⑤性別にかかわりなく社員の能力発揮を推進すること	1	2	3	4	5
⑥成果や実績によって社員を評価すること	1	2	3	4	5
⑦意欲や取組姿勢で社員を評価すること	1	2	3	4	5
⑧社員に社外でも通用するキャリア形成を行うこと	1	2	3	4	5

問8. 貴社では，短期的に繁忙（1日から1週間単位での繁忙）になった場合に，主にどのような対応をとりますか．【あてはまるものすべてに〇印】

1. 正社員に時間外就業を要請	5. その他
2. 臨時社員（派遣・フリーランス等）の活用	6. 特になし
3. 業務のアウトソーシングを実施	7. わからない
4. 繁忙時間・日のみパートタイマーを雇用	

問9. 貴社では，恒常的に繁忙（年単位での繁忙）になった場合に，主にどのような対応をとりますか．【あてはまるものすべてに〇印】

1. 正社員に時間外就業を要請	5. 社員に休暇返上を要請
2. 臨時社員（派遣・フリーランス等）の活用	6. その他
3. 有期契約の社員を雇用	7. 特になし
4. 業務のアウトソーシングを実施	8. わからない

＊問10. 貴社では，生産量や需要量の変動に応じて人員を増減させる場合に，実質的な決定権はどこにありますか．以下の①～⑤の状況について，あてはまるものをお選びください．【各々〇印は1つ】

	人事部が主体となって決定（職場の意向はほとんど反映しない）	職場の意見を反映した上で，人事部が主体となって決定	職場が主体となって決定（人事部の意向はほとんど反映しない）	ケースバイケース
①正社員の異動	1	2	3	4
②正社員の人数の増減	1	2	3	4
③非正規社員の異動	1	2	3	4
④非正規社員の人数の増減	1	2	3	4
⑤派遣労働者の人数の増減	1	2	3	4

Ⅲ．貴社の仕事と生活の調和（ワーク・ライフ・バランス）への取組についてお聞きします．

＊問11. (1) 及び (2) について，貴社のお考えに近いものを「0～10」でお答えください．【各々〇印は1つ】

(1) 貴社ではどの程度，社員の生活に配慮すべきと考えていますか．

0　1　2　3　4　5　6　7　8　9　10

配慮する必要は全くない　　　　　　　　当然配慮すべきである

(2) 貴社は同業他社に比べ社員の仕事と生活の調和（ワーク・ライフ・バランス）に積極的に取り組んでいますか．

0　1　2　3　4　5　6　7　8　9　10

取り組んでいない　　　　　　　　　　取り組んでいる

問12. 下記にあげる①～⑮の制度や取組について，以下の（1）～（3）に沿ってお答えください．
(1) 制度や取組の有無をお答えください．「有」の場合には，最初の導入・実施のおおよその時期をご記入いただき，最近3年間の制度の利用状況についてもお答えください．【各々○印は1つ，および，時期を記入】
(2) 「有」の場合には，制度や取組の導入時，および，現在の運用において，どの程度の「大変さ」があったか（あるか）をお答えください．「大変さ」とは，人手や手間などの間接費用[*1)]や，金銭的な直接費用[*2)]のことをさします．【各々○印は1つ】
   *1) 間接費用とは，担当者・部署の設置，規約・規定の作成・改定，社内調整，制度・取組の周知徹底，運用時の混乱などに伴う人手や手間など．
   *2) 直接費用とは，導入のための調査やコンサルティングの費用など．
(3) 「有」の場合には，総合的にみて，その制度や取組があることによって職場の生産性にどのような影響がありましたか．【各々○印は1つ】

制度や取組	(1)-1 制度等の有無		「有」の場合	(1)-2 最初の導入・実施時期 *西暦でご記入ください．	(1)-3 最近3年間の利用者		(2)-1 導入時の大変さ		(2)-2 運用上の大変さ		(3) 職場の生産性への影響		
	無	有			いる・いた	いない	大変だった	大変でなかった	大変である	大変でない	プラスの影響	マイナスの影響	影響はない
*①法を上回る育児休業制度[*1)]	1	2	→	年頃	1	2	1	2	1	2	1	2	3
*②法を上回る介護休業制度[*1)]	1	2	→	年頃	1	2	1	2	1	2	1	2	3
③育児・介護のための短時間勤務制度	1	2	→	年頃	1	2	1	2	1	2	1	2	3
*④フレックスタイム制度	1	2	→	年頃	1	2	1	2	1	2	1	2	3
*⑤裁量労働制（企画・専門型）	1	2	→	年頃	1	2	1	2	1	2	1	2	3
*⑥在宅勤務制度	1	2	→	年頃	1	2	1	2	1	2	1	2	3
⑦長期休業制度（育児・介護・傷病以外で1か月以上）	1	2	→	年頃	1	2	1	2	1	2	1	2	3
⑧短時間勤務制度（育児・介護以外）	1	2	→	年頃	1	2	1	2	1	2	1	2	3
⑨半日単位の有給休暇制度	1	2	→	年頃	1	2	1	2	1	2	1	2	3
⑩キャリア自立支援制度（社内FA，社内公募制度など）	1	2	→	年頃	1	2	1	2	1	2	1	2	3
⑪勤務地限定制度	1	2	→	年頃	1	2	1	2	1	2	1	2	3
⑫非正規社員の正社員への転換制度	1	2	→	年頃	1	2	1	2	1	2	1	2	3
*⑬仕事と生活の調和（ワーク・ライフ・バランス）の取組[*2)]	1	2	→	年頃	/	/	1	2	1	2	1	2	3
⑭長時間労働是正のための組織的な取組[*3)]	1	2	→	年頃	/	/	1	2	1	2	1	2	3
⑮有給休暇取得促進のための組織的な取組[*4)]	1	2	→	年頃	/	/	1	2	1	2	1	2	3

*1)「法を上回る」とは，期間設定，休業中の所得保障，対象とする従業員等について法を上回っている場合をさします．
*2) 仕事と生活の調和を推進するための方針の明確化や推進組織の設置などをさします．
*3) 仕事と生活の調和を図るための残業の規制や長時間労働者への対応などをさします．
*4) 仕事と生活の調和を図るための有給休暇の計画的取得の実施などをさします．

問13. 貴社では，社員が育児休業を取得する際，最も多い対応は次のうちどれですか．【○印は１つ】

1. 正社員を新規に採用		5. 業務を外注	
2. 既存の社員の中で仕事を配分		6. 該当者がいない	
3. 有期雇用で新規社員を採用		7. わからない	
4. 派遣会社から社員を雇用			

問14. 貴社では，社員の育児休業に関して，おもにどのような問題点がありますか．【あてはまるものすべてに○印】

1. 育児休業を取得する社員が多すぎること
2. 休業中の社員の代替社員を確保することが困難であること
3. 仕事が中断してしまうこと
4. 休業中の社員が復帰しない可能性やいつ復帰するかわからないという不確実性があること
5. 復帰後の社員の職場へ再配置が難しいこと
6. その他（　　　　　　　　　　　　　　　　　　　　　　　　　　）
7. 問題はない

Ⅳ．貴社の労働時間についてお聞きします．

問15. 2008年12月時点あるいは2008年度末時点の正社員と非正規社員（派遣社員を除く）について，１週間の実労働時間の１人あたりの平均時間をご記入ください．【数字を記入】

①正社員		時間程度
②非正規社員		時間程度

問16. ①～④の４時点の正社員の１週間の実労働時間の平均をお答えください．【各々○印は１つ】

	40時間未満	40～45時間未満	45～50時間未満	50～55時間未満	55～60時間未満	60時間以上
①1992年頃	1	2	3	4	5	6
②1998年頃	1	2	3	4	5	6
③2004年頃	1	2	3	4	5	6
④2007年頃	1	2	3	4	5	6

*問17. 正社員（時間管理の適用外の社員は除く）のうち時間外勤務をしている割合はどれくらいですか．【○印は１つ】

1. 0%（なし）	4. 40～60%未満	7. 100%（全員）
2. 20%未満	5. 60～80%未満	
3. 20～40%未満	6. 80～100%未満	

問18. 2008年度の正社員１人あたりの平均年次有給休暇取得率（前年からの繰り越しを含まない新規付与日数に対する取得日数の割合）をお答えください．【○印は１つ】

1. 20%未満	4. 40%台	7. 70%台
2. 20%台	5. 50%台	8. 80%以上
3. 30%台	6. 60%台	

問19. 貴社では長時間労働の是正のために以下の施策を行っていますか．【あてはまるものすべてに○印】

1. ノー残業デーの実施，退勤時刻の際の終業の呼びかけなど全社的な取組
2. 長時間労働者本人への助言・相談等の実施
3. 長時間労働者の上司への注意・助言・相談等の実施
4. 本人もしくは管理監督者の人事評価項目への反映等人事制度への反映
5. その他（　　　　　　　　　　　　　　　　　　　　　　　　　）
6. 特に実施していない

問20. 貴社では年次有給休暇取得促進のために以下の施策を行っていますか．【あてはまるものすべてに○印】

1. 一斉年休の実施など全社的な取組
2. 取得が低調な職場や社員への通知・取得勧奨
3. 個人別に年休の計画的取得を実施
4. 本人もしくは管理監督者の人事評価項目への反映等人事制度への反映
5. その他（　　　　　　　　　　　　　　　　　　　　　　　　　）
6. 特に実施していない

Ⅴ．貴社の給与についてお聞きします．

問21. いわゆる成果主義について，お答えください．ただし，成果主義とは，年齢や勤続よりも個人の成果や業績を重視するような人事処遇制度のことをさします．

(1) 貴社では成果主義を導入していますか．【○印は1つ】

1. 導入している　　→（西暦　　　　　）年頃に導入【数値を記入】→ (2) へお進みください
2. 導入していない　→問22へお進みください．

(2) 成果主義を導入している企業にお聞きします．成果主義の導入後，導入前に比べてホワイトカラー正社員間の同年代での賃金格差はどのように変化しましたか．【各々○印は1つ】

	縮小	変化なし	やや拡大	大幅に拡大
① 20歳代	1	2	3	4
② 30歳代	1	2	3	4
③ 40歳代	1	2	3	4

＊問22. 貴社の大卒ホワイトカラーの正社員の給与について，お答えください．

(1) 25歳，35歳，45歳の各年齢における「平均・最高・最低給与（諸手当を含む月額）」はどの程度になりますか．なお，該当者がいない場合は，「－」をご記入ください．【各々数値を記入】

大卒ホワイトカラー正社員の給与（諸手当を含む月額）			
	最高給与	平均給与	最低給与
① 25歳	万円	万円	万円
② 35歳	万円	万円	万円
③ 45歳	万円	万円	万円

＊(2)　一般社員と部下のいるライン管理職（課長職クラス）における給与と賞与の決定の際に，以下の①～⑧に掲げる要素は，全体を100％としてどの程度の割合で影響していますか（おおよその数値で結構です）．【各々数値を記入】

	一般社員		ライン管理職	
	給与（％）	賞与（％）	給与（％）	賞与（％）
①年齢				
②勤続年数				
③個人業績				
④個人の職務遂行能力				
⑤職務内容				
⑥組織の業績				
⑦個人の仕事への取り組み姿勢				
⑧その他（　　　　　）				
合　計	100	100	100	100

(3)　貴社の評価体系では，本年度に上位10％以内の評価を得た人が翌年平均水準以下に下がることが制度や運用上ありえますか．【○印は1つ】

1．制度上も，運用上もある　　3．制度はないが，運用としてはある
2．制度上はあるが，運用はない　4．制度もない，運用もない

Ⅵ．貴社における非正規社員の活用についてお聞きします．

＊問23．2008年12月時点あるいは2008年度末時点の非正規社員数と派遣労働者数をご記入ください．【各々数値を記入】

①非正規社員数 （パート・アルバイト，契約社員等）	人
②派遣労働者数 （人材派遣会社から派遣されている労働者）	人

※本調査では，パートタイム・アルバイト・契約社員など正社員以外の社員（派遣社員は除く）のことを「非正規社員」と呼びます．

以下の問24～27は，非正規社員数が0人の企業はお答えいただかなくて結構です．問28へお進みください．

問24．貴社では，以下のいずれの理由から非正規社員を雇用していますか．【あてはまるものすべてに○印】

1．労務コストの節約のため　　　4．景気や仕事の繁閑に応じて雇用量を調節するため
2．正社員を確保できないため　　5．専門性・即戦力・能力のある人材を確保するため
3．正社員を重要業務に特化させるため

問25．貴社の非正規社員の仕事に対する意欲は，正社員と比べてどうですか．【○印は1つ】

1．正社員より高い　3．正社員より低い
2．違いはない　　　4．わからない

問26．貴社では，非正規社員が存在することにより，正社員の負担は大きくなっているとお考えですか，小さくなっているとお考えですか．【○印は1つ】

1．大きくなっている　2．変わらない　3．小さくなっている

問27. 貴社の非正規社員の活用状況について，お答えください．

＊(1) 貴社では，正社員と非正規社員の担当する仕事の内容は次のどれに近いですか．【○印は1つ】
1. 仕事の分担において両者を区別していない
2. 正社員と同じ仕事をしている非正規社員が多い
3. 正社員と同じ仕事をしている非正規社員が一部にいる
4. 正社員と同じ仕事をしている非正規社員はいない → 問28へお進みください
5. わからない（一概にいえない） → 問28へお進みください

＊(2) (1)で「1～3」を回答した企業にお聞きします．貴社では，正社員と同じ仕事をしている非正規社員の時間当たり賃金は，正社員と比べて平均してどれくらいの水準ですか．【○印は1つ】
1. 同じ（10割）　3. 8割程度　5. 6割程度
2. 9割程度　　　4. 7割程度　6. 半分以下

(3) (1)で「1～3」を回答した企業にお聞きします．貴社で雇用している非正規社員が正社員への転換を希望する場合，貴社の対応に最も近いと思われるのは以下のうちどれですか．【○印は1つ】
1. すぐに転換させる　　　　　　　3. 転換は例外的な場合しか認めない
2. ある程度の期間をおいて転換させる　4. 事実上，転換という選択肢はない

Ⅶ．貴社の状況についてお聞きします．

＊問28. 貴社の業況について，絶対水準でみた場合と同業他社と比べた場合のそれぞれについて，①～⑤の時期に分けてお答えください．【各々○印は1つ】

	(1) 絶対水準でみた場合			(2) 同業他社と比べた場合		
	良い	さほど良くない	悪い	良い	同程度	悪い
① 1990～1995年頃	1	2	3	1	2	3
② 1996～2000年頃	1	2	3	1	2	3
③ 2001～2005年頃	1	2	3	1	2	3
④ 2006～2008年頃	1	2	3	1	2	3
⑤現在	1	2	3	1	2	3

＊問29. 以下の各項目は，同業種・同規模の他社と比較して，貴社はどのような状況にありますか．【各々○印は1つ】

	良い	やや良い	ほぼ同程度	やや悪い	悪い	わからない
①人材確保（人数）	1	2	3	4	5	6
②人材確保（質）	1	2	3	4	5	6
③定着率	1	2	3	4	5	6
④組織への帰属意識	1	2	3	4	5	6
⑤モチベーション	1	2	3	4	5	6

問30. 貴社の女性正社員の継続就業の状況として，次にあげるどのパターンが最も近いですか．【○印は1つ】
1. 結婚や自己都合で退職する
2. 妊娠や出産を契機に退職する
3. 出産後，育児休業を利用するが，その後1～2年のうちに退職する
4. 出産後，育児休業を利用し，その後も継続就業する
5. 出産後，育児休業を利用しないで，継続就業する
6. 女性正社員はいない（少ない）のでなんともいえない

～以上で質問は終わりです．ご協力ありがとうございました．～

資料2

「仕事と生活の調和（ワーク・ライフ・バランス）に関する国際比較調査」（従業員向け調査票）

> 「仕事と生活の調和（ワーク・ライフ・バランス）」とは、仕事と生活の調和をはかり、やりがいのある仕事をしながら充実した生活を送ろうという考え方です。
> 　ここで言う「生活」の中には、子育てや家庭生活だけではなく、地域コミュニティでの生活や個人の趣味、学習など幅広い活動が含まれます。そのため、ワーク・ライフ・バランス施策としては、育児・介護休業制度や短時間勤務制度等の両立支援制度だけでなく、長時間労働の抑制やそれに伴う仕事の見直しなどの施策も含まれます。

問番号に＊印がついている質問は、基本的に海外調査にも共通する項目である．

注）本調査で言う職場とは，一般的な「課」や「室」をさすこととします．管理職（課長担当職以上）の方はあなたが管理している範囲、それ以外の方はあなたの上司（管理職）が管理している範囲をさすこととします．

Ⅰ．あなたのお仕事や職場の状況などに関してお聞きします．

＊問1. 現在あなたが働いている職場は次のどれにあたりますか．【○印は1つ】

1. 人事・総務・経理・広報　　5. 営業
2. 企画・調査　　　　　　　　6. 販売・サービス
3. 研究・開発・設計　　　　　7. 建設，生産，運輸など
4. 情報処理　　　　　　　　　8. その他（　　　　　　　）

問2. あなたの職場で働いている人の数は何人ですか．正社員のみならず，パートタイム・アルバイト・契約社員・派遣社員・請負会社の社員を含めた人数をお選びください．【○印は1つ】

1. 4人以下　　4. 20～29人
2. 5～9人　　5. 30人以上
3. 10～19人

問3. あなたの職場で働いている人数に占める正社員の割合はだいたい何割ですか．【数値を記入】
約 [　　　　] 割

＊問4. あなたの現在の仕事の内容は次の中のどれにあたりますか．【○印は1つ】

1. 専門・技術的な仕事　　5. 営業（外回り等）の仕事
2. 管理的な仕事　　　　　6. サービスの仕事
3. 事務の仕事　　　　　　7. その他（　　　　　　　）
4. 販売の仕事

（注）例えば，営業職で管理職，専門・技術職で管理職などの場合は，「管理職」とお答えください．

＊問5. あなたは上で選んだ仕事に，現在の会社で何年従事していますか．【数値を記入】
[　　　　] 年

＊問6. 現在の勤め先でのあなたの役職をお答えください．【〇印は1つ】

1. 一般社員
2. 課長補佐，係長・主任相当職
3. 課長
4. 部長以上
5. その他（　　　　　　　　　）

問7. 今の仕事と同じ仕事を他の企業で行った経験はありますか．経験がある場合，それは何年ですか．
【〇印は1つ，「ある」場合は数値を記入】

1. ある　→　（　　　）年　2. ない

＊問8. あなたはこの仕事とは別に，他にも所得が発生するような仕事をしていますか．【〇印は1つ】

1. はい　　　2. いいえ

＊問9. あなたの仕事の特徴について，①～⑩のそれぞれにあてはまるものをお選びください．
【各々〇印は1つ】

	あてはまる	どちらかというとあてはまる	どちらともいえない	どちらかというとあてはまらない	あてはまらない
①仕事の量は多い	1	2	3	4	5
②締切や納期にゆとりがない	1	2	3	4	5
③担当業務の内容は明確化されている	1	2	3	4	5
④仕事の手順を自分で決めることができる	1	2	3	4	5
⑤職務遂行に必要な能力（知識・技能の要件）が明確である	1	2	3	4	5
⑥自分の仕事上の知識・技能は他社に転職しても役立つ	1	2	3	4	5
⑦自分の仕事は他と連携してチームとして行うものである	1	2	3	4	5
⑧仕事を進める上で他部門との折衝が必要な場合が多い	1	2	3	4	5
⑨仕事を進める上で非公式な調整に時間がかかる	1	2	3	4	5
⑩突発的な業務が生じることが頻繁にある	1	2	3	4	5

＊問10. あなたの上司の職場管理などの特徴について，①〜⑫のそれぞれにあてはまるものをお選びください．【各々○印は１つ】
(注)ここでの「上司」とは，あなたが課長や部長相当職の場合，あなたの直属上司を念頭においてお答えください．

	あてはまる	どちらかというとあてはまる	どちらともいえない	どちらかというとあてはまらない	あてはまらない
①急な仕事に対応することが自分自身の評判につながる	1	2	3	4	5
②残業や休日出勤に応じる人が高く評価される	1	2	3	4	5
③上司は，業務量や重要な業務が特定の部下に偏らないように配慮している	1	2	3	4	5
④上司は，部下のキャリアおよびライフビジョンをよく理解した上で，時間をかけて目標等を設定し業務を配分している	1	2	3	4	5
⑤上司は，業務の進捗を適切なタイミングで確認している	1	2	3	4	5
⑥上司は，評価結果を納得がいくようにきちんとフィードバックしてくれる	1	2	3	4	5
⑦上司は，部下の育成に熱心である	1	2	3	4	5
⑧上司と部下のコミュニケーションはよくとれている	1	2	3	4	5
⑨上司は，部門のメンバー内での情報を共有するように工夫している	1	2	3	4	5
⑩上司自身がメリハリをつけた仕事の仕方をしている	1	2	3	4	5
⑪上司は，部下の仕事以外の生活や家庭のことに配慮している	1	2	3	4	5
⑫上司は，男性の部下も女性の部下も公平に扱っている	1	2	3	4	5

＊問11. あなたの職場の特徴について，①〜⑨のそれぞれにあてはまるものをお選びください．【各々○印は１つ】

	あてはまる	どちらかというとあてはまる	どちらともいえない	どちらかというとあてはまらない	あてはまらない
①仕事が終わっても周りの人が残っていると退社しにくい	1	2	3	4	5
②効率よく仕事を終わらせても他の人の仕事をまわされる	1	2	3	4	5
③所定の労働時間内で仕事を終えようとする雰囲気がある	1	2	3	4	5
④職場の同僚間のコミュニケーションは良好である	1	2	3	4	5
⑤日常的に，仕事が終わってから職場の人と飲みに行くことが多い	1	2	3	4	5
⑥職場には，同僚同士で仕事のノウハウを教えあう風土がある	1	2	3	4	5
⑦職場のメンバーの仕事を替わることができる人が職場にいる	1	2	3	4	5
⑧性別にかかわりなく能力を発揮できる	1	2	3	4	5
⑨性別や役職に関係なく育児や介護など家庭の事情で仕事を休むことは当たり前という雰囲気がある	1	2	3	4	5

＊問12. あなたの直属の上司の性別をお答えください．【○印は１つ】
1. 男性　2. 女性

＊問13. あなたの職場では，仕事の成果をあげることについて「A，B」の考えのどちらに近いですか．【○印は１つ】

A	Aに近い	どちらかというとAに近い	どちらかというとBに近い	Bに近い	B
一定の時間の中で可能な限り高い成果をあげる	1	2	3	4	高い成果をあげるために働く時間を惜しまない

＊問14. あなたの職場では，顧客から急な要求（ルーチン業務以外の要求や短期間での実現が求められる要求）があった場合の対応は「A，B」のどちらに近いですか．【○印は１つ】

A	Aに近い	どちらかというとAに近い	どちらかというとBに近い	Bに近い	B
無理をしてでも職場内で調整し，顧客からの要求に応える	1	2	3	4	職場の状況をふまえて，対応可能なスケジュールを顧客に伝える

問15. あなたの働きぶりの評価は「A，B」のどちらに近いですか．【○印は１つ】

A	Aに近い	どちらかというとAに近い	どちらかというとBに近い	Bに近い	B
仕事でどれだけの結果をあげたかで評価されている	1	2	3	4	仕事への取り組み姿勢や努力で評価されている

＊問16. 次にあげる人があなたの仕事を替わりに遂行することは可能だとお考えですか．可能だと考える人をすべて選んでください．【あてはまるものすべてに○印】

1. 学校を卒業したばかりの人
2. 他の企業で同様の仕事をしている人
3. 同じ企業で別の仕事をしている人
4. 同じ企業で同様の仕事をしている人
5. １～４ではいずれも可能ではない

*問17. あなたの職場では，①〜④の場合，どのような対応を取りますか．あてはまるものすべてをお選びください．【各々あてはまるものすべてに〇印】

	既存の正社員の労働時間で調整する	既存の非正規社員の労働時間で調整する	他部門との間で正社員を異動して調整する	他部門との間で非正規社員を異動して調整する	正社員数の増減で調整する	非正規社員数の増減で調整する	臨時的な社員（派遣社員など）の増減で調整する	外注業務で調整する	現在の人員を前提に業務量を見直す	現在の人員を前提に業務内容を見直す	特に何もしない
①6か月以上の長期休業者が出た場合	1	2	3	4	5	6	7	8	9	10	11
②短時間勤務者が出た場合	1	2	3	4	5	6	7	8	9	10	11
③短期的な仕事の増減の場合	1	2	3	4	5	6	7	8			11
④慢性的な仕事の増減の場合	1	2	3	4	5	6	7	8			11

Ⅱ．仕事と生活の調和のための施策についてお聞きします．

*問18. あなたの現在の勤め先の会社は，同業他社に比べ，社員の仕事と生活の調和を図るための施策に取り組んでいますか．「0〜10」で評価してください．【〇印は1つ】

0　　1　　2　　3　　4　　5　　6　　7　　8　　9　　10

取り組んでいない　　　　　　　　　　　　取り組んでいる

*問19. あなたは現在お勤めの会社で，通常の勤務形態とは異なる働き方の制度を利用した経験がありますか．あなたが利用したものをすべてお選びください．【あてはまるものすべてに〇印】

1. 育児休業制度	6. 在宅勤務制度
2. 1以外の理由による6か月以上の長期休業制度	7. 勤務地限定制度
3. 育児のための短時間勤務制度	8. その他柔軟な働き方の制度
4. 3以外の理由による短時間勤務制度	（　　　　　　　　　）
5. フレックスタイム制度	9. 利用したことはない

＊問20．下記にあげる①～④の制度について，以下の（1）～（2）に沿ってお答えください．
(1) 現在お勤めの会社で次にあげる制度の有無をお答えください．【○印は1つ】
(2) 制度がある場合，それぞれの制度について，現在の職場での利用者の有無（過去も含む），制度の運用上の大変さと，制度があることによる職場の生産性への総合的影響について，あなたのお考えをお答えください．【各々○印は1つ】

	(1) 制度の有無			(2)-1 制度利用者		(2)-2 運用上の大変さ		(2)-3 職場の生産性への総合的影響		
	無	有	「有」の場合	いる・いた	いない	大変である	大変でない	プラスの影響	マイナスの影響	影響はない
①育児や介護のための休業制度	1	2	→	1	2	1	2	1	2	3
②短時間勤務制度	1	2	→	1	2	1	2	1	2	3
③フレックスタイム制度	1	2	→	1	2	1	2	1	2	3
④在宅勤務制度	1	2	→	1	2	1	2	1	2	3

Ⅲ．あなたの働き方についてお聞きします．

＊問21．あなたのこの1か月の平均的な出勤日の状況を24時間法で記入してください．【数値を記入】
例：「朝9時」の場合　　→　09時00分
　　「夕方6時半」の場合　→　18時30分

	①自宅を出る時刻		時		分
仕事関連時間	②出社（会社に着く）時刻		時		分
	③始業（仕事を始める）時刻		時		分
	④終業（仕事を終える）時刻		時		分
	⑤退社（会社を出る）時刻		時		分
⑥自宅に着く時刻			時		分

（注）日によって異なる場合は，一般的なケースでご回答ください．

＊問22．あなたの勤務形態は次のどれにあたりますか．【あてはまるものすべてに○印】
1. フルタイムの通常勤務
2. フレックスタイム勤務
3. 裁量労働制
4. 在宅勤務（週に1日などの部分的な在宅勤務も含む）
5. 短時間勤務
6. その他（具体的に：　　　　　　　　　　　　　　　　　　）

問23．あなたの職場の労働時間は会社全体から見て次のどれにあたりますか．【○印は1つ】
1. かなり長い　　　4. やや短い方である
2. やや長い方である　5. かなり短い
3. 平均的である

問24. あなたの労働時間は社内の同じ職位レベルの人の労働時間と比べていかがですか.【○印は1つ】
1. かなり長い　4. やや短い
2. やや長い　　5. かなり短い
3. 同じくらい

＊問25. あなたの週あたりの平均労働時間（残業時間を含む）をお答えください.【数値を記入】
1週あたり　□□　時間

＊問26. あなたの週あたりの平均労働日数をお答えください.【数値を記入】
1週あたり　□□　日

＊問27. あなたは1週間の労働時間のうちの何割くらいを会議や打ち合わせの時間にかけていますか. 0時間の場合には「0」とご記入ください.【数値を記入】
1週あたり　約　□□　割

＊問28. あなたは1週間のうち仕事を自宅に持ち帰って行うことは何時間くらいありますか（在宅勤務の場合を除きます）. 0時間の場合には「0」とご記入ください.【数値を記入】
1週あたり　約　□□　時間

＊問29. あなたが残業をした場合，割増賃金は支払われますか. 支払われる場合の割増率（深夜時間帯などを除く一般的な残業について）はどの程度ですか.【○印は1つ,「支払われる」場合は数値を記入】
1. 支払われる　→　通常の1時間当たり賃金の約　1 . □　倍
2. 支払われない

＊問30. 現在の時間当たり賃金のもとで，あなたが自由に労働時間を選べるとしたら，あなたは労働時間を増やしますか，減らしますか. それはどの程度ですか.【○印は1つ,「増やす・減らす」場合は数値を記入】
1. 増やす　→　週　□□　時間　増やす
2. 変えない
3. 減らす　→　週　□□　時間　減らす
4. わからない

＊問31. あなたの現在の時間当たり賃金が永久に2倍になったとします. このとき，あなたが自由に労働時間を選べるとしたら，あなたは労働時間を増やしますか，減らしますか. それはどの程度ですか.【○印は1つ,「増やす・減らす」場合は数値を記入】
1. 増やす　→　週　□□　時間　増やす
2. 変えない
3. 減らす　→　週　□□　時間　減らす
4. わからない

＊問32. あなたが宝くじに当たったとします．宝くじの賞金は，あなたの昨年の年収と同じ金額が，毎年永久に支払われ続けるというものです．このとき，あなたが自由に労働時間を選べるとしたら，あなたは労働時間を増やしますか，減らしますか．それはどの程度ですか．【○印は1つ，「増やす・減らす」場合は数値を記入】

1. 増やす　→　週 □□ 時間　増やす
2. 変えない
3. 減らす　→　週 □□ 時間　減らす
4. 仕事を辞める
5. わからない

＊問33. 時間当たりで考えて，あなたが質的に精一杯働く状態を100％とするとき，現在のあなたの時間当たりの働きぶりは約何％ですか．【数値を記入】
約 □□□ ％（最大値を100％としてご記入ください）

＊問34. 「良い仕事をするためには働く時間を惜しむべきではない」という意見に対するあなたの考えとして最もあてはまるものをお答えください．【○印は1つ】

1. 非常にそう思う　　4. あまりそう思わない
2. ややそう思う　　　5. まったくそう思わない
3. どちらともいえない

問35. あなたの昨年1年間（2008年もしくは2008年度）の年次有給休暇について，(1) 付与日数（前年の繰越分を除く新規の付与日数），(2) 取得した日数，(3) そのうちレジャーや休養のために取得した日数，をそれぞれお答えください．【数値を記入】
(1) 付与日数 □□ 日（※前年の繰越日数は含めないでください）
(2) 取得日数 □□ 日（※取得日数がゼロの場合は，必ず「0」とご記入ください）
(3) 取得日数のうちレジャーや休養のために取得した日数
　　□□ 日（※取得日数がゼロの場合は，必ず「0」とご記入ください）

問36. あなたの職場では長時間労働の削減に取り組んでいますか．【○印は1つ】

1. 積極的に取組んでいる　　　　　⎫
2. 取り組んでいる　　　　　　　　⎬　付問1へ
3. 部署の中で心がけている程度　　⎭
4. 特に取り組んでいない　　→　問37へ

付問1. 問36で選択肢「1～3」を選択された方にお聞きします.
長時間労働の削減の取り組みによって、職場全体でみた場合にどのような影響がありましたか.
【あてはまるものすべてに○印】

```
1. 顧客や取引先などへの対応で支障が生じた
2. 職場のコミュニケーションが取りづらくなった
3. 各人が自分のライフスタイルや働き方について見直すきっかけとなった
4. 仕事の分担や進め方について職場の中で見直すきっかけとなった
5. 各人が仕事に効率的に取り組むようになった
6. 会議の終了時間を意識するようになった
7. その他(                                    )
8. 特に影響はなかった
```

＊問37. あなたは仕事にストレスを感じていますか.【○印は1つ】

```
1. 強く感じている      4. あまり感じていない
2. やや感じている      5. まったく感じていない
3. どちらともいえない
```

問38. あなたの現在の健康状態についてあてはまるものをお答えください.【○印は1つ】

```
1. よい   2. 普通   3. 悪い
```

＊問39.「男女とも家庭と仕事を両立できるようにすべきである」という意見に対するあなたの考え
として最もあてはまるものをお答えください.【○印は1つ】

```
1. 非常にそう思う     4. あまりそう思わない
2. ややそう思う       5. まったくそう思わない
3. どちらともいえない
```

Ⅳ. あなたのお考えについてお聞きします.

＊問40. あなたは以下にあげる①～⑨の項目についてどの程度満足していますか.【各々○印は1つ】

	満足している	どちらかといえば満足している	どちらともいえない	どちらかといえば満足していない	満足していない
①仕事の量	1	2	3	4	5
②仕事の内容	1	2	3	4	5
③同僚とのコミュニケーション	1	2	3	4	5
④上司とのコミュニケーション	1	2	3	4	5
⑤教育・訓練の機会	1	2	3	4	5
⑥労働時間	1	2	3	4	5
⑦仕事に割く時間と生活に割く時間のバランス	1	2	3	4	5
⑧現在の給与水準	1	2	3	4	5
⑨現在の生活全般	1	2	3	4	5

問41. ①〜④にあげることがらについて，あなたのご意見に近いものをお選びください．【各々○印は1つ】

	あてはまる	どちらかというとあてはまる	どちらともいえない	どちらかというとあてはまらない	あてはまらない
①この会社の社風や組織風土は自分によく合っている	1	2	3	4	5
②この会社の発展のためなら，人並み以上の努力をすることをいとわない	1	2	3	4	5
③今の職場で働いていることに誇りを感じる	1	2	3	4	5
④自分の貢献に見合った処遇を受けられなければ，働く意欲はわいてこない	1	2	3	4	5

＊問42. ①〜⑥にあげることに関して，他の職場と比較してあなたの職場についてどのようにお考えですか．あなたのお考えに当てはまるものをお選びください．【各々○印は1つ】

	そう思う	どちらかといえばそう思う	どちらともいえない	どちらかといえばそう思わない	そう思わない
①職場の業績はよい	1	2	3	4	5
②職場のメンバーは仕事を効率的に行っている	1	2	3	4	5
③職場のメンバーの仕事に対する意欲は高い	1	2	3	4	5
④職場のメンバーの職場に対する満足度は高い	1	2	3	4	5
⑤職場のメンバーは職場に貢献しようとする意識が高い	1	2	3	4	5
⑥個人の事情に応じて柔軟に働きやすい職場である	1	2	3	4	5

*問43. ①〜⑨にあげることに関して，あなたはどの程度重要とお考えですか．あなたのお考えに当てはまるものをお選びください．【各々〇印は1つ】

	重要である	どちらかといえば重要である	どちらともいえない	どちらかといえば重要ではない	重要ではない
①家族	1	2	3	4	5
②友人，知人とのつながり	1	2	3	4	5
③自由になる時間やくつろぐこと	1	2	3	4	5
④地域活動，ボランティア活動	1	2	3	4	5
⑤宗教	1	2	3	4	5
⑥高い収入を得ること	1	2	3	4	5
⑦職場で昇進すること	1	2	3	4	5
⑧仕事に関する専門性を高めること	1	2	3	4	5
⑨現在の勤め先に長く勤めること	1	2	3	4	5

Ⅴ．あなたご自身についてお聞きします．

*	①性別	1. 男性　2. 女性
*	②年齢	現在（　　　　）歳
*	③最終学歴	1. 大学・大学院卒　3. 専門学校卒　5. 中学校卒 2. 短大・高専卒　4. 高校卒　6. その他（　　　　）
	④入社年	あなたが今の会社に入社したのは何年ですか． 入社年　西暦（　　　　）年
	⑤あなたの転職の経験	1. ある　→　付問：これまでに何回転職しましたか．⇒（　　　）回 2. ない
*	⑥年収	A. あなたの勤め先からの年収（平成20年分，税，賞与・手当含む） 　　およそ（　　　　）万円 B. あなたの世帯全体の年収（平成20年分，税，賞与・手当含む） 　　およそ（　　　　）万円
	⑦居住地	1. 首都圏 2. 1.以外の政令指定都市 3. 1, 2以外で人口10万人以上の市 4. 上記以外
*	⑧配偶者の有無	1. 配偶者なし 2. 配偶者あり（「事実婚」を含む）
*	⑨子どもの有無	1. 子どもなし 2. 子どもあり（　　　　）人（お子さまの人数をご記入ください） ▶付問1：お子さまの年齢について教えてください． 　　長子の年齢（　　）歳【ひとりの場合はこちらにご記入ください】 　　末子の年齢（　　）歳 ▶付問2：あなたは子育ての際に，仕事と子育てを両立させるために以下の制度・サービス・サポートを利用しましたか（していますか）．【あてはまるものすべてに〇印】 　1. 自分自身が育児休業利用または短時間勤務へ切り替え 　2. 配偶者が育児休業利用または短時間勤務へ切り替え 　3. 保育所・保育ママ・ベビーシッターの利用 　4. 自分や配偶者の親，きょうだい，その他親族による協力 　5. 親族以外の友人，隣人などによる協力 　6. その他（　　　　　　　　　　　　　　　　　） 　7. 子育てが忙しいときは働いていなかった

⑩親との同居（○印はいくつでも）	1. 自分の父親　　2. 自分の母親　　3. 配偶者の父親　　4. 配偶者の母親

＜「配偶者あり」の方に配偶者の方のことについてお聞きします．＞

＊	①年齢	現在（　　　　　）歳
＊	②最終学歴	1. 大学・大学院卒　3. 専門学校卒　5. 中学校卒 2. 短大・高専卒　　4. 高校卒　　　6. その他（　　　　　）
＊	③年収	およそ（　　　　　）万円
＊	④配偶者の就業の有無と就業形態	あなたの配偶者は働いていますか． 　1. 働いている　→　付問1, 2へ 　2. 働いていない 付問1：あなたの配偶者の就業形態． 　1. 正社員として働いている 　2. 非正規社員として働いている 　3. 自営業や家族従業として働いている 付問2：あなたの配偶者は1週間に何時間くらい家の外で仕事をしていますか． 　約（　　　　　）時間

～以上で質問は終わりです．ご協力ありがとうございました．～

索　引

欧文

EU 雇用戦略　4, 28, 256
EU 指令　5
OECD 新雇用戦略　3

ア行

圧縮勤務　218
一時看護休業制度　300
インクルージョン　26, 152
インセンティブ・システム　23, 86, 91, 92, 98, 99, 101-105
インフォーマルな対応　29, 30, 148
親休業法　27, 295, 300

カ行

過剰就業　152, 264
　　──意識　157, 158, 161, 163-167, 174, 176
家族・医療休暇法　7, 186, 187
管理職に占める女性比率　185, 188
管理職のマネジメント　178
機会均等政策　28
企業業績　21, 36, 37, 40, 41, 47, 149, 191, 193, 204, 206
企業特殊訓練　64
企業特殊スキル　22, 40, 58, 67, 68, 70, 72, 74, 75, 79
キャリアの柔軟性　199
教育訓練休暇　200
均衡処遇　1
均等施策　45
均等待遇　286, 287
固定効果モデルによる推計　42
子どもの権利　300
雇用調整　69, 71, 79

サ行

在宅勤務　18, 20, 27, 29, 114, 115, 198, 200, 201, 218, 219, 228, 235, 237, 238, 241, 243, 244, 247, 248, 276, 279, 280, 283-286

　　──制度　13, 24, 87, 88, 90, 130, 133, 154, 161, 162, 167, 168, 172, 174-176, 213, 305, 306
在宅就労　200
採用パフォーマンス　35, 39, 40, 47, 48, 57, 58
裁量労働制　19, 87, 88, 90, 114, 115, 298, 314
参加型　26, 259, 260, 287
残業時間の糊代　68
残業調整　64
「残業の糊代（バッファー）」説　64
時間管理　152
仕事管理　147, 152
仕事と家族法（WF-Act）　215-217, 222, 223, 225
仕事と家庭の葛藤　151
仕事と家庭の両立支援　1
仕事と生活の調和（ワーク・ライフ・バランス）憲章　1, 2, 8, 35, 111, 213, 245, 247, 253, 261, 295
仕事満足度　2, 112
柔軟な働き方（FW）　3, 6, 8, 26, 29, 85, 87, 89, 111, 186, 191, 198, 200-204, 206, 213-215, 218, 220, 222-224, 227-230, 237, 239, 240-242, 244, 247, 248, 266, 276, 280, 282, 284, 285, 288, 300
集約勤務　201
出生率（合計特殊出生率）　1, 6, 187, 231, 245, 260
少子化対策　1, 6, 231, 245
職場管理　22, 64, 80
職場（の）生産性　23, 24, 85-90, 93, 95, 96, 98, 101, 102, 105, 106, 148, 192, 237, 239, 242, 244, 248,
職場のパフォーマンス　24, 148-150, 152, 157, 158, 168, 172, 174-177
職場（の）マネジメント　22, 26, 27, 147, 148, 150, 152-155, 177, 178, 218, 228, 231, 242, 310
職務遂行の裁量　168
女性（の）活躍推進　28, 249
女性（の）労働力率　1, 3, 5, 6, 185, 260

ジョブシェアリング 218, 220, 279, 283
人事管理 22, 86, 89, 90
人事権 93-95, 97
生活満足度 23, 112, 116, 118-120, 123, 125, 130, 133, 134, 136-138
生産性 5, 35, 39, 41, 50, 54, 57, 58, 193
正社員への転換制度 21, 38, 44, 54, 58
税制改革 299
全要素生産性（TFP） 21, 38-42, 45-48, 50, 52, 54, 56-59

タ行
ダイバーシティ 152, 221, 316
　　──推進 3, 5, 7
　　──マネジメント 249
短時間勤務 7, 18, 20, 115, 116, 201, 218, 219, 223-225, 228, 230, 234, 235, 237, 238, 240-244, 247-249, 279, 283, 284
　　──制度 26, 86, 95, 99, 105, 106, 130, 133, 154, 161-163, 167, 172, 176, 178, 246, 247-249, 266
短時間正社員 125
男女間賃金格差 188, 203, 235, 298, 303
男女共同参画 25, 28, 185, 186, 188, 190, 191, 204, 205, 245, 323, 324
男女均等処遇 304-306
男女の機会均等 296
　　──政策 6
男性の育児参画 27
男性の家事参加率 205
父親休業 295
父親指標 302
父親政策 299
父親の月 299, 300
長時間労働（の）是正 1, 21, 22, 38, 44, 50, 58, 85, 174, 216
賃金制度 23
通勤時間 127, 278, 285, 287
通常のフルタイム 234, 235
ディーセント・ワーク 1, 302
定着率 35, 39, 40, 47, 48, 57, 58
テレワーク 29, 254, 276-282, 286-289

ナ行
日本的雇用慣行 35, 80

ハ行
パートタイム労働 26, 254, 266-269, 271
　　──指令 269
働き方の柔軟性 185, 195, 203, 216, 281, 284, 286, 300, 302, 310
パネルデータ 21, 37, 38, 41, 57, 59
ファミリー・フレンドリー 3
　　──政策 1
フォーマルな制度・施策 148
フリクション・モデル 64, 69, 76-78
フルタイムの通常勤務 114, 127
フルタイム労働 267, 269
フレキシブル・デスク 284
フレキシブル・ワーキング法（FW-Act） 26, 215, 216, 222, 225
フレキシブルワーク 7
フレックス 195-198, 200-202
　　──タイム 234, 235, 237, 238, 241-244, 248, 278, 298, 313
　　──タイム勤務 18, 19, 20, 23, 114, 115, 156
　　──タイム勤務制度 165
　　──タイム制度 13, 21, 24, 44, 52, 54, 87, 88, 90, 130, 133, 154, 161, 164, 167, 168, 174-177, 213, 227, 266, 285, 305, 306, 311, 316, 318
分業型 26, 259, 260, 287
保育サービス 225, 271, 272
法を上回る育児休業制度 21, 38, 44, 48, 50, 58, 87, 90, 99, 101, 102, 305
法を上回る介護休業制度 87, 90

ヤ行
要員管理 22, 23, 153, 179

ラ行
ライフ・ステージ 264, 266, 281, 287, 288, 322
ライフ・パズル 301, 302
ライフコースアプローチ 224
両立支援（施）策 149, 174, 176, 213, 300, 301, 304, 306
労働関係調整法 26

労働時間削減のための取組　154, 161, 162, 164, 167, 172, 174
労働時間短縮制度　300
労働時間調整　71
　──法　6, 269, 285
労働時間満足度　23, 112, 116-120, 123, 125, 127, 129, 130, 133, 134, 136-138
労働需要関数　69, 79
　──の推定　64
労働の固定費用　40, 44, 45, 47, 50, 52, 54, 57-59, 63, 64, 79, 80

ワ行

ワーク・ファミリー・バランス　7, 214
ワーク・ライフ・コンフリクト　192, 204, 205
ワーク・ライフ・バランス向上キャンペーン（WLB-CP）　214-216, 222, 225
ワーク・ライフ・バランス施策の費用対効果　21, 35-38, 47
ワーク・ライフ・バランス満足度　157, 158, 166, 167, 175-177, 233
ワークシェアリング　6, 248, 285

執筆者紹介 （所属，執筆分担，＊は編著者，執筆順）

＊武石恵美子　（編著者紹介欄参照，序章，第5章）
　山本　　勲　（慶應義塾大学商学部准教授，第1章，第2章）
　松浦　寿幸　（慶應義塾大学産業研究所専任講師，第1章）
　黒田　祥子　（早稲田大学教育・総合科学学術院准教授，第2章）
　松原　光代　（東レ経営研究所コンサルタント，第3章）
　浅野　博勝　（亜細亜大学経済学部准教授，第4章）
　権丈　英子　（亜細亜大学経済学部教授，第4章，第8章）
　黒澤　昌子　（政策研究大学院大学教授，第6章）
　矢島　洋子　（三菱UFJリサーチ&コンサルティング経済・社会政策部
　　　　　　　主任研究員，第7章）
　高橋美恵子　（大阪大学大学院言語文化研究科教授，第9章）

《編著者紹介》

武石恵美子（たけいし・えみこ）
- 1960年　茨城県生まれ．
- 2001年　お茶の水女子大学大学院人間文化研究科博士後期課程修了．
- 現　在　法政大学キャリアデザイン学部教授．博士（社会科学）．
- 著　作　『現代女性の労働・結婚・子育て──少子化時代の女性活用政策』共著，ミネルヴァ書房，2005年．
  『雇用システムと女性のキャリア』勁草書房，2006年．
  『人を活かす企業が伸びる──人事戦略としてのワーク・ライフ・バランス』共編著，勁草書房，2008年．
  『女性の働きかた』（叢書・働くということ7）編著，ミネルヴァ書房，2009年．
  『職場のワーク・ライフ・バランス』共著，日経文庫，2010年．
  『ワーク・ライフ・バランスと働き方改革』共編著，勁草書房，2011年．

国際比較の視点から
日本のワーク・ライフ・バランスを考える
──働き方改革の実現と政策課題──

2012年6月20日　初版第1刷発行　　　　　　　　検印廃止

定価はカバーに
表示しています

編著者	武　石　恵美子
発行者	杉　田　啓　三
印刷者	林　　初　彦

発行所　株式会社　ミネルヴァ書房
607-8494　京都市山科区日ノ岡堤谷町1
電話代表　075-581-5191番
振替口座　01020-0-8076番

©武石ほか，2012　　　　　　　　　　　　　　　　太洋社

ISBN 978-4-623-06340-6
Printed in Japan

女性の働きかた
――――――――――――武石恵美子 編著　A5判　320頁　本体3500円

働くことを希望する女性が，職業を通じて能力を発揮し，充実した人生を送るためには何が必要か．多様な視点から実証的に明らかにする．

現代女性の労働・結婚・子育て
――――――――――――橘木俊詔 編著　A5判　304頁　本体3500円

女性がいきいきと働くために，いかなる施策が必要か．女性をとりまく環境を分析し，各分野の専門家が提言する．

いま、働くということ
――――――――――――橘木俊詔 著　四六判　204頁　本体2000円

人はなぜ働くのか，どのように働けばいいのか．様々な側面から「働くということ」に切り込み，多様化する社会の諸問題を展望する．

揺らぐサラリーマン生活
――――――――――――多賀　太 編著　四六判　250頁　本体3000円

聞き取り調査をもとに，サラリーマン男性たちがどのような生活を選択しているのか，その現実を詳細に明らかにする．

人間に格はない
――――――――――――玄田有史 著　A5判　330頁　本体3500円

「格差」，「無業」，「非正規雇用」，「長時間労働」を手がかりに，混迷をきわめた2000年代の労働市場の実態を明らかにする．

――――ミネルヴァ書房
http://www.minervashobo.co.jp/